LES

COMÉDIENS DU ROI

DE LA

TROUPE FRANÇAISE

PENDANT LES DEUX DERNIERS SIÈGLES

DOCUMENTS INÉDITS RECUEILLIS AUX ARCHIVES NATIONALES

PAR

ÉMILE CAMPARDON

A PARIS

Chez H. CHAMPION

Libraire de la Société de l'Histoire de Paris

Quai Malaquais, 15

1879

LES

COMÉDIENS DU ROI

DE LA

TROUPE FRANÇAISE

IMPRIMERIE GOUVERNEUR, G. DAUPELEY

A NOGENT-LE-ROTROU.

LES

COMÉDIENS DU ROI

DE LA

TROUPE FRANÇAISE

PENDANT LES DEUX DERNIERS SIÈCLES

DOCUMENTS INÉDITS RECUEILLIS AUX ARCHIVES NATIONALES

PAR

ÉMILE CAMPARDON

A PARIS

Chez H. CHAMPION

Libraire de la Société de l'Histoire de Paris

Quai Malaquais, 15

1879

Les documents inédits qui ont servi à composer le présent recueil proviennent tous de notre immense dépôt des Archives nationales; ce sont : 1º un certain nombre d'ordres de début ou de réception à la Comédie française émanant des premiers gentilshommes de la Chambre qui, sous l'ancien régime, avaient la direction suprême du théâtre; 2º des brevets de pensions accordées par le Roi aux artistes les plus méritants, brevets auxquels sont presque toujours annexés l'extrait de baptême du pensionnaire et une déclaration le plus souvent écrite par lui; 3º des actes notariés tels que contrats de mariage ou donations qui fournissent des renseignements précieux sur la famille et sur la fortune de ceux qui les ont signés, et enfin, 4º, des procès-verbaux judiciaires qui nous montrent le comédien dépouillé du prestige de la scène et en proie à tous les désagréments, à tous les ridicules, à toutes les tristesses de la vie humaine.

Afin d'offrir au lecteur cet ensemble un peu disparate sous une forme convenable et commode pour les recherches, j'ai dû adopter le classement alphabétique et consacrer une notice spéciale à chaque personnage sur lequel j'ai trouvé des renseignements nouveaux.

Pour établir ces notices j'ai consulté les ouvrages spéciaux sur la matière, et notamment ceux des frères Parfaict et de Le Mazurier. Dans un certain nombre de cas même, j'ai pu, grâce à mes propres investigations ou à celles dont M. Jal a consigné le résultat dans son *Dictionnaire critique de biographie et d'histoire,* rectifier quelques erreurs de dates que ces écrivains avaient commises et que d'autres commettaient encore d'après eux.

Il m'a paru en outre intéressant de reproduire l'opinion des critiques contemporains sur le début de chaque comédien un peu marquant, et j'ai fait à ce propos plusieurs emprunts au *Journal de Collé,* à la *Correspondance littéraire* de Grimm, aux *Mémoires secrets* dits de Bachaumont et au *Journal de Paris.*

Un travail de la nature de celui-ci comporte la possibilité de beaucoup d'incorrections. Je prie le lecteur de ne pas me reprocher trop sévèrement celles qui forcément ont dû m'échapper, j'ai la conscience d'avoir tout fait pour les éviter.

Quelqu'imparfait qu'il soit, j'espère cependant que ce recueil aura son utilité, et j'ose croire qu'il pourra être consulté avec profit par ceux qui s'intéressent aux origines et à l'histoire de notre théâtre français.

Paris, 1ᵉʳ juillet 1876.

INDEX CHRONOLOGIQUE

DES

DOCUMENTS CONTENUS DANS CE VOLUME.

LES COMÉDIENS DU ROI

DE LA TROUPE FRANÇAISE

PENDANT LES DEUX DERNIERS SIÈCLES.

ANCOURT (Florent CARTON, sieur d'), né à Fontainebleau le 1er novembre 1661, débuta à la Comédie-Française en 1685, se retira le 3 avril 1718 avec la pension de 1,000 livres et mourut le 7 décembre 1725, dans sa terre de Courcelles-le-Roi (Loiret)[1].

I.

1692. — 20 février.

Plainte rendue par d'Ancourt contre un créancier insolent.

L'an 1692, le mercredi 20e jour de février, sur les neuf heures du matin est comparu en l'hotel de nous Charles Bizoton, commissaire au Châtelet, Florent Carton, sieur Dancourt, demeurant rue de Condé : lequel nous a fait plainte et dit qu'il y a deux ou trois années s'étant trouvé en compagnie avec le sieur Clinchant l'aîné, fils du concierge des Tuileries, ledit Clinchant qui étoit de ses amis lors, paya en son acquit et sans ordre la somme de 139 livres; de laquelle, à quelque tems de là, il lui fit son billet payable à volonté. Depuis lequel billet fait, ledit Clinchant en fit

---

1. Il avait épousé, le 15 avril 1680, Thérèse Le Noir de la Thorillière, fille du comédien de ce nom; Mlle d'Ancourt, comme on la nommait, était née le 15 juillet 1663. Elle débuta en même temps que son mari, en 1685, à la Comédie-Française, fut reçue la même année, se retira en 1720 avec la pension de 1000 livres et mourut le 11 mai 1725. Cette actrice fut aussi célèbre par son talent que par sa beauté (Jal, *Dictionnaire historique*, au mot Dancourt). Les meilleurs rôles de d'Ancourt étaient ceux du haut comique et les financiers. Il était, dit Le Mazurier, excellent dans le *Misanthrope*.

transport à un particulier qui aussitôt lui fit signifier icelui, et ayant fait rencontre de lui, il lui dit qu'il ne manqueroit pas d'acquitter ladite somme incessamment à celui à qui il en avoit fait transport, et le quitta fort content de la promesse qu'il lui en avoit faite ; que s'étant passé un très long tems sans avoir entendu parler de celui à qui ledit Clinchant ainé avoit fait ledit transport, et ne sachant même pas son domicile pour lui payer ladite somme parce qu'il avoit adhiré la copie d'icelui transport, il fut surpris qu'il y a environ 15 jours, le frère dudit sieur Clinchant, qui est capitaine de dragons, lui écrivit une lettre par laquelle il lui marquoit qu'il eût à lui payer ladite somme de 139 livres. A laquelle lettre le plaignant fit réponse qu'il étoit vrai qu'il devoit ladite somme à son frère ainé qui en avoit fait transport à un particulier ; qu'aussitôt qu'il auroit de l'argent, il ne manqueroit pas de l'acquitter ; qu'ainsi il ne pouvoit prétendre qu'il la lui payât, ne lui devant rien ni à son frère au moyen dudit transport ; qu'à cette réponse ledit Clinchant le jeune lui en écrivit encore une autre il y a sept ou huit jours remplie de menaces et vilains termes ; et, non content de cela, la fit donner par le porteur au domestique du sieur Champmeslé [1], afin qu'il connut ce qu'il lui demandoit et les menaces qu'il lui faisoit, et le lendemain une troisième qu'il envoya encore toute ouverte et d'une écriture contrefaite, remplie d'injures et de menaces de lui faire donner des coups de bâton partout où il le trouveroit, après l'avoir montrée à plusieurs de ses voisins, etc. Pourquoi nous requiert acte du contenu en icelle plainte.

Signé : F. Carton-Dancourt ; Bizoton.

(Archives nationales, Y 13178.)

II.

1692. — 22 juillet.

D'Ancourt accusé de séduction par une ancienne femme de chambre de Mlle Beauval.

L'an 1692, le mardy 22e juillet, deux heures de relevée, est comparue en l'hostel et par devant nous Charles Bourdon, commissaire au Châtelet, Barbe Lefol, fille de deffunts Jean Lefol, marchand de vins à Dijon et Pernette Catherinet, ses père et mère, aagée de dix neuf à vingt ans, laquelle nous a dit et fait plainte qu'au

---

1. Voyez Champmeslé (Charles Chevillet, sieur de).

mois de janvier de la présente année elle seroit venue demeurer
en cette ville pour se mettre en condition, elle auroit eu le
malheur d'aller servir la demoiselle Beauval[1], comédienne, en
qualité de femme de chambre; où estant, le sieur D'Hancourt,
comédien, aurait persécuté la plaignante de lui accorder sa compagnie charnelle en lui faisant des sermens extraordinaires, ce
qui obligea la plaignante de sortir du service de la demoiselle
Beauval et de se retirer auprès de la demoiselle Porteret, bonne
amie de la plaignante qui est au service de monsieur Girault,
conseiller au Chatelet, demeurant rue Beaurepaire, où la plaignante n'eut pas été huit jours que ledit D'Hancourt auroit continué ses poursuites, se trouvant par tous les lieux où la plaignante alloit. Et le premier jour d'avril de la présente année,
environ les trois à quatre heures de relevée, ledit d'Hancourt
étant venu à la porte dudit sieur Girault, conseiller, avec un carrosse dans lequel il étoit, il auroit fait monter la plaignante et, en
lui faisant des promesses extraordinaires de l'espouzer[2] et de ne
l'abandonner jamais, il l'auroit enlevée et conduitte en la maison
du nommé Batrau, tenant chambres garnies au faubourg Saint-
Germain, rue de Grenelle, vis-à-vis le petit hostel de Beauvais où
il lui auroit fait donner une chambre de laquelle il paya les
quinze premiers jours et promit de payer tout le temps que la
plaignante y seroit, aiant dit audit Batrau que lui d'Hancourt
est tuteur de la plaignante et étoit obligé de l'entretenir. Après
quoy, étant seul dans ladite chambre il auroit après plusieurs
promesses réitérées d'espouzer la plaignante et de ne l'abandonner jamais, en faisant des sermens exécrables, obtenu de la
plaignante tout ce qu'il auroit voulu et eu sa compagnie charnelle en profitant de la faiblesse d'elle plaignante et de son peu
de connoissance; dans laquelle chambre ledit d'Hancourt étant
venu plusieurs autres fois il auroit continué de voir la plaignante.

---

1. Jeanne Olivier Bourguignon, femme de Jean Pitel, sieur de Beauval,
naquit vers 1649, joua quelque temps la comédie en province, fit partie de
la troupe du prince de Condé, puis entra en 1670 au Palais-Royal, dans la
troupe de Molière. Elle y resta jusqu'en 1673, époque où elle passa à
l'hôtel de Bourgogne. En 1680, lors de la réunion des troupes royales en
une seule, elle fut engagée à la nouvelle Comédie-Française, se retira en
1704 et mourut le 21 mars 1720.

2. Florent Carton d'Ancourt était, à cette époque, marié depuis douze
ans, et il paraît difficile d'admettre que la plaignante, qui avait été femme
de chambre de Mlle Beauval, pût l'ignorer.

Laquelle, voyant que ledit d'Hancourt ne tenoit point les promesses qu'il lui avoit faites, pénétrée d'un véritable repentir de
sa faute et trop de crédulité, elle sortit de chez ledit Batrau et fut
servir chez le sieur Tiersault en qualité de femme de chambre de
la dame sa femme, rue Simon Le Franc. Mais la plaignante ayant
reconnu peu de temps après qu'elle étoit grosse et enceinte des
faits et œuvres dudit d'Hancourt, elle fut obligée par les indispositions qui lui survinrent de retourner chez ledit Batrau où elle
demeure encore. D'où elle a fait avertir ledit d'Hancourt de
l'état où elle est : lequel auroit promis de venir voir la plaignante et lui tenir les promesses qu'il lui a faites, ce qu'il a
entierement négligé : en sorte que la plaignante, qui est dénuée
de tout secours, se voyant ainsi abandonnée dudit d'Hancourt
qui l'a enlevée, séduite et subornée par des sermens exécrables
qu'il l'espouzeroit, pour quoy s'est retirée par devers nous pour
nous rendre plainte, etc.

Signé : Bourdon; Barbe Lefol.

Informations. Marguerite Charmoise, femme de René Batereau, bourgeois de Paris, demeurant rue de Grenelle, en la maison
où est pour enseigne le nom de Jésus, à Saint-Germain-des-Prez
parroisse Saint-Sulpice, aagée de trente six ans, etc. Dépose qu'un
jour de la semaine sainte, croit que c'étoit le premier jour d'avril
de la présente année, vint, en la maison d'elle déposante, ledit
sieur Dancourt accusé, lequel demanda à elle déposante si elle
avoit une chambre bien propre à louer pour la plaignante qui
étoit avec lui, étant venus tous deux ensemble dans un même
carrosse, ledit Dancourt disant que la plaignante étoit sa belle-
sœur et qu'il étoit son curateur; étant convenu avec la déposante
pour le loier de ladite chambre par chacun mois à douze livres à
la charge de lui fournir tous ses ustensiles. Lequel Dancourt
donna six livres à elle déposante, en disant qu'il n'avoit que cela
et qu'il payeroit le restant. Lequel Dancourt dit encore que quoi
qu'il fut jeune, il ne laissoit pas d'être le tuteur ou curateur, — ne
sait, elle déposante, lequel des deux il dit, — de ladite Lefol, plaignante, avec laquelle il soupa dans ladite chambre, le laquais
dudit Dancourt étant présent lorsqu'il dit qu'il étoit tuteur ou
curateur de ladite Lefol, plaignante, et qu'il avoit son argent; elle
déposante ayant demandé en particulier audit laquais le nom de
son maître, il ne voulut le dire, disant seulement que c'étoit un

fort honnête homme qui la payeroit bien. A vu encore ledit
Dancourt, dont elle ne savoit encore le nom, venir souper environ
quinze jours après avec la plaignante, ayant fait apporter un
quartier d'agneau qu'ils mangèrent dans la chambre où elle couchoit : elle déposante ne lui ayant vu prendre aucune privauté
avec la plaignante. Croit, elle déposante, que ledit Dancourt est
venu encore une fois voir la plaignante dans ladite chambre, elle
déposante n'étant lors chez elle; a ouï dire dans le temps à la
plaignante qu'elle avoit été chez ledit Dancourt lui demander
quelque argent, dont elle avoit besoin, et qu'il lui avoit dit qu'il
lui en donneroit le lendemain et n'en avoit lors. Le laquais dudit
Dancourt étant venu le lendemain, dit à elle déposante que son
maître la prioit de donner à la plaignante tout ce qu'elle auroit
besoin et ne la laisser manquer de rien, et qu'il lui rendroit le
tout. Sait que, quelques jours après, le laquais dudit Dancourt vint
sur les quatre à cinq heures du matin quérir la plaignante qu'il
emmena, aiant ouï dire elle déposante audit laquais que la plaignante fut coucher avec le sieur Dancourt, et que lui laquais les
avoit enfermés dans la chambre de son maître jusques à dix à
unze heures du matin ; se souvient, elle déposante, qu'environ la
fin du mois qu'elle étoit entrée chez la plaignante, elle, déposante,
étant montée à la chambre de la plaignante, elle l'auroit trouvée
toute esplorée, et lui en aiant demandé le sujet elle lui auroit dit
qu'elle étoit bien malheureuse et que ledit Dancourt l'avoit
séduitte et subornée sous promesse de mariage et lui avoit dit
qu'il l'espouzeroit, lui aiant fait voir plusieurs maisons dans
Paris qu'il disoit lui appartenir, et qu'au lieu de lui tenir ses
promesses il la laissoit sans lui donner aucune chose, ce qui l'obligeoit de vendre toutes ses hardes pour subsister, mesme ses chemises : adjoustant la plaignante qu'elle n'avoit su que ledit
Dancourt étoit marié qu'après qu'il l'avoit eu séduitte, aiant été
obligée d'aller servir pour gagner sa vie. Que, quelques jours
après, la déposante aiant été dire audit Dancourt que la plaignante s'etoit retirée à cause qu'il étoit du à elle déposante huit
écus, tant pour loyers de ladite chambre, despence de bouche,
qu'argent presté, ledit Dancourt dit à elle déposante qu'il lui rendroit lesdits huit écus le mardi suivant, et demanda à elle déposante comment la plaignante avoit vécu chez elle et si personne
ne l'étoit venu voir. A quoy elle déposante fit réponse qu'elle
n'avoit vu personne la venir voir, et qu'elle vivoit honnestement,

et qu'il n'y avoit eu que la nécessité qui l'avoit obligée de se retirer; lequel Dancourt appela son laquais nommé Léger, et après que la déposante lui eut dit que la plaignante demeuroit vers la rue Saint-Martin, il lui dit de voir la dame Porteret afin de savoir d'elle où demeuroit la plaignante et qu'il la vouloit avoir absolument. Ledit Dancourt n'aiant point envoié à elle déposante les huit écus qu'il lui devoit et qu'il avoit promis payer, elle déposante retourna chez ledit Dancourt cinq ou six jours après pour lui demander ledit argent. Lequel Dancourt la remit à un autre temps et l'a tousjours remise pendant plus de cinq semaines, ne l'aiant encore paiée à présent. Et environ cinq semaines après que la plaignante fut sortie de chez la déposante, elle y seroit revenue disant qu'elle étoit enceinte des œuvres dudit Dancourt et ne pouvoit rester en cet état, la déposante lui aiant loué une chambre garnie et fourni tous les ustensiles nécessaires moiennant huit livres de loier par chacun mois; la déposante aiant été, le lendemain que la plaignante est revenue chez elle, parler audit Dancourt et lui dire qu'elle étoit grosse et enceinte de ses œuvres, lequel Dancourt dit à elle déposante qu'il la prioit de la garder comme elle avoit fait auparavant, et qu'il la satisferoit non-seulement de ce qu'il lui devoit, mais encore de toute la despence qu'elle pourroit faire jusques à ce qu'elle fut accouchée : nonobstant quoy, ledit Dancourt n'a payé aucune chose à la déposante, à laquelle il avoit promis de venir chez elle la satisfaire. La déposante ayant été plusieurs autres fois solliciter ledit Dancourt pour l'obliger de payer ce qu'il doit à la déposante et la despence que la plaignante a depuis faite, lequel Dancourt auroit tousjours promis de satisfaire disant qu'il n'abandonneroit jamais la plaignante.

René Battereau, bourgeois de Paris, y demeurant rue de Grenelle, parroisse Saint-Sulpice, aagé de trente ans, etc. Dépose, qu'au temps de la semaine sainte, présente année, étant revenu de ville, il auroit ouï dire à ladite Charmoise, sa femme, qu'elle avoit loué une chambre à une damoiselle que lui avoit amenée un homme en carrosse qui s'est dit son tuteur; laquelle damoiselle le déposant sait être la plaignante. A vu une fois le déposant, ledit Dancourt venir voir la plaignante dans sa chambre où il soupa avec elle, le laquais dudit Dancourt aiant dit au déposant qu'icelui Dancourt étoit le tuteur de la plaignante et qu'il avoit

son bien et payeroit toute sa despence. La plaignante aiant resté
chez le déposant environ un mois et demy, qu'elle en sortit à
cause que ledit Dancourt ne lui donnoit aucune chose pour vivre
et ne payoit la despence qu'elle avoit faite chez le déposant, quoi
qu'il eut promis de la payer. Et, le vingtiesme mai dernier, la
plaignante revint chez le déposant, disant qu'elle étoit grosse et
enceinte des œuvres dudit d'Ancourt qui l'avoit séduitte et
subornée sous promesse de mariage; la femme du déposant aiant
été plusieurs fois parler audit Dancourt tant pour avoir payement
de ce qu'il lui doit pour la despence faite par la plaignante dont
il lui a repondu, que pour l'obliger à lui faire justice sur ce qu'il
l'avoit abusée, la femme du déposant disant que ledit Dancourt
disoit qu'il n'abandonneroit jamais la plaignante et satisferoit à
tout. A ouï le déposant dire au nommé Léger, laquais dudit
Dancourt accusé, qu'il étoit venu une fois sur les quatre heures
du matin quérir la plaignante de l'ordre de son maître et qu'il
l'avoit amenée en la chambre dudit Dancourt, son maître, où
elle étoit restée à coucher avec ledit Dancourt jusques à dix à
unze heures du matin. Lequel Léger dit à lui déposant qu'il
savoit les moiens dont ledit Dancourt s'etoit servi pour suborner
la plaignante, et qu'il étoit même prêt de le déposer. Sait que la
plaignante est entièrement abandonnée par ledit Dancourt qui
n'a payé aucune chose pour elle, quoi qu'elle soit dans une pau-
vreté et une indigence tout à fait grandes.

Marie Chaumont, femme de Laurent Marais, maître savetier à
Paris, demeurante rue de Grenelle, paroisse Saint-Sulpice, aagée
de trente quatre ans, etc. Dépose, que le premier jour d'avril de
la présente année, environ les huit heures du soir, revenant en
sa chambre qui est même maison dudit Battereau, elle auroit
trouvé ladite femme Battereau qui accommodoit une carpe pour
souper; elle déposante lui aiant demandé pour qui c'étoit, elle
lui auroit dit que c'étoit pour une damoiselle à laquelle elle avoit
loué une de ses chambres garnies, et qu'il y avoit un monsieur
avec elle qui l'avoit amenée et qui se disoit son tuteur qui sou-
poit avec elle, le laquais qui les servoit aiant dit, en présence
d'elle déposante, à ladite femme Battereau que son maître étoit
un fort honneste homme duquel elle seroit bien payée, qu'il étoit
le beau-frère et tuteur de la damoiselle qu'il avoit amenée loger
chez elle et qu'il avoit son bien. A vu, environ quinze jours

après, ledit Dancourt venir voir la plaignante, dans ladite chambre, avec laquelle il soupa : la plaignante ayant prié elle déposante d'aller chez un rôtisseur faire mettre un quartier d'agneau à la broche, ce qu'elle auroit fait, et le fit apporter en leur chambre à laquelle la déposante heurta, la clef étant en dedans et ledit Dancourt et ladite plaignante enfermés en icelle; la déposante ayant rapporté ledit quartier d'agneau rosti, la plaignante lui aiant ouvert la porte toute tremblante, elle déposante leur aiant aussi apporté du vin, du pain et autres choses pour souper. Se souvient, elle déposante, que, quand elle entra dans ladite chambre en apportant ledit quartier d'agneau elle avoit remarqué que le lit qui étoit en icelle étoit tout bouleversé, paroissant qu'ils s'étoient couchez dessus, ledit Dancourt aiant fermé les rideaux ; et étant tous deux à souper ensemble ledit Dancourt parlant de choses et autres dit qu'il étoit le tuteur de la plaignante, quoi qu'il fût bien jeune, et qu'il avoit son bien et que c'étoit lui qui payeroit toute la despence et logement de la plaignante, le laquais dudit Dancourt n'étant lors avec lui. Sait que, quelques jours après, ledit Dancourt envoia son laquais de grand matin, n'étant guère que cinq heures, quérir la plaignante qu'il emmena, elle déposante aiant vu que la plaignante revint environ les unze heures du matin. Sait, elle déposante, que la plaignante ne sortoit jamais de sa chambre que pour aller à la messe ; a vu, elle déposante, que la plaignante vendoit ses hardes et chemises pour vivre, disant que ledit Dancourt ne lui donnoit aucun argent, elle déposante entendant dire à ladite Battereau qu'il ne la payoit pas du loier de sa chambre, despence et autres choses et qu'il lui devoit huit écus. A vu, elle déposante, dans le temps venir le laquais dudit Dancourt un matin dire à ladite femme Battereau qu'elle eût tousjours bien soin de la plaignante, et la nourrît bien et lui donnât tout ce qu'elle auroit de besoin, que ledit Dancourt lui rendroit et la satisferoit de tout. Entendit dire, elle déposante, à la plaignante, que ledit Dancourt ne donnant point la subsistance à elle plaignante, elle étoit obligée d'aller servir et fut demeurer chez le sieur Tiersault, rue Simon Le Franc, où la déposante la fut voir quatre ou cinq fois, d'où elle est sortie à cause qu'elle se trouva grosse, la plaignante disant que c'étoit des œuvres dudit Dancourt qui avoit promis de l'espouzer, et qu'il l'avoit abusée, la plaignante étant revenue demeurer chez ledit Battereau étant grosse et enceinte d'environ trois à quatre mois. A ouï dire, elle déposante, au nommé Léger, laquais dudit Dancourt, que le jour qu'il vint quérir la plaignante si matin, c'étoit de l'ordre de son maître et qu'il l'avoit amenée dans la chambre dudit Dancourt avec lequel elle avoit resté couchée jusques à dix heures du matin, adjoustant ledit Léger qu'il savoit bien comment ledit Dancourt son maître avoit abusé la plaignante et tous les moyens dont il s'étoit servi.

(Arch. nationales, Y 10727.)

III.

1706. — 3o novembre.

Plainte rendue par d'Ancourt contre son camarade, Étienne Baron, qui l'avait insulté et avait voulu lui donner un coup d'épée.

L'an 1706 le mardi 3o novembre, huit heures du soir, en l'hôtel de nous Charles Bizoton, commissaire au Châtelet, est comparu Florent Carton, sieur Dancourt, demeurant rue de Condé : lequel nous a fait plainte et dit qu'il y a environ une demi heure, étant entré dans la chambre du Compte, à la Comédie, où étoit le sieur Baron[1] auprès de la cheminée, un moment après y seroit survenu le sieur Ponru, marchand de draps, à qui le sieur Delavoye[2] doit quelque argent que le plaignant s'etoit chargé d'acquitter sur les part et portion qui lui reviennent du revenu de la Comédie que lui plaignant devoit retirer, et comme c'étoit le dernier jour du mois ledit sieur Ponru venoit savoir ce qui revenoit audit sieur de Lavoye, et le demandoit à lui plaignant qui lui auroit dit d'attendre; que dans l'instant ledit Baron auroit pris la parole et dit en ces termes en parlant dudit sieur Ponru : « Qu'est-ce que c'est que cet homme là ? D'où vient qu'on le fait entrer ? » Que lui ayant répondu que c'étoit à lui plaignant qu'il avoit affaire, ledit Baron qui étoit appuyé contre la cheminée, se seroit approché dudit plaignant en disant : « Cela est bien ! », lui auroit porté un coup de coude dans l'estomac avec violence; que dans l'instant s'étant éloigné de lui croyant qu'il avoit bu et approché une banquette au long de la cheminée pour y faire asseoir ledit Ponru, qui attendoit le sieur de Lavoye et que la comédie fut finie, ledit Baron sans aucun sujet ni raison auroit encore, d'un coup de pied, renversé ladite banquette sur les

---

1. Voyez BARON (Étienne).
2. Voyez LAVOY (Georges-Guillaume du Mont de).

jambes de lui plaignant. L'ayant redressée pour s'asseoir dessus avec ledit Ponru, ledit Baron prit le plaignant par le bras lui disant en ces termes : « Vous êtes un jean-foutre! » Sur quoi le plaignant, qui étoit enveloppé dans son manteau, voyant que ledit Baron vouloit l'insulter cherchoit à s'en débarrasser, ledit Baron se seroit retiré quelque pas de lui, auroit mis l'épée à la main et en même tems en auroit allongé un coup au plaignant qui auroit porté au côté du nommé Aubri[1], receveur du parterre, qui se seroit mis au-devant pour empêcher ledit Baron de continuer ses violences. Lequel Aubri, en passant, auroit renversé le plaignant et ladite banquette et marché sur le fourreau de son épée qu'il lui auroit cassé. Et dans l'instant ledit Aubri et le sieur Romancon[2], qui s'étoient mis entre eux deux pour retenir ledit Baron, ledit Aubri fut encore blessé de deux autres coups d'épée au bras et à la main, en voulant se saisir de l'épée dudit Baron qui s'efforçoit de percer le plaignant qui n'étoit pas même en état de défense. Après quoi, ledit Baron fut saisi par les sieurs Rivière et Pannetier[3] qui survinrent, et le firent sortir dudit comptoir pour éviter ses emportemens et violences et en le tirant. Et comme c'est une récidive continuelle, que ledit Baron cherche à l'insulter dans toutes les assemblées et rencontres et même que ledit Baron a dit plusieurs fois qu'il ne mourroit que de sa main et que même il l'assassineroit, il se trouve obligé de nous rendre la présente plainte.

Signé : F. CARTON-DANCOURT.

(Arch. nationales, Y 13192.)

IV.

1718. — 31 janvier.

D'Ancourt chasse à coups de poings un huissier priseur venu chez lui pour saisir ses meubles.

L'an 1718, le lundi 31e et dernier jour de janvier, sur les onze heures du matin, en l'hôtel et pardevant nous Charles Bizoton,

---

1. Chrysanthe Aubry, receveur de la Comédie ; il demeurait rue des Cannettes.

2. Claude Romancon, bourgeois de Paris; sa femme, nommée Antoinette Loyer, était receveuse de la porte d'entrée à la Comédie. Leur fils devint plus tard caissier du théâtre.

3. Rivière et Pannetier faisaient tous les deux partie de la compagnie des archers du lieutenant criminel.

commissaire au Châtelet, est comparu Thomas Moriceau, huissier commissaire priseur audit Châtelet, demeurant rue Saint-Denis, paroisse Saint-Jacques-de-la-Boucherie : lequel nous a fait plainte et dit qu'étant porteur de deux sentences contradictoires rendues au consulat de Paris le 23 mars 1716 et 26 avril dernier au profit du sieur Jules, bourgeois de Paris, portant condamnation contre le nommé Carton-Dancourt, comédien de la Comédie Françoise, d'une somme de 500 livres de principal sur laquelle somme ledit plaignant auroit reçu dudit Dancourt en deux différentes fois celle de 200 livres, et pour les 300 livres restant ledit plaignant se seroit transporté plusieurs fois pour en avoir le payement ; ce que n'ayant pu faire, il auroit été obligé de se transporter ce jourd'hui, il y a environ une heure, chez ledit Dancourt avec Antoine Lemoine et Jean Vigneron, praticiens, ses deux assistans, à l'effet de saisir et exécuter les meubles dudit Dancourt ; qu'étant entré dans la salle à manger, il auroit parlé au laquais dudit Dancourt qui lui auroit dit que son maître n'étoit pas encore levé ; qu'ayant attendu l'espace d'une demi heure, ledit laquais seroit venu dire audit plaignant que son maître étoit éveillé et qu'il pouvoit entrer pour lui parler, ce qu'il fit ; et, étant entré dans la chambre dudit Dancourt où il étoit couché dans son lit, ledit plaignant lui dit le sujet de son transport. Sur quoi ledit Dancourt lui auroit dit qu'il n'avoit pas d'argent et qu'il ne vouloit pas que l'on saisisse ses meubles ; que si l'on le faisoit, qu'il les feroit bien sortir ; qu'il savoit les conséquences de la rebellion, mais qu'il ne s'en soucioit pas. Ledit plaignant lui auroit fait réponse qu'il ne pouvoit se dispenser de faire l'exécution de ses dits meubles et dans l'instant se seroit retiré dans ladite salle où étoient ses assistans et auroient commencé ladite saisie ; qu'en procédant à icelle, ledit Dancourt seroit sorti de sa chambre en robe de chambre comme un furieux et se seroit adressé audit plaignant en le traitant de bougre de gueux, de fripon et de voleur aussi bien que ses assistans, l'auroit pris par le collet en lui disant de sortir et que, s'il ne sortoit pas, il lui donneroit vingt coups de bâton et à ses assistans, et lui auroit, en le poussant dehors de la salle, poussé un coup de poing de toute sa force derrière le dos et plusieurs coups de poing à ses assistans en les mettant à la porte. En sorte qu'ils ont été obligés, pour éviter les violences dudit Dancourt, de se retirer de ladite maison sans avoir pu faire ladite saisie exécution. Et comme ledit Dan-

court est un homme fort violent, qu'il lui a déjà fait plusieurs
violences et à autres de ses confrères en voulant faire les fonctions de leur charge et qu'il est coutumier du fait, il a été conseillé
de nous venir rendre la présente plainte.

Signé : MORICEAU; BIZOTON[1].

(Arch. nationales, Y 13204.)

AUBERVAL (Étienne-Dominique BERCHER d'), né le 9 janvier 1725,
débuta à la Comédie-Française, le 11 mai 1760, par le rôle de
Nérestan dans *Zaïre*, fut reçu en 1762, se retira le 1er juillet 1780
avec la pension de 1,000 livres et mourut vers la fin du siècle[2].

1780. — 17 décembre.

Le roi accorde une pension de 300 livres à Étienne-Dominique Bercher
d'Auberval.

Brevet d'une pension de 300 livres en faveur du sieur Étienne
Dominique Bercher-Dauberval, né le 9 janvier 1725 à Paris et
baptisé le lendemain dans la paroisse Saint-Nicolas-des-Champs
de ladite ville, laquelle pension lui est accordée sur le trésor
royal, sans retenue, en considération de ses anciens services en
qualité de comédien du Roy, par décision de ce jour 17 décembre
1780, avec jouissance dudit jour.

(PIÈCES JOINTES AU BREVET.)

1. — Acte de baptême de D'Auberval.

Extrait des registres baptistaires de la paroisse Saint-Nicolas-
des-Champs, à Paris.

Le 10 janvier 1725 a été baptisé Étienne-Dominique, né hier,
fils d'Adrien-Dominique Bercher, marchand, et de Catherine
Bernard de la Juberdière, sa femme, demeurant rue Saint-Martin.
Le parrein : Étienne Bercher, greffier et notaire à Monmorency,

---

1. Voy. AUVILLIERS (d'), pièce II, et BEAUBOURG.

2. Le Mazurier, dans sa *Galerie historique du théâtre français*, parle de
ce comédien, peu connu aujourd'hui, comme d'un acteur froid, lent et
maniéré. Son emploi consistait à jouer dans la tragédie les grands confidents et dans la comédie les raisonneurs; mais il se chargeait volontiers
en outre de tous les rôles, si mauvais qu'ils fussent, pourvu que la
Comédie-Française, pour laquelle il était plein de zèle, y eût quelque intérêt.
Il avait une très-belle voix et de l'intelligence.

la marreine : Marie Anne Ruffier, femme de François Parisot, marchand, demeurant rue des Petits-Champs Saint-Martin, paroisse Saint-Merri, lesquels ont signé, etc.

2. — D'Auberval sollicite une pension de la bonté du Roi.

Sire, Votre Majesté voudra t'elle bien permettre à Dauberval père de tomber à ses pieds pour la remercier de la bonté généreuse, avec laquelle elle a daigné tourner vers lui ses regards et s'informer de son sort. Attaché pendant vingt ans au service de Votre Majesté et à celui de votre auguste aïeul, il n'auroit point interrompu des travaux que son cœur et son zèle vous avoient consacré, sans une indisposition cruelle qui l'a forcé à la retraitte dans l'instant où le comédien commence à recueillir de quoi terminer sans inquiétude sa dernière carrière. Si Votre Majesté vouloit l'honorer et l'aider d'une petite pension, il éprouveroit à son tour qu'il a eu le bonheur de vivre sous un roi dont les soins paternels s'occupent même de ses moindres sujets et dont les instants sont marqués par la bienfaisance [1].

3. — D'Auberval demande à un fonctionnaire des Menus-Plaisirs une expédition du brevet par lequel le Roi lui a accordé une pension.

Monsieur,

Relativement à mon incommodité, Sa Majesté a daignée m'accorder au mois de décembre dernier une pension de trois cent livres; comme je retourne incessament aux eaux de Bourbonne, je désirerois estre muni du brevet qui me fait jouir de ce titre honnorable.

S'il vous plaisoit, Monsieur, de vouloir bien le faire remettre à monsieur des Entelles, hotel des Menus-Plaisirs du Roy, rue Bergère, ou à votre serviteur, je vous en aurois beaucoup d'obligation. Monsieur des Entelles a eu la bonté de remettre à votre bureau quelques jours avant Noël mon extrait baptistaire avec mon nom, Étienne-Dominique Bercher, auquel est ajouté celui de Dauberval père qui est le nom que j'ay toujours porté depuis que j'avois embrassé l'état de la comédie.

La difficulté de monter, de descendre de voiture et de me transporter avec aisance d'un lieu à un autre, m'empêche de me rendre à Versailles.

---

1. Autographe.

Monsieur de la Ferté m'a fait espérer que vous voudriés bien avoir égard à ma prière.

Je sens, Monsieur, la peine et l'embarras que je vous donne, recevés en, je vous supplie, mes excuses et mes remercimens très humbles.

J'ay l'honneur d'estre très parfaitement, Monsieur, votre très humble serviteur.

> BERCHER-DAUBERVAL père, pensionnaire du Roy.

De Paris, ce 31 de mars 1781.

A Bercher-Dauberval père, rue de Cléry, vis à vis l'ancien hôtel de Lhuberg, mesme maison de Dauberval, son fils [1].

(Arch. nationales, O¹ 668.)

AUGÉ (François), né le 31 décembre 1733, joua d'abord la comédie à l'étranger, débuta au Théâtre-Français le 14 avril 1763 [2], se retira en 1782 [3] et mourut le 26 février 1783.

1782. — 11 mars.
Le duc de Duras, premier gentilhomme de la Chambre, accorde à François Augé sa retraite avec 1,500 livres de pension.

Nous, maréchal duc de Duras, pair de France, premier gentilhomme de la Chambre du Roy,

---

1. Autographe. Le fils de d'Auberval dont il est ici question est le danseur bien connu de l'Académie royale de musique qui fut le rival de Vestris. Quant à l'hôtel de Lubert, en face duquel ils demeuraient, il avait pris son nom du président Louis de Lubert, amateur distingué de musique que Voltaire appelait « le meilleur violon du Parlement ».

2. Par le rôle de Dave dans l'*Andrienne*, comédie de Baron, et par celui de Labranche dans *Crispin rival de son maître*, comédie de Le Sage. A l'époque des débuts d'Augé, les *Mémoires secrets* attribués à Bachaumont et autres parlent (t. I, p. 238) en ces termes de ce comédien : « On voit à la Comédie françoise un acteur nouveau dans les Daves (les valets). Il se nomme Auger ; on en dit beaucoup de bien : on lui trouve de la noblesse, car il en faut partout, de l'intelligence et un masque très-bon. C'est un genre différent de Préville. »

3. Les *Mémoires secrets* (tome XX, p. 225) s'expriment ainsi lorsqu'Augé quitta le théâtre : « Le sieur Augé, acteur reçu depuis 1763, est le seul que le théâtre français ait perdu depuis sa rentrée. Il brilloit surtout dans l'emploi des valets qu'on appelle la grande livrée. Il avoit la taille svelte et bien prise, une démarche leste, un masque très expressif, un organe sonore et bruyant, beaucoup de gaîté et d'aisance ; il plaisoit généralement... il est très regretté. »

Avons accordé au sieur Augé sa retraite qu'il nous a demandée avec la pension de quinze cents livres pour ses bons et anciens services.

Du lundi 11 mars 1782.

Signé : le maréchal duc DE DURAS.

(Arch. nationales, O¹ 845.)

AUVILLIERS (Nicolas DORNÉ, sieur d').

AUVILLIERS (Victoire-Françoise POISSON, mariée à Nicolas DORNÉ, sieur d').

Nicolas Dorné, sieur d'Auvilliers, faisait depuis quelques années déjà partie de la troupe du Marais, lorsqu'en 1673, il passa au théâtre Guénegaud. Lors de la réunion des troupes royales en une seule en 1680, il fut conservé à la nouvelle Comédie-Française. Il est mort fou à Charenton le 15 août 1690[1]. Étant encore au Marais, le 27 avril 1672, il avait épousé une fille de Raymond Poisson nommée Victoire-Françoise, qui était sa camarade et qui le suivit en 1673 au théâtre Guénegaud. A la réunion de 1680 cette actrice ne fut pas conservée, selon les uns parce qu'elle était trop mauvaise, selon les autres parce qu'un cancer la défigurait. Elle se retira avec la pension de 1,000 livres et accepta l'emploi de souffleuse de la Comédie, fonction qu'elle remplit jusqu'au 16 novembre 1718. Elle alla alors habiter Saint-Germain-en-Laye où elle mourut le 12 novembre 1733.

I.

1675. — 16 janvier.

Arrêt du Parlement réglant un différend survenu entre les comédiens du théâtre Guénegaud et les sieurs d'Auvilliers et du Pin[2].

Entre Nicolas Dornay, sieur d'Auvilliers ; Victoire-Françoise

---

1. Dorné d'Auvilliers jouait avec talent les seconds et troisièmes rôles tragiques. Il était, dit-on, d'un caractère extrêmement jaloux.

2. Voici le récit des événements qui donnèrent lieu à cet arrêt. Ce fut le 9 juillet 1673 que s'ouvrit le théâtre de la rue Guénegaud dont la troupe, composée des débris de celle de Molière et de quelques comédiens venus du Marais, était loin de former un ensemble satisfaisant. Dès les premiers jours, des symptômes de division se manifestèrent surtout parmi les femmes, qui jalousaient Mlle Molière, à qui les événements avaient donné le premier rang. En outre, le succès ne répondait pas aux efforts des nouveaux associés qui, pendant une année entière, durent jouer devant une

Poisson, sa femme; Joseph du Landas sieur du Pin[1] et Louise Jacob[2], sa femme, comédiens et comédiennes de la troupe royale établie rue Mazarini à Saint-Germain-des-Prés; messire Alexandre de Rieux, chevalier, marquis de Sourdiac; Laurent de Bersac de Fondant, sieur de Champeron; Edme Vuilquin, sieur de Brie[3] et Catherine Leclerc[4], sa femme, intervenants et tous appelants d'une sentence rendue au nouveau Châtelet de Paris le 6e novembre 1674, d'une part;

salle à peu près vide. Dans ces graves conjonctures, Thomas Corneille proposa aux comédiens un ouvrage de sa façon intitulé *Circé*. Cette pièce, espèce de féerie, nécessitait d'assez fortes dépenses de mise en scène qu'une partie des acteurs se résigna à supporter, mais que d'autres, tels que Dorné d'Auvilliers, du Pin et leurs femmes, ne voulurent pas accepter. Les deux machinistes de la troupe, le marquis de Sourdeac et Coste de Champeron, appuyaient la résistance et excitaient les comédiens les uns contre les autres, espérant ainsi arriver à faire rompre la société et reprendre le théâtre pour leur propre compte. Les choses en arrivèrent au point que les opposants furent chassés et qu'il y eut relâche le 2 et le 5 octobre 1674. On plaida au Châtelet d'abord, au Parlement ensuite et le procès durait déjà depuis plus de trois mois, quand enfin intervint un arrangement amiable qui fut validé par l'arrêt du Parlement transcrit ici. Dorné d'Auvilliers, du Pin et sa femme rentrèrent dans la troupe le 12 février 1675, et on joua *Circé*, le 17 mars suivant, avec le plus grand succès. Quant aux deux machinistes, peu satisfaits du résultat obtenu, ils firent un nouveau procès, furent exclus de la troupe le 29 juillet 1677, et ne renoncèrent définitivement à leurs prétentions qu'en 1681. (Voyez sur cette affaire : *la Comédie française*, par J. Bonassies, Paris, Didier, 1874, p. 45.)

1. Joseph du Landas, sieur du Pin, d'abord comédien de campagne, puis engagé au Marais, passa en 1673 au théâtre Guénegaud et se retira en 1680, lors de la réunion des troupes, avec 500 livres de pension. Il mourut le 25 juillet 1696.

2. Louise Jacob de Montfleury, fille du fameux comédien de ce nom, née le 30 mars 1649, mariée à Joseph du Landas, sieur du Pin, le 8 avril 1665, joua la comédie au Marais d'abord, puis à partir de 1673 au théâtre Guénegaud. Conservée à la réunion des troupes en 1680, elle se retira le 14 avril 1685 avec la pension de 1,000 livres et mourut le 8 avril 1709. Elle jouait les premiers rôles tragiques et comiques.

3. Edme Villequin, sieur de Brie, comédien de campagne, puis engagé dans la troupe de Molière, avec lequel il vint à Paris en 1658, passa en 1673 au théâtre Guénegaud et mourut le 9 mars 1676.

4. Catherine Le Clerc du Rozet, comédienne de campagne, épousa en province Edme Villequin, sieur de Brie, vint à Paris en 1658 avec Molière et fit partie de sa troupe jusqu'en 1673. A cette époque elle passa au théâtre Guénegaud, fut conservée à la réunion de 1680, se retira en 1684 ou 1685 avec la pension de 1,000 livres et mourut en 1706.

Et damoiselle Armande-Grézinde-Claire-Elisabeth Béjard [1] veuve de feu Jean-Baptiste Pocquelin de Molière, Philbert Gassot sieur du Croisil [2], Charles Varlet sieur de La Grange [3], Marie Ragueneau [4], sa femme, André Hubert [5], Geneviève Béjard [6], procédante sous l'autorité de Jean-Baptiste Aubry, son mari, Claude La Roze sieur de Rozimont [7] et Marie-Angélique

---

1. Armande-Gresinde-Claire-Élisabeth Béjart, que l'on suppose être née entre 1642 et 1645, entra en 1662 dans la troupe de Molière avec lequel elle se maria le 20 février de la même année. Elle devint veuve le 17 février 1673 et passa la même année au théâtre Guénegaud. Elle se remaria le 31 mai 1677 avec le comédien Guérin d'Etriché et mourut le 30 novembre 1700.

2. Philibert Gassot, sieur du Croisy, né vers 1630, comédien de campagne, vint à Paris en 1659 et entra dans la troupe de Molière où il resta jusqu'en 1673. A cette époque il passa au théâtre Guénegaud, fut conservé à la réunion de 1680, quitta le théâtre le 18 avril 1689 et mourut en 1695 à Conflans-Sainte-Honorine, où il s'était retiré.

3. Charles Varlet de la Grange, né à Amiens à la fin de 1639 ou au commencement de 1640, fut d'abord comédien de campagne; en 1659 il entra dans la troupe de Molière et y resta jusqu'en 1673, époque où il passa au théâtre Guénegaud. Conservé à la réunion de 1680, il mourut le 1er mars 1692. On sait que La Grange, qui était l'administrateur de la troupe de Molière, et plus tard de la troupe des comédiens du Roi, a laissé un précieux registre de ses comptes que la Comédie-Française actuelle a publié en 1876. En tête de ce très-curieux document, M. Édouard Thierry, directeur de la Bibliothèque de l'Arsenal, a mis une préface où il a retracé avec un talent charmant et une rare érudition la vie de ce sympathique comédien qui fut l'un des meilleurs et des plus fidèles compagnons de notre grand poëte comique.

4. Marie Ragueneau de l'Estang, dite Marotte, née le 18 mai 1639, fut, dit-on, femme de chambre de Mlle de Brie avant de jouer quelques petits rôles dans la troupe de Molière en 1663. Elle épousa le comédien La Grange en 1672, passa avec lui en 1673 au théâtre Guénegaud, fut conservée à la réunion de 1680 et se retira en 1692, année de la mort de son mari, avec la pension de 1,000 livres. Elle mourut en 1727.

5. André Hubert, comédien du Marais, puis de la troupe de Molière en 1664, passa en 1673 au théâtre Guénegaud. Conservé à la réunion des troupes en 1680, il se retira en avril 1685 avec la pension de 1,000 livres. Il mourut le 19 novembre 1700.

6. Geneviève Béjard, née vers 1631, mariée en 1664 à Léonard de Loménie, qui mourut vers 1670, remariée en 1672 à Jean-Baptiste Aubry, maître paveur et auteur dramatique. Comédienne de la troupe de Molière, dont elle était la belle-sœur, elle passa en 1673 au théâtre Guénegaud et mourut le 3 juillet 1675.

7. Voyez Rozimont (Claude La Roze, sieur de).

Gassot[1], fille, procédante sous l'autorité dudit Gassot du Croisil, son père, aussi comédiens et comédiennes de ladite troupe royale; Renault Petitjean sieur de la Roque[2], Achille Varlet sieur de Verneuil[3], François Guérin sieur d'Estriché[4], damoiselle Marie du Mont, femme de Pierre Ozillon[5], damoiselle Judicq de Nevers-Guyot[6] aussi comédiens et comédiennes adjoints avec lesdits Gassot et consors, intimés et défendeurs.

Et entre lesdits Dornay, du Landas et leurs femmes deman-

---

1. Marie-Angélique Gassot, née vers 1658, joua tout enfant, en 1671, dans la troupe de Molière, le rôle de l'une des Grâces, dans *Psyché*, passa en 1673 au théâtre de la rue Guénegaud, fut conservée à la réunion de 1680, se retira, le 19 avril 1694, avec la pension de 1,000 livres, et mourut à 98 ans, en 1756, à Saint-Germain en Laye. Elle avait épousé le comédien Raymond Poisson. C'est Angélique Gassot qui publia, en mai 1740, dans le *Mercure*, une *Lettre sur la vie et les ouvrages de Molière et les comédiens de son temps*, où se trouve le portrait souvent cité du grand poète qu'elle avait connu et qui commence par ces mots : « Il n'étoit ni trop gras, ni trop maigre... »

2. Pierre Regnaut Petit-Jean, sieur de la Roque, né vers 1595, comédien au Marais, passa en 1673 au théâtre Guénegaud et mourut le 31 juillet 1676, au moment où il allait se retirer avec la pension de 1,000 livres qui fut attribuée à sa veuve Marie Bidault.

3. Achille Varlet, sieur de Verneuil, né en 1636, fut d'abord comédien de campagne, puis entra dans la troupe du Marais, qu'il quitta en 1673 pour aller au théâtre Guénegaud ; conservé à la réunion de 1680, il se retira, le 19 juin 1684, avec la pension de 1,000 livres, et mourut à Paris le 27 août 1709.

4. Isaac-François Guérin d'Etriché, né vers 1636, fut d'abord comédien de campagne, puis débuta au Marais en 1672. En 1673 il passa au théâtre Guénegaud, fut conservé à la réunion de 1680, se retira en 1717 à la suite d'une attaque d'apoplexie et mourut le 29 janvier 1728. Il avait épousé, au mois de mai 1677, la veuve de Molière.

5. Marie du Mont, femme de Pierre Ozillon, dont le mari était guidon de la compagnie du prévôt de l'Ile-de-France, fut d'abord comédienne du Marais. En 1673 elle passa au théâtre Guénegaud et fut congédiée avec une pension de 750 livres le 12 avril 1679. Un arrêt du Parlement, rendu en sa faveur, porta cette pension au taux habituel de 1,000 livres. Elle mourut le 8 juillet 1693.

6. Judith de Nevers, dite Guyot, d'abord comédienne de campagne, débuta au Marais en 1673 et passa la même année au théâtre Guénegaud ; elle fut conservée à la réunion de 1680 et se retira, en 1684, avec la pension de 1,000 livres. Elle devint ensuite receveuse du théâtre à 3 livres par jour. Elle mourut le 30 juillet 1691. M. Édouard Thierry et M. Jules Bonnassies pensent, non sans vraisemblance, que cette actrice est l'auteur du célèbre pamphlet publié contre Mlle Molière et intitulé *la Fameuse Comédienne*.

deurs en requête par eux présentée à la cour le 4 décembre présents mois et an, d'une autre part;

Et ledit Philbert Gassot et consorts, ledit Petitjean et consors défendeurs d'autre;

Et entre lesdits Philbert Gassot du Croisil, Charles Varlet sieur de la Grange et damoiselle Marie Ragueneau, sa femme André Hubert, damoiselle Geneviève Béjard procédant sous l'autorité de Jean-Baptiste Aubry, Claude de la Roze, sieur de Rozimont, damoiselle Marie-Angélique Gassot du Croisil, fille procédante sous l'autorité de Philbert Gassot du Croisil, son père, damoiselle Armande-Grézinde-Claire-Elisabeth Béjard, veuve de feu Jean-Baptiste Pocquelin, sieur de Molière, tous comédiens et comédiennes de la troupe du Roi établie rue Mazarine; Regnault Petitjean, sieur de la Rocque, Achilles Varlet, sieur de Verneuil, François Guérin, sieur d'Estriché, Marie du Mont, femme de Pierre Ozillon, et damoiselle Judicq de Nevers-Guyot, aussi comédiens et comédiennes adjoints avec lesdits Gassot et consors, demandeurs en requête du 8 janvier 1675, tendante à ce que faute d'avoir par les défendeurs satisfait à la sentence et aux sommations en conséquence que les machines qui devoient être en état pour représenter la pièce de *Circé*[1] au 15e janvier de la présente année ne le peuvent être de très longtemps par la faute desdits sieurs de Champeron et de Sourdiac, il fut ordonné qu'ilz seroient tenus de recevoir desdits demandeurs le remboursement de la somme de 16000 livres restante à eux due, ensemble des intérêts d'icelle à compter du 23e mai 1673 jusqu'au remboursement suivant l'ordonnance, sur lesquelles sommes seront déduites celles qu'ils ont reçues suivant le registre d'entre eux qui se tient par le demandeur; et, à faute de recevoir ladite somme à la première sommation qui leur en sera faite, qu'il sera permis aux demandeurs de la consigner entre les mains d'un notaire et en conséquence lesdits demandeurs déchargés envers lesdits de Sour-

---

1. *Circé*, pièce à machines due à la collaboration de Thomas Corneille et de Donneau de Vizé, musique de Charpentier. Le principal rôle était tenu par Armande Béjard. Ce fut pendant la représentation de cette pièce, qui fut jouée 42 fois de suite, qu'arriva la scandaleuse affaire du président Lescot. Voir, sur la méprise dont se rendit coupable ce magistrat, le livre intitulé *la Fameuse Comédienne*, édition Jules Bonnassies, p. 45. Paris, Barraud, 1870.

diac et de Champeron ; et lesdits de Sourdiac et de Champeron défendeurs, d'autre :

Après que Robert pour lesdits Dorné et consors, Cousin pour lesdits de Sourdiac et consors, et Pageau pour ledit Gassot et consors ont dit être d'accord de l'appointement signé d'eux et de maître Germain Billard, ancien avocat, par devant lesquels les parties auroient été renvoyées par arrêt du 29 décembre dernier pour en passer par leurs avis tant sur l'appel, provision que réintégrande et paraphé de Lamoignon pour le procureur général du Roi ;

La Cour ordonne que l'appointement sera reçu, en suivant icelui met l'appellation et ce dont a été appelé au néant, en émendant en conséquence des offres faites par les parties de Robert de souscrire l'arrêté de la troupe mentionné en l'acte du 18ᵉ octobre 1674, sur la demande des parties de Pageau du 24 octobre 1674, a mis et met les parties hors de cour ; ce faisant continueront les parties de Robert de représenter la comédie ainsi qu'ils ont fait avant le 18 octobre 1674, leur seront les parts et portions des profits et émoluments des représentations depuis ledit jour 18 octobre rendues et restituées, si mieux n'aiment les parties de Pageau payer à commencer dudit jour 18 octobre dernier jusqu'enfin des 6 années portées par l'acte du 3 mai 1673 et par chacune d'icelle, savoir : audit D'Auvilliers et sa femme 1500 liv. pour la part et demie qu'ils ont dans la troupe et auxdits du Pin et sa femme aussi pour la part et demie qu'ils ont dans ladite troupe pareille somme de 1500 livres, ce que lesdites parties seront tenues d'opter dans huitaine, sinon l'option référée auxdits d'Auvilliers, du Pin et leurs femmes ;

Seront tenus lesdits de Sourdiac et Champeron, suivant leurs offres, de satisfaire au contrat du 23 mai 1673 et suivant icelui donner leurs soins, avis et ministère dans les pièces qui se représenteront ; et en conséquence a mis et met sur la demande des parties de Pageau du 24 octobre et 5 janvier dernier les parties hors de cour.

A ordonné et ordonne que Hubert et autres qui ont reçu les deniers communs rendront compte à l'amiable à Antoine de Sourdiac et Champeron et à toute la troupe ; à l'effet de quoi seront les livres représentés par ceux qui les ont en leur pouvoir.

Et sur le surplus des demandes contenues en la requête du 9 octobre dernier et demande incidente desdits Sourdiac et Champeron du 23 dudit mois d'octobre, les parties compteront plus amplement. Dépens compensés.

Du 16 janvier 1675.

(Arch. nationales, X¹ᵃ 6116.)

II.

1705. — 1ᵉʳ décembre.

Plainte de Françoise-Victoire Poisson, veuve du sieur d'Auvilliers, contre un huissier qui avait induement saisi son mobilier.

L'an 1705, le mardi premier jour de décembre, sur les onze heures du matin, en l'hôtel de nous, Charles Bizoton, commissaire au Châtelet, sont comparus Françoise-Victoire Poisson, veuve du sieur Dauvilliers, le sieur Florent Carton, sieur Dancourt, et Georges-Guillaume Lavoie, demeurant rue de Condé en une même maison : lesquels nous ont fait plainte et dit que sur les neuf heures du matin, le nommé Pron, huissier à cheval, seroit entré dans l'appartement de ladite demoiselle Dauvilliers, où loge en pension ledit sieur Lavoie, son gendre; qu'en entrant il auroit dit qu'il venoit pour exécuter les meubles qui occupoient ledit appartement, faute de paiement d'une somme de 300 livres due par ledit Lavoie au sieur Langelet, marchand, qui avoit obtenu sentence de condamnation de ladite somme contre ledit Lavoie; que lui ayant fait réponse qu'elle, femme Dauvilliers, ne devoit aucune chose audit Langelet et que les meubles qui occupoient ledit appartement lui appartenoient et non audit Lavoie son gendre, le sieur Pron, assisté de deux ou trois archers sans vouloir écouter sa réponse, se seroit mis à saisir et exécuter lesdits meubles, disant à la demoiselle Dauvilliers qu'elle feroit comme elle le jugeroit à propos; que, dans l'instant, ayant fait avertir ledit sieur Dancourt, principal locataire de ladite maison, qui seroit monté et auroit certifié audit Pron, huissier, et ses assistans, que lesdits meubles n'appartenoient pas audit Lavoie, mais à ladite demoiselle Dauvilliers, locataire dudit appartement, chez laquelle ledit Lavoie demeuroit seulement en pension, ledit Pron sans vouloir écouter aucune réponse, ni raison, se seroit mis à jurer et à blasphémer le saint nom de Dieu, les appelant « bougres de chiens de comédiens » et mille autres injures, et auroit continué ses violences à un tel point qu'après avoir passé outre à ladite saisie exécution sans vouloir écouter les raisons et empêchemens de ladite demoiselle Dauvilliers et du sieur Dancourt, il leur auroit

fait plusieurs menaces de revenir et de faire faire l'enlèvement
desdits meubles, quoique ladite demoiselle ne doive aucune chose
audit Langelet, mais bien ledit Lavoie qui n'a jamais été refusant
de payer et satisfaire ledit Langelet, avec lequel même il est
d'accord pour ce qui est échu. Ils se trouvent obligés, pour se
mettre à couvert desdites insultes et violences dudit Pron, d'avoir
recours à l'autorité de la justice et de nous rendre la présente
plainte.

Signé : LAVOIE.

(Arch. nationales, Y 13191.)

BARON (Etienne-Michel BOYRON, dit), fils de Michel Boyron, dit
Baron, et de Charlotte Le Noir de la Thorillière, né le 22 juillet
1676, joua dès 1686 des rôles d'enfant à la Comédie française,
débuta dans les formes en 1695 et mourut le 9 décembre 1711 [1].

1701. — 4 juillet.
Plainte d'Etienne Baron contre son camarade Paul Poisson, qui l'avait
injurié et menacé de son épée.

L'an 1701, le lundi 4 juillet, onze heures et demie du matin,
par devant nous Charles Bizoton, commissaire au Châtelet, est
comparu Etienne Boyron, comédien de la troupe du roi, demeurant rue de Condé, paroisse Saint-Sulpice : lequel nous a fait
plainte et dit que ce jourd'hui matin il s'est rendu à l'assemblée
ordinaire de la troupe en l'hôtel de la Comédie où étoit aussi le
sieur Poisson [2], lequel, dans la contestation d'un rôle, auroit dit
quelques paroles désobligeantes à la demoiselle Beauval. Sur quoi
le plaignant auroit pris la parole et dit qu'il étoit fort agréable de
venir à l'âge de ladite demoiselle Beauval [3] et d'avoir son mérite :
le sieur Poisson auroit sur cela entrepris le plaignant sur sa capacité et après quelques paroles où entre autres ledit sieur Poisson
lui auroit dit qu'il ne cessoit de dire des gueullées que quand il
dormoit, auxquelles parolles le plaignant lui auroit reparti que
lui Poisson en disoit autant de fois qu'il ouvroit la bouche. Le

---

1. « C'étoit un jeune comédien, beau, bien fait et dont les talents com-
mençoient à se perfectionner ; mais un amour trop ardent pour le plaisir
en priva le public. » (Léris, *Dictionn. des Théâtres*, 1754.)

2. Voyez POISSON (Paul).

3. Mlle Beauval, née vers 1649, avait alors 51 ou 52 ans.

discours a cessé et un instant après ledit Poisson a pris son jeton [1] et est sorti. Le plaignant a pris le sien ensuite et, ayant pris congé de ceux qui composoient l'assemblée, il est sorti. pour s'en retourner en sa maison susdite rue de Condé, et a été surpris qu'é‐ tant arrivé auprès du carrefour de la porte Saint-Germain, il a senti que l'on le tiroit par la manche de son justaucorps, après quoi par son chapeau, et dans le moment a été frappé sur son chapeau qui étoit sur sa tête : il s'est tourné et a vu que c'étoit ledit Poisson qui avoit l'épée nue à la main dont il venoit de le frapper et l'auroit traité à l'instant de « bougre de jean-foutre ». Ledit plaignant, le voyant en état de récidive, s'est mis en défense pour garantir sa vie après avoir pris un chacun à témoin. Plu‐ sieurs personnes, ayant vu l'action, en ont blâmé ledit Poisson qui a continué ses violences et fait beaucoup de menaces. Pour raison de quoi et attendu que c'est un assassinat prémédité, il est obligé de nous rendre ladite plainte.

Signé : Bizoton ; Boiron.

(Archives nationales, Y 13187.)

BEAUBOURG (Pierre Trochon, sieur de), né vers 1662, débuta à la Comédie française le 17 décembre 1691 par le rôle de Nicomède dans la tragédie de ce nom, fut reçu en octobre 1692 et se retira le 3 avril 1718. Retraité avec la pension de 1000 livres, il mourut le 17 décembre 1725 [2].

1711. — 17 juin.

Plainte d'un sieur Mey contre Beaubourg qui lui avait donné un soufflet.

L'an 1711, le mercredi 17 juin, neuf heures du matin, est comparu en l'hôtel et par devant nous Guillaume Thomin, com‐

---

1. Le jeton de présence qui se distribuait à chaque comédien assistant à l'assemblée.

2. Beaubourg avait épousé le 14 juin 1694 Louise Pitel, fille de Jean Pitel, sieur de Beauval, et de Jeanne Olivier Bourguignon. Louise Pitel avait alors environ 29 ans et était déjà veuve de deux maris, Jacques Ber‐ trand et Jacques Deshayes. Elle fut aussi comédienne et débuta à la Comédie française en 1684. Elle se retira le 3 avril 1718, en même temps que Beaubourg, avec la pension de 1000 livres. C'est elle qui à l'âge de 7 ou 8 ans fut chargée par Molière de jouer le rôle de Louison dans le *Malade imaginaire*.

missaire au Châtelet, Mathieu Mey, demeurant rue du Chantre, lequel nous a fait plainte contre le nommé Beaubourg, l'un des comédiens du Roi, et dit qu'il y a aujourd'hui 15 jours, environ les sept heures du soir, étant à la représentation de *Britannicus*, tragédie de Racine, sur le théâtre, il en seroit sorti et auroit suivi le nommé Legrand [1], l'un desdits comédiens qu'il connoît particulièrement, pour lui demander l'explication d'un vers qu'on venoit de réciter, ledit Beaubourg seroit survenu, lequel auroit dit au plaignant qu'il étoit un critique ridicule, à quoi il lui auroit répondu qu'il n'avoit point intention de critiquer, mais qu'il demandoit l'explication d'un vers ; il lui répliqua qu'il lui ôteroit l'entrée. Le plaignant ne put s'empêcher de lui dire qu'il ne le croyoit pas ainsi, que lui seul n'étoit pas suffisant et qu'il étoit un juge de Pont-Neuf des choses d'esprit ; ledit Beaubourg, en le traitant de fat, lui donna un soufflet et auroit même poussé la violence plus loin s'il n'en avoit été empêché. Dont et de quoi il nous rend plainte.

Signé : Mathieu MEY.

Information faite par devant le commissaire Thomin.

Du vendredi 19 desdits mois et an, neuf heures du matin.

Sieur Marc-Antoine Legrand, l'un des comédiens ordinaires du Roi, demeurant rue du Regard, âgé de 38 ans, etc.

Dépose que la veille de la grande fête de Dieu, sur les sept heures du soir, comme on finissait le quatrième acte de la tragédie de *Britannicus*, le sieur Mey vint demander au déposant s'il entendoit un endroit de la pièce qu'il lui récita et comme il lui alloit expliquer, vint à passer le sieur de Beaubourg, sortant du théâtre en habit à la romaine [2], lequel prenant part à la conversation, dit audit sieur Mey : « N'êtes-vous pas las, monsieur Mey, de critiquer Racine avec vos critiques ridicules ? » A quoi ledit sieur Mey répondit : « Mais, vous-même, Monsieur, entendez-vous ces vers-là ? » Que ledit sieur Beaubourg lui répliqua encore en ces termes : « Ah ! Monsieur Mey ? » A quoi ledit Mey lui dit : « Vous êtes un plaisant homme pour disputer avec un homme comme moi ! » Sur quoi ledit sieur Beaubourg dit en s'en retournant sur le théâtre : « Monsieur Mey, vous vous ferez

---

1. Voyez LEGRAND (Marc-Antoine).

2. Beaubourg jouait dans *Britannicus* le rôle de Néron.

ôter votre entrée à la comédie. » Que ledit sieur Mey lui cria de loin : « Vous êtes un plaisant juge de Pont-Neuf ! » ce qu'il répéta deux fois. Que ledit sieur Beaubourg vint à la charge et ne put s'empêcher de lui donner un soufflet ; que le sieur Mey se jeta à sa perruque et le secoua en lui donnant quelques coups que ledit sieur Beaubourg lui rendit de son côté et le sieur Dancourt les sépara dans le moment.

Signé : LEGRAND.

Sieur Philippe Destouches[1], secretaire de M. le marquis de Puysieux, demeurant rue de Bussy, âgé de trente un ans, etc.

Dépose qu'il ne sait aucune chose des faits mentionnés en la plainte dont lecture lui a été faite, a seulement entendu dire qu'à l'occasion d'un vers de *Britannicus*, il y avoit eu une dispute entre les sieurs Mey et Beaubourg.

Signé : DESTOUCHES.

Demoiselle Charlotte Desmare[2], comédienne ordinaire du Roi, demeurante rue de Condé, âgée de 28 ans, etc.

Dépose que le mercredi trois de ce présent mois et an, sur les sept heures du soir, entrant dans le premier foyer de la Comédie, elle y vit ledit sieur Mey qui étoit en dispute avec le sieur Beaubourg et ledit sieur Mey disoit en ces termes : « Ce ne sera pas à un homme comme vous à qui je m'en rapporteroi pour juger des ouvrages de Racine, Molière et Corneille : vous êtes encore un plaisant juge de Pont-Neuf ! » Remarqua qu'ils se prirent dans le moment l'un et l'autre à la perruque. Ne vit pas la suite de leur querelle, parce qu'elle se retira dans le moment.

Signé : Charlotte DESMARE.

Florent Carton, sieur Dancourt, l'un des comédiens du Roi, demeurant rue de Condé, âgé de quarante-neuf ans, etc.

Dépose que, la veille de la grande fête de Dieu, étant dans un des foyers de la Comédie, il entendit le sieur Mey élever sa voix et dire au sieur de Beaubourg qu'il étoit un plaisant juge de Pont-Neuf ; sur quoi, ayant tourné la tête, il auroit vu ledit Mey qui tenoit ledit Beaubourg par les deux côtés de sa perruque : sur quoi lui déposant se leva et se mit entre eux deux pour les séparer. Que lui déposant étant allé le même soir à Auteuil, le

---

1. Philippe Néricault-Destouches, né en 1680, mort en 1754 : c'est l'auteur du *Glorieux*.

2. Voyez DESMARES (Christine-Antoinette-Charlotte).

sieur Legrand, l'un de ses confrères, le vint voir le surlendemain et, en lui parlant de cette querelle, ledit Legrand dit au déposant que le sieur Mey avoit été chez lui et qu'en présence d'un particulier il lui avoit dit que c'étoit lui qui avoit frappé le sieur Beaubourg.

Signé : F. Carton-Dancourt.

Le sieur Etienne Pannetier, exempt de la compagnie de M. le lieutenant criminel de robe courte, préposé par ordre du Roi pour la garde de la Comédie, demeurant rue des Fossés Saint-Germain, paroisse Saint-Sulpice, âgé de 45 ans, etc.

Dépose qu'il ne sait autre chose, sinon qu'étant à la porte de la Comédie il fut averti qu'il y avoit du bruit dans les foyers et une dispute entre lesdits sieurs Mey et Beaubourg. Que s'étant fait rapporter la chose comme elle s'étoit passée, il apprit que c'étoit à l'occasion de quelques vers de *Britannicus* et sur lesquels ledit sieur Mey avoit appelé ledit Beaubourg juge de Pont-Neuf.

Signé : Pannetier.

Le sieur Alexandre Gellée, marchand épicier à Paris, demeurant rue des Fossés-Saint-Germain, âgé de 38 à 39 ans, etc.

Dépose qu'étant dans l'un des foyers de la Comédie, la veille de la grande fête de Dieu dernière, et où étoient les sieurs Dancourt, Ponteuil, Legrand, Guérin, la demoiselle Desmare et le plaignant, il entendit le sieur Mey avoir une conversation avec le sieur Legrand à l'occasion de la tragédie de *Britannicus* et du sieur Racine, son auteur, dont il critiquoit un des bons endroits. A quoi le sieur Ponteuil répondit en ces termes : « En vérité, Monsieur Mey, vous nous faites tous les jours des questions extraordinaires ! » A l'instant le sieur Beaubourg seroit survenu habillé à la romaine qui, ayant entendu partie de la conversation que le sieur Mey avoit avec ses confrères, lui auroit dit aussi en ces termes : « Eh ! Monsieur Mey, il ne vous convient pas de critiquer un auteur aussi célèbre que celui de *Britannicus !* » A quoy ledit sieur Mey auroit répondu que le sieur Beaubourg n'étoit pas capable d'en juger et qu'il étoit encore un plaisant juge de Pont-Neuf. Sur quoi ledit Beaubourg lui auroit répliqué qu'il étoit un fat de parler de la sorte, et dans le moment ledit Mey se seroit jeté à la perruque dudit sieur Beaubourg et se seroient colletés l'un et l'autre. Remarqua que ledit sieur Mey appliqua audit sieur Beaubourg sept ou huit coups de poing sur le visage, ce que voyant ledit sieur déposant, il les sépara.

Signé : GELLÉE.

Le sieur Nicolas-Etienne Lefranc de Ponteuil [1], comédien du Roi, demeurant rue Christine, paroisse Saint-André-des-Arts, âgé de 38 ans, etc.

Dépose que la veille de la grande fête de Dieu, étant dans un des foyers de la Comédie, le sieur Legrand, sortant du théâtre à la fin du quatrième acte de *Britannicus*, le sieur Mey lui auroit demandé d'où venoit que Racine auroit mis ces deux vers :

> Vous voulez présenter mon rival à l'armée,
> Déjà jusques au camp le bruit en a couru [1]...

et où étoit l'armée des Romains pour autoriser ces deux vers. Ce que le sieur Beaubourg ayant entendu dit audit sieur Mey : « Monsieur Mey, vous vous ferez ôter votre entrée à la Comédie ; il ne convient pas à un homme comme vous de critiquer M. Racine ! » A quoi répondit le sieur Mey : « C'est bien à vous, monsieur, de parler, qui ne sauriez le critiquer ni le défendre. » A quoi ledit sieur Beaubourg répliqua par lui dire : « Vous êtes un plaisant fat ! » Et ledit sieur Mey lui répliqua : « Vous êtes un plaisant juge de Pont-Neuf ! » Sur quoi ledit sieur Beaubourg courut à lui et lui donna un soufflet, ensuite vit ledit sieur déposant ledit sieur Mey se jeter sur ledit sieur Beaubourg et le prendre à la perruque, alors ledit sieur Dancourt les sépara ; ce qui est tout ce qu'il a dit savoir.

Signé : THOMIN ; LEFRANC DE PONTEUIL.

(Arch. nationales, Y 16758.)

BELLECOUR (Jean-Claude-Gille COLSON, dit).

BELLECOUR (Rose-Pétronille LE ROY DE LA CORBINAIS, mariée à Jean-Claude-Gille COLSON, dit).

Bellecour, né le 16 janvier 1725, était fils d'un peintre et étudia d'abord la peinture dans l'atelier de Vanloo ; il se fit ensuite comé-

---

1. Nicolas-Etienne Le Franc de Ponteuil, né vers 1673, débuta à la Comédie française le 5 septembre 1701 par le rôle d'Œdipe dans la tragédie de Corneille de ce nom. Il fut reçu le 25 novembre de la même année et mourut le 15 août 1718 à Dreux.

2. *Britannicus*, acte IV, scène 2.

dien et joua en province. Appelé à Paris, il débuta à la Comédie française le 21 décembre 1750[4] par les rôles d'Achille dans *Iphigénie en Aulide*, tragédie de Racine, et de Léandre dans le *Babillard*, comédie de Boissy. Bellecour mourut à Paris le 19 novembre 1778[2].

Il s'était uni en 1761 à Rose-Pétronille Le Roy de la Corbinais, née à Lamballe (Côtes-du-Nord) le 20 décembre 1730, qui avait joué la comédie à la Foire sous le nom de Mlle de Beauménard et qui débuta au Théâtre français le 17 avril 1749[3] par les rôles de Dorine dans le *Tartuffe* et de Marton dans le *Galant jardinier*, comédie de d'Ancourt. Reçue au mois d'octobre de la même année, elle se retira le 3 avril 1756. Cinq ans après, le 7 avril 1761, elle reparut sur la scène par les rôles de Lisette dans le *Légataire universel*, comédie de Regnard, et de la Fausse Comtesse dans l'*Epreuve réciproque*, comédie d'Alain. Madame Bellecour mourut à Paris le 5 août 1799.

---

1. Voici ce que dit Collé dans son *Journal* (édition H. Bonhomme, t. I, p. 363) des débuts de ce comédien : « Le 21 décembre 1750, je fus voir le début du sieur Bellecourt dans *Iphigénie*. Il y joua très-médiocrement et très-franchement le rôle d'Achille. Sa voix un peu grasseyante et souvent un air riant sont de légers défauts en comparaison de celui de manquer d'entrailles. J'ai peur qu'il n'en ait point du moins dans le tragique. Je n'en voudrois pourtant pas encore décider, attendu que dans le comique où il a joué avec beaucoup plus de succès, il a fait paroître du feu, de la vivacité et du sentiment. »

2. Il demeurait au moment de sa mort rue du Petit-Bourbon et vivait séparé de sa femme qui habitait alors rue de Bellefonds. Les *Mémoires secrets*, tome XII, p. 185, annoncent en ces termes le décès de Bellecour : « Le sieur Bellecour vient de mourir. C'est une perte pour la Comédie françoise dans le haut comique. Il étoit frappé depuis la mort de Lekain (8 février 1778), son ami, et d'ailleurs atteint d'une passion malheureuse pour la demoiselle Vadé, sa camarade, qui, d'abord sensible à ses avances, lui faisoit depuis des infidélités journalières. » La demoiselle Vadé dont il est ici question était la fille naturelle du poëte. Elle débuta sans succès à la Comédie française et mourut toute jeune des suites de ses débauches.

3. « Le 17 avril 1749, je vis débuter à la Comédie Mlle de Beaumenard dans les rôles de soubrette de *Tartuffe* et du *Galant jardinier*..... C'est une bien mauvaise actrice à mon gré, sans feu et sans arguments, une voix désagréable et un accent disgracieux. Je l'ai vue depuis dans *Démocrite* (*Démocrite amoureux*, comédie de Regnard) où elle jouoit le rôle de Cléanthis. C'étoit encore plus mauvais. Cependant le parterre l'applaudit. » (*Journal de Collé*, édit. H. Bonhomme, t. I, p. 69.) — En dépit de Collé et de ses injustes critiques, Bellecour et sa femme furent d'excellents comédiens très-appréciés et très-applaudis de leurs contemporains.

I.

1775. — 1ᵉʳ juillet.

Le Roi ordonne au garde de son trésor de payer à Jean-Claude-Gilles
Colson dit Bellecour une année échue de sa pension.

Garde de mon trésor royal, messire Joseph Micault d'Harveley,
payez comptant au sieur Bellecourt, l'un de mes comédiens ordinaires, la somme de mille livres pour une année échue cejour-
d'hui de la pension que le feu Roi mon très-honoré seigneur et
aïeul lui avoit accordée.

Fait à Versailles, le premier juillet 1775.

Signé : Louis ; et plus bas : Amelot.

(Pièce jointe a cet ordre.)

Acte de décès de Bellecourt.

Extrait des registres des enterrements de l'église paroissiale de
Saint-Sulpice à Paris.

Le 20 novembre 1778 a été fait le convoi et enterrement dans
l'église de sieur Jean-Claude-Gilles Colson de Bellecourt, pensionnaire du Roy, décédé hier rue du Petit-Bourbon, âgé d'environ
54 ans[1]. Témoins : François-Gilles Colson, peintre, directeur
ordonnateur général des bâtimens et des académies du duché de
Bouillon, frère du défunt, et sieur Simon de Beauvais, peintre,
son cousin, qui ont signé.

(Arch. nationales, O¹ 668.)

II.

1779. — 27 novembre.

Plainte d'Alexandre-Balthasar-Laurent Grimod de la Reynière contre
Madame Bellecour, qui l'avait accablé de grosses injures.

L'an 1779, le samedi 27 novembre, une heure de relevée, en
l'hôtel et par devant nous Claude Leseigneur, commissaire au
Châtelet, est comparu maître Alexandre-Balthasar Grimod de la
Reynière[2], avocat au Parlement et membre de l'Académie des

---

1. Il était né le 16 janvier 1725. M. de Manne a publié son extrait de
baptême dans le livre intitulé : *La troupe de Voltaire*, à l'article Bellecour.

2. Alexandre-Balthasar-Laurent Grimod de la Reynière, né le 20 nov.
1758, mort en 1838.

Arcades de Rome, demeurant à Paris rue Grange-Batelière, paroisse Saint-Eustache. Lequel nous a rendu plainte contre la dame veuve Colson de Bellecourt[1], comédienne ordinaire du roi, demeurant rue de Bellefond, et nous a dit que, le vendredi 31 juillet dernier, ayant appris qu'on l'avoit accusé auprès de M. le lieutenant général de police d'avoir troublé la veille le spectacle des Comédiens françois et dirigé les efforts d'une cabale puissante et nombreuse contre la dame Dugazon, femme Vestris[2], qui jouoit le rôle de Palmire dans la tragédie de *Mahomet*, d'être ensuite sorti et d'avoir assemblé plus de 80 personnes sur la terrasse et leur avoir fait lecture d'un soi disant libelle de sa composition, tendant à compromettre l'honneur et la réputation de la majeure partie des membres de la Comédie françoise. Que, désirant se justifier de cette fausse interprétation, il auroit fait demander à M. le lieutenant général de police une audience afin de s'expliquer avec lui sur ce sujet. Qu'ayant eu audience le lundi premier août, six heures du soir, il auroit rétabli les faits et justifié sa conduite dans l'esprit de ce magistrat éclairé qui, nonseulement rendit justice à la conduite de lui comparant, mais même voulut bien lui donner les preuves les plus convaincantes de son estime. Qu'environ 15 jours après s'étant trouvé au foyer de la Comédie italienne il auroit raconté cette histoire devant plusieurs personnes. Le sieur Dezaides[3], qui étoit assis dans un coin de cette salle, se leva avec précipitation et, prenant le plaignant par le bras, l'entraîna sur le théâtre qui étoit alors vide, le spectacle étant fini. Que lui ayant fait répéter ce qu'il venoit de dire au foyer, il parut s'en affecter vivement et nier absolument la vérité des faits. Que le plaignant, ne sachant quel espèce d'intérêt le sieur Dezaides pouvoit prendre au personnel de la dame Bellecourt[4], il lui avoit offert les preuves les plus formelles et les

---

1. Pour se porter aux excès de langage que l'on va lire, il est probable que madame Bellecour avait sur le cœur quelque critique piquante du célèbre gastronome qui s'occupait beaucoup de critique théâtrale et qui avait même rédigé pendant les deux années précédentes (1777 et 1778) le *Journal des théâtres* avec Le Vacher de Charnois.

2. Voyez VESTRIS (Rose GOURGAUD, mariée à Angiolo-Marie-Gaspard).

3. Dezaides ou Dezèdes, compositeur de musique, né vers 1740, mort vers 1792, auteur de divers opéras et opéras-comiques qui obtinrent tous du succès.

4. Ceci est bel et bien une grosse méchanceté. Grimod savait très-bien l'intérêt que Dezaides prenait « au personnel » de madame Bellecour. Ce

plus convaincantes des faits par lui allégués contre elle. Qu'alors le sieur Dezaides proposa au plaignant de le suivre chez la dame Bellecourt et que, sur son refus, il lui demanda avec instance de qui il tenoit que la dame Bellecourt étoit l'un des auteurs de l'accusation portée contre lui le 31 juillet à M. le lieutenant de police. Que le plaignant ayant nommé le sieur de Charnoi [1], son ami, le sieur Dezaides auroit répondu que de la part d'un tel homme il ne s'étonnoit de rien, et ne pressa plus le plaignant de venir chez la dame Bellecourt et se retira assez honnêtement ; qu'à compter de cette époque le plaignant n'avoit plus entendu parler de la dame Bellecourt et du sieur Dezaides et, comptant n'avoir pas perdu l'estime du magistrat qui veille à la police, il avoit entièrement perdu cette affaire de vue. Qu'hier 26 novembre, sept heures et demie du soir, s'étant trouvé derrière le théâtre de la Comédie françoise à causer avec la demoiselle La Chassaigne [2] et le sieur Fleuri [3], la dame Bellecourt se seroit venue asseoir auprès du brasier devant lequel il se chauffoit et auroit fixé pendant quelques minutes le plaignant avec un air de menace et de hauteur. Que celui-ci, feignant de ne pas s'en apercevoir, alloit se retirer lorsque, lui adressant la parole, elle lui dit : « N'est-ce pas vous qui êtes La Reynière ? » A quoi le plaignant auroit répondu : « Je m'appelle M. de la Reynière. — Monsieur ou non, peu m'importe, » répondit-elle, « vous avez une langue bien méchante et bien légère. » A quoi le plaignant n'auroit répondu que par une inclination et, la dame Bellecourt ayant ajouté : « Au reste, vous êtes jeune et l'on peut vous instruire, » nouvelle inclination et silence de la part du plaignant. Qu'alors la

---

musicien, qui n'était pourtant ni jeune ni beau, avait inspiré à la comédienne une passion réellement folle ; elle se ruinait, dit-on, pour lui, et à la date du 8 juin 1783 les *Mémoires secrets* assurent qu'il lui avait mangé déjà plus de cent mille francs.

1. Jean-Charles Le Vacher de Charnois, journaliste, né en 1750, massacré le 2 septembre 1792 dans la prison de l'Abbaye, était le gendre du comédien Préville.

2. Voyez : LA CHASSAIGNE (Hélène BROQUIN de).

3. Abraham-Joseph Benard, célèbre sous le nom de Fleury, né en 1751, débuta pour la première fois à la Comédie française par le rôle d'Egisthe dans *Mérope* le 7 mars 1774, et pour la seconde fois le 20 mars 1778 par les rôles de Sainville dans *la Gouvernante*, comédie de la Chaussée, et de Dormilly dans les *Fausses infidélités*, comédie de Barthe. Il fut reçu la même année. Fleury est mort le 3 mars 1822.

dame Bellecourt, perdant toute retenue, lui dit qu'il étoit un brutal, un impudent, un grossier, un malhonnête et un drôle. A quoi le plaignant, ne croyant mériter aucune de ces épithètes, auroit répondu qu'il ne l'avoit jamais été vis à vis de personne et qu'il ne commenceroit certainement pas par la dame Bellecourt, dont la douceur et l'honnêteté étoient également connues de ses camarades et de ses amis. Que ladite Bellecourt ayant réitéré les mêmes injures et dit que le théâtre n'étoit pas sa place, qu'il ne devroit jamais y paroître, il auroit répondu qu'après avoir applaudi les talens de la dame Bellecourt sur la scène, il venoit au théâtre rendre à ses qualités personnelles l'hommage que leur devoit tout homme fait pour les sentir. Que la dame Bellecourt l'ayant apostrophé par « bougre » et par « foutre », il se seroit retiré en silence, après une révérence profonde, craignant qu'elle n'en vint aux voies de fait. Que, passant derrière la toile du fond, il auroit entendu la dame Bellecourt l'honorer encore après son départ des noms de « bougre » et de « jean foutre ».

Comme par son état le plaignant a le plus grand intérêt de ne pas être compromis, soit dans son honneur, soit dans sa réputation, il a été conseillé de nous rendre la présente plainte.

Signé : GRIMOD DE LA REYNIÈRE, LESEIGNEUR.

(Arch. nationales, Y 14566.)

III.

1784. — 24 janvier.

Le Roi accorde une pension de 2000 livres à Rose-Pétronille Le Roy de la Corbinais, veuve de Jean-Claude-Gille Colson dit Bellecour.

Brevet d'une pension de 2000 livres en faveur de la dame Rose-Pétronille Le Roy de la Corbinais, née le 20 décembre 1730, baptisée le lendemain paroisse Saint-Jean de la ville de Lamballe en Bretagne, veuve du sieur Colson de Bellecour, comédienne ordinaire du Roi. Cette pension, composée des objets ci-après, savoir : une pension de 1000 livres sans retenue qui lui a été accordée sur les dépenses extraordinaires des menus plaisirs en considération de ses services, par décisions des 30 janvier 1770 et 20 juin 1778 ; une augmentation de 1000 livres sans retenue qui lui a été accordée en la même considération que dessus par décision de ce jour 24 janvier 1784.

Acte de baptême de madame Bellecour.

Extrait des registres baptistaires de la ville de Lamballe en Bretagne.

Rose-Pétronille, fille légitime de noble homme François-Michel Le Roy et de demoiselle Rose-Françoise Brouillard, sieur et dame de la Corbinais, née le 20 décembre 1730, a été baptisée le lendemain dans l'église Saint-Jean par le soussignant recteur, et a eu pour parrain messire Pierre Guillemot, chevalier, sieur de Vauvert, et demoiselle Françoise Labbé, demoiselle de Grandpré, pour marraine. Et étaient présents les soussignants, etc.

(Arch. nationales, O¹ 672.)

BELLEROSE (Pierre Le Messier, sieur de).

BELLEROSE (Nicole Gassot, veuve de Mathias Meslier, et remariée à Pierre Le Messier, sieur de).

Bellerose fit ses débuts sur le théâtre de l'hôtel de Bourgogne en 1629 ; il se retira, dit-on, vers 1643 et mourut à la fin de l'année 1670 [1].

Il avait épousé le samedi 9 février 1630 Nicole Gassot, sœur de du Croisy et déjà veuve d'un comédien nommé Mathias Meslier. Nicole Gassot fut aussi comédienne à l'hôtel de Bourgogne ; elle quitta le théâtre en 1660 [2] et mourut vers 1679 ou 1680 retirée à Conflans-Sainte-Honorine, où elle avait une petite maison.

I.

1657. — 18 décembre.

Les héritiers de Bellerose assurent à Nicole Gassot, sa femme, en cas de survie, l'usufruit de tous les biens qui appartiendront à son mari lors de son décès.

Par devant les notaires gardenotes du Roi au Châtelet de Paris soussignés, furent présents en leurs personnes dame Judith Le

---

1. Le Mazurier dans sa *Galerie historique* et M. Jal dans son *Dictionnaire* disent que l'on croit que cet acteur joua d'original le rôle de Cinna dans la tragédie de Corneille ; ils ajoutent qu'on est certain que ce fut lui qui créa le principal rôle du *Menteur* et que le cardinal de Richelieu lui fit présent d'un habit magnifique pour cette représentation.

2. Voyez Poisson (Raymond).

Messier, veuve de feu honorable Nicolas Bourgeois, vivant marchand bourgeois de Paris, y demeurant Vieille Rue du Temple,
paroisse Saint-Paul; damoiselle Gabrielle Le Messier, veuve de
feu noble homme Bertrand Ardouin de Saint-Jacques[1], vivant
médecin de la Faculté de Montpellier, demeurant en cette
ville de Paris, rue Saint-Martin, paroisse Saint-Médéric; Françoise Le Messier, veuve de feu Roland Le Canivet, vivant bourgeois de Paris, y demeurant rue Galande, paroisse Saint-Séverin;
maître Laurent Etienne, conseiller du Roi et commissaire ordinaire des guerres, et damoiselle Nicole Bourgeois, sa femme,
de lui autorisée, demeurant Vieille Rue du Temple avec ladite
Judith Le Messier, sa mère; Jacques Le Messier, bourgeois de
Paris et Barbe Chenu, sa femme, de lui autorisée, demeurant
rue et paroisse Saint-Sauveur. Lesdites Judith et Gabrielle Le
Messier, sœurs dudit sieur de Bellerose cy après nommé; Jacques
et Françoise Le Messier, frère et sœur, neveu et nièce paternels,
et ladite damoiselle Nicole Bourgeois, nièce maternelle, tous
parents de Pierre Le Messier, sieur de Bellerose, au degré ci-
dessus.

Lesquels ont, volontairement, de leur bon gré et franche
volonté, sans aucune force ni contrainte, ainsi qu'ils ont dit,
reconnurent et confessèrent avoir consenti et accordé par ces présentes à damoiselle Nicole Gassot, épouse dudit sieur de Bellerose, qu'arrivant son décès, icelle damoiselle Gassot jouisse, fasse
et dispose en usufruit, sa vie durant, de tous les biens meubles
et conquets immeubles et choses quelconques qui se trouveront
être dues et appartenir audit sieur de Bellerose au jour de son
décès, sans qu'elle soit tenue, ni qu'ils puissent lui demander
aucune caution que la sienne juratoire, ni qu'elle puisse être
contrainte d'en faire faire aucun inventaire si bon ne lui semble.

Le présent consentement ainsi fait en reconnaissance des bons
traitements et assistances que ladite damoiselle fait audit sieur de
Bellerose, son mari, et l'espérance que lesdits susnommés ont
qu'elle continuera, etc.

Fait et passé à Paris ès études des notaires soussignés l'an 1657,
le 18e jour de décembre, etc.

(Arch. nationales, Y 218.)

---

1. Voyez : GUILLOT-GORJU (Bertrand HARDOUIN DE SAINT-JACQUES, dit).

II.

1658. — 1er avril.

Les héritiers de Nicole Gassot assurent à Bellerose, son mari, en cas de survie, l'usufruit de tous les biens qui appartiendront à sa femme au jour de son décès. Ils s'engagent en outre, lorsque la succession des susnommés sera ouverte, à la partager également entre eux et les héritiers du sieur de Bellerose.

Par devant les notaires gardenotes du Roi au Châtelet de Paris soussignés, furent présents en leurs personnes Jean Guillemois, comédien ordinaire du Roi [1], et damoiselle Charlotte Meslier [2], sa femme, de lui autorisée pour l'effet des présentes et dépendances, demeurant en cette ville de Paris rue Pavée, paroisse Saint-Sauveur. Lesquels volontairement ont dit et déclaré qu'en considération de ce que dame Judith Le Messier, veuve de défunt honorable homme Nicolas Bourgeois, vivant marchand bourgeois de Paris, damoiselle Gabrielle Le Messier, veuve de feu noble homme Bertrand Ardouin de Saint-Jacques, vivant médecin de la Faculté de Montpellier, Françoise Le Messier, veuve de feu Roland le Canivet, vivant bourgeois de Paris, maître Laurent Estienne, conseiller du Roi et commissaire ordonnateur de ses guerres, damoiselle Nicole Bourgeois, sa femme, Jacques Le Messier, bourgeois de Paris, et Barbe Chenu, sa femme, tous parents de Pierre Le Messier, sieur de Bellerose, mari de damoiselle Nicole Gassot, auparavant veuve de feu Mathias Meslier, père et mère de ladite damoiselle Meslier, ont accordé à icelle damoiselle de Bellerose par acte passé par devant Mouffle et Després, notaires au Châtelet de Paris, le 18e décembre 1657, la jouissance en usufruit, sa vie durant, de tous les biens de la communauté d'entre lesdits sieur et damoiselle de Bellerose, après son décès, ainsi que plus au long est contenu audit acte ; iceux Guillemois et Meslier, sa femme, ont accordé et accordent par les présentes, qu'arrivant le prédécès de ladite damoiselle de Belle-

---

1. Jean Guillemois du Chesnay, sieur de Rosidor, comédien de la troupe du Marais. Il ne faut pas le confondre avec un autre Rosidor, comédien de campagne qui débuta à la Comédie française le 11 novembre 1691 dans les premiers rôles tragiques et qui ne fut pas admis. Ce second Rosidor était probablement le fils de Jean Guillemois.

2. Fille de Mathias Meslier et de Nicole Gassot, comédienne remariée à Bellerose. Mariée elle-même à un comédien, j'ai lieu de croire que Charlotte Meslier était aussi au théâtre.

rose, icelui sieur de Bellerose jouisse, fasse et dispose en usufruit, sa vie durant, de tous les biens meubles et conquets immeubles et choses quelconques qui se trouveront être dues et appartenir à ladite damoiselle de Bellerose au jour de son décès, sans qu'il soit tenu, ni qu'ils puissent lui demander aucune caution que la sienne juratoire, ni qu'il puisse être contraint d'en faire faire aucun inventaire si bon ne lui semble. Et, outre ce, accordent qu'après lesdits décès desdits sieur de Bellerose et sa femme, les biens de ladite communauté soient partagés également entre eux et lesdits héritiers dudit sieur de Bellerose, savoir : moitié à ladite Meslier et l'autre moitié aux susdits héritiers Bellerose, nonobstant les prétentions que iceux Guillemois et sa femme pourroient avoir pour le droit successif échu à icelle Meslier par le décès de son dit feu père. Et en reconnoissance de ce, ledit sieur de Bellerose, pour ce présent et acceptant, promet et s'oblige qu'arrivant le prédécès desdits Guillemois et sa femme, de faire nourrir, entretenir et instruire à ses dépens les enfants qui se trouveront lors vivants, nés et procréés de leur mariage, et ce sans diminution de leur bien.

Fait et passé à Paris, ès études desdits notaires soussignés, en la présence et du consentement de tous les susdits parents dudit sieur de Bellerose qui ont eu le tout pour agréable et promettent de leur part entretenir et exécuter de point en point, sans y contrevenir, l'an 1658, le 1er jour d'avril, avant midi, etc.

(Arch. nationales, Y 218.)

BONNEVAL (Jean-Jacques GIMAT dit), né le 10 juin 1711, débuta à la Comédie française le 9 juillet 1741 par le rôle d'Orgon dans *Tartuffe*; il parut aussi le même jour dans *la Pupille*, comédie de Fagan. Reçu en 1742, il se retira en 1773 avec la pension de 1,500 livres. Il mourut à Paris le 3 février 1783 après une longue maladie, rue Verte, faubourg Saint-Honoré, laissant pour seul et unique héritier son fils Jean-Nicolas Gimat de Bonneval, sous-secrétaire de la Comédie française, demeurant rue Saint-Victor[1].

---

1. La femme de Bonneval s'appelait Jeanne-Francisque Salzella. Elle n'habitait plus avec son mari et demeurait, lors du décès de ce dernier, rue de Seine, dans la même maison que le comédien Paulin. Bonneval était bon acteur comique; les *Mémoires secrets* (tome I, p. 31) disent de lui à la date de 1762 : « Bonneval joue le sot à merveille. »

1780. — 1ᵉʳ avril.

Le roi accorde une pension de 1,000 livres à Bonneval pour lui tenir lieu de la gratification qu'il recevait annuellement.

Brevet d'une pension de 1000 livres en faveur du sieur Jean-Jacques Gimat de Bonneval, né à Paris le 10 juin 1711, baptisé le même jour dans la paroisse de Saint-Laurent de ladite ville, comédien ordinaire du Roi, pour lui tenir lieu de la gratification annuelle qui lui a été accordée, sans retenue, sur les dépenses extraordinaires des menus plaisirs, le 1ᵉʳ janvier 1769, en considération de ses services.

Nota : Cette gratification annuelle lui a été payée par le Trésorier général des menus plaisirs jusqu'au 1ᵉʳ janvier 1779.

1ᵉʳ avril 1780.

(Pièces jointes au brevet.)

1. — Acte de baptême de Bonneval.

Extrait des registres des baptêmes de l'Église paroissiale de Saint-Laurent, à Paris.

Le 10 juin 1711 fut baptisé Jean-Jacques, né d'aujourd'hui, fils de Jacques Gimat, bourgeois de Paris, et de demoiselle Marie-Madeleine Dumoulin, sa femme, demeurant rue Darnetal; le parrain : messire Jean-Jacques Thomas, prêtre de la paroisse de Saint-Jean de Caen en Normandie ; la marraine Madeleine Binart, demeurant rue Darnetal, de cette paroisse, lesquels et le père ont signé, etc.

2. — Lettre de M. de La Ferté à Bonneval.

Je vous envoie, monsieur, votre ordre de retraite que vous avez sollicité auprès de MM. les premiers gentilshommes de la Chambre qui sont fâchés de perdre en vous un sujet rempli de zèle et de bonne volonté et dont les talents ont été aussi utiles à la Comédie qu'agréables au public. Ils me chargent en conséquence de vous prévenir que le Roy voulant bien récompenser vos services vous a accordé, outre votre pension de retraite de 1500 livres, cinq cents livres sur les menus à joindre aux cinq cents livres dont vous jouissiez déjà, jusqu'à ce qu'il y ait une pension vacante sur le Trésor royal. Recevez-en, monsieur, mes compliments et les assurances de tous mes sentiments sincères pour vous.

Ce 10 avril 1773.   Signé : DE LA FERTÉ.

(Arch. nationales, O¹ 676.)

BRIZARD (Jean-Baptiste BRITARD, dit), né le 7 avril 1721, commença par jouer la comédie en province. Il débuta à la Comédie française le 30 juillet 1757 par le rôle d'Alphonse dans *Inès de Castro*, tragédie de La Motte, et fut reçu le 15 mars 1758. Il se retira le 1ᵉʳ avril 1786 et mourut le 30 janvier 1791 [1].

1783. — 4 mai.

Le roi accorde une pension de 2,500 livres à Brizard.

Brevet d'une pension de 2500 livres en faveur du sieur Jean-Baptiste Britard, dit Brizard, né et baptisé le 7 avril 1721, paroisse Saint-Victor de la ville d'Orléans, comédien ordinaire du Roy. Cette pension composée des objets ci-après, savoir : Une pension de 1500 livres sans retenue qui lui a été accordée sur les dépenses extraordinaires des menus plaisirs, tant en considération de ses services que pour avoir formé deux élèves, suivant les décisions des 3 janvier 1770 et 20 janvier 1777 (*Nota,* cette pension de 1500 livres net portée dans un précédent brevet expédié le 1ᵉʳ avril 1780, timbré janvier, a été payée au trésor royal jusqu'au 1ᵉʳ janvier 1783) ; une pension de 1000 livres sans retenue qui lui a été accordée sur le Trésor royal tant en considération de ses talents distingués que comme une récompense de ses services, ce qui doit lui fournir un nouveau motif d'encouragement d'en continuer l'exercice pour la satisfaction de la Cour et du public, suivant la décision de ce jour 4 mai 1783, avec jouissance du 1ᵉʳ du même mois.

(PIÈCES JOINTES AU BREVET.)

1. — Déclaration de Brizard relativement à sa pension.

Le sieur Jean-Baptiste Britard, dit Brizard, comédien français ordinaire du Roy, né le septième avril 1721 à Orléans, baptisé le même jour dudit mois dans la paroisse de Saint-Victor dudit Orléans, demeurant à présent à Paris, rue Saint-Honoré, déclare avoir obtenu du Roy une gratification annuelle de cinq cent livres, le trois javier (sic) 1770, une de cinq cent livres, le vingt neuf avril 1773, et la dernière de cinq cent livres, le vingt juin

---

1. Les *Mémoires secrets* (t. I, p. 33) parlent en ces termes de Brizard : « Il a la majesté des rois, le sublime des pontifes, la tendresse ou la sévérité des pères. C'est un très-grand acteur qui joint la force au pathétique, la chaleur au sentiment. »

1778. Ce qui fait par année la somme de 1500 livres sur les fonds extraordinaires des menus qui lui étoit payée sans retenue et dont il lui reste dû 1777, 1778, 1779.

Fait à Paris, ce 1er novembre 1779.

Signé : Brizard[1].

2. — Acte de baptême de Brizard.

Extrait des registres des baptêmes, mariages et sépultures de la paroisse Saint-Victor, ville et diocèse d'Orléans.

Le septième d'avril 1721 a été par moi, prestre, docteur de Sorbonne et curé de cette paroisse, baptisé Jean-Baptiste, né d'aujourd'hui du légitime mariage d'honneste personne François Britard, bourgeois d'Orléans, et d'Elisabeth Hulot, ses père et mère, de cette paroisse; a eu pour parrein honneste personne Jean-Baptiste Ferret, pour mareine dame Thérèse Plesson, lesquels ont signé avec moi, etc.

(Arch. nationales, O¹ 670.)

CANDEILLE (Amélie-Julie), née le 31 juillet 1767, débuta à la Comédie française le 19 septembre 1785 par le rôle d'Hermione dans *Andromaque*[2], fut reçue la même année et se retira en 1790 pour

---

1. Cette pièce est entièrement écrite par Brizard.

2. Grimm, dans sa *Correspondance littéraire* (édit. Taschereau, t. XII, p. 469), parle ainsi des débuts de Mlle Candeille : « Mlle Candeille, fille du compositeur de ce nom, ancien choriste de l'Opéra et auteur de la musique de *Pizarre*, protégée très-particulièrement chez M. le baron de Breteuil et l'élève du sieur Molé, n'a réussi que fort médiocrement dans les rôles d'Hermione, de Roxane et d'Aménaïde et n'en est, dit-on, pas moins reçue. C'est l'ensemble d'une belle femme, mais le visage n'est que joli, peut-être même les traits en sont-ils trop mignons relativement à sa taille qui, au théâtre du moins, paraît au-dessus de la taille ordinaire. Elle a le front fort grand, des sourcils si fins qu'on les aperçoit à peine, les narines relevées et trop découvertes, la bouche ridiculement petite, mais le plus beau teint qu'il soit possible de voir, la tête parfaitement placée et de très-beaux bras quoiqu'un peu longs. Sa voix est distincte et sonore, mais grosse et sèche, sans inflexions et sans éclat : c'est le tintement monotone d'une cloche... On peut soupçonner à la manière de jouer de Mlle Candeille qu'elle ne manque pas d'intelligence et l'on sait d'ailleurs qu'elle a de l'esprit et de l'instruction... Elle avoit débuté il y a deux ans sur le théâtre de l'Opéra dans le rôle d'Iphigénie; quoique bonne musicienne, elle n'y eut aucun succès. »

entrer au théâtre des Variétés du Palais-Royal. Elle est morte le 3 février 1834[1].

1785.

Mlle Candeille est reçue à la Comédie française à quart de part.

Nous, duc de Duras, pair et maréchal de France, premier gentilhomme de la Chambre du Roi.

Avons reçu, au nombre de ses comédiens français ordinaires du Roi, la demoiselle Candeille à quart de part, pour y jouer les premiers rôles tragiques et des rôles de comédie choisis au besoin parmi ceux qui pourroient lui convenir et seulement pour la rendre plus utile.

Paris, ce..... 1785.

(Arch. nationales, O¹ 845.)

CHAMPMESLÉ (Charles CHEVILLET, sieur de).
CHAMPMESLÉ (Marie DESMARES, mariée à Charles CHEVILLET, sieur de).

Champmeslé naquit à Paris au mois d'octobre 1642. Après avoir été quelque temps comédien de campagne, il entra en 1669 au Marais où il resta jusqu'en 1670. Il s'engagea alors à l'hôtel de Bourgogne et en 1679 il passa au théâtre Guénégaud. Conservé à la réunion des troupes en 1680, il mourut le 22 août 1701.

Il avait épousé, alors qu'il courait la province, une comédienne de campagne comme lui, Marie Desmares, qui devait illustrer le nom de Champmeslé. Née à Rouen en 1641, Marie Desmares suivit son mari en 1669 lorsqu'il revint à Paris et entra avec lui au Marais. Un habile comédien de la troupe, Regnault Petit-Jean, sieur de la Rocque, se plut à lui donner des leçons et la mit en état, lorsqu'elle passa en 1670 à l'hôtel de Bourgogne, de débuter brillamment dans le rôle d'Hermione d'*Andromaque*. Racine lui prodigua ses conseils et fit d'elle une actrice accomplie. En 1679 elle passa au théâtre Guénégaud, fut conservée à la réunion de 1680 et obtint à la nouvelle Comédie française les plus grands succès. Le dernier rôle qu'elle créa est celui d'Iphigénie dans *Oreste et Pylade*, tragédie de

---

1. Mlle Candeille s'est mariée trois fois : 1° en 1794 avec un médecin ; 2° en 1798 avec M. Jean Simons, fils d'un fabricant de voitures de Bruxelles, et 3° en 1821 à M. Périé.

La Grange-Chancel jouée en décembre 1697. Le 15 mai de l'année suivante, elle mourut à Auteuil où elle avait une maison de campagne et fut inhumée le 17 du même mois en l'église Saint-Sulpice, en présence de son frère et de son mari [1].

I.

1678. — 18 janvier.

Charles Chevillet, sieur de Champmeslé, et Marie Desmares, sa femme, font donation mutuelle de l'usufruit de leurs biens au dernier vivant d'entre eux.

Par devant les conseillers du Roi, notaires, garde-notes de sa Majesté au Châtelet de Paris, soussignés, furent présents en leurs personnes Charles Chevillet, sieur de Champmeslé, d'une part, et damoiselle Marie Desmares, sa femme, qu'il autorise à l'effet des présentes, tous deux comédiens de la seule troupe du Roi, d'autre part, demeurant rue Pavée, paroisse Saint-Sauveur.

Lesquels, étant de bonne santé par la grâce de Dieu et n'ayant aucuns enfans qui puissent après leur décès jouir du bénéfice de leur travail, désirant à cet effet que le survivant d'eux ait meilleur moyen de vivre le reste de ses jours, puisque leurs effets ne consistent qu'en ce qu'ils ont amassé et épargné ensemble par leurs soins et économies, se sont par ces présentes volontairement fait don mutuel, pareil, égal et réciproque au survivant d'eux, ce acceptant, de l'usufruit des biens, meubles et conquets immeubles qui se trouveront appartenir au premier mourant au jour et heure de son décès, en tels lieux et endroits qu'ils se trouveront assis et situés, sans rien excepter ni reserver ; pour dudit usufruit jouir, faire et disposer par ledit survivant, suivant et au désir de la coutume de Paris et par conséquent régir et gouverner lesdits biens, meubles et immeubles à sa caution juratoire sans être obligé d'en donner d'autre.

Ce présent don mutuel ainsi fait pour les causes susdites et pour la bonne amitié qu'ils se sont portée et portent et par ce que telle est leur volonté et intention, etc.

Fait et passé ès estudes l'an 1678, le 18e jour de janvier.

Signé : MOUFFLE et FILLOQUE, etc.

(Arch. nationales, Y 234, f° 76.)

---

1. Jal, *Dictionnaire*, article *Champmeslé*.

II.

1694. — 22 février.

Plainte rendue par Champmeslé et par plusieurs de ses camarades contre les concierges de la Comédie française.

L'an 1694, le lundi 22ᵉ jour de février, sur les deux heures de relevée, par devant nous Charles Bizoton, commissaire au Châtelet, sont comparus Charles Chevillet, sieur de Champmeslé, Jacques Raisin [1], Barthélemi Gourlin [2], Jean Guyot [3], François Duperier [4] et Pierre Trochon, tant pour eux que pour leurs copropriétaires, tous propriétaires d'une grande maison, sise rue des Fossés-Saint-Germains-des-Prés [5] : Lesquels nous ont fait plainte et dit que depuis l'acquisition qu'ils ont faite de ladite maison qu'ils auroient meublée de plusieurs ustensils, ils y auroient établi pour concierges d'icelle, après y avoir mis des meubles et autres choses qui y sont renfermées, les nommés Dufort et Garson, qui depuis longtems étoient à leur service ; lesquels, au lieu de veiller à la conservation des choses qui leur étoient confiées, se sont avisés d'en vendre et dissiper la meilleure partie en se les appropriant ou les faisant transporter de

1. Jacques Raisin, comédien dans la troupe du dauphin, puis comédien de campagne, débuta à la Comédie française le 24 mars 1684 ainsi qu'on le voit dans le registre de La Grange et se retira le 31 octobre 1694 avec la pension de 1,000 livres. Le Mazurier, dans sa *Galerie historique*, le fait mourir en 1698. Mais M. Jal a prouvé dans son *Dictionnaire* qu'il vivait encore le 26 août 1701, jour où il assistait à l'enterrement de sa sœur Catherine. Jacques Raisin jouait les deuxièmes et troisièmes rôles dans la tragédie et les amoureux dans la comédie.

2. Barthélemi Gourlin de Rozelis débuta à la Comédie française le 30 mars 1688 dans *Stilicon*, tragédie de Thomas Corneille, fut reçu pour jouer les rois et les paysans, se retira en 1701 et mourut en 1711.

3. Jean Guyot dit Le Comte, né vers 1649, était avocat au Parlement lorsqu'il se fit comédien. Il débuta à la Comédie française en 1680, fut reçu la même année et quitta le théâtre, suivant Le Mazurier, le 9 mars 1704 avec la pension de 1,000 livres. Le Comte avait remplacé La Grange dans l'emploi d'orateur de la troupe. Il mourut le 8 février 1707. Il avait épousé le 16 août 1679, comme nous l'apprend M. Jal dans son *Dictionnaire*, une actrice de l'hôtel de Bourgogne, ancienne comédienne de campagne, nommée Françoise Cordon dite Bélonde, qui, lors de la réunion des troupes en 1680, passa à la nouvelle Comédie française, se retira en 1695 avec la pension de 1,000 livres et mourut le 23 août 1716.

4. Voyez DUPERIER DU MOURIEZ (François).

5. C'était l'hôtel de la Comédie française.

ladite maison chez plusieurs particuliers qui leur achetoient à vil prix, en sorte que les plaignans s'en étant plaint plusieurs fois sans avoir pu arrêter cette dissipation et, au contraire, ayant remarqué que c'étoit une récidive continuelle, que même depuis peu de tems ils avoient fait enlever plusieurs toiles et draps et autres ustensiles de leur maison qu'ils avoient vendus à différents particuliers, ce qui est un vol manifeste et mérite punition, ils se trouvent obligés, ayant la preuve de ce que dessus, d'avoir recours à la justice et de nous en rendre la présente plainte.

Signé : B. Gourlin ; C. Champmeslé ; Raisin.

(Arch. nationales, Y 13180.)

III.

1697. — 26 juillet.

Plainte de Champmeslé contre un individu qui avait insulté et menacé Marie Desmares, sa femme.

L'an 1697, le vendredi 26ᵉ jour de juillet, sur les neuf heures du matin, par devant nous Charles Bizoton, etc., est comparu Charles Chevillet, sieur de Champmeslé, comédien du roi, demeurant rue de Condé : lequel nous a fait plainte et dit que le jour d'hier sur les trois heures après midi, la demoiselle son épouse s'en allant, dans son carrosse, accompagnée des demoiselles Joli et Duparc [1] et du sieur Maupoin, contrôleur général de la maison de Monsieur, à une petite maison de campagne qu'il a à Asnières, étant près de passer le bac, ils aperçurent qu'un carrosse de louage les suivoit en courant pour le joindre ; que les ayant abordé, il seroit descendu d'icelui un particulier nommé Prévost qui, étant venu à la portière de son carrosse, auroit demandé à ladite demoiselle Joli où elle alloit, qu'il vouloit qu'elle descendit et le suivit dans le sien ; que ladite demoiselle de Champmeslé lui ayant répondu que ladite demoiselle Joli, étant en sa compagnie et s'en allant à sa maison de campagne à Asnières, il ne devoit pas l'obliger de descendre : Sur quoi le dit Prévost se mit dans des

---

1. Cette demoiselle du Parc doit être Charlotte Dennebault, fille de Mathieu Dennebault et de Françoise Jacob, la grosse Aricie de madame des Houlières. Elle avait épousé le 1ᵉʳ mars 1688 Jean-Baptiste Berthelot, sieur du Parc, fils de René Berthelot, sieur du Parc, connu au théâtre sous le nom de Gros-René, et de la belle Marquise-Thérèse de Gorle, connue sous le nom de Mˡˡᵉ du Parc et qui fut aimée de Racine. Voyez Jal, Dictionnaire, au mot Parc (du).

emportements furieux, ayant l'épée à la main en porta plusieurs coups dans les jupes de ladite demoiselle Joli, en voulant percer ledit sieur Maupoin qui s'était mis en devoir de le saisir pour arrêter ses violences. Et dans l'instant ledit Prévost continuant de maltraiter ladite demoiselle Joli et sa compagnie, ledit Maupoin le saisit et le désarma. Et ledit Prévost continuant ses extravagances fit plusieurs menaces à ladite demoiselle de Champmeslé de la maltraiter et toute sa compagnie. Et comme le plaignant a appris ladite violence causée par ledit Prévost sur un grand chemin, sans aucun sujet ni raison, et que d'ailleurs il est homme déréglé qui est en habitude de faire plusieurs incartades et insultes, il se trouve obligé, pour se mettre à couvert, de nous rendre la présente plainte.

Signé : C. CHEVILLET DE CHAMPMESLÉ ; BIZOTON.

(Arch. nationales, Y 13182.)

CLAIRON DE LATUDE (Claire-Josèphe-Hippolyte LÉRIS, dite), née à Condé (Nord) le 25 janvier 1723[1], parut pour la première fois sur la scène le 8 janvier 1736 à la Comédie italienne. L'année suivante elle s'engagea dans une troupe de province et joua successivement à Rouen, à Lille, à Gand et à Dunkerque. De retour à Paris elle fut attachée pendant quelque temps à l'Académie royale de musique et enfin, le 19 septembre 1743, elle fit ses débuts à la Comédie française dans le rôle de Phèdre. Reçue au mois d'octobre suivant, Mlle Clairon ne cessa pendant vingt-deux ans de faire la gloire de la scène française; mais en 1765, à la suite des événements qui suivirent les représentations du *Siège de Calais*, l'inimitable actrice déclara qu'elle ne remonterait plus sur le théâtre et elle prit sa retraite en 1766[2]. Mlle Clairon est morte le 29 janvier 1803.

I.

1743. — 10 septembre.

Ordre de début à la Comédie française pour Mlle Clairon.

Nous, duc de Gesvres, pair de France, premier gentilhomme de la Chambre du Roi.

---

1. M. de Manne, dans *la Troupe de Voltaire*, article CLAIRON, a publié l'extrait de baptême de cette artiste; on y voit qu'elle était fille naturelle de François-Joseph-Désiré Leris, sergent de la mestre de camp du régiment de Mailly, et de Marie-Claire Scanapiecq.

2. On peut lire dans Le Mazurier, articles CLAIRON et DUBOIS, et dans les

Ordonnons à la troupe des comédiens françois de sa Majesté de faire incessamment débuter sur son théâtre la demoiselle Clairon dans les rolles qu'elle aura choisis, et ce afin que nous puissions juger de ses talents pour la Comédie, etc.

Fait à Versailles, ce 10 septembre 1743.

Signé : le duc de GESVRES.

(Arch. nationales, O¹ 845.)

II.

1743. — 22 octobre.

Mᴵˡᵉ Clairon est reçue à la Comédie française à demi-part.

Nous, duc de Gesvres, pair de France, premier gentilhomme de la Chambre du Roi.

Etant satisfait du début de la demoiselle Clairon tant à la Cour qu'à la ville et voulant lui donner les moiens de se perfectionner dans la déclamation, l'avons, sous le bon plaisir de sa Majesté, receue et recevons dans sa troupe des comédiens françois pour y jouer dans les pièces tant tragiques que comiques de leur répertoire avec une demie part que nous lui accordons de celles actuellement vaccantes à la Comédie par la retraitte de la demoiselle Duboccage ; ordonnons à la troupe des comédiens françois de faire jouir ladite demoiselle Clairon de la demie part ci-dessus accordée à compter de Pasques dernier que ladite demoiselle Duboccage s'est retirée, et ce aux clauses et conditions portées par nos réglements et de la même manière qu'en jouissent les autres comédiens, etc.

Fait à Fontainebleau, ce 22 octobre 1743.

Signé : le duc de GESVRES.

(Arch. nationales, O¹ 845.)

III.

1743. — 26 décembre.

Ordre à Mᴵˡᵉ Clairon de doubler Mᴵˡᵉ Dangeville et attribution nouvelle d'un quart de part à ladite Mᴵˡᵉ Clairon.

Nous, duc de Gesvres, pair de France, premier gentilhomme de la Chambre du Roi.

Voulant que chacun des acteurs et actrices de la Comédie fran-

---

Mémoires secrets, à l'année 1765, tous les détails de cette affaire qui fit alors un bruit énorme à Paris.

çoise se prête à tout ce qui peut faire le bien du service et conoissant la nécessité d'avoir plus d'une actrice pour remplir les rolles de soubrette, en expliquant en tant que besoin est l'ordre de réception donné à la demoiselle Clairon ; ordonnons qu'elle doublera la demoiselle Dangeville[1] dans tous les rolles de son emploi. Et voulant donner à ladite demoiselle Clairon des marques de la satisfaction de ses talents, nous lui avons accordé un quart de part de celle actuellement vacante par la retraitte de..... et ce outre la demie part qu'elle a desjà, etc.

Fait à Versailles, ce 26 décembre 1743.

Signé : le duc de GESVRES.

(Arch. nationales, O¹ 845.)

IV.

1780.

Le roi accorde une pension de 1,000 livres à Mlle Clairon pour lui tenir lieu de la gratification qu'elle recevait annuellement.

Brevet d'une pension de 1000 livres en faveur de la demoiselle Claire-Josèphe-Hippolite Le Ris-Clairon, née le 25 janvier 1723, à Condé en Flandre, baptisée le même jour dans la paroisse Saint-Ouanon de ladite ville, comédienne ordinaire du Roi, pour lui tenir lieu de la gratification annuelle qui lui a été accordée sur les dépenses extraordinaires des menus plaisirs sans retenue par décision du premier janvier 1763.

Cette gratification annuelle lui a été payée par le trésorier général des menus plaisirs jusqu'au premier janvier 1779.

(PIÈCE JOINTE AU BREVET.)

Déclaration de Mlle Clairon relativement à sa pension.

Je soussignée, Claire-Josèphe-Hippolyte Le Ris, surnommée Clairon de Latude, demeurant à Paris, rue de l'Université, déclare avoir obtenu du Roy une pension de mille livres sur les menus plaisirs à raison de mes services à la Comédie française, qu'elle m'a été payée sans retenue jusqu'au dernier jour de l'année 1777 par M. Hébert et que c'est la seulle grâce de sa Majesté dont je jouisse.

Je déclare de plus (dans l'impossibilité de fournir mon extrait

---

1. Marie-Anne Botot dite Dangeville. Voir plus loin l'article qui la concerne.

baptistaire exigé par la loi), être née le 25 janvier 1723, dans sa ville de Condé en Flandres et baptisée le même jour à la paroisse de Saint-Ouanon.

Fait à Paris, ce 20 octobre 1779.

Signé : CLAIRON [1].

(Arch. nationales, O¹ 681.)

CLAVARO (Jean-Augustin). Ce très-médiocre acteur débuta à la Comédie française le 15 juin 1712 par le rôle d'Achille dans *Iphigénie*. Il fut reçu le 7 juillet suivant et réformé le 20 octobre 1715. Onze ans après Clavaro reparut sur la scène et le 21 janvier 1726 il fit de nouveaux débuts dans le rôle du vieil Horace, mais cette fois il ne fut pas reçu. Clavaro mourut le 17 juillet 1769 [2].

1712. — 9 septembre.
Plainte de Jean-Augustin Clavaro contre une marchande qui l'accusait d'être un voleur.

L'an 1712, le vendredi 9ᵉ jour de septembre, sur les neuf heures du soir, en l'hôtel de nous Charles Bizoton, commissaire au Châtelet, est comparu Jean-Augustin Clavaro, comédien de la troupe du Roi, demeurant rue de Bussi à l'hôtel du Danemarck : lequel nous a fait plainte et dit que, mercredi dernier, sur les cinq heures du soir, étant sur la porte de la Comédie, deux femmes à lui inconnues vinrent lui dire qu'elles venoient pour lui demander 13 livres dix sols pour le prix de 20 jetons d'argent [3] qu'elles disoient qu'il avoit vendus à la dame Potin, leur maîtresse, à huit heures du soir quelques jours auparavant; que leur ayant répondu qu'il ne connoissoit pas la dame Potin à laquelle il n'avoit rien vendu, et qu'elles n'avoient qu'à s'en retourner, lesdites filles s'en retournerent. Et ce jourd'hui il a été surpris qu'étant dans sa chambre, sur les huit heures du matin, il y est entré une femme aussi à lui inconnue qui lui a dit se nommer madame Potin, demeurant rue de la Brêche, à l'Etoile d'or, qui lui a dit qu'elle lui avoit acheté des jetons sur lesquels elle lui avoit payé 10 francs, que comme les jetons étoient faux, elle

---

1. Cette pièce est entièrement de la main de Mˡˡᵉ Clairon.
2. Cette date est fournie par Le Mazurier.
3. C'étaient les jetons de présence que l'on distribuait à l'assemblée des comédiens.

venoit lui réclamer ses dix francs ; que lui ayant dit qu'il ne lui avoit jamais rien vendu et ne la connoissoit pas et qu'il falloit qu'elle le prît pour un autre, ladite femme lui a soutenu que cela étoit vrai et l'a menacé de lui faire des affaires en justice pour raison desdits jetons. Et comme elle a poussé l'insulte à l'excès jusqu'à lui faire des menaces et l'appeler fripon et voleur, il se trouve obligé, pour prévenir ses insultes, de nous rendre la présente plainte de laquelle il nous requiert acte.

Signé : Jean-Augustin CLAVARO ; BIZOTON.

(Arch. nationales, Y 13198.)

CONTAT (Emilie), née le 28 décembre 1770, débuta à la Comédie française le 5 octobre 1784 par le rôle de Fanchette dans le *Mariage de Figaro*[1], fut reçue en 1785, quitta le théâtre en 1815 et mourut le 6 mai 1846 à Nogent-sur-Vernisson[2] (Loiret).

I.

1785. — 9 septembre.

Mlle Emilie Contat est reçue à la Comédie française à demi-quart de part.

Nous, maréchal duc de Duras, pair de France, premier gentilhomme de la Chambre du Roi.

---

1. A la date du 6 octobre 1784 le *Journal de Paris* rend compte en ces termes du début de Mlle Emilie Contat : « Hier, un début qui n'avait pas été annoncé a causé une surprise agréable aux spectateurs. La demoiselle Mimi, très-jeune sœur et élève de la demoiselle Contat, a débuté par le petit rôle de Fanchette dans le *Mariage de Figaro*. Elle y a montré l'aptitude la plus décidée au talent de la comédie, et le public a paru la voir avec le plus grand intérêt. Si, comme il y a lieu de le croire, elle est destinée à avoir réellement du talent, le sort l'a doublement favorisée en la plaçant dans une école où elle trouvera si facilement le prétexte et l'exemple tout à la fois. »

2. C'est du moins la date que me fournit une indication manuscrite apposée en regard de l'article qui concerne Mlle Emilie Contat dans un petit livre que j'ai en ma possession et qui est intitulé : *L'opinion du parterre ou Revue des théâtres par M. Valleran* (Paris, Martinet, germinal an XIII). Cette indication manuscrite dit en outre que, lors de son décès, Mlle Emilie Contat était « veuve de M. Chagot du Fay ». M. de Manne (*la Troupe de Talma*, article CONTAT) dit que l'actrice dont il est ici question avait épousé un M. Amelot, de la famille de l'ancien ministre, et qu'elle mourut à un âge avancé dans son château, situé près de Montargis.

Avons reçu, sous le bon plaisir de sa Majesté, la demoiselle Emilie Contat à demi quart de part pour jouer sur le théâtre de la Comédie française les rôles d'amoureuses. Elle n'entrera en jouissance pour les partages qu'à Pasques prochain.

Le 9 septembre 1785.

(Arch. nationales, O¹ 845.)

II.

1785. — 20 novembre.

Mlle Emilie Contat est reçue à la Comédie française à quart de part.

Nous, maréchal duc de Duras, etc.

Avons reçu sous le bon plaisir du Roi la demoiselle Emilie Contat au nombre de ses comédiens français à quart de part dont elle jouira à Pâques prochain pour y jouer seulement les rôles de soubrettes en double de la demoiselle Devienne[1].

A Paris, ce 20 novembre 1785.

(Arch. nationales, O¹ 845.)

CONTAT (Louise-Françoise), née le 16 juin 1760[2], débuta à la Comédie française le 3 février 1776 par le rôle d'Atalide dans *Bajazet*[3], fut reçue en 1777, se retira en 1809 et mourut le 9 mars 1813[4].

I.

1785. — 14 janvier.

Le roi accorde une pension de 1,000 livres à Mlle Louise-Françoise Contat.

Brevet d'une pension de 1,000 livres en faveur de la demoiselle

---

1. Voyez DEVIENNE (Jeanne-Françoise THÉVENIN dite).

2. V. Jal, *Dictionnaire*, 2ᵉ édition, au supplément, article CONTAT. Le père de Mlle Contat s'appelait Jean-François Contat, il était soldat de la maréchaussée et marchand de bas privilégié; sa mère se nommait Madeleine-Françoise Leroy.

3. Grimm, dans la *Correspondance littéraire* (édit. Taschereau, t. IX, p. 10), parle ainsi des débuts de Mlle Contat aînée : « Mlle Contat est une élève de madame Préville; elle a paru infiniment médiocre dans la tragédie, mais elle a donné un peu plus d'espérance dans les rôles de Célimène et d'Agathe (des *Folies amoureuses*). Sa figure est agréable et spirituelle, sa voix faible et maniérée. Si son jeu ne prouve jusqu'à présent qu'une mémoire assez facile et de la disposition à copier, elle est d'un âge qui ne permet pas qu'on le juge avec trop de sévérité. »

4. Mlle Contat épousa le 26 janvier 1809 Paul-Marie-Claude de Forges-

Louise-Françoise Contat, née le 17 juin 1760 et baptisée le lendemain, paroisse Saint-Germain-l'Auxerrois à Paris. Laquelle pension lui a été accordée sur le trésor royal, sans retenue, en considération de ses services en qualité de comédienne ordinaire du
Roi, par décision de ce jour 14 janvier 1785.

(Arch. nationales, O¹ 672.)

II.

1789. — 22 mars.
Vol commis chez Mlle Louise-Françoise Contat.

Cejourd'hui dimanche 22 mars 1789, huit heures du matin,
nous Jean Odent, etc., ayant été requis nous sommes transporté
rue des Saints-Pères, près celle Taranne, en une maison numé-
rotée 69, où étant monté au premier étage, dans une chambre à
coucher ayant vue sur ladite rue des Saints-Pères, nous y avons
trouvé et pardevant nous est comparue Louise-Françoise Contat,
pensionnaire du Roi et actrice de la Comédie françoise, demeurant en ladite maison et appartement où nous sommes.

Laquelle nous a dit et déclaré que cejourd'hui, à six heures et
demie du matin, elle fut éveillée par le nommé Lespinette, son
cocher, qui lui annonça qu'en descendant de sa chambre pour
aller à l'écurie et passant par l'entresol, il avait aperçu la porte du
passage qui conduit à la cuisine ouverte, ainsi que celle de l'armoire à l'argenterie. Que s'étant approché de ladite armoire et
s'étant aperçu qu'on y avait volé l'argenterie qui y était renfermée, il avait éveillé tous les autres domestiques de la maison;
qu'il était ensuite descendu sous la remise et avait trouvé la porte
ouverte quoi qu'il fut certain de l'avoir fermée la veille; qu'il
avait aussi trouvé ouverte l'une des portières du carrosse de la
comparante et le marchepied baissé, et qu'il avait remarqué sur
les deux tables dudit marchepied des empreintes formées avec la
crotte des souliers de quelqu'individu qui aurait pu se cacher dès
la veille dans ledit carrosse pour y attendre le moment favorable
pour faire le vol de ladite argenterie.

Que la comparante, pour s'assurer de ce qui lui avait été volé,
fit chercher ce qui pouvait lui rester d'argenterie et s'assura par

---

Parny, capitaine de cavalerie, frère et non neveu du poëte du même nom.
Voyez Jal, *Dictionnaire*, 2e édition, supplément, article CONTAT.

là qu'on lui avait volé dans ladite armoire : vingt-deux cuillères et vingt-quatre fourchettes à bouche, six petites cuillères à café, six petites broches, six cuillères à ragout, un plat à soupe ovale, un grand et deux petits plats de rôt ovales, trois plats ronds d'entrée, un autre petit plat rond d'entremêts, deux grandes casseroles, une écuelle, son couvercle et son plat, une cafetière de six à huit tasses, une de deux ou trois tasses, le tout d'argent marqué de la lettre C supportée par une pensée, plus une cafetière de vermeil de quatre tasses, marquée à la lettre L, sept à huit torchons et quelques tabliers de cuisine aussi marqués de la lettre C. Qu'elle ne connait pas les auteurs de ce vol et qu'il n'y a point d'effraction aux portes, lesquelles paraissent avoir été ouvertes avec des rossignols et des fausses clefs. Qu'elle nous observe seulement qu'on s'est aperçu qu'un étranger, pressé apparamment par un besoin qu'il avait satisfait sous la remise, s'est essuyé avec un morceau de papier provenant du dessus d'une lettre qui porte pour suscription : « A monsieur, monsieur Hubert, maître tailleur, rue Montmartre, vis-à-vis celle de la Jussienne. » Que cet étranger pourrait avec raison être soupçonné de s'être introduit chez elle et qu'il serait peut-être possible d'en tirer des indices qu'elle croit que la surveillance de la police et la sûreté publique ne doivent pas négliger. Pourquoi ledit papier, après avoir été nettoyé autant qu'il a été possible de le faire, nous a été représenté, a été de ladite demoiselle Contat et de nous commissaire signé et paraphé *ne varietur,* et nous nous en sommes chargé pour le déposer au greffe criminel et y servir à conviction, ce que de raison.

Signé : ODENT; CONTAT.

Et à l'instant nous commissaire susdit pour constater autant que faire se peut la manière dont le vol sus-déclaré a pu être commis, nous sommes descendu à l'entresol; nous avons remarqué que pour parvenir à l'armoire à l'argenterie, il faut entrer par la porte d'un passage qui conduit à la cuisine; qu'il ne s'est trouvé aucune effraction à la porte dudit passage non plus qu'à celle de l'armoire à l'argenterie, lesquelles deux portes sont garnies chacune d'une serrure à tour et demi très-aisée à ouvrir avec fausse clef ou avec un simple crochet. Nous avons ensuite été conduit dans une autre pièce à l'entresol, appelée la Lingerie, dont on nous a dit avoir aussi trouvé la porte ouverte et nous avons remarqué plusieurs paquets de chiffons étendus à terre. Nous sommes ensuite descendu sous la remise accompagné du sieur Lescaze, inspecteur de police, pour ce intervenu, et nous avons remarqué que la porte, qui ne ferme en dedans qu'avec une barre de fer et un crochet, était ouverte. Nous avons remarqué aussi que l'une des portières du côté gauche de la personne assise dans la voiture était ouverte et le marchepied baissé. Et à l'examen que nous avons fait de l'empreinte de pieds qu'on nous a dit être sur les tables dudit marchepied, nous avons reconnu par la forme étroite et pointue desdites empreintes qu'elles ne peuvent avoir été faites que par les souliers d'une femme chaussée de très-petits souliers tels que par ceux de la demoiselle Contat elle-même, qui d'ailleurs nous a déclaré qu'elle se rappelait très-bien avoir monté la veille par ladite portière en sortant de la comédie.

De quoi nous avons fait le présent procès-verbal.

Signé : ODENT; CONTAT; LESCAZE.

Et le lundi 23 mars audit an, heure de midi, en notre hôtel et pardevant nous commissaire susdit est comparue ladite demoiselle Contat. Laquelle, en persistant dans sadite déclaration et y augmentant, nous a dit que, sans pouvoir asseoir aucun soupçon sur personne en particulier, cependant il lui est difficile de se persuader qu'on ait pu s'introduire dans sa maison et se cacher dans sa voiture sans être d'intelligence avec quelqu'un de ses domestiques, homme ou femme. Que d'ailleurs un pareil vol ne peut avoir été fait que par des gens qui connaissent parfaitement le local de sa maison, ou par des gens qui en auraient été instruits par ses domestiques actuels soit par d'autres qui ont été à son service. Pourquoi elle est venue nous faire la présente addition de déclaration.

Signé : CONTAT.

Et le mardi 24 desdits mois et an que dessus, huit heures du matin, nous commissaire susdit, accompagné du sieur Louis Lescaze, inspecteur de police, nous sommes transporté en la maison de ladite demoiselle Contat sus-désignée et avons fait perquisition dans ladite maison, en commençant par les caves et finissant par les greniers, dans l'appartement de ladite demoiselle Contat, dans celui de Mlle Emilie Contat, dans la chambre de la demoiselle Mallet, femme de chambre, de la femme Lespinette, femme de charge, de la femme Dupuis, cuisinière, du nommé Lespinette, cocher, du nommé Baptiste, premier laquais, du nommé Henri, second laquais, par l'événement de laquelle nous n'avons rien trouvé de suspect. Nous nous sommes ensuite transporté, avec ledit sieur Lescaze, rue du Sepulchre, en une maison appartenant au sieur Valin, et nous sommes monté au sixième étage dans la chambre de Pierre Albaret, porteur d'eau, dans laquelle nous avons été conduit et introduit par la femme dudit Albaret, laquelle est fille de cuisine chez ladite demoiselle Contat, et avons aussi fait perquisition dans ladite chambre dans laquelle il ne s'est rien trouvé de suspect.

De quoi nous avons fait le présent procès-verbal[1].

Signé : ODENT; LESCAZE.

(Arch. nationales, Y 15019.)

DANCOURT (Florent CARTON, sieur). Voy. ANCOURT (D').

DANGEVILLE (Charles-Claude BOTOT, dit).

DANGEVILLE (Marie-Hortense RACOT DE GRANDVAL, mariée à Charles-Claude BOTOT, dit).

Charles-Claude Botot dit Dangeville naquit à Paris vers 1669, il était fils d'un procureur au Châtelet. Il débuta et fut reçu en 1702 à la Comédie française où il avait d'abord paru comme danseur. Il quitta le théâtre le 3 avril 1740 avec la pension de 1,000 livres et mourut le 18 janvier 1743[2].

Il avait épousé au mois de septembre 1702 Marie-Hortense Racot de Grandval, qui était née vers 1679 et qui avait débuté à la Comédie française en 1700. Cette actrice se retira du théâtre le 14 mars 1739 avec la pension de 1,000 livres et mourut le 4 juillet 1769[3].

---

1. Dans l'information à laquelle cette plainte donna lieu on entendit : 1° Marie-Marguerite-Josèphe Huchin, âgée de 30 ans, femme de Louis Mallet, femme de chambre; 2° Émilie Contat, âgée de 18 ans, pensionnaire du roi et actrice de la Comédie française, demeurant avec sa sœur; 3° Rose-Adélaïde Fleury, âgée de 29 ans, dite Rose, femme de François Lespinette; 4° Marie Charbonneau, âgée de 32 ans, femme de Jean Dupuis, cuisinier; 5° François Lespinette, âgé de 30 ans; 6° Jean-Baptiste Huyart, âgé de 24 ans, dit Baptiste; 7° Henri Debie, dit Henri, âgé de 40 ans; 8° Pierre Albaret, âgé de 28 ans, porteur d'eau de la maison; 9° Antoinette Lapierre, âgée de 32 ans, femme de Pierre Albaret. Malgré toutes les recherches, le voleur ne fut pas découvert.

2. Dangeville jouait les niais et succéda dans cet emploi à Beauval.

3. Hortense Grandval, comme on l'appelait au théâtre, jouait les princesses dans la tragédie et les amoureuses dans la comédie. Elle était d'une rare beauté et avait été surnommée la belle Hortense. Son frère, Nicolas Racot de Grandval, joueur de clavecin et auteur de *Cartouche ou le vice*

I.

1700. — 7 octobre.

Ordre de réception à la Comédie française pour Marie-Hortense Racot de Grandval.

La demoiselle Hortance Grandval n'ayant esté admise dans la troupe des comédiens du Roy que pour une année et jusqu'à ce qu'il plût à monseigneur le dauphin de la voir jouer et agréer, monseigneur l'ayant veue et agreée, il est ordonné aux comédiens du Roy de la recevoir pour toujours aux charges, clauses et conditions portées par le premier ordre qu'ils en ont receu.

Fait à Fontainebleau le 7ᵉ octobre 1700.

Signé : Charles de LA TRÉMOILLE.

(Arch. nationales, O¹ 2984.)

II.

1702. — 19 septembre.

Charles-Claude Botot dit Dangeville et Marie-Hortense Racot de Grandval, son accordée, s'engagent à servir une rente viagère à Daniel Racot de Grandval et à Marguerite Poirier, sa femme, père et mère de ladite Marie-Hortense Racot de Grandval.

Pardevant les conseillers du Roi, notaires au Châtelet de Paris soussignés, furent présents Charles-Claude Botot, sieur Dangeville, officier du Roi, demeurant rue des Deux-Ecus, paroisse Saint-Eustache, et demoiselle Hortense Racot de Grandval, fille, son accordée, de lui, en tout ce que faire se peut, autorisée à l'effet ci-après, demeurant à Paris rue des Fossés-Saint-Germain des Prés, paroisse Saint-Sulpice.

Lesquels, en veue de leur mariage, dont le contrat a été cejourd'hui passé pardevant les notaires soussignés, et voulant conjointement contribuer autant qu'il est possible à la subsistance, logement et entretien de Daniel Racot, sieur de Grandval, bourgeois de Paris¹, et de demoiselle Marguerite Poirier, sa femme, père et mère de ladite demoiselle comparante, en considération de l'établissement et des avantages qu'ils lui ont procuré de la preuve

---

puni, est le père de Charles-François Racot de Grandval, célèbre comédien dont l'article se trouve plus loin.

1. M. Jal, dans son *Dictionnaire*, article GRANDVAL, nous apprend que Daniel Racot, père d'Hortense, était conseiller du Roi et syndic général des ventes de l'Hôtel-de-Ville.

desquels elle les relève et dispense s'en tenant contente, ont volontairement par ces présentes donné et donnent par donation entre
vifs, irrévocable et pour plus grande sûreté ont promis et promettent solidairement l'un pour l'autre fournir et faire valoir audit
sieur de Grandval et demoiselle Marguerite Poirier, sa femme,
demeurant à Paris susdite rue des Fossés Saint-Germain-des-Prés,
à ce présents et acceptant, pour eux, leurs vies durant, 800 livres
de rente et pension viagère qu'iceux sieur et demoiselle donateurs
ont promis et se sont obligés solidairement de bailler et payer
dorénavant auxdits donataires en cette ville de Paris, ou au porteur des présents pour eux, aux quartiers de l'an accoutumés également, dont le premier payement se fera et échéra trois mois après
le jour de la célébration dudit mariage, et ensuite continuer de
quartier en quartier la vie durant desdits donataires à peine de
tous dépens, dommages et intérêts.

Et à la garantie, payement, cours et continuation, fournir et
faire valoir lesdites 800 livres de rente et pension viagère ci-dessus
donnée et constituée, lesdits donateurs y ont solidairement obligé,
affecté et hypothéqué tous leurs biens meubles et immeubles présents et à venir. Pour d'icelle rente et pension viagère jouir et
disposer par lesdits donataires pour leur subsistance, entretien et
logement et à leur volonté sans qu'elle puisse être saisie ni arrêtée
pour quelque cause que ce soit; et à la charge et condition expresse
qu'arrivant le décès de l'un des deux donataires la pension viagère
de 800 livres demeurera réduite à 500 livres par an en faveur du
survivant, sa vie durant, payable aux termes ci-dessus jusqu'au
jour du décès dudit survivant, ouquel jour ladite pension sera et
demeurera entièrement éteinte et amortie en faveur desdits donateurs, et encore à la charge que si la demoiselle Hortense Racot
de Grandval vient à décéder sans enfants vivants dudit futur mariage, en ce cas ledit sieur Botot demeurera de plein droit quitte
et déchargé de la moitié du payement, cours et continuation de
ladite pension, etc.

Fait et passé à Paris en la maison desdits sieur et dame de
Grandval, le 19e jour de septembre avant midi, l'an 1702, etc.

(Arch. nationales, Y 276.)

DANGEVILLE (Anne-Catherine DESMARES, mariée à Antoine-François BOTOT, dit). Antoine-François Botot dit Dangeville était maître à danser et danseur à l'Académie royale de musique. Sa femme était la sœur de Mlle Desmares et avait débuté à la Comédie française le 23 décembre 1707 par le rôle de Pauline dans *Polyeucte*. Elle fut reçue le 5 janvier de l'année suivante et se retira le 21 décembre 1712 avec la pension de 1,000 livres. Elle mourut vers 1772[1].

1725. — 16 novembre.

Plainte d'Anne-Catherine Desmares contre son mari Antoine-François Botot dit Dangeville, qui l'avait battue et injuriée.

L'an 1725, le vendredi 16 novembre, dix heures et demie du soir ou environ, pardevant nous Nicolas-François Ményer, commissaire au Châtelet, est comparue dame Anne-Catherine Demars, épouse du sieur Antoine-François Botot-Dangeville, maître à danser, demeurante rue de la Comédie-Françoise, paroisse Saint-Sulpice : laquelle nous a rendu plainte et dit qu'il y a 18 ans qu'elle a eu le malheur d'épouser ledit Dangeville le croyant un homme sage et raisonnable, mais la plaignante a eu le chagrin de voir avec douleur qu'elle avoit épousé un homme violent et emporté ; que très-peu de tems après leur mariage ledit Dangeville, sans aucun sujet ni raison, l'a nombre de fois maltraitée et excédée de coups de pied et de poing par tout le corps, en sorte qu'il lui a différentes fois meurtri tout le corps sans que la plaignante lui en ait donné aucun sujet : tout au contraire, elle a fait tout ce qu'elle a pu pour le calmer ; à quoi il n'a fait aucune attention, l'a sans cesse maltraitée et injuriée en la traitant de « bougresse » et de « gueuse » ; que cejourd'hui revenant de Fontainebleau dans un carrosse et étant près de Ris, environ les sept heures du soir, accompagnée dudit Dangeville et de deux de leurs enfans, la plaignante a été surprise que ledit Dangeville, sans aucune raison, l'a traitée de « bougresse », de « gueuse » et de « putain ». A quoi la plaignante lui a répondu avec douceur qu'il n'avoit pas raison de la traiter de la sorte. Dans le moment ledit Dangeville s'est jeté comme un furieux sur la plaignante, lui a porté plusieurs coups de pied et

---

1. C'est par erreur que les frères Parfaict et Le Mazurier appellent cette actrice Christine. Elle s'appelait Anne-Catherine, comme on peut le voir par le document qui suit et par l'extrait de baptême de sa fille Mlle Dangeville, qui est publié plus loin. Il paraît que cette actrice était plus que médiocre.

de poing par tout le corps, dont la plaignante a plusieurs meurtrissures aux bras ainsi qu'il nous paroit et ressent de grandes douleurs, lui a déchiré une de ses manchettes, lui a porté pareillement plusieurs coups de poing dans le visage où la plaignante a quelques excoriations à la lèvre et au nez duquel il est sorti quantité de sang et, sans le secours de plusieurs personnes qui étoient dans un carrosse à quelques pas derrière qui en sont sorties et qui sont survenues au bruit, ledit Dangeville l'auroit assommée sur la place : Lesquelles personnes ont retiré la plaignante des mains dudit Dangeville et l'ont fait monter dans leur carrosse. Et comme la plaignante est journellement exposée d'être maltraitée, qu'elle est en grand danger de sa vie par les excès et violences dudit Dangeville, qu'elle est enceinte d'environ deux mois et demi et en danger de perdre son fruit, elle a été conseillée de nous rendre la présente plainte.

Signé : Anne-Catherine Demars; Ményer.

(Arch. nationales, Y 11555.)

DANGEVILLE (Marie-Anne Botot, dite), fille d'Antoine-François Botot dit Dangeville et d'Anne-Catherine Desmares, naquit à Paris le 29 décembre 1714. Elle parut pour la première fois sur la scène française à l'âge de sept ans et demi dans le rôle de la Jeunesse de *l'Inconnu*, comédie de Thomas Corneille, mais ses débuts en forme n'eurent lieu que le 28 janvier 1730 par le rôle de Lisette dans *le Médisant*, comédie de Destouches. Elle fut reçue le 5 mars suivant, resta au théâtre jusqu'en 1763 et mourut en 1796[1].

---

1. Voir l'intéressante notice que Le Mazurier a consacrée à cette actrice dans sa *Galerie historique*. En 1762 le rédacteur des *Mémoires secrets*, se faisant l'écho de l'opinion générale sur Mlle Dangeville, disait d'elle : « Il n'y a que vous qui ne vieillissez pas, inimitable Dangeville. Toujours fraîche, toujours nouvelle, à chaque fois on croit vous voir pour la première. La nature s'est plu à vous prodiguer ses dons, comme si l'art eût dû tout vous refuser, et l'art s'est efforcé de vous enrichir de ses perfections comme si la nature ne vous eût rien accordé. »

Voici, d'après un journal du temps, un court abrégé des objets précieux qui furent mis en vente après le décès de Mlle Dangeville : « Il sera procédé dans les derniers jours de floréal an V (mai 1797) à la vente d'une partie de superbes et magnifiques diamants du plus beau choix et de la plus parfaite égalité. Cette riche et précieuse partie provient de la succession de la citoyenne Botot-Dangeville, célèbre artiste du ci-devant théâtre Français. Elle est composée de collier en 13 pièces, bracelets, boucles d'oreilles mon-

I.

1741. — 17 janvier.

Plainte rendue par Mlle Dangeville contre une marchande à la toilette qui avait perdu un très-bel éventail qu'elle lui avait confié pour le vendre.

L'an 1741, le mardi 17ᵉ jour de janvier, environ les dix heures du matin, nous, Charles-Jacques-Etienne Parent, commissaire au Châtelet, ayant été requis, sommes transporté rue d'Anjou, paroisse Saint-André-des-Arts, où, étant monté et entré dans une chambre du second appartement dépendant d'une maison appartenant au sieur Demée, est comparue pardevant nous Marie-Anne Botot-Dangeville, fille majeure, demeurant en la maison où nous sommes : laquelle nous a dit que le 30 décembre dernier elle a mis entre les mains de la dame Ferrarois deux éventails d'un prix très-considérable pour s'en défaire moyennant la somme de 200 livres ou de lui remettre lesdits deux éventails dans le cas où elle ne trouveroit pas ladite somme; que depuis ce tems jusqu'à ce jour elle n'a pu avoir ni les 200 livres, ni les éventails, quoi qu'elle ait envoyé à plusieurs et différentes fois; que néanmoins cejourd'hui et heure présentes ladite femme Ferrarois est venue chez elle lui dire qu'elle avoit eu le malheur de perdre un desdits éventails samedi dernier entre onze heures et midi en tra-

---

tées en fleurs, autres boucles d'oreilles et épingles de très-gros brillants, croix à la Jeannette, Saint-Esprit, cordon de montre, fontanges, bagues de brillants solitaires, topaze, opale, émeraude, saphir, rubis, turquoise, pierres gravées et autres entourées de brillants, quantité de boîtes en or émaillées, enrichies de cercles, chiffres et becs de diamants, peintures et émaux, boîtes de Lumachelle, malachite, jaspe sanguin, cornaline, lapis-lazuli, crystal de roche, laque, piqué en or toutes montées à cages et doublées en or, montres et chaînes en or émaillées et enrichies de diamants, fourchettes, cuillers, couteaux, ciseaux, étui et crayon en or, jetons et médailles en argent, beaucoup d'argenterie de service et autres objets.

« L'exposition du tout aura lieu chez le citoyen Lejeune, ancien huissier-priseur à Paris, rue Guénégaud, nᵒ 42, où l'on verra les objets les 23, 24 et 25 floréal, depuis 11 heures du matin jusqu'à 2.

« La vente en sera indiquée par des affiches particulières. Elle se fera rue de Thionville, en la grande salle du musée.

« Il ne sera délivré aucun article que le prix ne soit payé; ceux non payés seront mis sous cachet, étiqueté du nom de l'adjudicataire, qui sera tenu de payer un à-compte et de se libérer du surplus dans 24 heures.

« Cette condition sera exécutée rigoureusement. »

(*Journal de Paris,* tridi 23 floréal an V.)

versant le jardin du palais des Tuileries ; que ledit éventail qu'elle a perdu est d'une très-belle peinture sur peau, représentant Moïse sur les eaux, dont les battans sont de nacre de perle d'une seule pièce et incrustés d'or travaillé ; que ledit éventail a été estimé, lorsqu'elle l'a remis à ladite femme Ferrarois, deux cent cinquante livres, en sorte que celui qu'elle lui a rapporté est d'un prix beaucoup au-dessous. Et comme ladite Ferrarois est ici présente, ladite demoiselle comparante a requis notre transport à l'effet de recevoir la déclaration de ladite femme Ferrarois pour qu'elle s'oblige de payer la somme de 150 livres, à quoi elle se restreint pour la valeur dudit éventail qu'elle dit avoir perdu, si mieux n'aime donner la somme de 200 livres pour les deux ; auquel cas la comparante lui rendra celui qu'elle vient de rapporter.

Signé : Marianne Botot-Dangeville.

Et à l'instant est comparue demoiselle Marie-Anne Joulin, femme séparée quant aux biens de Claude Ferrarois, demeurante à Paris, rue de Seine, en chambre garnie, chez la demoiselle Duchesne : laquelle nous a dit qu'il est vrai que ladite demoiselle Dangeville lui a remis entre les mains, le 30 décembre dernier, lesdits deux éventails ; qu'elle a eu le malheur d'en perdre un samedi dernier entre onze heures et midi en traversant le jardin des Tuileries ; qu'il est juste et offre de payer à ladite demoiselle Dangeville le prix dudit éventail suivant l'estimation qu'elle désire en être faite par le sieur Boursin, bijoutier *au Chagrin de Turquie,* auquel elle avoit déjà fait présenter lesdits deux éventails et qui en avoit offert huit louis d'or et un écu de six livres pour elle ; que comme il en reste un qu'elle a laissé entre les mains de ladite demoiselle Dangeville, suivant l'estimation qui sera faite d'icelui, elle promet de payer le surplus jusqu'à la concurrence de 200 livres à condition qu'elle lui donnera un mois pour faire le payement du surplus suivant ladite estimation qui sera incessamment faite.

Signé : Marianne Joulin.

Et par ladite demoiselle Dangeville a été dit que comme elle s'est restreinte à la somme de 200 livres pour le prix des deux éventails, l'estimation que ladite dame Ferrarois entend en faire faire ne la regarde pas ; que néanmoins celui qui reste elle veut bien qu'il soit estimé à la charge que le prix en sera payé comptant sur le champ et que le surplus, jusqu'à concurrence desdites

200 livres, lui sera payé dans le courant du mois, qui est le délai que ladite dame Ferrarois requiert.

Signé : Marianne Borot-Dangeville.

Et par ladite dame Ferrarois a été dit qu'elle adhère au dire ci-dessus fait par ladite demoiselle Dangeville.

Signé : Marianne Joulin; Parent.

(Arch. nationales, Y 13229.)

II.

1753. — 2 novembre.

Vol commis chez Mlle Dangeville.

L'an 1753, le vendredi 2 novembre, deux heures de relevée, pardevant nous Antoine-Charles Crespy, commissaire au Châtelet, en notre hôtel est comparu sieur Philippe-Edouard Roullier, conseiller du roi, inspecteur de police, lequel nous a dit qu'étant chargé des ordres de M. le lieutenant-général de police pour veiller aux vols qui se font journellement et venant d'apprendre que des gens avoient voulu s'introduire chez la demoiselle Dangeville, l'une des comédiennes du Roi, par une de ses croisées, ayant vue sur la rue des Fossoyeurs de notre quartier, il requiert notre transport à l'effet de recevoir la déclaration du sieur Lamarre, marchand de vin susdite rue, à cet effet et de constater la fraction faite à ladite croisée.

Signé : Roulier.

En conséquence et en exécution des ordres à nous particulièrement adressés par M. le lieutenant-général de police, sommes avec lui transporté susdite rue des Fossoyeurs, au coin de celle de Vaugirard, aussi de notre quartier, en la boutique et lieux occupés par ledit sieur Lamarre; où étant est comparu pardevant nous commissaire susdit François Lamarre, marchand de vins, lequel nous a dit que la maison en face de celle où il demeure et faisant l'encoignure de l'autre côté desdites rues des Fossoyeurs et Vaugirard, appartient à la demoiselle Dangeville, actuellement à Fontainebleau, et est par elle occupée. Qu'hier matin, vers les quatre heures et demie, comme il sortoit de chez lui pour aller à la première messe de la paroisse et ayant une lumière à la main, il a vu deux particuliers, l'un sur le premier balcon de ladite demoiselle Dangeville, au premier étage, ayant vue sur ladite rue des Fossoyeurs, lequel, à la faveur d'une petite échelle de la hau-

teur de celles dont se servent ordinairement les afficheurs, cherchoit, avec une petite pince de fer ou ciseau d'environ un pied
de long, à forcer ladite croisée pour s'y introduire et à laquelle
par en dedans et entre les volets qui paraissoient fermés, ainsi
qu'aux trois autres croisées au même étage et même vue, étoient
des petits rideaux de mousseline brodée. Que s'apercevant qu'il y
avoit de la mauvaise intention dans le fait de cesdits deux particuliers et leur ayant demandé ce qu'ils vouloient, l'autre particulier, qui étoit au bas dans la rue et au pied de ladite échelle, auquel il nous a déclaré avoir remarqué un habit blanchâtre, veste
rouge à bord d'or, chapeau uni, perruque en bonnet, de taille
moyenne et des bottines, lui a dit qu'il étoit arrivé à minuit de
Fontainebleau avec son maître. Que la demoiselle Dangeville
ainsi que la demoiselle Boismenard l'avoit prié de prendre chez
elle leur manchon, et que celui de ladite demoiselle Dangeville
étoit de martre à quadrille. Que ces deux particuliers, voyant
qu'il n'y avoit plus lieu pour eux à venir à bout de leur dessein,
s'en sont allés en lui disant que, puis qu'ils ne pouvoient point
ouvrir la fenêtre, ils reviendroient. Que lui, comparant, soupçonne l'intention desdits deux particuliers d'autant plus mauvaise
qu'en ayant donné avis à la mère de ladite demoiselle Dangeville,
demeurante rue des Fossés-Saint-Germain des Prés, il a appris
que la demoiselle Dangeville fille avoit laissé les clefs de sa maison à une personne de sa confiance à Paris à laquelle elle auroit
pu faire demander ce qui lui auroit été nécessaire, et qu'il pense
avoir vu rôder cette nuit dans le quartier l'un desdits deux particuliers. Affirmant la présente déclaration.

Signé : LAMARRE ; CRESPY.

Et à l'instant nous commissaire nous étant transporté au devant de la maison de ladite demoiselle Dangeville et à elle appartenante, avons remarqué qu'à la première croisée de ladite maison
et au premier étage ayant vue sur la rue des Fossoyers, il y a
un éclat de bois au battant vitré de ladite croisée à la hauteur de
cinq carreaux de verre.

Dont et de tout ce que dessus avons fait et dressé le présent
procès-verbal.

Signé : CRESPY; ROULIER.

(Arch. nationales, Y 14079.)

III.

1780. — 1er juin.

Le roi accorde une pension de 1680 livres à Mlle Dangeville.

Brevet d'une pension de 1,680 livres, produisant net 1,497 liv. 5 sols en faveur de la demoiselle Marie-Anne Botot-Dangeville, née à Paris le 29 décembre 1714, baptisée le 31 du même mois dans la paroisse Saint-Sulpice de ladite ville de Paris; cette pension composée des objets ci-après : une pension de 1180 livres, y compris 180 livres d'accroissement pour arrérages dus en 1766, qui lui a été accordée sur le Trésor royal en considération de ses services en qualité de comédienne ordinaire du Roy, suivant les brevets des 30 juin 1748 et 20 décembre 1754; laquelle pension, de l'échéance de décembre, déduction faite d'un dixième et demi sur 1,000 livres, d'un dixième sur 180 livres et de trois deniers pour livre sur le tout, est de 997 livres 5 sols; une gratification de 500 livres sans retenue qui lui a été accordée sur les dépenses extraordinaires des menus plaisirs le 1er janvier 1753 en la même considération que dessus, laquelle gratification lui a été payée par le trésorier général desdits menus plaisirs jusqu'au premier janvier 1779, le tout formant un total net de 1497 livres 5 sols.

Il reste dû, de la pension de 997 livres 5 sols, trois années un mois révolus le 1er janvier 1779, montant à 3,074 livres 17 sols un denier.

1er juin 1780.

(PIÈCE JOINTE AU BREVET.)

Acte de baptême de Mlle Dangeville.

Extrait des registres des baptêmes de l'église de Saint-Sulpice à Paris.

Le 31 décembre 1714 a été baptisée Marie-Anne, née le 29 du présent mois, fille d'Antoine-François Botot, bourgeois de Paris, et d'Anne-Catherine Desmares, son épouse, demeurant rue et fontaine Saint-Germain. Le parein : Evrard du Tillet, commissaire provincial des guerres; la mareine Anne Chateauneufvieux[1], le père present, etc.

(Arch. nationales, O¹ 669.)

---

1. C'est sans doute Marie-Anne de Chasteauneuf-Duclos, dont l'article se trouve plus loin.

DAUBERVAL (Etienne-Dominique BERCHER). Voy. AUBERVAL (D').

DAUVILLIERS (Nicolas DORNÉ, sieur). Voy. AUVILLIERS (D').

DES ESSARTS (Denis DESCHANET dit), né en 1738 à Langres (Haute-Marne), exerça pendant quelques années dans cette ville l'office de procureur. Il se fit ensuite comédien et joua avec succès sur plusieurs scènes de province. Le 4 octobre 1772, Des Essarts débuta à la Comédie française par les rôles de Lisimon dans *le Glorieux* et de Lucas dans *le Tuteur*, comédie de Carton d'Ancourt[1]. Il fut reçu le 1er avril de l'année suivante et mourut à Barèges, où il était allé prendre les eaux en brumaire an II.

I.

1778. — 9 avril.

Dispute entre Des Essarts et un particulier, au sujet d'une voiture de place qu'ils prétendaient avoir arrêtée chacun le premier.

L'an 1778, le jeudi 9 avril, onze heures du matin, est comparu pardevant nous Marie-Joseph Chénon, commissaire au Châtelet, Denis Deschanets-Desessars, pensionnaire du roi, son comédien françois et ordinaire, demeurant à Paris rue des Petits-Augustins, faubourg Saint-Germain, lequel nous a dit qu'à l'instant ayant fait signe à un fiacre sur la place du Palais-Royal de venir à lui, le fiacre y est venu. Dans le chemin un particulier est monté dans la voiture. Le comparant a été à ce particulier à qui il a dit que le fiacre lui appartenoit, l'ayant appelé et venant. Le fiacre a dit à ce particulier que ce que le comparant disoit étoit vrai, qu'il l'avoit appelé et qu'il alloit à lui. Le comparant est monté dans la voiture avec la demoiselle sa nièce, qui étoit avec lui. Ce particulier est resté dans la voiture. Le comparant a dit au fiacre de le

---

1. Grimm, dans la *Correspondance littéraire* (édit. Taschereau, t. VIII, p. 98), annonce en ces termes les débuts de Des Essarts : « Le théâtre de la Comédie française vient de faire une bonne acquisition pour les rôles de financiers, de paysans et autres de ce genre qualifiés de bas-comiques. Un acteur appelé Desessarts a débuté avec succès dans ces rôles... Il a une bonne mine, un gros ventre, une voix excellente ; il paraît avoir de la chaleur et de l'intelligence... Voilà donc une bonne recrue et qui vient à propos. »

conduire chez lui. Le fiacre y alloit et dans le chemin près de l'Oratoire, le particulier inconnu a dit au comparant que, quoi qu'il le connût pour comédien, cela ne l'empêcheroit pas de se battre avec lui. Le comparant, sur une pareille menace, n'ayant pas d'épée, ce particulier en ayant une, craignant de lui quelque violence d'après le ton qu'il prenoit et le parti qu'il paraissoit avoir pris de l'insulter, a cassé l'épée de ce particulier et pour connoître le nom de ce particulier qui l'a insulté, se garantir des suites d'une pareille menace, il l'a conduit en notre hôtel et nous rend contre ce particulier plainte.

Signé : Desessarts.

Jean-Louis Balthazar Chalons, contrôleur général des fermes du département de Tours, demeurant chez Caumont, tapissier, vis-à-vis les Jacobins, nous a dit qu'étant sur la place du Palais-Royal, il a vu venir un fiacre à lui, il s'est présenté pour y monter. Aussitôt est survenu le sieur Desessars qui a prétendu que le fiacre lui appartenoit. Le comparant, s'étant présenté le premier à la portière, a cru que le fiacre lui appartenoit de préférence. Le sieur Desessars lui a dit de monter dedans et qu'il verroit qui des deux l'auroit, et a dit au fiacre de le conduire chez lui. Le comparant a regardé ce propos comme une menace et il est monté dans le fiacre. En chemin le comparant a dit au sieur Desessars que, quoiqu'il fût comédien, il se battroit avec lui. Le comparant rend pareillement, contre ledit sieur Desessars, plainte de ce qu'il lui a cassé son épée et de ce qu'il a dit au fiacre de le conduire chez lui.

Signé : Chaslon.

Le sieur Desessars nous a dit que le sieur Chaslon est monté le premier dans la voiture, qu'il n'y est monté qu'après avec sa nièce et n'a point dit au sieur Chaslon d'y monter et n'a dit au fiacre de le conduire chez lui que parce que son intention étoit d'aller chez lui et voyant le sieur Chaslon dedans, de lui laisser, rendu chez lui, le fiacre pour aller où il voudroit.

Signé : Desessars.

François Blanc, cocher de place pour le sieur Mauzin, rue de Sèvres, nº 152, nous a dit que le sieur Desessars l'avoit appelé et qu'il alloit à lui lorsque le sieur Chaslon s'est présenté à la portière; qu'il a dit au sieur Chaslon que le sieur Desessars l'avoit appelé et retenu, qu'il alloit à lui, et que malgré cela ledit Chaslon a insisté à vouloir monter dans son fiacre.

Avons donné acte auxdits Desessars et Chaslon de leurs plaintes respectives et sur lesquelles nous les avons renvoyés à se pourvoir, et avons ordonné provisoirement que le fiacre appartiendra au sieur Desessars qui l'avoit loué, le signe qu'il avoit fait au cocher, la démarche du cocher valant location.

Signé : CHÉNON fils.

.(Arch. nationales, Y 11412.)

II.

1786. — 7 juillet.

Des Essarts, mandataire des comédiens français, fait enlever par la police du magasin du théâtre les effets appartenant au sieur Servandoni, peintre en décors, dont la Comédie n'agréait plus les services.

Ce jourd'hui vendredi 7 juillet 1786, heure de midi, nous Jean Odent, commissaire au Châtelet, ayant été requis, nous sommes transporté au magasin de la Comédie française, rue des Fossés Saint-Germain-des-Prés, où étant nous y avons trouvé et pardevant nous est comparu sieur Denis Deschanets-Desessars, pensionnaire du Roi et l'un de ses comédiens françois, demeurant rue de Vaugirard, derrière le Théâtre françois.

Lequel, au nom et comme ayant charge et pouvoir verbal de sa compagnie, nous a dit que le sieur Servandoni, peintre en décorations, a été chargé par un marché par écrit de faire les décorations nécessaires au Théâtre françois, avec la faculté cependant à la Comédie de faire faire telz ouvrages de décoration que bon lui sembleroit par tel autre peintre qu'il lui plairoit. Que la négligence dudit sieur Servandoni à remplir ses engagements envers la Comédie, soit en ne paroissant jamais à son atelier, soit en n'y venant que pour faire des décorations à sa tête, souvent à contre-sens et jamais telles qu'elles lui sont demandées, ayant forcé le comité des comédiens françois à choisir un autre peintre et à exclure de leur magasin où nous sommes ledit Servandoni, il a requis notre transport pour être présent à l'enlèvement des effets dudit sieur Servandoni, auquel il nous requiert d'enjoindre de ne plus remettre les pieds dans ledit magasin où nous sommes, la Comédie ne voulant plus des services dudit sieur Servandoni, attendu, comme il vient de le dire plus haut, qu'il se plait à les faire de manière à ne pouvoir servir convenablement au Théâtre-François.

Signé : DES ESSARTS.

Est aussi comparu sieur Jean-Raphaël Servandoni, peintre en décorations, demeurant rue des Fossés-Saint-Germain des Prés, lequel nous a dit qu'ayant été engagé, après avoir fait un essai publiquement, la Comédie avoit promis de donner six mille livres par année lorsque le sieur Voyer n'y seroit plus; que le sieur Saint-Prix[1], chargé par la Comédie, fit entendre au comparant qu'il feroit toutes les nouvelles décorations et qu'elles lui seroient payées à part. Que ledit sieur Saint-Prix, après avoir fait des marchés en présence de plusieurs témoins de faire une décoration pour *Scanderberg*[2], le comparant, sur le marché, s'est procuré les couleurs nécessaires pour le mettre à exécution et que ledit marché n'a pas tenu. Qu'en outre le comparant devoit faire toutes les décorations qui seroient nouvelles, afin de le dédommager de la médiocrité des appointements qui n'étoient nullement convenables à la Comédie ni aux talents du comparant. Que le sieur Saint-Prix jugea à propos, de son chef, de faire retoucher une *Gloire* que le comparant avoit peinte et produisit à l'assemblée un jeune homme, nommé Lesueur, pour y recevoir les remerciements d'un ouvrage que le comparant avoit fait. En outre après qu'on eût gâté un char pour *Médée*, le comparant refusa de le peindre après qu'on l'avoit estimé; ledit sieur Saint-Prix ayant prié le comparant de trouver des moyens pour différer l'exécution, ce qui mit mal le comparant avec toute la comédie et particulièrement avec la demoiselle Raucourt[3]. Qu'étant malmené par

---

1. Jean-Amable Foucauld dit Saint-Prix, né en 1759 à Paris, débuta à la Comédie française le 9 novembre 1782. Le *Journal de Paris*, à la date du 12 du même mois, parle en ces termes des débuts de cet acteur : « Le sieur St-Prix a débuté samedi dernier par le rôle de Tancrède dans la pièce de ce nom et hier par celui de Montalban dans la *Veuve du Malabar*. Ce début n'ayant pas été annoncé nous n'avons pas été à portée de le voir dans la première de ces deux tragédies; nous avons seulement appris qu'il y a obtenu des applaudissements. Son succès a été moins décidé dans la pièce de Lemierre. Il nous a paru avoir une figure et une voix avantageuses et la manière dont il a rendu plusieurs traits de son rôle prouve de l'intelligence. S'il a des inégalités, s'il manque quelquefois de noblesse, si les sons de sa voix sont un peu fondus les uns avec les autres, on ne sera pas étonné de ces défauts quand on saura qu'il n'a jamais joué en province et qu'il ne s'attendait pas samedi matin à débuter le soir. On doit donc beaucoup espérer des dispositions de ce jeune acteur. » Saint-Prix quitta le théâtre le 1er avril 1818 et mourut le 28 octobre 1834.

2. Tragédie de Pierre-Ulric Dubuisson.

3. Voyez RAUCOURT (Josèphe-Françoise-Marie-Antoinette SAUCEROTTE dite).

ledit sieur Saint-Prix qui dit au comparant qu'il ne peignoit pas comme le sieur Brunetti, il eut le malheur de lui dire qu'il ne jouoit pas comme Lekain[1]. Qu'ayant été, après cela, le jouet des ouvriers et insulté plusieurs fois, il en fit arrêter un et le fit conduire pardevant nous et qu'il entend que les conditions du marché qu'il a fait avec la Comédie soient exécutées. Et que, comme il ne peut rester dans le magasin où nous sommes, ni y laisser aucun de ses effets malgré les comédiens françois, il offre de les faire emporter tous à l'instant et d'en sortir sous la réserve de tous ses droits pour l'exécution de son marché avec la Comédie.

Signé : DE SERVANDONY.

Par ledit sieur Desessarts a été dit que ce n'est pas le moment de répondre article par article aux allégations dudit sieur Servandoni qui sont toutes évidemment fausses, qu'il fait seulement toutes réserves d'ajouter par la suite à ces présentes ce que la Comédie avisera.

Signé : DES ESSARTS.

Sur quoi nous, commissaire susdit, avons audit sieur Desessarts, audit nom, et audit sieur Servandoni, donné acte de ce que dessus, et en conséquence ledit sieur Servandoni ayant déclaré qu'il n'avoit pas sur lui la clef d'un petit cabinet dans lequel sont renfermées différentes peintures et effets à lui appartenant, la porte en a été ouverte par le sieur Delarche, serrurier de la Comédie, du consentement et en la présence dudit sieur Servandoni, qui en a fait retirer et emporter tout ce qui s'est trouvé lui appartenir. Ledit sieur Servandoni a pareillement fait emporter tous les tableaux, toiles, peintures et autres effets à lui appartenant qui étoient dans ledit magasin où nous sommes, où il déclare n'avoir plus rien qui lui appartienne, se soumettant de rapporter la seule clef qui lui reste, les autres ayant été rendues déjà par son garçon, sans son aveu, au sieur Florence[2].

De tout quoi nous avons dressé le présent procès-verbal.

Signé : ODENT; DES ESSARTS; SERVANDONI.

(Arch. nationales, Y 15014.)

1. Voyez LEKAIN (Henri-Louis CAÏN dit).
2. Voyez FLORENCE (Joseph-Florence LAFERRIÈRE dit).

III.

1786. — 7 juillet.

Plainte rendue par Jean-Raphaël Servandoni, peintre en décors, au sujet de l'enlèvement de ses effets placés dans les magasins de la Comédie française [1].

L'an 1786, le vendredi 7 juillet, cinq heures du soir, en notre hôtel et pardevant nous Pierre-Jean Duchauffour, commissaire au Châtelet, est comparu sieur Jean-Raphaël Servandoni, architecte, peintre et décorateur, demeurant à Paris, rue des Fossés Saint-Germain-des-Prés, paroisse Saint-Sulpice; lequel nous a dit et déclaré que, depuis plus d'une année, il a contracté marché et engagement avec la compagnie des comédiens françois ordinaires du roi pour être leur peintre et décorateur en tout ce qui concerne le spectacle de ladite comédie; que depuis cette époque le comparant a été mis en possession d'un atelier dans le magasin établi au lieu où étoit autrefois ladite comédie susdite rue des Fossés Saint-Germain-des-Prés et que jusqu'à ce jour il y a travaillé à faire de nouvelles décorations et à réparer les anciennes : de sorte qu'ayant parfaitement rempli les devoirs auxquels il s'étoit engagé à l'avantage de la Comédie et à la satisfaction du public, il a tout lieu d'être surpris et indigné du procédé insultant qu'il a essuyé cejourd'hui sur les deux heures après-midi de la part du sieur Desessars, l'un des comédiens, qui, sans sujet ni raison et sans lui avoir fait signifier aucun congé ni autre acte de justice quelconque, a fait, en présence d'un de nos confrères expulser le comparant de l'atelier où il travaille ordinairement, a fait enfoncer en sa présence la porte d'un cabinet qu'il avoit dans ledit atelier, en a fait jeter dehors differens tableaux, ustensiles et effets appartenant au comparant et ce malgré ses protestations, oppositions, demandes et requisitions pour qu'il en fût référé devant les juges compétents. Et attendu qu'un pareil procédé ne peut qu'occasionner un notable préjudice au comparant dans son honneur, sa répuiation et sa fortune, qu'il a le plus grand intérêt d'en poursuivre la réparation, il est venu nous rendre plainte contre ledit Desessars.

Signé : DUCHAUFFOUR; DE SERVANDONY.

(Arch. nationales, Y 12694.)

---

1. Voir la pièce qui précède.

DESMARES (Christine-Antoinette-Charlotte), née en 1682 à Copen-
hague, où Nicolas Desmares[1], son père, frère de Mlle Champmeslé,
et Anne Dennebault[2], sa mère, jouaient alors la comédie. Elle revint peu de temps après en France avec sa famille et dès 1690, tout
enfant encore, elle parut à la Comédie française dans une mauvaise
pièce intitulée *le Cadet de Gascogne*, dont l'auteur a gardé l'ano-
nyme. Le véritable début de Mlle Desmares n'eut lieu que le 30 janvier 1699 par le rôle d'Iphigénie dans *Oreste et Pylade*, tragédie de
La Grange-Chancel, rôle qui était le dernier qu'eût joué Mlle Champmeslé, sa tante. Mlle Desmares fut reçue le 26 mai de la même année et ne quitta le théâtre que plus de vingt années après, le 30 mars
1721. Elle se retira alors à St-Germain avec la pension de 1,000 liv.
et y mourut le 12 septembre 1753[3].

I.

1700. — 17 avril.

Le duc de la Trémoille, premier gentilhomme de la chambre, attribue en
premier à Mlle Desmares certains rôles désignés de Mlles Beauval et Duclos
et en second tous les rôles de cette dernière actrice lorsqu'elle ne pourra
les jouer.

Monseigneur estant informé que mademoiselle Desmares ne
pouvoit de longtemps se perfectionner au théâtre si elle ne représentoit plus souvent la comédie, luy a accordé pour cet effet les
rooles de Pauline, d'Emilie, de Bérénice, de Laodice, d'Iphigi-
nie (*sic*) et d'Hermione que jouoient ci devant mademoiselle Duclos et mademoiselle Beauval; lesquels rooles ladite demoiselle
Desmares jouera à l'avenir en première, c'est-à-dire à l'exclusion
de toute autre. Et pour qu'elle ayt occasion de paroistre plus souvent sur le théâtre et se perfectionner dans la déclamation, monseigneur veut que ladite demoiselle Desmares joue en second tous
les rooles qu'elle scaura de mademoiselle Duclos lorsque ladite

---

1. Nicolas Desmares fut aussi acteur à la Comédie française où il fut reçu
sans débuts, grâce à sa sœur, le 28 mars 1685. Il se retira le 27 juin 1712
avec la pension de 1,000 livres et mourut le 3 novembre 1714.

2. Anne Dennebault, fille de Mathieu Dennebault, qui n'était pas comédien, et de Françoise Jacob, mourut en 1746.

3. Lire sur Mlle Desmares la notice intéressante que lui a consacrée Le
Mazurier dans sa *Galerie historique du Théâtre français*.

demoiselle Duclos ne les pourra pas jouer par absence ou par incommodité.

Fait à Versailles, le 17ᵉ avril 1700.

Signé : Charles DE LA TRÉMOILLE[1].

(Arch. nationales, O¹ 2984.)

II.

1700. — 21 décembre.
Ordre de donner à Mˡˡᵉ Desmares la moitié de la première part qui viendra à vaquer.

Monseigneur ordonne que de la première part qui viendra à vaquer dans la comédie, soit par mort ou autrement, il en sera donné une moitié à la demoiselle Desmares, après néantmoins que la demoiselle Duclos aura eu le quart qui luy a esté cy devant accordé par ordre de monseigneur du 28ᵉ avril dernier sur ladite première part vaccante.

Fait à Versailles, le 21ᵉ décembre 1700.

Signé : Charles DE LA TRÉMOILLE.

(Arch. nationales, O¹ 2984.)

III.

1746. — 7 septembre.
Donation faite par Mˡˡᵉ Desmares à Alexandre Sallé.

Pardevant les conseillers du roi, notaires au Châtelet de Paris, soussignés, fut présente demoiselle Christine-Antoinette-Charlotte Desmares, fille majeure, demeurant ordinairement en la ville de Saint-Germain-en-Laye, rue du Vieux-Abreuvoir, paroisse Saint-Germain et étant de présent et ce jour en cette ville de Paris.

Laquelle a par les présentes volontairement donné par donation entre vifs, pure, simple et irrévocable en la meilleure forme que donation entre vifs puisse et doive valoir, à Alexandre Sallé[2],

---

1. La date que porte ce document prouve que Le Mazurier s'est trompé lorsqu'il dit dans sa notice sur Mˡˡᵉ Beauval que cette actrice se retira en 1704 parce qu'à cette époque on donna ses rôles à Mˡˡᵉ Desmares. On voit qu'il y avait déjà, en 1704, quatre ans que ce fait était accompli et il est permis de croire que la résolution de Mˡˡᵉ Beauval lui fut dictée par un autre motif.

2. Alexandre Sallé, qui passe pour être le rédacteur de l'ouvrage en 3 vo-

premier secrétaire de monseigneur le comte de Maurepas, ministre et secrétaire d'Etat, demeurant à Paris au Louvre, paroisse Saint-Germain-l'Auxerrois, à ce présent et acceptant pour lui, ses hoirs et ayant cause la somme de 108,000 livres qui est due de compte fait à ladite demoiselle Desmares par M. Antoine, baron Hogger, qui a donné un assignat pour le paiement de ladite somme qui est de sa connaissance et dont ledit sieur Sallé est content, pour par lui toucher et recevoir ladite somme suivant ledit assignat et des deniers provenant dudit recouvrement prélever par préférence à tout la somme de 20,000 livres pour employer au payement des dettes de ladite demoiselle Desmares dont ledit sieur Sallé a connaissance et qui sont singulierement celles détaillées en l'état qu'elle en a représenté qui est demeuré ci-annexé, sans que pour raison du surplus de ladite somme de 20,000 livres excédant ledit état, qui que ce soit puisse demander aucune justification ou compte audit sieur Sallé. Plus à la charge par ledit sieur Sallé de payer ensuite des deniers provenant dudit recouvrement de la somme de 108,000 livres, celle de 10,000 livres à demoiselle Charlotte Damour, surnommée Lefèvre, à qui ladite demoiselle Desmares déclare en avoir fait donation. Plus de faire ensuite des mêmes deniers provenant dudit recouvrement, emploi d'une somme de 20,000 livres à constitution de rente ou autrement, ainsi que ledit sieur Sallé le jugera à propos pour produire l'usufruit qu'elle déclare de même en avoir donné à ladite demoiselle Lefèvre, sa vie durant; et au surplus jouir, faire et disposer par ledit sieur Sallé de ladicte somme de 108,000 livres comprise en la présente donation sans aucune autre charge et sans être par lui garant en quelque sorte et sous quelque prétexte que ce soit du paiement de la somme de 108,000 livres, en sorte qu'il ne sera tenu d'exécuter toutes les conditions ci devant qu'autant qu'il touchera ladite somme de 108,000 livres. A cet effet ladite demoiselle Desmares et sous lesdites conditions, s'est par ces présentes démis et dévêtu de ladite somme de 108,000 livres en faveur dudit sieur Sallé, etc.

Fait et passé à Paris, en l'étude de M⁰ Julliennet, l'an 1746 le 25 septembre avant midi.

---

lumes intitulé *Mémoires du comte de Maurepas,* était, dit le marquis d'Argenson, fils d'un médecin et de M¹¹ᵉ Desmares (*Mémoires de d'Argenson,* édit. Rathery, t. III, p. 2).

Etat des sommes dues par Mlle Desmares, dont elle se souvient et a connoissance.

A Me Julliennet, notaire à Paris, suivant son obligation du 19 mai 1729 la somme de 2,500 livres et par son billet pour solde de compte depuis celle de 4863 composant lesdites deux sommes ensemble celle de 7,363 livres.

A M. Jalley, la somme de 5,200 livres.

A Mlle Montereux, 100 livres.

A M. Delaira, tailleur à Paris, la somme de 273 livres.

A M. Trouillard, marchand d'étoffes à Paris, 300 livres.

A M. Dubois, apothicaire à Paris, 119 livres.

A M. Bajet, chirurgien, 212 livres.

A M. Charles, marchand, de Saint-Germain, 132 livres.

A M. de Montabourg, médecin à Saint-Germain, 1,200 livres.

A M. Vassal, 100 livres.

A M. Poche, 100 livres.

A Mlle Romain, couturière à Saint-Germain, 52 livres.

A Madame Bertrand, 68 livres.

Au sieur Procope, cafetier, ne sait la somme.

Etat des sommes : 15,219 livres, etc.

(Arch. nationales, Y 364.)

IV.

1746. — 25 septembre.

Donation faite par Mlle Desmares à Charlotte Damour, surnommée Lefèvre.

Pardevant les conseillers du Roi, notaires au Châtelet de Paris, soussignés, fut présente demoiselle Christine-Antoinette-Charlotte Desmares, fille majeure, demeurant ordinairement en la ville de Saint-Germain-en-Laye, rue du Vieux-Abreuvoir, paroisse Saint-Germain, étant de présent et ce jour en cette ville de Paris.

Laquelle, pour les sentiments d'amitié qu'elle a toujours eus pour cette dicte demoiselle Charlotte Damour, surnommée Lefèvre[1], fille majeure, avec laquelle elle demeure depuis

---

1. L'importance de cette donation, le prénom de Charlotte que porte la donataire, le nom même de Damour, qui peut-être lui avait été donné comme marque d'origine, me font croire que cette personne était fille de Mlle Desmares.

longtemps et voulant lui en donner des marques, a par ces presentes ladite demoiselle Desmares fait donation entre vifs, pure,
simple et irrévocable en la meilleure forme que donation entre
vifs puisse et doive valoir et pour plus de sûreté promet garantir
de toute revendication les meubles meublants et autres effets mobiliers ci après à la dicte demoiselle Charlotte Damour, surnommée Lefèvre, fille majeure, demeurant de même en ladite ville de
Saint-Germain-en-Laye et étant de présent à Paris, à ce présente
et acceptante, de tous les meubles meublants, ustensiles de ménage, argenterie et autres effets mobiliers appartenant à ladite
demoiselle Desmares, compris et détaillés en l'état qui a été fait
d'iceux et qui est demeuré annexé à la minute des présentes.
Tous lesquels meubles, ustensiles de ménage, linge, argenterie et
autres effets mobiliers sont et garnissent les lieux que ladite demoiselle Desmares et ladite demoiselle Lefèvre occupent dans
la maison de St-Germain-en-Laye où elles demeurent ensemble
et dont ladite demoiselle Lefèvre est locataire, ainsi que le reconnaît
ladite demoiselle Lefèvre, dont elle est contente et en remercie
ladite demoiselle Desmares. Pour de tous lesdits meubles, ustensiles de ménages, argenterie, linge et autres effets mobiliers détaillés audit état faire et disposer par ladite demoiselle Lefèvre dès à
présent en toute propriété.

Plus ladite demoiselle Desmares donne encore par ces présentes,
à ladite demoiselle Charlotte Damour, surnommée Lefèvre, la
somme de 10,000 livres une fois payée à prendre sur ses biens.
Plus l'usufruit et jouissance, sa vie durant, d'une somme de
20,000 livres dont sera fait emploi à cet effet, pour néanmoins ne
toucher et recevoir ladite somme de 10,000 livres et ne jouir de
ladite somme de 20,000 livres que lorsque ladite demoiselle Desmares sera payée de ce qui lui est dû par M. le baron Hogger, etc.

Fait et passé à Paris en l'étude de Me Julliennet, l'un des notaires soussignés, l'an 1746 le 25 septembre avant midi.

État des meubles, linge et vaisselle d'argent appartenant à Mlle Desmares[1].

Douze aunes de tapisserie de cuir argenté et brun; huit aunes
et demie de tenture de damas cramoisi toutes doublées de toile,

---

[1]. Le lecteur comprendra sans peine l'importance de ce curieux document, qui nous fait pénétrer dans l'intérieur d'une des actrices les plus

avec les dessus de porte; un lit d'indienne impériale, rideaux pareils, couchette de bois de noyer garnie d'un sommier de crin, de deux matelas de laine couverts de futaine, d'un lit de plumes, un traversin, deux couvertures de laine; quatre aunes de tapisserie rouge et blanche d'indienne vieille; une tenture de velours d'Utrecht rayé de quinze aunes de cours sur deux aunes et demie de haut, avec les dessus de porte et une portière pareille; un lit à la Romaine de velours ciselé cramoisi garni de galons d'or faux avec une frange pareille, la couchette de bois de noyer de la longueur de 7 pieds sur 4 de large, le sousbassement de bois cintré et doré, les deux dossiers garnis de même velours et même galons comme ci dessus, le fond dudit lit et courtepointe de même, ledit lit garni d'un sommier de crin, de deux matelas, un lit de plume, deux traversins, une couverture de ratine blanche, une d'écarlate, un couvre pied de taffetas des Indes, deux petits oreillers de duvet couverts de bazin, le tout, entouré d'une housse d'indienne de 4 aunes et demie de tour; une tenture de damas bleu de 12 aunes de tour sur 2 aunes et demie de haut, les dessus de porte pareils; une tenture de velours rayé cramoisi et jaune mêlée de bandes de moire bleue, portant de tour 10 aunes et demie sur 2 aunes et un quart de haut; une tenture de damas cramoisi mêlée de bandes de satinade verte de 11 aunes de tour sur 2 aunes un quart de haut avec les dessus de porte pareils; un lit à la Romaine de damas cramoisi impérial, bonnes-grace, les deux dossiers, un sousbassement, la courtepointe le tout de damas cramoisi, une couchette de 6 pieds de long sur 3 pieds et demi de large garnie de sommier, de deux matelas de laine couverts de futaine, un lit de plumes, deux traversins, une couverture d'écarlate, une de laine blanche, un couvre-pied de satin vert piqué doublé de toile d'Allemagne couleur de rose, ledit lit entouré d'une housse d'indienne de 3 aunes de haut et ayant de cours 4 aunes; une tenture de tapisserie d'indienne de bandes bleues et blanches, rouges et blanches de 12 aunes et demie de tour sur 2 aunes un quart de haut, le tout doublé de toile, ainsi que les dessus de porte; un lit dont l'impériale est faite en baldaquin couvert de perse garnie de

---

charmantes du xviiie siècle. Il est à regretter seulement de n'y pas trouver le détail des habits de théâtre qu'avait possédés Mlle Desmares. Elle s'en était probablement défait depuis longtemps déjà, car il y avait alors 25 ans qu'elle avait quitté la Comédie française.

franges, de nœuds, la courtepointe, deux housses et traversins, un sousbassement, trois chantonnés de perse, deux dossiers d'indienne rouge et la housse du lit de toile de coton bordé de perse avec des petits galons de ruban vert sur les coutures, ledit lit ayant une couchette de 6 pieds 2 pouces de long sur 3 et demi de large, garni d'un sommier de crin, de deux matelas couverts de futaine, d'un lit de plume, de deux traversins, de deux couvertures de laine, un couvrepied de satin vert piqué doublé de toile d'Allemagne couleur de rose; une housse de lit de camp de damas jaune et les deux sousbassements pareils avec un couvrepied de damas jaune des Indes, etc., etc.[1].

Un tapis de Turquie; quatre portières des Gobelins fond chamois à pavots portant 3 aunes de haut sur 4 pieds de large toutes doublées; une portière de satinade verte et cramoisie; une portière d'indienne rouge et blanche; douze chaises couvertes de velours d'Utrecht; deux tabourets de tapisserie; six petites chaises de damas vert avec des cartouches de tapisserie; six fauteuils à bois doré montés en velours cramoisi ciselé; un grand sopha de bois doré monté pareillement en velours cramoisi ciselé avec son matelas pareil; deux tabourets à bois doré montés en velours ciselé cramoisi; six fauteuils à bois doré couverts de damas bleu; un sopha de bois doré couvert de damas bleu avec son matelas; deux tabourets à bois doré couverts de damas bleu; deux grands fauteuils couverts de tapisserie en soie bleue à mosaïque; un fauteuil de commodité couvert d'étoffe avec table et ses tiroirs; deux chaises à la reine couvertes de velours rouge et bleu; un fauteuil de canne garni de deux coussins d'étoffe; un fauteuil de tapisserie en soie bleue et dessin de velours ciselé; quatre fauteuils à mosaïque, fond blanc, la mosaïque violette; deux fauteuils de tapisserie à mosaïque fond jaune; deux fauteuils à mosaïque cramoisie fond blanc; deux couverts d'étoffe brune et argent; un lit de repos fond blanc de tapisserie entourée de moire bleue, dont le dossier se baisse et s'élève; une bergère garnie de deux coussins de crin couverts d'indienne; une chaise de paille garnie de deux petits coussins d'indienne, deux petits fauteuils de bois de canne; un fond de chaise de tapisserie fond blanc à mosaïque bleue avec quatre bras pareils; deux cartouches fond bleu de tapisserie à petit

---

1. Vient ensuite une énumération de différents objets de literie qui n'offre rien de curieux.

point, les fleurs de soie; un morceau de tapisserie à dessin de velours fait en soie bleue; un lit de repos à bois sculpté à deux dossiers, rembourré de crin et son matelas, le tout couvert de moire bleue de 6 pieds de long sur 3 pieds de large; un fauteuil de tapisserie à joues avec son carreau couvert de tapisserie à carreaux rouges et verts; une banquette couverte de moquette de 7 pieds de long sur un pied et demi de large; un tabouret de velours couleur de rose; sept siéges de paille tant chaises que fauteuils.

Un buffet de bois de chêne avec le dessus de marbre vert Campan; une table de piquet; une servante de bois de hêtre; une table de marbre en console sur son pied doré; une petite table ployante de bois de chêne; une table de nuit de bois de palissandre fermée, à pieds de bois doré; une commode de bois de marqueterie, dorée d'or moulu, avec le dessus de marbre de Sicile de 4 pieds de long sur 2 pieds un pouce de large; une table de marbre de Brèche grise sur son pied doré, de 3 pieds et demi de long sur 2 de large; une grande table d'albâtre d'Orient, de 4 pieds et demi de long sur 2 pieds 4 pouces de large et sur son pied doré; une table de cabaret du Japon à pieds de biche; une petite table à écrire, le bois façonné à carreaux; une petite table portant un écran dont le pied est fait en guéridon; une table à écrire de bois façonné, longue et étroite et dont les pieds sont faits en tréteaux, le milieu de la table couvert de maroquin noir; une table de velours à bois doré; une table dorée, couverte de papier doré; une petite table de drap vert, d'un pied de large et d'un pied et demi de long; une table de cabaret de la Chine, montée en guéridon; une table de cabaret de fayence de Delphes, dont le pied est de bois noir; une petite table de bois de palissandre, montée sur une branche de fer et portant un métier à broder dont les branches de fer sont dorées; une table de toilette de bois de chêne faite en armoire garnie d'une toilette de points à bride de la hauteur de la table et tournant tout autour, avec son grand miroir, ses deux grands carrés, une jatte, une aiguière, une soucoupe avec deux tasses, deux boîtes à poudre, deux flambeaux, deux plombs, le tout de cuivre argenté : De plus deux petits coffres de la Chine, deux flacons de cristal montés en vermeil, la toilette couverte d'un dessus de perse fond blanc à petits bouquets; une table en guéridon de marqueterie de bois de palissandre de 3 pieds de long sur 2 pieds de large; une commode de bois de palissandre montée en cuivre avec son dessus de marbre, portant 3 pieds de long sur un pied et demi de large ; une table de quadrille couverte de drap vert ; une table de toilette faite en armoire, garnie d'un miroir, de deux grands carrés, un petit coffret à pelote, deux boîtes à poudre, le tout de vernis couleur de feu et or. De plus il y a autre toilette, deux boîtes à poudre argentées et à filets ainsi que deux petits flambeaux argentés aussi, deux flacons de cristal vert montés en vermeil ; une petite table noire garnie de maroquin, avec un pupitre qui y tient ; une table de nuit de bois de noyer ; une table de marbre Brèche violette, de la longueur de 6 pieds sur 3 pieds de large, sur son pied doré ; une table de jeu en équerre montée en velours ; une table ployante ; un buffet de bois de chêne de la longueur de 4 pieds de long sur 3 pieds de large ; une table de bois de chêne à pieds tournés ; une grande commode à trois tiroirs, avec son dessus de marbre gris ; un cabinet de la Chine à neuf tiroirs, sur sa table de faux la Chine, pieds dorés ; une petite table ployante ; une table à manger de douze couverts, une table à manger de huit couverts, une table à manger de six couverts, toutes quatre accompagnées de leurs pieds.

Une glace de 35 pouces de large sur 25 de hauteur ; un trumeau de glace de 3 pieds, portant de haut 7 pieds sur 3 et demi de large, encadré d'une large bordure dorée ; un miroir de 2 pieds et 8 pouces de large sur 3 pieds et 4 pouces de haut, la bordure de glace ; un trumeau de cheminée de 4 pieds de large sur 7 pieds et demi de haut, composé de deux glaces dont la première porte 4 pieds 10 pouces, avec l'encadrement de bois peint en marbre et les ornements dorés ; un grand miroir monté en bronze, ciselé et doré d'or moulu, dont la glace du milieu porte 69 pouces de haut sur 39 de large sans comprendre les bordures de glace qui sont de 4 pouces et demi ; un trumeau de glace de cheminée cintré, de 38 pouces de large en deux pièces et les deux pièces faisant ensemble 5 pieds de hauteur, entouré d'un placard de bois peint et doré ; un trumeau de glace portant de haut 6 pieds et demi sur 2 pieds et demi de large, composé de 3 glaces et entouré d'une bordure de bois doré et sculpté ; un trumeau de glace de 34 pouces de large sur 20 pouces de haut, non compris la bordure.

Un clavecin sur son pied, à double ravalement.

Une pendule de marqueterie qui n'est point dorée d'or moulu. Un tableau de Desportes, le représentant lui-même peint en chasseur entouré de gibier, de la hauteur de 3 pieds de haut sur 4 de large, non compris la bordure; un tableau de Desportes, représentant la chasse d'un cerf, de 3 pieds de haut sur 4 de large, non compris la bordure; un tableau représentant l'enlèvement d'Io par Jupiter changé en taureau: un tableau représentant une corbeille remplie de pêches; un tableau peint en pastel par Coypel représentant Mlle Desmares sous les habillements de Thalie et de Melpomène, de la hauteur de 2 pieds et demi sur deux pieds de large non compris la bordure; un tableau représentant une rivière et un vaisseau, un château, quelques maisons d'un côté et de l'autre un clocher d'église : la hauteur du tableau est de 15 pouces de haut sur 21 de large, non compris la bordure, le tout peint sur du bazin; un autre tableau de même grandeur et peint aussi sur bazin, représentant une maison de pêcheur sur l'eau avec un pont qui traverse la rivière, la bordure de même que celui ci-dessus; un tableau représentant Samson endormi sur les genoux de Dalila, de la hauteur de 27 pouces sur 22 de large, non compris la bordure; un tableau peint par Bassan représentant plusieurs figures dont la principale façonne du bois et un cheval qui porte des falourdes, portant de haut 24 pouces sur 22 de long, non compris la bordure; un tableau représentant une bataille, portant de haut 25 pouces sur 26 de large, non compris la bordure; un tableau représentant une corbeille de prunes, portant 18 pouces de haut sur 24 de large, non compris la bordure; un tableau représentant une marchande de navets et de chouxfleurs, portant 23 pouces de haut sur 26 de large, non compris la bordure; un tableau représentant une bataille, portant de haut 14 pouces sur 20 pouces de large, non compris la bordure; un tableau représentant une femme qui sort du bain entourée de nymphes qui l'essuient, portant 14 pouces de haut sur 20 de large, non compris la bordure; un tableau peint sur bois représentant Henri III, portant 12 pouces de haut sur 10 de large, non compris la bordure; deux tableaux de même grandeur, peints sur cuivre, représentant des marchandises, portant 7 pouces de haut sur 9 de large, non compris la bordure; quatre petits tableaux représentant les quatre saisons, portant 3 pouces et demi de haut sur 4 pouces et demi de large, non compris les bordures; deux tableaux flamands, peints sur bois, dont l'un représente une femme qui arrache la pipe à un homme, plusieurs autres figures et un tonneau sur le devant du tableau, l'autre représente un homme qui montre une bourse et une femme, plusieurs figures et un tonneau sur le devant du tableau, l'un et l'autre portant 7 pouces de haut sur 9 de large, non compris la bordure; deux autres tableaux flamands dont l'un représente une femme qui tient un gobelet plein de vin, un homme qui fume et un autre qui rit, l'autre représente plusieurs hommes qui chantent, portant 7 pouces de haut sur 9 de large, non compris les bordures; deux petits tableaux, peints sur bois, représentant des morceaux d'architecture, portant 3 pouces de large sur 2 pouces de haut, non compris les bordures; un petit tableau en médaillon représentant le duc d'Orléans, régent, encadré d'une bordure dorée; un autre petit tableau au crayon, représentant des amours qui s'embrassent, encadré d'une bordure dorée; un tableau représentant un concert, portant de haut 3 pieds 3 pouces sur 2 pieds 6 pouces de large, non compris la bordure; un grand tableau représentant M. le duc d'Orléans, régent, portant de haut 48 pouces sur 37 de large, non compris la bordure; un petit tableau représentant un port de mer, portant 6 pouces de haut sur 8 et demi de large, non compris la bordure; un petit tableau représentant une Madeleine pénitente, portant de haut 5 pouces sur 6 de large, non compris la bordure; quatre petits tableaux représentant les quatre saisons encadrés; une bordure de tableau dorée et sculptée, portant 4 pieds de haut sur 3 pieds 2 pouces de large; une bordure dorée et sculptée de tableau de 2 pieds 2 pouces de large sur 2 pieds 8 pouces de haut; deux autres bordures de tableaux de 5 pieds de haut sur 4 de large; un tableau dont le fond est couvert de satin bleu et dont la bordure est de bois sculpté et sur lequel est attaché un crucifix en bois.

Une estampe représentant M. de Molière, encadrée d'une bordure dorée; une estampe représentant M. de Corneille, encadrée d'une bordure dorée; une estampe représentant M. Racine, encadrée d'une bordure dorée; une grande estampe représentant Louis XIV, portant 28 pouces de haut sur 22 de large, non compris la bordure dorée; deux estampes, représentant en buste l'une Louis XV, l'autre la Reine, encadrées d'une petite bordure noire; une grande estampe représentant le cardinal de Fleury, portant 22 pouces de haut sur 14 de large, non compris la bordure; une estampe représentant Madame, mère de M. le duc d'Orléans, régent, portant 14 pouces de haut sur 10 de large, non compris la bordure; une grande estampe représentant la Reine en pied, portant de haut 21 pouces sur 14 de large, non compris la bordure; une grande estampe représentant les tentations de saint Antoine, portant de haut 13 pouces sur 18 de large, non compris la bordure ; quatre petites estampes de 8 pouces et demi de haut sur 6 de large, non compris les bordures, l'une représente une femme à sa toilette, l'autre deux femmes et un homme sous des arbres, la troisième deux femmes qui font de la musique avec un homme et la quatrième une femme qui tient un parasol ; une estampe, portant 10 pouces de haut sur 8 de large, non compris la bordure, représentant M. Coypel, peintre, qui dessine ; une estampe, portant 14 pouces de haut sur 9 de large, représentant l'Amour précepteur qui instruit des jeunes filles, encadrée d'une bordure rouge.

Quatre rideaux de toile de coton, encadrés de bordure d'indienne rouge et blanche avec des cartouches, de 2 aunes et demi de haut ; huit petits rideaux de tarlatane ; un rideau de coton ; quatre rideaux de taffetas cramoisi ; quatre grands rideaux de damas jaune de 3 aunes de haut ; un rideau de bazin entouré d'indienne rouge et blanche ; quatre rideaux d'indienne bleue et blanche ; deux rideaux de bazin des Indes, bordés d'indienne rouge et blanche ; un rideau d'indienne fond blanc à bouquets encadré d'indienne fond rouge ; un rideau d'indienne à bouquets, deux rideaux d'indienne rouge et blanche rayée, faisant 6 aunes de tour sur 2 aunes et demi de haut ; un rideau de toile de coton encadré d'une demi-perse rouge et blanche ; un grand rideau de toile de coton de 3 lés et demi ; deux rideaux de serge rouge faisant 6 lés ; un rideau de damas vert ; quatre glands de soie avec leurs cordons pour tirer les rideaux ; quatre lés de damas vert portant de haut 2 aunes et un quart ; vingt-deux tringles de fer tant de fenêtre que de portière et tant grandes que petites ; deux tringles de lit tournantes ; quatorze oreillers de duvet couverts de futaine, deux oreillers couverts de coutil de Constance, plumes d'oie.

Un écran de tapisserie des Gobelins, monté sur un pied doré ; un écran de tapisserie, monté sur un bois de palissandre ; un écran de papier de la Chine, monté sur un bois tout simple ; un feu garni de cuivre doré, pelle et pincettes ; un petit poêle de fonte ; une grande pendule dorée d'or moulu, sur son pied fait en piédestal et doré d'or moulu ; quatre bras de cheminées à deux bobèches, dorés d'or moulu ; deux girandoles dorées d'or moulu, à deux bobèches ; un feu doré d'or moulu représentant deux enfants assis l'un sur un cerf, l'autre sur une chèvre, avec pelle, pincettes

et tenailles; un bronze de trois figures représentant un Laocoon;
le feu garni de deux vases sur leurs piédestaux avec pelle, pincettes et tenailles, le tout doré d'or moulu; deux flambeaux de
bronze ciselé et doré d'or moulu; deux flambeaux de similor; un
bougeoir de bronze ciselé et doré d'or moulu; deux bras dorés
d'or moulu, à doubles bobèches, plus petits que ceux ci-dessus
énoncés; un lustre de bronze doré d'or moulu, à six bobèches;
une petite pendule de nuit à répétition, sur son pied; un feu
garni de deux vases argentés, pelle, pincettes, tenailles pareilles;
un feu argenté, de deux vases dorés d'or moulu, plus petit que
celui qui est énoncé ci-dessus, avec pelle, pincettes et tenailles; un
feu argenté; un feu d'acier avec sa pelle, tenailles et pincettes;
deux flambeaux gaudronnés argentés; un bougeoir argenté; deux
flambeaux unis argentés avec leurs girandoles; deux petits chandeliers en équerre argentés; une bibliothèque de bois de palissandre garnie de cuivre; deux armoires de chêne de 7 pieds de
haut sur un pied 9 pouces de large; une petite bibliothèque de
marquetterie; une grande armoire de bois de chêne de 5 pieds de
large sur 7 pieds et demi de haut; une armoire de bois de chêne à
corniche, portant 6 pieds de haut sur 4 pieds 4 pouces de large;
une armoire de bois de chêne, de 7 pieds de haut sur 4 pieds et
demi de large; une armoire de bois de chêne à deux tiroirs, de
6 pieds de haut sur 4 de large; une armoire sans corniche, de bois
de chêne, portant 6 pieds de haut sur 4 pieds 5 pouces de large.

Cent cinquante volumes, tant in-12 que petits in-12; cent
soixante volumes de musique tant vocale qu'instrumentale in-fo-
lio et in-quarto, tant reliés en maroquin, veau, parchemin blanc,
parchemin vert et non reliés.

Une chaise percée de bois de Sainte-Lucie; une cuvette de
garde-robe de fayence, sur son pied de bois; cinq grandes consoles
de bois doré; un tric-trac avec ses dames d'ivoire et d'ébène et ses
cornets; un petit coffre de marquetterie fond vert à dessin de couleur; un guéridon noir; un plateau de la Chine, couleur de feu;
deux petites caves à tabac, de bois; deux tables; un plomb à ouvrage de velours vert, fait en petit coffre; un plomb à ouvrage
de velours jaune; deux moines à chauffer le lit; six soufflets; un
plateau de la Chine, fond noir; un petit guéridon noir garni
d'ivoire; une chaise à porteurs peinte en brun, doublée de calemande bleue, avec quatre bâtons de tilleul de Hollande; un petit
garde-feu de fer, treillage de gros fil de fer, de la longueur de

4 pieds 3 pouces sur un pied de hauteur; un petit coffre d'Angleterre de chagrin vert, dont toute la ferrure est dorée; un autre petit coffre de bois noirci, doublé de serge; une petite cave de bois de violette, garnie de deux petits pots de porcelaine, montée en argent; une cuvette d'étain de garde-robe, sur un pied de bois; un petit métier de bois de merisier, de 2 pieds de long; un métier de bois en pupitre qui renverse d'un côté et de l'autre, de la longueur de 3 pieds 10 pouces; une chaise percée; une échelle double d'environ 8 pieds et demi; un marche-pied de 4 marches; une serrure d'Angleterre avec sa gâche; une petite cave à tabac de marbre blanc, dorée; deux dévidoirs; une porte vitrée de 6 grands carreaux; un cintre de niche de bois doré; quatre grandes planches de bois de chêne sculptées, portant de haut 9 pieds; un morceau de la Chine, de 2 pieds de large sur 3 pieds de long; sept autres consoles dorées tant grandes que petites; douze planches de sapin tant grandes que petites avec trois chevrons; deux coffres de cuir; deux grandes caisses; quatre cassettes tant grandes que petites; six tréteaux de métier; un pupitre de bois blanc; un petit dévidoir à mettre sur une table; un dévidoir à 3 pieds dont les bâtons se plient; un métier en pupitre et crémaillière; un petit métier de bois de noyer à ressorts; une presse de bois de chêne pour le linge avec ses moulinets; une grande manne d'osier; une grande lanterne d'escalier; deux petites lanternes à lampe; quatre boîtes de quadrille de découpures enfermées dans une grande boîte pareille; cinq boîtes de jeu d'ivoire enfermées dans une boîte de bois.

Une fontaine avec sa cuvette, l'un et l'autre du Japon; deux pots de chambre ronds du Japon; un petit pot de chambre de porcelaine de Saint-Cloud; deux petits pots de porcelaine des Indes; six gobelets à anses du Japon; six petites tasses de porcelaine avec leurs soucoupes, une théière de porcelaine, une jatte de porcelaine, ces trois articles de la porcelaine de Chine; deux pots à oreilles du Japon avec leur couvercle et deux plats; deux grandes bouteilles de porcelaine du Japon avec des cartouches blanches à dessins de couleur; deux mortiers de porcelaine du Japon avec des plats pareils dessous; une écuelle de porcelaine du Japon montée en bronze et son plat; une burette de porcelaine bleue et blanche avec sa jatte de même; un petit pot de la Chine sans être couvert, avec son assiette; deux figures de porcelaine blanche du Japon, représentant deux pénitents; une autre petite figure de porcelaine blanche du Japon; deux grandes jattes de porcelaine du Japon; un pot de porcelaine du Japon monté en bronze et un plat dessous; cinq grandes urnes de porcelaine du Japon; deux jattes de porcelaine de la Chine; six tasses avec leurs couvercles et soucoupes, le pot à sucre, la théière, le tout de porcelaine du Japon; un petit plateau de porcelaine de Saxe, avec un petit pot couvert; un petit gobelet monté en argent, deux cuvettes de porcelaine, quatre tasses gaudronnées avec leurs soucoupes, le tout de porcelaine du Japon; une salière couverte de porcelaine du Japon; six tasses de porcelaine, sept soucoupes, une théière des Indes, deux boîtes à thé des Indes, un pot à pommade couvert monté en argent, de porcelaine bleue et blanche; six tasses de porcelaine avec leurs soucoupes, un sucrier avec son couvercle, une jatte de porcelaine couverte, de porcelaine du Japon; une aiguière de porcelaine du Japon avec sa soucoupe en argent gaudronné; un gobelet et sa soucoupe de porcelaine montés en argent; deux pots-pourris[1] de porcelaine blanche de la Chine; une petite jatte de porcelaine de la Chine, couverte; vingt-une assiettes de porcelaine du Japon; six compotiers de porcelaine du Japon; deux compotiers de porcelaine de la Chine; deux seaux de fayence montés en étain; deux pots-pourris de fayence; un petit à-l'eau de fayence de Delphes monté en cuivre; deux seaux de fayence de Delphes; cinq grands plats bleus et blancs de Delphes; neufs plats plus petits, bleus et blancs de Delphes; dix-huit assiettes bleues et blanches de Delphes.

Cuivre rouge de batterie. Une grande fontaine sablée, sur son pied de bois de chêne; une fontaine de 3 pieds de haut; une fontaine d'office avec sa grande cuvette à dossiers; six marmites de différentes grandeurs avec leurs couvercles; trois casseroles rondes de différentes grandeurs; quatre poêles à confitures de différentes grandeurs; une grande tourtière avec son couvercle; deux petites tourtières; une grande poissonnière avec son couvercle et sa feuille; deux poissonnières plus petites avec un couvercle et deux feuilles; deux plats-fondz de différente grandeur; un pot à dariolles; deux braisières avec leurs couvercles; une saucissière; une bassinoire; deux coquemarts; un four de campagne; un réchaud; une pas-

---

1. On appelait ainsi un vase dans lequel on mêlait ensemble diverses sortes de fleurs, d'herbes odoriférantes et d'aromates pour parfumer une chambre.

soire; une grande bouillotte; une petite bouillotte du Levant; un poële à panier; quatre écumoires d'office; neuf casserolles à queue; trois cuillers à pot; deux petites cuillers à dégraisser; une poële à faire des beignets; un coupe-pâte; douze grands moules ronds à pâtés; douze moules ovales à pâté; une roue d'acier à faire des beignets; un mortier de marbre blanc avec son pilon.

Cuivre jaune. Une chaudière de fonte à laver la vaisselle; une grande chaudière; deux chaudrons plus petits; deux poëlons; une poële à frire; un fritier; une écumoire; deux paires de balances; cinq flambeaux; deux arrosoirs.

Fer. Quatre poëles à frire de différentes grandeurs; une poële percée; deux broches; trois grils; deux pelles à feu; une pelle à four; une pincette; deux chenets; trois crémaillières tenant à une barre de fer; trois allests; trois chevrettes; un trépied; une poële à anses; un gauffrier; deux lèchefrites; quatre chandeliers; une fourchette à friture; un pézon; une branche à 3 pieds et un crochet; une S de fer avec une croix de fer au bout; un rateau; une bêche; une petite pelle pour arracher les herbes.

Un baril de vinaigre avec sa cannelle de cuivre; un tambour; une scie pour scier du bois; un tournebroche avec son poids et ses chaînes; une rape d'Angleterre; une rape de tôle; dix sonnettes avec leur mouvement; deux contre-hatiers; un couvercle de tourtière de tôle; une poissonnière; un pommier; un réchaud; seize couvercles de fer-blanc; un entonnoir à boudin; trente-quatre moules à petits pâtés; un coupe-pâté; dix plats d'étain de différentes grandeurs; vingt-six assiettes d'étain; quatre pots à l'eau; huit cuillères d'étain et six fourchettes; un huillier; un vinaigrier; un moutardier; une écuelle; six gobelets; deux salières; six palettes; un bassin de garde-robe; une caisse ferrée pour le linge de cuisine.

Un grand coffre de chagrin noir doublé de velours jaune pour serrer la vaisselle d'argent; quatre salières d'argent gaudronné à deux cuvettes chacune; deux grandes cuillères à potage à coquilles; quatre cuillères à ragoût à coquille; une cuillère à olive; douze cuilières à coquilles; douze fourchettes de même; onze couteaux à manche de corne montés en argent; douze cuillères à café; un gobelet de vermeil à pied gaudronné.

Onze cent quatre bouteilles, tant grandes que petites, armoiriées et non armoiriées.

Soixante-une nappes de divers dessins raccommodées; deux grandes nappes longues de buffet raccommodées; onze nappes pleines raccommodées; dix-huit petites nappes ouvrées tant bonnes que mauvaises; six petites nappes de buffet tant bonnes que mauvaises; vingt-trois douzaines de serviettes ouvrées à divers dessins tant bonnes que mauvaises; dix douzaines de serviettes pleines tant bonnes que mauvaises; cinq nappes de Venise dont quatre à manches à l'orange; cinq douzaines de serviettes de Venise pareilles aux nappes; trois douzaines de serviettes de bazin; trois nappes pareilles; deux courtepointes piquées; six douzaines de serviettes à manches bonnes; neuf nappes pareilles; deux grandes nappes pareilles; vingt-cinq paires de draps fins, cependant de différentes finesses; six nappes de cuisine; vingt-quatre tabliers à cordon; six tabliers pliés; vingt-quatre torchons; quatre essuie-mains; six paires de draps de domestiques.

(Arch. nationales, Y 364.)

DES ŒILLETS (Alix Faviot, mariée à Nicolas de Vintz), naquit vers 1621, débuta à l'Hôtel de Bourgogne en 1658 et mourut le 25 octobre 1670.

1670. — 25 janvier.

Le roi accorde à Mlle Des Œillets les biens de Michel de Moronia à elle advenus par droit d'aubaine [1].

Aujourd'hui, 25 janvier 1670, le Roi étant à Saint-Germain-en-Laye, voulant gratifier et traiter favorablement la demoiselle Des Œillets, Sa Majesté lui a fait don de tous et chacuns les biens meubles et immeubles qui ont ci-devant appartenu à Michel de Moronia, à elles échus et advenus par droit d'aubaine, deshérence ou autrement, à la charge d'en payer le tiers aux fermiers du domaine suivant leurs baux.

1. Dans notre ancien droit français on appelait aubaine la succession d'un étranger qui mourait en France sans avoir été naturalisé. Cette succession était dévolue au roi. Mais l'étranger non naturalisé, s'il n'avait pas le pouvoir de disposer de sa fortune par testament, pouvait cependant l'attribuer à qui il voulait par une donation faite entre vifs. C'est le cas dont il s'agit ici. Michel de Moronia, avant de mourir, avait par une donation laissé ses biens à Mlle des Œillets, et le roi Louis XIV, qui aimait beaucoup cette actrice, approuva cette donation.

Sadite Majesté m'ayant à cet effet commandé de lui en expédier toutes lettres nécessaires en rapportant la sentence d'adjudication desdits biens et cependant, pour témoignage de sa volonté, le présent brevet qu'elle a signé de sa main et fait contresigner par moi, conseiller secrétaire d'Etat et de ses commandements et finances.

(Arch. nationales, O¹ 14.)

DEVIENNE (Jeanne-Françoise THÉVENIN, dite), née le 21 juin 1763, joua d'abord la comédie en Belgique, puis débuta au Théâtre-Français le 7 avril 1785¹ et fut reçue en 1786. Elle mourut le 20 novembre 1841. Mlle Devienne avait épousé en 1810 M. Antoine Gévaudan, l'un des administrateurs des Messageries impériales.

I.

1785. — 7 avril.

Ordre de début à la Comédie française pour Mlle Devienne.

Nous, maréchal duc de Duras, pair de France, premier gentilhomme ordinaire du Roi.

Ordonnons aux comédiens françois ordinaires du Roy de laisser débuter sur leur théâtre la demoiselle Devienne, afin que nous puissions juger de ses talents.

A Paris, ce 7 avril 1785.

Signé : le maréchal duc DE DURAS.

(Arch. nationales, O¹ 845.)

II.

1785. — 15 avril.

Le duc de Duras, premier gentilhomme de la Chambre du roi, promet à Mlle Devienne sa réception à la Comédie française pour l'année suivante.

Nous, maréchal duc de Duras, etc.

---

1. Le *Journal de Paris* du 8 avril 1785 rend compte en ces termes des débuts de Mlle Devienne : « Hier la demoiselle Devienne a débuté avec un grand succès par le rôle de Dorine du *Tartuffe* et par celui de Claudine dans le *Colin-Maillard* (comédie de Carton d'Ancourt). Elle a montré une intelligence fine, de la vivacité, un jeu très-prononcé et comique. On peut lui reprocher de la manière et souvent peu de franchise dans son jeu ; mais on dit qu'elle joue depuis peu de temps la comédie quoiqu'elle paroisse bien connoître le théatre et, si cela est, comme il lui a fallu peu de temps pour acquérir ce qu'elle a de bien, il est à espérer qu'il lui faudra peu de peine pour réformer ce qu'elle a de défectueux. »

Promettons à la demoiselle Devienne sa réception à quart de part au terme de Pâques 1786, pour remplir à la Comédie française les rôles de soubrettes.

Paris, ce 15 avril 1785.

(Arch. nationales, O¹ 845.)

DOLIGNY (Louise-Adélaïde Berton-Maisonneuve). Voy. Oligny (d').

DROUIN (Jean-Jacques-François).

DROUIN-GAULTIER (Françoise-Jeanne-Elisabeth Gaultier, mariée à Jean-Jacques-François).

Drouin, né à Paris, le 1er octobre 1716, fut pendant quelques années comédien forain à l'Opéra-Comique et débuta à la Comédie française, le 20 mai 1744, dans le rôle d'Azor de la pièce de La Chaussée, intitulée *Amour pour amour*. Reçu le 25 avril 1745, il fut spécialement chargé de la composition des ballets, car il était habile danseur. Il se démit la jambe en dansant devant le roi à Fontainebleau, prit sa retraite en 1755 et mourut en 1789 ou 1790. Drouin était le beau-frère de Préville et avait épousé en 1750 Françoise-Jeanne-Elisabeth Gaultier, née le 25 septembre 1720, qui fut d'abord comédienne de campagne et directrice de troupes ambulantes et qui débuta à la Comédie française le 30 mai 1742 dans le rôle de Chimène du *Cid*. Elle fut reçue le 11 juin de la même année et vivait encore en 1795. Lorsque cette actrice épousa Drouin, elle était déjà veuve d'un sieur Charles Martel, à qui elle s'était unie en 1744[1].

---

1. Collé, qui n'aimait pas cette actrice, lui a consacré ce paragraphe dans son *Journal* à la date de 1750. « M¹¹ᵉ Gauthier, qui se croit un mérite supérieur et qui sourit sans cesse à ses talents, veut faire les rôles de suivantes et y met des grâces insupportables quoiqu'elle les ait rapportées de la province, dont elle a pris et conservé les bons airs. Elle a sur sa physionomie un air de satisfaction qui ne contente personne. Elle est abominable dans le tragique. » (*Journal de Collé*, édit. H. Bonhomme, t. I, p. 148.) Voltaire se montre moins sévère pour cette actrice qui, au mois d'avril 1741, avait joué devant lui à Lille, où elle était alors avec La Noue, le rôle de Palmyre dans *Mahomet*. Quelques jours plus tard elle reçut, ainsi que La Noue, un ordre de début à la Comédie française et Voltaire écrivit à ce propos à l'auteur de *Mahomet II* les lignes suivantes : « Allez donc orner Paris l'un et l'autre.... Allons donc, que M¹¹ᵉ Gaultier travaille de toutes ses forces, qu'elle mette plus de variété dans son récit, qu'elle joigne tout ce que peut l'art à tout ce que la nature a fait pour elle. Elle est faite pour être le

I.

1780. — 1ᵉʳ avril.

Le roi accorde une pension de 1,200 livres à Jean-Jacques-François Drouin,
pour lui tenir lieu de la gratification qu'il recevait annuellement.

Brevet d'une pension de 1,200 livres en faveur du sieur Jean-
Jacques-François Drouin, né à Paris le 1ᵉʳ octobre 1716, baptisé
le lendemain dans la paroisse Saint-Sulpice, comédien ordinaire
du Roy, pour lui tenir lieu de la gratification annuelle qui lui a
été accordée, sans retenue, sur les dépenses extraordinaires des
menus plaisirs le 1ᵉʳ janvier 1754, en considération de ses services.

Nota : Cette gratification annuelle lui a été payée par le trésorier général des menus plaisirs jusqu'au 1ᵉʳ janvier 1779.

1ᵉʳ avril 1780.

---

charme du théâtre comme celui de la société. Je la remercie de l'honneur
qu'elle a fait à une certaine Palmyre. »

Collé, poursuivant toujours cette actrice de sa haine, lui fait jouer un rôle
hideux dans un duel qui eut lieu en décembre 1750 entre deux comédiens,
ses camarades, Ribou (V. plus loin l'article Rɪʙou) et Rozelli, et qui se ter-
mina par la mort de ce dernier. Voici ce que dit Collé (*Journal*, édit. H.
Bonhomme, t. I, p. 265) : « Cette querelle (entre Ribou et Rozelli) commença
dans les foyers. Ils ne s'étoient pourtant rien dit d'assez fort pour se couper
la gorge lorsque l'infâme Gaultier lâcha tout haut ce propos ci : « En vé-
« rité, il est bien singulier que des gens qui ont une épée à leur côté s'amu-
« sent à se dire des pouilles ! » Elle n'a pas encore, dit-on, été satisfaite de ce
discours général ; elle a eu, à ce qu'on ajoute, une conversation particulière
avec Ribou dans laquelle elle l'a animé le plus qu'elle a pu en l'encoura-
geant et lui disant que s'il offroit cent coups de bâton à Rozelli, celui-ci
n'en refuseroit pas un. Ce n'est pas par imprudence et bêtise seulement
que cette détestable créature en a agi ainsi. Elle avoit un intérêt réel à ce
que ces deux hommes s'égorgeassent ou se fissent une affaire qui pût les
faire chasser tous les deux ou du moins l'un ou l'autre. Elle craignoit qu'on
ne réformât, qu'on ne chassât Drouin, qu'elle vient d'épouser nouvellement,
si l'on recevoit Lekain et Bellecour ; effectivement Drouin devenoit aussi
inutile qu'il est mauvais et c'est beaucoup dire. Si l'on eût eu à la Comédie
pour les mêmes rôles de tragiques et pour les amoureux dans le comique
Rozelli, Ribou, Lekain et Bellecour, son Drouin alors devenoit nul, au lieu
que par la mort de l'un et par la fuite de l'autre, le vilain est devenu
nécessaire. »

(PIÈCE JOINTE AU BREVET.)

Acte de baptême de Drouin.

Extrait des registres des baptêmes de l'église paroissiale de St-Sulpice.

Le 2ᵉ jour du mois d'octobre de l'année 1716, a été baptisé Jean-Jacques-François, né de la veille, fils de Jacques-François Drouin, maître à danser, et de demoiselle Michelle Salée, son épouse, demeurant rue de l'Egout, à l'enseigne de la Croix-de-Fer. Le parrain : Jean Le Prévost, maître de pension; la marraine : demoiselle Madeleine Joubert, femme de Pierre Raison, maître serrurier; le père absent; le parrain a signé et la marraine a déclaré ne savoir le faire, etc.

(Arch. nationales, O¹ 674.)

II.

1780. — 1ᵉʳ juin.

Le roi accorde à Françoise-Jeanne-Elisabeth Gaultier, mariée à Jean-Jacques-François Drouin, une pension de 1,000 livres pour lui tenir lieu de la gratification qu'elle recevait annuellement.

Brevet d'une pension de 1,000 livres en faveur de la dame Françoise-Jeanne-Elisabeth Gaultier, née à Rouen le 25 septembre 1720 et baptisée le même jour dans la paroisse St-Eloi de ladite ville, épouse du sieur Jean-Jacques-François Drouin, comédienne ordinaire du Roy, pour lui tenir lieu de la gratification annuelle qui lui a été accordée sur les dépenses extraordinaires des menus plaisirs, sans retenue, par décision du 8 janvier 1766.

Nota : Cette gratification annuelle lui a été payée par le trésorier général des menus plaisirs jusqu'au 1ᵉʳ janvier 1780.

Premier juin 1780.

(PIÈCE JOINTE AU BREVET.)

Acte de baptême de madame Drouin-Gaultier.

Copie d'extrait du registre des baptêmes de l'église paroissiale de Saint-Eloi de Rouen, année 1720, lequel extrait a demeuré annexé à l'acte de célébration de mariage entre Charles Martel et Françoise-Jeanne-Elisabeth Gaultier, célébré à Sainte-Croix en la Cité, en 1744.

Le 25 septembre fut baptisée par M. le curé Françoise-Jeanne-Elisabeth, fille du sieur Pierre Gaultier, maître directeur de l'Académie royale de musique et de dame Marie-Jeanne Larivoire, née de leur légitime mariage cejourd'hui. Le parrain : M. François-Nicolas Regny, marchand de cette ville; la marraine : dame Marie-Jeanne Carré, lesquels ont signé sur l'original, etc.

(Arch. nationales, O¹ 674.)

DU BOCAGE (Laurence CHANTRELLE, dite), fille d'un comédien du même nom[1], débuta au Théâtre-Français le 9 avril 1723 par le rôle de Dorine dans *Tartuffe*, fut reçue le 28 mai suivant, se retira en 1743 et mourut vers 1780. Mlle Du Bocage avait épousé après sa retraite le sieur Romancon, caissier et receveur de la Comédie française[2].

1743. — 3o juin.

Le duc de Gesvres, premier gentilhomme de la Chambre du roi, accorde à Mlle Du Bocage sa retraite avec la pension de 1,000 livres.

Nous, duc de Gesvres, pair de France, premier gentilhomme de la Chambre du Roi.

Sur les représentations que la demoiselle Duboccage, comédienne françoise de la troupe de Sa Majesté, nous a faites que sa santé ne lui permettoit plus de jouer la comédie, et en cette considération nous aiant supplié de lui accorder sa retraite de ladite troupe avec la pension ordinaire de mil livres; étant d'ailleurs satisfait de ses services : avons permis et permettons, sous le bon plaisir de Sa Majesté, à ladite demoiselle Duboccage de se retirer de la troupe des comédiens françois à compter de Pasques dernier. Ordonnons aux comédiens de lui passer un contrat de mil livres de pension viagère à compter du jour de sa retraitte et ce aux clauses et conditions portées par nos règlements et ainsi qu'en jouissent ses autres camarades, etc.

Fait à Versailles, ce 3o juin 1743.

Signé : le duc DE GESVRES.

(Arch. nationales, O¹ 845.)

DUBOIS (Marie-Madeleine BLOUIN, dite), née vers 1746, débuta à la Comédie française, le 3o mai 1759, par le rôle de Didon dans la tra-

---

1. Antoine Chantrelle, dit Du Bocage, débuta en 1702, se retira en 1723 avec la pension de 1,000 livres et mourut en 1757. Il jouait les confidents dans la tragédie et les utilités dans la comédie.

2. Mlle Du Bocage jouait les soubrettes.

gédie de ce nom, de Le Franc de Pompignan, fut reçue en 1760 et
se retira en 1773 avec la pension de 1,000 livres. Elle mourut de la
petite vérole à Paris, le 16 novembre 1779, en son domicile situé
rue Saint-Marc, au coin de la rue Montmartre[1].

1771. — 9 novembre.

Vol commis chez Mlle Dubois.

Cejourd'hui, samedi 9 novembre 1771, onze heures de relevée,
en l'hôtel et pardevant nous Pierre Thiérion, commissaire au Châtelet, est comparue Marie-Savinienne Cezar[2], femme du sieur
Louis Blouin dit Dubois[3], pensionnaire du roi, demeurante rue
du Sépulcre, maison du sieur Dalbady, marchand vinaigrier,
laquelle nous a déclaré que depuis quatre jours elle va chez la
demoiselle Dubois, sa fille, actrice de la Comédie françoise, demeurante rue Neuve-des-Petits-Champs, vis-à-vis la Compagnie
des Indes, où elle a le détail et la charge du linge de la maison
depuis que la demoiselle Buquet, femme de chambre, qui y demeuroit est sortie et qu'elle a rendu ses comptes; que cejourd'hui,

---

1. Mlle Dubois était l'élève de son père, acteur du Théâtre-Français, et de
Mlle Clairon. Elle avait peu de talents, mais une jolie voix, un physique
agréable et la protection des premiers gentilshommes de la Chambre. Le
Mazurier, dans la notice qu'il lui a consacrée, parle ainsi de cette actrice et
de son jeu froid et sans expression : « La beauté de sa figure et la sensibilité de son organe provoquèrent quelquefois les larmes des spectateurs
quoique son âme ne fut nullement émue. Aussi Garrick qui l'avait vue dans
un rôle assez fort, s'apercevant qu'après la tirade la plus énergique et la
plus déchirante elle rendait tout à coup à son visage sa sérénité ordinaire,
il ne put s'empêcher de dire à son voisin : « C'est une bien bonne enfant,
« elle n'a pas de rancune. »

2. Marie-Savinienne Cezar, mariée à Louis Blouin dit Dubois, née vers
1720, fut aussi comédienne. Elle débuta au Théâtre-Français le 26 mars
1745 par les rôles de Cléanthis dans *Démocrite amoureux*, comédie de Regnard, et de Marine dans *la Sérénade*, pièce du même auteur. Elle quitta
le théâtre en 1746 et se retira sans avoir été reçue.

3. Louis Blouin dit Dubois, né vers 1706, débuta à la Comédie française
le 19 octobre 1736 par le rôle d'Andronic dans la tragédie de ce nom de
Campistron, et fut reçu le 3 décembre suivant. En 1765 Dubois quitta le
théâtre avec 1,500 livres de pension et 3oo livres d'augmentation pour
avoir formé une élève, sa fille. Il mourut en 1775. Cet acteur, qui ne manquait pas de talent, puisque les *Mémoires secrets* (t. I, p. 31) disent de lui :
« Un récit plein de feu ou de pathétique est très-bien rendu par Dubois »,
fut la cause de la retraite prématurée de Mlle Clairon. On trouvera tous les
détails de cette scandaleuse affaire dans Le Mazurier, articles DUBOIS et
CLAIRON, et dans les *Mémoires secrets*, à la date d'avril 1765.

examinant le linge pour le donner en compte à une nouvelle femme de chambre, elle s'est aperçu qu'on avoit volé une paire de draps de toile de cretonne de 17 ou 18 aunes, à peine blanchis et qui sont marqués en coton rouge des lettres D. B. ; que les draps appartiennent à ladite demoiselle sa fille et étoient, lorsqu'ils ont été volés, dans l'appartement de ladite demoiselle Dubois, qui ne soupçonne dudit vol que les domestiques de la maison qui sont en partie nouveaux.

Signé : S. Cezar.

Information faite par le commissaire Thiérion.

Du lundi, 10 février 1772.

Demoiselle Marie-Savinienne César, âgée d'environ cinquante ans, épouse du sieur Louis Blouin dit Dubois, pensionnaire du Roi, demeurant à Paris, rue du Sépulcre, maison du sieur Dalbady, vinaigrier, etc.

Dépose qu'elle a connaissance qu'il a été volé à la demoiselle Dubois, sa fille, une paire de draps toute neuve, de toile de cretonne, de la largeur de 17 ou 18 aunes, marquée en coton rouge des lettres D. B ; que ce vol s'est fait dans l'appartement de ladite demoiselle Dubois ; que quoi qu'elle déposante ait eu des soupçons sur les domestiques de la demoiselle sa fille, elle ne peut cependant dire que ce soient eux qui aient fait ledit vol.

Signé : M.-S. César.

Demoiselle Marie-Madeleine Dubois, âgée de 25 ans environ, pensionnaire du Roi, demeurant à Paris, rue Neuve-des-Petits-Champs, etc.

Dépose que le 9 novembre dernier, la dame sa mère, qui a le soin du linge chez elle, déposante, lui a dit qu'elle s'étoit aperçue qu'il manquoit au compte de son linge une paire de draps de toile de cretonne de 17 ou 18 aunes, neuve et marquée des lettres D. B ; qu'elle déposante ne soupçonne personne de ce vol.

Signé : Dubois.

(Arch. nationales, Y 10902, 10903.)

DUCLOS (Marie-Anne de Chateauneuf, dite), née en 1670, fut pendant quelque temps attachée à l'Académie royale de musique, mais n'ayant obtenu sur cette scène que peu de succès, elle dirigea ses études d'un autre côté et débuta à la Comédie française au mois d'octobre 1693 par le rôle de Justine dans *Géta*, tragédie de Péchantré. Après avoir joué pendant trois ans, elle fut reçue définitivement en 1696 avec ordre de doubler Mlle de Champmeslé dans les premiers rôles tragiques. Trente-sept ans après, en 1733, Mlle Duclos cessa de jouer à cause de son âge, mais sa part lui fut maintenue jusqu'en 1736, époque où elle prit sa retraite avec la pension de 1,000 livres. Elle mourut le 18 juin 1748. Elle était mariée depuis le 18 avril 1725 avec un comédien nommé Pierre-Jacques Duchemin[1].

I.

1700. — 28 avril.

Mlle Duclos obtient part entière à la Comédie française.

Monseigneur estant content des progrèz que Mademoiselle Duclos a faits dans la déclamation et voulant l'engager à s'y appliquer encore davantage, luy a accordé un quart dans la première part qui vacquera cy après, soit par mort ou autrement pour, avec les trois quarts qu'elle a, faire une part entière. Duquel quart ladite demoiselle Duclos jouira aux clauses et conditions ordinaires et suivant les règlements de la troupe à compter du jour que ladite part sera vaccante et sans qu'il soit besoin d'autre ordre que le présent.

Fait à Versailles, le 28 avril 1700.

Signé : Charles DE LA TRÉMOILLE.

(Arch. nationales, O¹ 2984.)

II.

1727. — 5 novembre.
1729. — 17 août et 31 décembre.
1730. — 14 février.

Plaintes rendues par Mlle Duclos contre Pierre-Jacques Duchemin, son mari, qui l'insultait et la rouait de coups.

L'an 1727, le mercredi 5e jour de novembre, sur les neuf heures du matin, en l'hôtel de nous Charles-Jacques-Etienne Parent,

---

1. Pierre-Jacques Duchemin, né en 1708, débuta à la Comédie française le 3 juillet 1724 par le rôle d'Achille dans *Iphigénie*, fut reçu à demi-part en 1725, se retira au mois de février 1730 et se fit directeur de troupes de campagne. Il mourut fou en 1753. Il n'est pas besoin de dire que Mlle Duclos, qui avait 38 ans de plus que son mari, fut excessivement malheureuse en ménage et qu'elle dut se séparer de lui. Le second des documents que je publie plus loin donne une idée des rapports qui existaient entre les deux époux.

commissaire au Châtelet, etc., est comparue demoiselle Marie-Anne de Châteauneuf-Duclos, épouse du sieur Pierre Duchemin, comédien du roi, demeurante à Paris, rue Mazarine, paroisse Saint-Sulpice : laquelle nous a dit qu'elle a eu le malheur, il y a un an et demi ou environ, d'épouser ledit Duchemin; qu'elle a espéré qu'en le contractant elle auroit mérité de la part dudit Duchemin quelques considérations particulières, vu l'état de peu de fortune où il étoit avant et la situation où il se trouveroit après; que même ladite demoiselle comparante, pour lui témoigner sa tendresse et son amitié et par ce moyen s'attirer quelques complaisances, lui a fait assurer après sa mort 2,500 livres; que, nonobstant ce, elle a encore dépensé plus de douze mille livres pour le soutenir dans la comédie et sa portion dans l'hôtel; que malgré tous ces avantages et ses bienfaits, ledit Duchemin n'a que du mépris pour elle, la maltraitant journellement et, entre autres, lundi dernier l'a excédée de coups de pied et de poing tant sur le corps que sur le visage, — desquels coups elle nous a fait apparoir sur ses deux bras plusieurs noirceurs, meurtrissures et excoriations de sang, qui y sont en plusieurs endroits, et dont elle ressent de vives douleurs, — la menaçant tous les jours de pareilles choses en lui disant qu'il est le maître de faire tout ce qu'il voudra. Et comme elle a tout lieu d'appréhender qu'il ne continue pareil traitement, que même il ne dissipe le peu d'effets qu'elle demoiselle comparante a actuellement et n'étant que mobilier; que ledit Duchemin a une très-mauvaise conduite, ne mangeant jamais à la maison et ne rentrant qu'à des deux et trois heures du matin, elle a tout lieu d'appréhender les mauvais conseils qu'on lui donne et qu'on peut lui donner, c'est pourquoi elle est venue nous rendre la présente plainte.

Signé : Marianne DE CHATEAUNEUF-DUCLOS; PARENT.

Et le mercredi 17 août 1729, en notre hôtel, sur les trois heures de relevée, est comparue pardevant nous ladite demoiselle Marie-Anne de Châteauneuf-Duclos, demeurante à Paris, rue des Cordeliers, paroisse Saint-Sulpice : laquelle, en nous réitérant la plainte ci-dessus, nous a dit être venue exprès de sa campagne à Fontenai-aux-Roses pour nous rendre d'abondant plainte contre son mari, et nous a dit que depuis la plainte ci-dessus sondit mari n'a pas cessé de la maltraiter et même il s'est abandonné tellement à la crapule et à la vilaine débauche qu'il lui a communiqué du mal qu'il a gagné avec des femmes de mauvaise vie avec lesquelles il est tous les jours en commerce; ce qui l'oblige d'aller à l'instant chez le sieur Petit, maître chirurgien à Paris, pour se faire panser; que s'étant aperçue de l'état où il l'avoit mise et lui en ayant voulu faire des reproches, il n'y a point d'emportement auquel il ne se soit laissé aller contre elle, jusqu'à lui avoir osé soutenir que l'incommodité qu'elle se ressent ne venoit pas de lui et que c'étoit d'elle, et enfin la menace continuellement de la chasser et mettre hors de la maison, quoi qu'il ne lui ait jamais rien apporté et qu'il tienne tout d'elle, puisque, avant qu'il l'épousât, il n'avoit aucun bien. Desquels faits ci-dessus elle nous requiert acte.

Signé : Marianne DE CHATEAUNEUF-DUCLOS; PARENT.

Et le samedi, 31 décembre audit an 1729, est derechef comparue en notre hôtel ladite demoiselle, etc., laquelle nous a fait plainte et dit que ledit sieur son mari n'a pas cessé de continuer ses mauvaises habitudes et de s'abandonner, comme il a toujours fait depuis son mariage, à la crapule et à la débauche; qu'hier au soir, sur les 9 heures et demie, étant encore à table à souper, après avoir attendu son mari jusqu'à neuf heures, elle fut surprise de le voir arriver tout en sang, ayant une plaie au-dessus de l'œil toute sanglante et les quatre doigts de la main droite coupés et ensanglantés; que lui ayant demandé qui l'avoit mis dans cet état, il lui dit qu'il avoit été au Palais et qu'en voulant remonter dans sa chaise il étoit tombé sur les degrés du Palais et contre une grille où il s'étoit blessé comme il étoit. Mais, ce matin, elle a appris qu'il lui avoit fait un mensonge en lui disant que c'étoit en sortant du Palais qu'il s'étoit accommodé de la façon qu'elle vient de nous dire, et que c'étoit rue des Saints-Pères où étant chez une fille de mauvaise vie, nommée la Joli, un particulier, amant de cette fille et poussé de jalousie contre ledit Duchemin, son mari, étoit entré l'épée à la main et suivi d'un laquais dans l'endroit où ledit Duchemin étoit avec ladite Joli et lui avoit porté plusieurs coups de son épée sur le visage et sur les mains. Et comme c'est la marque de la part dudit Duchemin, son mari, d'une continuation dans le désordre qui peut conduire les choses à une mauvaise fin et, en un mot, qu'il persiste à mener une vie débauchée et scandaleuse, elle se croit obligée de nous rendre la présente plainte.

Signé : Marianne DE CHATEAUNEUF-DUCLOS; PARENT.

Et le mardi, 14e jour de février 1730, neuf heures du matin, sur le réquisitoire de ladicte demoiselle Marie-Anne de Châteauneuf-Duclos, nous commissaire susdit, nous sommes transporté à l'hôtel de la Comédie françoise, en la loge de ladite demoiselle Duclos, où étant, en réitérant les plaintes ci-dessus, elle nous a dit qu'ayant fait tout ce qui étoit en elle pour changer ledit sieur son mari et l'amener à une vie plus honnête et plus convenable à un honnête homme que celle qu'il a toujours menée depuis qu'ils sont ensemble, et lui ayant voulu remontrer les conséquences d'une conduite telle que celle qu'il tient qui pouvoit l'entraîner lui et elle dans une ruine totale, il a affecté pour toute réponse de se prévaloir de sa qualité de mari pour lui dire qu'il étoit maître et qu'il vouloit agir en tout à sa fantaisie, qu'elle n'étoit rien dans la maison et que tout étoit à lui et qu'il en disposeroit comme il jugeroit à propos et qu'elle n'avoit qu'à prendre le parti de se retirer dans un couvent et que, si elle ne prenoit ce parti, il l'enverroit à l'hôpital et qu'il la feroit coucher sur de la paille. Le jour d'hier son mari étant revenu, contre son ordinaire, à la maison pour souper et y ayant soupé effectivement avec deux personnes de leurs amis communs, il auroit attendu que la compagnie fut sortie pour lui chercher querelle, pour lui dire, à l'occasion d'un dîner qu'elle avoit donné conjointement avec lui à la veuve du sieur Baron et à deux ou trois autres personnes, et auquel ledit sieur Duchemin avoit affecté de ne pas se trouver, qu'il trouvoit fort extraordinaire qu'elle donnât son bien à manger, qu'il ne vouloit pas qu'elle vit personne que les gens qu'il voudroit bien lui amener; qu'elle n'avoit rien à elle dans la maison et qu'elle n'avoit qu'à se retirer dans sa loge à la Comédie afin de se trouver le maître, comme il prétend l'être en effet, et pouvoir renvoyer les gens qu'elle a auprès d'elle et à son service : ce qui ayant fait soupçonner à la plaignante qu'il avoit pris quelques conseils et qu'il avoit quelque mauvais dessein, elle a pris le parti, pour éviter les fureurs d'un homme aussi violent et emporté, de se lever ce matin et de se retirer, comme elle a fait, en sa loge à la Comédie où nous l'avons trouvée et où elle nous a parue indisposée, nous ayant dit qu'elle est malade depuis très-longtemps des chagrins que lui cause son mari, ne pouvant prendre aucune nourriture qu'elle ne la rende par des vomissements aussitôt qu'elle les a pris; ayant cru au surplus ne pouvoir rester dans sa maison avec sondit mari sans crainte pour sa vie et pour ses effets. De quoi elle nous rend la présente plainte.

    Signé : Marianne DE CHATEAUNEUF-DUCLOS; PARENT.

(Arch. nationales, Y 13213.)

DUGAZON (Jean-Henri Gourgaud, dit), né le 15 novembre 1746, débuta à la Comédie française le 29 avril 1771 par les rôles de Crispin, dans *le Légataire universel* de Regnard, et de lord Houzey dans le *François à Londres*, comédie de Boissy, et fut reçu en 1772. Dugazon est mort le 11 octobre 1809[1].

I.

1779.— 5 et 7 mai.

Plainte rendue par madame Dugazon contre son mari qui l'avait injuriée et menacée.

L'an 1779, le mercredi 5 mai, à dix heures du soir, en notre hôtel et pardevant nous François-Jean Sirebeau, etc., est comparue demoiselle Louise-Rosalie Lefebvre, pensionnaire du Roi[2], épouse de sieur Jean-Henri Gourgaud dit Dugazon, aussi pensionnaire du Roi, demeurante à Paris, rue Comtesse-d'Artois, paroisse Saint-Eustache, laquelle nous a rendu plainte contre le sieur Dugazon, son mari, et dit que les mauvaises façons et les excès auxquels il s'est livré depuis leur mariage ont nécessité une séparation qui a été effectuée le 12 mars dernier et dont les conditions sont portées dans un acte passé ledit jour devant Me Boutet et son confrère, notaires au Châtelet de Paris. La plaignante s'est en conséquence retirée dans la même maison que son père et la tranquillité qu'elle se flattoit d'avoir recouvré par cette séparation lui avoit fait oublier le passé, sur quoi elle s'interdira toute réflexion, mais le sieur Dugazon, dont le caractère turbulent ne lui permet pas le moindre retour sur lui-même, n'a pas abandonné le projet de tourmenter la plaignante. Le jour d'hier, cette dernière ayant été souper en ville, une personne de la compagnie où elle étoit lui a offert de la conduire chez elle, ce qu'elle a accepté[3];

---

1. Le père de cet excellent comédien se nommait Pierre-Antoine Gourgaud. Il était né en 1706 et mourut en 1774. En 1739 il avait débuté à la Comédie française où il n'avait pas été reçu, puis il avait joué pendant quelques années en province. Enfin renonçant à la carrière théâtrale qui lui avait procuré peu de triomphes, il entra dans l'administration et remplit les fonctions de directeur des hôpitaux de l'armée d'Italie.

2. C'est la célèbre actrice de la Comédie italienne. Elle était née à Berlin en 1755 et mourut le 22 septembre 1821.

3. La personne dont madame Dugazon ne prononce pas le nom était M. de Langeac. Quelques jours plus tard l'acteur le rencontra au Wauxhall d'hiver et, après une assez vive altercation, lui administra une magistrale

elle n'a pas été peu étonnée en arrivant à sa porte d'y voir son mari qui, après avoir pris la plaignante par le bras, avec le ton le plus dur l'a fait entrer sous la porte-cochère et là s'est livré aux plus grands emportemens tant vis-à-vis la plaignante que vis-à-vis la personne qui l'avoit ramenée. Il est monté avec la plaignante dans son appartement toujours avec les menaces les plus vives. Lorsqu'ils ont été dans l'appartement, le sieur Dugazon a emploié les propos les plus vils et les plus humilians et a poussé l'excès jusqu'à dire qu'il étoit déterminé à faire un mauvais coup, dût-il en mourir à la Grève et qu'il iroit avec la même fermeté qu'il monte sur le théâtre. Après cette scène scandaleuse, le sieur Dugazon a quitté la plaignante en la prévenant qu'il viendroit de tems à autre lui rendre de pareilles visites. Et comme ces entreprises du sieur son mari, jointes aux menaces par lui employées, ôtent entièrement la tranquillité de la plaignante et lui empêchent l'exercice de son emploi, elle est venue nous rendre plainte.

Signé : Lefebvre.

Et le vendredi 7 mai audit an, avant midi, en notre hôtel et pardevant nous est comparue ladite demoiselle Lefebvre, laquelle nous a dit que depuis la plainte qu'elle nous a rendue contre le sieur Dugazon, son mari, le 5 du présent mois, elle a reçu de lui une lettre sans date ni signature, mais qui est de l'écriture dudit sieur son mari. Que cette lettre énonce un dessein formé chez ledit sieur son mari d'exécuter les menaces qu'il n'a cessé d'employer envers la comparante. Et comme elle a le dessein de se pourvoir en séparation de corps afin d'opposer un frein aux violences de son mari, elle est venue de nouveau nous rendre plainte.

Signé : Lefebvre; Sirebeau.

(Arch. nationales, Y 15677.)

II.

1781. — 1ᵉʳ janvier.

Le roi accorde une pension de 600 livres à Dugazon.

Brevet d'une pension de 600 livres en faveur du sieur Jean-Henri Gourgaud-Dugazon, né le 15 novembre 1746 à Marseille, baptisé le même jour dans la paroisse Saint-Severt de la même

---

paire de soufflets. L'année précédente, Dugazon avait déjà donné des coups de canne à un autre adorateur de sa femme, nommé M. Cazes.

ville. Laquelle pension lui est accordée par le trésor royal, sans retenue, en considération de ses services en qualité de comédien ordinaire du roi par déclaration de ce jour premier janvier 1781, avec jouissance du même jour.

(Pièces jointes au brevet.)

Etat-civil de Dugazon et de sa famille.

Aujourd'hui sont comparus devant les conseillers du Roi, notaires au Châtelet de Paris soussignés, sieur Jean Barthelemi Testu, bourgeois de Paris, y demeurant rue Neuve et paroisse Saint-Eustache, et sieur Jérôme Roussel, employé à la caisse générale de la Compagnie des Indes, demeurant à Paris rue du Petit-Carreau, paroisse Saint-Eustache, lesquels certifient et attestent à qui il appartiendra que c'est par erreur si dans l'extrait baptistaire de M. Jean-Henri Gourgaud, étant aux registres de la paroisse Saint-Severt de la ville de Marseille, à la date du 15 novembre 1746, le nom de famille du sieur Gourgaud est écrit *Guorguod* au lieu de *Gourgaud*, qui est son vrai nom et la seule manière de l'écrire ainsi qu'il résulte : 1° de l'extrait baptistaire de Pierre-Antoine Gourgaud, son père, étant aux registres de l'Eglise paroisse de Saint-Séverin à Paris, à la date du 30 avril 1706; 2° de son acte de célébration de mariage avec Marie-Catherine Dumay, étant aux registres de l'Eglise de Saint-Etienne de Lille en Flandre, à la date du 18 avril 1734; 3° et de son extrait mortuaire étant aux registres de l'Eglise paroissiale de Saint-Sulpice à Paris à la date du 1er mars 1774, dont copie des 4 actes ci-dessus énoncés est demeurée jointe à la minute des présentes, etc.

Dont acte fait et passé à Paris, ès-dites études, le 8e jour d'août 1776. Suit la teneur des annexes :

1° Extrait des registres baptistaires de l'église paroissiale et archipresbytérale de Saint-Séverin, pour l'année 1706.

Le vendredi 30 du mois d'avril fut baptisé Pierre-Antoine, né le jour d'hier, fils de M. Pierre-Antoine Gourgaud, conseiller du Roi au siége des bâtiments, ponts et chaussées de France, et de dame Marguerite Luillier, son épouse, demeurant rue des Noyers. Le parrain : Me Antoine Nollard, avocat au Parlement, demeurant dans la ville de Montbrison, province du Forez; la marraine : Dame Angélique Dubois, épouse de Me Pierre Malon, procureur au Châtelet, demeurante rue des Noyers, de cette parroisse et tous ont signé à la minutte, etc.

2° Extractum registri matrimonialis ecclesiæ parrochialis Sancti Stephani
Insulis Flandrarum.

Anno 1734, die 18ª aprilis, obtenta dispensatione super duabus
ultimis bannorum proclamationibus, Petrus-Antonius Gourgaud
et Maria-Catharina Dumay, matrimonio juncti sunt, presentibus
domino Jacobo-Hyacintho Dumay alias in Equitibus vice-pre-
fecto et domino Jacobo-Alexandro du Tailly, receptore tributo-
rum hujus castellaniæ, etc.

3ᵉ Extrait des registres des enterrements de l'église paroissiale de
Saint-Sulpice à Paris.

Le premier du mois de mars de l'année 1774, a été fait le convoi et enterrement dans l'Eglise, de M. Pierre-Antoine Gourgaud-
Dugazon, ancien directeur des hôpitaux de l'armée d'Italie, bourgeois de Paris, époux de Marie-Catherine Dumay, décédé hier
rue des Fossés-Saint-Germain des Prés, âgé d'environ 64 ans.
Témoins : M. Jean-Baptiste-Henri Gourgaud-Dugazon, pensionnaire du Roi, fils, et M. Pierre-Denis Frèze, ancien conseiller du
Roi et autres amis du défunt qui ont signé, etc.

4° Extrait des registres de la paroisse Saint-Severt de la ville de Marseille.

Jean-Henri Guorguod, fils naturel et légitime de Pierre-Antoine Guorguod et de Marie-Catherine Dumay, est né et a été
baptisé aujourd'hui 15 novembre 1746 dans l'église de cette paroisse. Son parrain a été sieur Giraudeau ; sa marraine Marie-
Henriette Darcy ; le père absent pour affaires, etc.

(Arch. nationales, O¹ 677.)

DUMESNIL (Marie-Françoise MARCHAND, dite), née à Paris le 2 janvier 1713, fut d'abord comédienne de campagne et débuta au
Théâtre-Français le 6 août 1737 par le rôle de Clytemnestre dans
Iphigénie en Aulide; reçue le 8 octobre suivant, elle ne prit sa retraite qu'en 1776 et mourut en l'an XI.

1779.

Le roi accorde une pension de 3,500 livres à Mˡˡᵉ Dumesnil.

Brevet d'une pension de 3,500 livres en faveur de la demoiselle
Marie-Françoise Marchand-Dumesnil, née à Paris le 2 janvier
1713, baptisée le même jour dans la paroisse Saint-Sulpice de
ladite ville, ancienne comédienne ordinaire du Roi, qui lui a été
accordée sans retenue sur les dépenses extraordinaires des menus

plaisirs en considération de ses services, suivant les décisions des 6 décembre 1773 et 1ᵉʳ octobre 1775.

(Pièces jointes au brevet.)

1. — Déclaration de Mˡˡᵉ Dumesnil relativement à sa pension.

Marie-Françoise Marchand-Dumesnil, actrice de la Comédie françoise, née le 2 janvier 1713 à Paris, baptisée dans l'église paroissiale de St-Sulpice, demeurant présentement rue Blanche, paroisse de Montmartre, déclare avoir obtenu du Roy l'année 1762 une gratification annuelle de mil livres sur les fonds extra-ordinaires des menus qui lui étoit payez sans retenue; l'année 1773 une auguementation d'une gratification annuelle de mil livres payez de même; l'année 1775 une auguementation de quinze cent livres pour me former trois mil cinq cents livres que le roy a daigné m'accorder pour ma retraite et travaux de quarante ans sous le nom de Dumesnil, que j'ai porté toute ma vie.

Signé : Marie-Françoise MARCHAND-DUMESNIL.

Il m'est dû pour l'année 1777 5,500 livres pour remplacer une obmission des deux années précédentes.

Pour l'année 1778, 3,500 livres[1].

2. — Acte de baptême de Mˡˡᵉ Dumesnil.

Extrait des registres des baptêmes de l'Eglise paroissiale de Saint-Sulpice de Paris :

Le deux du mois de janvier de l'année 1713 a été baptisée Marie-Françoise, née ledit jour, fille de François-Robert Marchand, et de Marie-Catherine Pétré, son épouse, demeurant rue des Marais, au Cheval-Pie. Le parrain : François Chastelain, loueur de chevaux; la marraine : Marie Lepeintre, épouse de Robert Marchand, loueur de chevaux, grand-mère de l'enfant, etc.[2]

(Arch. nationales, O¹ 682.)

---

1. Cette pièce est entièrement écrite de la main de Mˡˡᵉ Dumesnil.

2. M. de Manne (*La troupe de Voltaire* et Biographie Didot, articles DuMESNIL) fait naître cette grande tragédienne le 7 octobre 1711 dans un manoir près d'Alençon et lui donne pour parents Pierre-Marie-Philippe du Mesnil, écuyer, exempt des gardes des maréchaux de France, et Marguerite-Anne Lefrançois. L'acte de baptême que l'on vient de lire et qui fut produit dans des circonstances où Mˡˡᵉ Dumesnil avait tout intérêt à ne pas dénaturer son état-civil, prouve que M. de Manne a commis une erreur.

DUPÉRIER DU MOURIEZ (François), comédien de campagne, puis attaché à la troupe de l'Hôtel de Bourgogne, passa en 1680, lors de la réunion des troupes, au théâtre Guénégaud. En 1705, il devint directeur des pompes à incendie de la ville de Paris.

1695. — 1er février.

Plainte de François Dupérier contre des laquais qui l'avaient battu.

L'an 1695, le premier jour de février, sur les deux heures de relevée, ayant eu avis qu'il y avoit du bruit rue de Savoie, nous Charles Bizoton, commissaire au Châtelet, nous nous y sommes transporté; où, étant, nous y avons trouvé le sieur Dupérier[1], comédien du roi, lequel nous a dit qu'il y a environ une heure, passant rue de Savoie, ayant trouvé un particulier, vêtu de livrée verte et rouge, qui maltraitoit un crocheteur sur la porte d'un cabaret et auquel particulier de livrée s'étoit joint un autre particulier vêtu de ratine blanche, qui tenoit pareillement aux cheveux un particulier, figure de porteur de chaises, lui Dupérier leur auroit dit fort civilement qu'ils n'avoient pas de raison de maltraiter de la sorte un pauvre misérable qui avoit peine à gagner sa vie, lequel particulier de livrée auroit quitté le crocheteur et seroit revenu à lui, l'auroit pris par la cravate; en même tems l'autre particulier, vêtu de gris, se seroit jeté sur son épée et l'ayant saisi lui auroit arraché sa perruque et son chapeau et ensuite, s'étant attroupés plusieurs gens de livrée avec des bâtons, cesdits deux particuliers s'en seroient fuis par la rue Pavée, en sorte qu'il lui auroit été impossible de retrouver sa perruque ni son chapeau et s'informant, ledit particulier crocheteur lui auroit dit que, ayant trouvé ledit particulier vêtu de livrée verte et rouge, il l'auroit obligé de le traîner dans une brouette dans la rue de Savoie et dit de le mener dans un cabaret où, ayant arrêté au devant de la porte, lesdits particuliers l'auroient maltraité de coups de pied sur ce qu'il ne vouloit pas entrer dans ledit cabaret

---

1. M. Jal a consacré dans son *Dictionnaire* une courte notice à ce comédien dont Le Mazurier n'a pas parlé dans sa *Galerie historique*. M. Jal nous apprend que Dupérier était marié en 1687 à Madeleine Janequin de Rochefort, dont il eut au moins un enfant. Mes propres recherches m'ont appris qu'il fut marié deux fois. Sa deuxième femme, qui lui donna au commencement du xviiie siècle un fils nommé François-Nicolas, lequel devint trésorier de France et directeur des pompes de Paris, s'appelait Anne Vaugé.

pour boire, appréhendant avec juste raison que ledit particulier vêtu de gris ne fût dans le dessein de l'enlever pour l'enrôler. Dont et de quoi ledit sieur Dupérier nous rend la présente plainte.

Signé : Dupérier.

(Arch. nationales, Y 13181.)

DU RIEU (Anne Pitel de Longchamps, mariée à Michel), née vers 1651, était la sœur de Mlle Raisin[1]. Elle débuta et fut reçue à la Comédie française en 1685 et se retira en 1700 avec la pension de 1,000 livres[2]. Elle mourut en janvier 1737 à la Davoisière, près Falaise (Calvados).

1700. — 27 mars.

Le duc de La Trémoille, premier gentilhomme de la Chambre du roi, accorde à Mlle Du Rieu sa retraite avec la pension de 1,000 livres.

Mademoiselle Durieux[3] ayant demandé à se retirer de la troupe des commédiens à Pasques prochain, monseigneur luy en a donné la permission et a accordé la moitié de sa part à mademoiselle Godefroy[4], sa fille, laquelle aura à l'avenir part entière, et l'autre moitié à mademoiselle Ortense Grandval, pour en jouir pendant un an seulement jusqu'à ce qu'il plaise à monseigneur la voir représenter et l'admettre entièrement dans la troupe; pendant lequel temps elle pourra jouer trois fois par mois des rôles de mademoiselle Raisin et en pourra choisir un ou deux de ceux qu'il luy plaira pour débuter seulement et acceptera ceux de son caractère qui luy seront donnéz par la troupe, à condition que la demoiselle Durieux jouira sa vie durant de la pension de 1,000 liv. que la troupe donne à tous ceux qui s'en retirent avec permission et que lesdites demoiselles Godefroy et Grandval payeront à

----

1. Voyez Raisin (Françoise Pitel, veuve de Jean-Baptiste).

2. Mlle Du Rieu jouait les rôles de confidentes dans la tragédie et de mères dans la comédie.

3. Son mari, Michel Du Rieu, entra en 1685 à la Comédie française, mais ne put y rester. Il mourut en 1701 huissier du prince de Condé.

4. Marie-Anne Du Rieu, femme de Jean Godefroy, maître à danser, débuta à la Comédie française le 7 décembre 1693 par le rôle de la Fille Capitaine, dans la Fille Capitaine, comédie de Montfleury, fut reçue pour jouer les confidentes dans la tragédie, les ridicules et les femmes habillées en hommes dans la comédie et mourut le 5 mars 1709.

la troupe non-seulement ladite pension de 1,000 livres, mais encore celle de 210 livres dont la part de ladite demoiselle Durieux est chargée, chacune par moitié; de laquelle somme de 210 livres seulement lesdites demoiselles Godefroy et Grandval seront libérées à la première pension vacante, comme l'auroit esté ladite demoiselle Durieux si elle eust resté dans la troupe, etc.

Fait à Versailles, le 27ᵉ mars 1700.

Signé : Charles DE LA TRÉMOILLE.

(Arch. nationales, O¹ 2984.)

FANIER (Alexandrine-Louise), née à Cambray le 26 octobre 1745, débuta à la Comédie française le 11 janvier 1764[1], fut reçue en 1766 et se retira en 1786 avec une pension de 1,650 livres. Elle mourut le 3 juin 1821[2].

1783. — 6 avril.

Le roi accorde une pension de 500 livres à Mˡˡᵉ Fanier.

Brevet d'une pension de 500 livres en faveur de la demoiselle Alexandrine-Louise Faniez, née le 26 octobre 1745 et baptisée le lendemain paroisse Saint-Georges en la ville de Cambray. Laquelle pension lui est accordée sur le trésor royal sans retenue en considération de ses services en qualité de comédienne ordinaire du Roi par déclaration de ce jour 6 avril 1783, avec jouissance du premier du même mois.

(PIÈCE JOINTE AU BREVET.)

Acte de baptême de Mˡˡᵉ Fanier.

Extrait des registres des baptêmes de l'église paroissialle de Saint-Georges en la ville de Cambrai.

L'an mil sept cent quarante-cinq, le vingt-six octobre, est née et baptisée le lendemain Alexandrine-Louise Faniez, fille légitime de Charles-Joseph et de Marie-Hélène Cristalain, ses père et mère.

---

1. Voici en quels termes les *Mémoires secrets*, à la date du 12 janvier 1764 (II, 6) apprécient les débuts de cette actrice : « Mˡˡᵉ Fanier a débuté hier aux François dans *le Dissipateur* (de Destouches) et dans *le Préjugé vaincu* (de Marivaux); elle fait les rôles de soubrettes. Il paroit qu'elle a été assez accueillie. On ne lui reproche qu'un organe des plus imparfaits et très-désagréable, défaut qui ne peut guère se corriger. »

2. M. Jal (*Dictionnaire*, au mot FANIER) nous apprend que, le 22 novembre 1793, Mˡˡᵉ Fanier se maria avec M. Louis-Marie Gasse.

Fut parrain Alexandre-François Grau, prêtre et vicaire de Saint-Martin en cette ville, et marraine damoiselle Anne-Louise de Boufflers, fille libre de la paroisse de Saint-Martin, et ont signé avec nous, le père absent.

Cet extrait est conforme à son original, en foi de quoi je l'ai signé ce 27 mai 1781.

Signé : L.-J. BALLIGAND, curé de Saint-Georges.

(Arch. nationales, O¹ 675.)

FLORENCE (Joseph-Florence LAFERRIÈRE, dit), né vers 1752, débuta à la Comédie française le 21 janvier 1777[1], fut reçu en 1779 et joua pour la dernière fois le 30 prairial an XII.

1781.— 21 août.

Interrogatoire subi par Florence, détenu prisonnier au For-l'Evêque.

Interrogatoire que nous François-Jean Sirebeau, etc., avons fait subir en exécution des ordres qui nous ont été adressés par M. le Lieutenant général de police et qui sont demeurés ci-joints, au sieur Florence, acteur de la Comédie françoise, actuellement détenu ès prisons du For-l'Evêque.

Le mardi 21 août 1781, huit heures du matin, nous avons fait amener pardevant nous dans la chambre du concierge de ladite prison du For-l'Evêque ledit sieur Florence pour être interrogé et l'avons premièrement enquis de ses nom, surnom, âge, pays, profession et demeure.

A repondu, après serment par lui fait de dire vérité, se nommer Joseph Florence, âgé de 29 ans, natif de Lezy en Normandie, acteur de la Comédie françoise, demeurant rue des Bons-Enfans.

Enquis de nous de nous dire s'il ne lui a pas été très-expressément défendu d'user d'aucune voie de fait à l'encontre du sieur de Larive[2] avec lequel lui sieur Florence avoit eu quelque différend et de provoquer ledit de Larive pour en venir à un combat singulier, et si le répondant n'a pas donné au magistrat de la po-

---

1. Par les rôles de Darvianne dans *Mélanide*, comédie de La Chaussée, et du marquis, dans *la Pupille*, comédie de Fagan, Florence jouait principalement les confidents dans la tragédie.

2. Voyez LA RIVE (Jean MAUDUIT de).

lice la promesse la plus solennelle d'obéir aux ordres qui avoient été donnés à lui sieur Florence à ce sujet et lui avoient été notifiés par le sieur Vaugien, inspecteur de police :

A répondu qu'il n'a eu aucun différend avec le sieur de Larive depuis les défenses qui lui ont été faites d'user d'aucune voie de fait.

Enquis de nous dire s'il n'est pas vrai que le mardi 14 de ce mois, sur les huit heures du matin, il a été trouver le sieur de Larive rue Saint-Dominique, au Gros-Caillou, près le Champ-de-Mars, pour lui proposer le cartel et s'il n'est pas vrai aussi que ledit sieur de Larive lui ait répondu qu'il avoit donné sa parole à M. le Lieutenant général de police d'éviter d'en venir aux voies de fait; qu'il ne pouvoit accepter le défi qui venoit de lui être proposé par lui sieur Florence :

A répondu que non.

Enquis de nous dire s'il n'est pas vrai qu'une heure après être sorti de chez ledit sieur de Larive, lui répondant, ayant rencontré ledit de Larive dans les environs du Champ-de-Mars, n'a pas tiré son épée et dit au sieur de Larive de se mettre en garde :

A répondu que non.

Enquis de nous dire par quel conseil il a pu se déterminer à manquer à la promesse qui avoit été par lui donnée d'obéir aux ordres qui lui avoient été adressés par M. le Lieutenant général de police :

A répondu qu'il n'a pas manqué à sa promesse qui avoit été par lui donnée à M. le Lieutenant général de police. Que depuis que ce magistrat a bien voulu prendre connoissance de leurs différends et les honorer de ses bontés lui répondant et le sieur de Larive ont vécu dans la plus parfaite intelligence et que, bien loin de garder aucun ressentiment, ils se sont promis de se donner des preuves réciproques de leur amitié et d'une estime établie sur une liaison de douze années.

Signé : SIREBEAU; FLORENCE.

Après lequel interrogatoire ledit sieur Florence a été réintégré dans la chambre dont il avoit été retiré et laissé sous la garde du concierge de ladite prison pour y demeurer jusqu'à ce qu'il en ait été autrement ordonné[1].

Signé : SIREBEAU.

(Arch. nationales, Y 15680.)

1. On lit dans les *Mémoires secrets* (t. XVIII, p. 6), à la date du 26 août 1781,

FLORIDOR (Josias de Soulas, écuyer, sieur de Primefosse, dit).

FLORIDOR (Marguerite Baloré, mariée à Josias de Soulas, dit).

Floridor naquit vers 1608 et fut quelque temps militaire. Réformé à la fin de 1637 ou au commencement de 1638 avec le grade d'enseigne dans le régiment de Rambures[1], il embrassa la carrière du théâtre, où il débuta très-probablement à la même époque[2]. Il passa quelques années au Marais, puis en 1643 il s'engagea à l'Hôtel de Bourgogne. Il mourut le 14 août 1671[3].

Il avait épousé en 1638 Marguerite Baloré qui fut, comme lui, attachée au théâtre du Marais, qu'elle quitta pour passer à l'Hôtel de Bourgogne. Elle se retira au moment de la mort de son mari (1671) avec la pension de 1,000 livres et mourut le 15 octobre 1690.

I.

1638. — 2 février.

Contrat de mariage de Josias de Soulas, sieur de Primefosse, et de Marguerite Baloré.

Pardevant Bernard de Joigne et Claude Baudouin, notaires du Roi, notre sire, en son Châtelet de Paris, soussignés, furent présens en leurs personnes Claude de Caen, veuve de feu Simon Baloré, vivant maître tailleur d'habits à Paris, y demeurant, rue des Quatre-Fils, paroisse Saint-Jean-en-Grève, au nom et comme

les lignes suivantes qui nous donnent les motifs de la détention du pauvre comédien. « A la deuxième représentation de *Caliste* (tragédie de Colardeau), le sieur Florence, qui y joue un rôle, tardoit à venir. Le sieur La Rive, semainier, envoie le faire avertir et exciter sa paresse. Celui-ci n'en tient compte, répond impertinemment au messager et à son arrivée gourmande le sieur Larive, lui met le poing sous le nez, ce qui occasionne une rixe entre eux sur la scène même. Ils étoient habillés ; ils tirent leur sabre de théâtre et se battent dans l'enfoncement. Les spectateurs crurent que c'étoit un jeu de leur rôle et ne se pressèrent de les séparer que lorsqu'on vit que c'étoit sérieux. Ils se donnèrent rendez-vous le lendemain aux Champs-Elysées et le sieur La Rive ayant désarmé trois fois son adversaire, on les sépara. Ils furent traduits devant M. Le Noir (lieutenant de police), qui les fit s'embrasser et envoya cependant le sieur Florence au For-l'Evêque pour son insubordination et son manque d'égards au public. Il y est resté dix jours et en est sorti avant-hier. »

1. Voyez l'arrêt du Conseil relatif à Floridor, publié plus loin.

2. Il est permis du moins de le supposer, car dans son contrat de mariage, que je publie ci-après et qui est daté du 2 février 1638, on voit que ses témoins sont deux comédiens de la troupe du Marais.

3. Cette date est fournie par M. Jal, *Dictionnaire*, art. Floridor.

stipulant en cette partie pour Marguerite Baloré, fille dudit défunt et d'elle, à ce présente, de son vouloir et consentement, pour elle et en son nom, d'une part; et Josias de Soullas, escuier, sieur de Primefosse, fils de feu Georges de Soulas et de damoiselle Judic d'Aunay, jadis sa femme, ses père et mère, majeur usant et jouissant de ses droits et biens, demeurant à Paris dite rue des Quatre-Fils, paroisse Saint-Jean-en-Grève, d'autre part : lesquelles parties, de leurs bons grés et volontés ont reconnu et confessé, reconnaissent et confessent, en la présence, par l'avis et consentement savoir de la part dudit sieur de Primefosse, de Philbert Robin[1], bourgeois de la ville de Paris, et Pierre Petit-Jean[2], aussi bourgeois de Paris, amis, et de la part de ladite Marguerite Baloré, future épouse, de Jacques Guillaume, sieur de Saint-Dizier, beau-frère à cause de feue Anne Baloré, jadis sa femme, Nicolas et Simon Baloré, frères, Mᵉ Jehan Gonnier, procureur du roi en l'élection de Chevreuse, parrain, Pierre Leullier, sieur de Flambecourt, amis, avoir fait, firent et font ensemble les traités de mariage, dons, douaire et conventions et choses qui ensuivent : C'est à savoir que ladite de Caen a promis de payer et bailler à ladite Marguerite Baloré, sa fille, de son dit consentement, audit sieur de Primefosse, lequel la promet prendre à femme et légitime épouse et icellui mariage faire et solenniser en face de Sainte Eglise catholique au plus tôt que faire se pourra, advisé et deliberé sera entre eux, leursdits parents et amis, si Dieu et Sainte Eglise y consentent et accordent.....[3] aux biens et droits auxdits futurs époux appartenant qu'ils apporteront ensemble pour être communs entre eux en tous biens meubles et conquêts immeubles suivant et au désir de la coutume de Paris, et néanmoins ne seront tenus aux dettes l'un de l'autre faites et créées auparavant leur mariage et jusques à la consommation d'icellui, et si aucunes en y a elles seront payées par celui et sur le bien de qui elles procèderont. Et a ledit futur époux doué et doue ladite future épouse de la somme de trois mil livres en douaire préfix pour une fois

---

1. Philibert Robin dit Le Gaulcher, comédien de la troupe du Marais. Il demeurait Vieille Rue du Temple et était marié à Anne Bertaud, comédienne comme lui.

2. Pierre Regnault Petit-Jean dit La Rocque, comédien du Marais, puis du théâtre Guénégaud.

3. Il manque malheureusement ici une ligne qui devait contenir le chiffre de la dot donnée par la veuve Baloré à sa fille.

payé, à l'avoir et prendre par elle, sitôt que douaire aura lieu, généralement sur tous et chacuns les biens présens et à venir dudit futur époux qu'il en a chargés, obligés et hypothéqués pour fournir et faire valoir ledit douaire. Lequel douaire aura effet en cas que dudit mariage il y ait enfants et, ou il n'y aura enfants d'icellui, lesdits futurs époux se sont fait don mutuel, égal et réciproque, l'un d'eux à l'autre et au survivant d'eux, de tous et chacuns les biens meubles, acquêts et conquêts immeubles qu'ils ont de présent et auront au jour du décès du premier mourant, pour en jouir par ledit en pleine propriété sans que les héritiers y puissent prétendre ni demander aucune chose. Et néanmoins sera loisible à la future épouse de renoncer audit don et à la communauté de biens et audit cas de renonciation, prendre ladite somme de trois mil livres à elle donnée en faveur de douaire qui lui demeureront propres et sans aucun retour, avec tout ce qu'elle aura apporté audit futur époux, lui sera advenu et eschu pendant ledit mariage par succession, donation ou autrement, sans être tenue d'aucune dette de la communauté, encore qu'elle y eut parlé et s'y fut obligée, dont elle sera acquittée par ledit futur époux ou ses héritiers, etc.

Fait et passé en la maison de ladite veuve Baloré devant déclarée l'an mil six cent trente-huit, le second jour de février avant midi. Ladite veuve Baloré a déclaré ne savoir ni écrire ni signer et les autres ont signé la minute des présentes avec les notaires soussignés, etc.

(Arch. nationales, Y 178, f° 374.)

II.

1668. — 10 septembre.

Arrêt du Conseil pour Josias de Soulas, escuyer, sieur de Floridor, qui lui donne délai d'un an pour rapporter les titres de sa noblesse et cependant fait défense de le poursuivre.

Sur la requête présentée au Roy en son conseil par Josias de Soulas, escuyer, sieur de Floridor, contenant qu'il a été assigné pardevant les sieurs commissaires généraux députés par Sa Majesté à la suite de son conseil pour la recherche des usurpateurs de noblesse de la ville et faubourgs de Paris pour représenter les titres en vertu desquels il prent la qualité d'escuyer; et bien qu'il soit véritable que Lazare-Victorien de Soulas, escuyer, sieur d'Iolatz, son bisayeul, capitaine d'une compagnie de chevaux-légers allemans et faisant profession de la religion prétendue réformée, fut enveloppé dans la disgrâce de l'admiral de Chastillon duquel il avoit été nourri page, dans la maison duquel il fut massacré et tué avec ledit sieur admiral par le malheur que personne n'ignore dans le royaume. Que Jean de Soulas, son fils, lors cornette de cavalerie, ayant appris la mort de son père, fut obligé de se retirer à Genève et depuis à Lausanne, au canton de Berne, avec sa famille où il a toujours depuis vécu noblement. Que George de Soulas, son second fils, père du suppliant, après avoir achevé ses études à Bâle en Suisse, vint en France au commencement du règne du roy Henry le Grand où il eut l'honneur d'être placé auprès de madame la duchesse de Bar, sœur de Sa Majesté, en qualité de ministre de la religion prétendue réformée. Après le décès de laquelle il se maria en la province de Brie où il embrassa la vraie religion et, quelque tems après, plaça ledit suppliant son fils aîné dans les gardes du Roy Louis XIII*, père de Sa Majesté, où il porta le mousquet dans la compagnie du sieur de la Besne, et depuis servit en qualité d'enseigne dans le régiment de Rambure et, après, la réforme de quelques compagnies de ce régiment lui fit prendre le parti de la comédie dans laquelle il a servi depuis vingt-cinq ans[1], comme il fait encore, au divertissement de Sa Majesté. Néanmoins parce que les titres de la noblesse dudit suppliant sont dès lors demeurés entre les mains de Jozias de Soulas, oncle du suppliant, comme aisné et chef de la maison, lequel dans le même tems de la retraite dudit Georges, son cadet, frère du suppliant, en Suisse, se retira en Allemagne où il fut fait page de l'Electeur palatin du Rhin et depuis capitaine de cavalerie dans les troupes du duc de Savoye où il se maria après avoir aussi embrassé la vraie religion. Cet établissement hors du royaume dudit Josias aîné et chef de la famille saisi et en possession de tous les titres justificatifs de leur noblesse a réduit jusqu'à présent ledit suppliant dans l'impossibilité de leur représentation pardevant lesdits sieurs commissaires. Requéroit le suppliant à ce que, attendu qu'il ne peut abandonner le service de Sa Majesté

---

1. Ce chiffre de 25 ans est évidemment donné ici au hasard, car en admettant même que Floridor n'ait pas débuté en 1638, comme je l'ai supposé plus haut et en ne faisant remonter son apparition sur la scène qu'à l'année 1640, date que donnent tous les écrivains spéciaux, cela ferait encore 28 ans et non 25.

que dans la mi-caresme prochain, il plût à Sa Majesté lui accorder un délai d'un an pour rapporter pardevant lesdits sieurs commissaires les titres justificatifs de sadite noblesse et faire défenses au commis à ladite recherche et tous autres de faire aucune poursuite pendant ledit tems à peine de nullité, cassation de procédure et de tous despens, dommages et intérêts et le décharger de toutes les condamnations qui pourroient être intervenues contre lui pardevant lesdits sieurs commissaires.

Veu par le roy en son Conseil ladite requête, communiquée suivant l'ordonnance dudit Conseil du 29 août dernier à Me Jean Séard, commis à la poursuite des usurpateurs du titre de noblesse de la ville et faubourgs de Paris par exploit du 30 dudit mois d'août; sommation faite audit Séard de fournir de réponse à ladite requête du 31 dudit mois d'août; assignation donnée audit suppliant pour apporter au greffe de ladite commission les titres en vertu desquels il prent ladite qualité d'escuyer du 30e juin 1668; itératif commandement fait audit suppliant du 3e août dernier et ouï le rapport du sieur Daligre, conseiller ordinaire de Sa Majesté en ses conseils et directeur de ses finances, commissaire à ce député; et tout considéré :

Le Roy, en son Conseil royal des finances, ayant égard à ladite requête, a donné et donne délai d'un an au suppliant pour rapporter les titres justificatifs de sa noblesse pardevant lesdits sieurs commissaires-généraux à ce députés, et cependant fait défenses audit Séard et autres commis à la recherche des usurpateurs de noblesse de ladite ville et faubourgs de Paris de faire aucune poursuite ni contrainte pour raison de sadite qualité d'écuyer contre le suppliant à peine de nullité, cinq cents livres d'amende, dépens, dommages et intérêts.

A Saint-Germain-en-Laye, le lundi 10e septembre 1668.

Signé : SÉGUIER; DE SÈVE; DALIGRE; COLBERT[1].

(Arch. nationales, E. 412.)

III.

1674. — 5 janvier.

Plainte rendue par Marguerite Baloré, veuve de Floridor, contre deux individus qui refusaient de lui restituer une cassette richement décorée.

L'an 1674, le 5e janvier, sur les deux à trois heures de relevée,

---

1. Cette pièce a été publiée par M. J. Bonnassies dans son livre intitulé

est venue en l'hôtel de nous Gui Huet, commissaire au Châtelet, damoiselle Marguerite Baloré, veuve de feu Josias de Soulas, sieur de Floridor, laquelle nous a dit qu'au mois de juin dernier elle avoit mis entre les mains du nommé Rémond, miroitier-joaillier, demeurant dans l'enclos de la Trinité, une cassette en forme de châsse entourée de quatre plaques d'argent ciselées, doublée de satin rouge, soutenue de quatre moyennes figures et au-dessus une fleur couchée au milieu appuyée sur un panier, pour la raccommoder. Et la mort dudit Rémond étant arrivée, elle auroit découvert avec bien de la peine que ladite cassette avoit été mise ès mains des sieurs Delettre et Martin, marchands et associés, demeurant rue Saint-Denis, laquelle ils sont demeurés d'accord avoir en leur possession, et comme ils sont refusans de la rendre, elle auroit présenté sa requête à M. le Lieutenant civil dès le 23 décembre dernier par laquelle il auroit permis de la faire saisir et arrêter, nous requérant aux fins d'icelle requête de nous transporter en la maison desdits Delettre et Martin.

Sur quoi nous commissaire, etc., sommes transporté avec elle et Jacques Delamarre, sergent à verge audit Châtelet, susdite rue Saint-Denis, en la maison et boutique desdits Delettre et Martin auxquels ayant fait entendre le sujet de notre transport, ils nous seroient demeurés d'accord que ledit Rémond leur auroit mis ès mains ladite cassette en question pour nantissement de quelque argent que ledit Rémond leur devoit et offroient de la rendre pourvu qu'on leur payât ce qui leur étoit dû. Et leur ayant dit que ladite damoiselle Floridor n'étoit pas tenue des dettes dudit Rémond, ils n'auroient voulu rendre ladite cassette, même faire voir icelle. Pourquoi ledit Delamarre, en vertu de ladite requête, l'auroit saisie et arrêtée entre leurs mains et donné assignation pardevant M. le Lieutenant civil pour voir déclarer ladite saisie bonne et valable, etc. Ce fait sommes retirés après avoir dressé le présent procès-verbal.

Signé : Huet.

(Arch. nationales, Y 12844.)

GAULTIER (Françoise-Jeanne-Elisabeth). Voyez Drouin.

la Comédie française (Paris, Didier, 1874, p. 200) d'après une copie qu'il a trouvée aux Archives nationales et qui contient plusieurs fautes de lecture. Nous avons cru devoir en donner une meilleure transcription d'après l'original conservé dans les registres du Conseil d'Etat.

GAUSSIN (Jeanne-Catherine[1] Gossem, dite), née en 1711, débuta à la
Comédie française le 28 avril 1731 [2], par le rôle de Junie dans *Bri-*

---

1. Les frères Parfaict la nomment par erreur Marie-Madeleine. Le Mazurier lui donne les mêmes prénoms, mais il ajoute « ou Jeanne-Catherine ».
Les vrais prénoms de Mlle Gaussin sont Jeanne-Catherine, comme l'indi-
quent l'extrait de son contrat de mariage publié ci-après et l'extrait baptistaire de Mlle d'Oligny que je reproduis à l'article consacré à cette actrice.

2. Telle est la date que donnent les frères Parfaict et Le Mazurier, mais
ils se trompent, je crois, et Mlle Gaussin dut faire ses débuts dès le 11 décembre 1730 dans le rôle de Tullie, de *Brutus*, tragédie de Voltaire. Voici,
en effet, la lettre que le poëte écrivit à la comédienne, la veille de la représentation : « [10] Décembre 1730. Prodige, je vous présente une *Henriade;*
c'est un livre bien sérieux pour votre âge, mais qui joue Tullie est capable
de lire et il est bien juste que j'offre mes ouvrages à celle qui les embellit.
J'ai pensé mourir cette nuit et je suis dans un bien triste état, sans cela
je serois à vos pieds pour vous remercier de l'honneur que vous me faites
aujourd'hui. La pièce est indigne de vous; mais comptez que vous allez
acquérir bien de la gloire en répandant vos grâces sur mon rôle de Tullie.
Ce sera à vous qu'on aura l'obligation du succès. Mais pour cela souvenez-
vous de ne rien précipiter, d'animer tout, de mêler des soupirs à votre
déclamation, de mettre de grands temps. Surtout jouez avec beaucoup
d'âme et de force la fin du couplet du premier acte. Mettez de la terreur,
des sanglots et de grands temps dans le dernier morceau. Paraissez-y déses-
pérée et vous allez désespérer vos rivales. » Malgré ces conseils, Mlle Gaussin
ne réussit pas dans le rôle de Tullie, car le lendemain de la première représentation qui eut lieu le 11 décembre 1730, Voltaire lui écrivit encore ce
billet que M. Beuchot a réuni à tort au précédent, dont il doit être complè-
tement distingué : « Ne vous découragez pas; songez que vous avez joué à
merveille aux répétitions, qu'il ne vous a manqué hier que d'être hardie.
Votre timidité même vous a fait honneur. Il faut prendre demain votre
revanche. J'ai vu tomber *Marianne* et je l'ai vue se relever. Au nom de
Dieu, soyez tranquille! Quand même cela n'iroit pas bien, qu'importe!
Vous n'avez que 15 ans (elle en avait 19) et tout ce qu'on pourra dire c'est
que vous n'êtes pas ce que vous serez un jour. Pour moi, je n'ai que des
remerciements à vous faire; mais, si vous n'avez pas quelque sensibilité
pour ma tendre et respectueuse amitié, vous ne jouerez jamais le tragique.
Commencez par avoir de l'amitié pour moi qui vous aime en père et vous
jouerez mon rôle d'une manière intéressante. Adieu, il ne tient qu'à vous
d'être divine demain. » Le lendemain, pendant la représentation même,
Voltaire envoyait à Thierriot une lettre où se trouvent ces vers, imités,
dit-il, « de Catulle La Faye », et tout à l'honneur de Mlle Gaussin :

> Que le public veuille ou non veuille,
> De tous les charmes qu'il accueille
> Les tiens sont les plus ravissants;
> Mais tu n'es encor que la feuille
> Des fruits que promet ton printemps!

tannicus, fut reçue le 6 août suivant, se retira le 19 mars 1763 et
mourut le 6 juin 1767. Elle avait épousé en 1759 un danseur de
l'Académie royale de musique, nommé Marie-François Taolaïgo,
qui la laissa veuve le 1er mars 1765.

I.

1748. — 3o juin.
Le roi accorde une pension de 5oo livres à Mlle Gaussin.

Du 3o juin 1748.

Brevet de 5oo livres de pension en faveur de la demoiselle
Gaussin, de la Comédie françoise, en considération de ses services.

(Arch. nationales, O¹ 92.)

II.

1754. — 20 décembre.
Le roi porte à 1,000 livres la pension de Mlle Gaussin.

Aujourd'hui, 20 décembre 1754, le Roi étant à Versailles, voulant donner à la demoiselle Gaussen, de la Comédie françoise, une
nouvelle marque de la satisfaction que Sa Majesté ressent de ses

---

O ma Tullie, avant le temps
Garde-toi bien qu'on ne te cueille...

Et il ajoutait : « Mon valet de chambre arrive dans le moment qui me
dit que Tullie a joué comme un ange. Si cela est :

Ma Tullie, il est déjà temps,
Allons vite, que l'on te cueille ! »

(*Voltaire*, édit. Beuchot, LI, 96.)

Mlle Gaussin jouait, comme on sait, les premiers rôles tragiques et comiques. En 1750 Collé disait d'elle : « Il n'est pas possible d'imaginer qu'on
puisse mieux jouer qu'elle dans certains rôles; *l'Oracle* (comédie de Saint-
Foix), *la Magie de l'amour* (comédie d'Autreau), tous les rôles naïfs et de
jeune fille ont été son triomphe et personne ne la remplacera. Quoiqu'elle
ait plus de 40 ans, elle n'en paroît pas avoir plus de 16 dans ces rôles-
là... Dans le comique sa voix est douce et tendre et va au cœur, elle n'est
pas assez forte pour le tragique... » (*Journal de Collé*, édit. H. Bonhomme,
t. I, p. 141.) Vingt-deux ans plus tard Mlle Gaussin était l'objet des critiques les plus amères des rédacteurs des *Mémoires secrets* qui disaient en
1762 que « son genre ne pouvoit plus s'allier avec les rides de l'âge; qu'une
vieille poupée ne figurera jamais bien dans *l'Oracle*, ni dans *les Grâces*
(comédies de Saint-Foix) et que Zaïre doit porter sur son front toute la
candeur de son âme. »

services, lui a accordé et fait don de la somme de 5oo livres d'augmentation de pension, pour, avec celle de pareille somme que Sa
Majesté lui a ci-devant accordée par brevet du 3o juin 1748, faire
à l'avenir celle de 1,ooo livres, de laquelle Sa Majesté veut et entend qu'elle soit payée par chacun an sa vie durant sur ses simples
quittances par les gardes du Trésor royal, etc.

(Arch. nationales, O¹ 98.)

III.

1759. — 26 mai.

Extrait du contrat de mariage de Marie-François Taolaïgo et de Jeanne-
Catherine Gaussin.

Du contrat de mariage passé pardevant Bontemps, notaire à
Paris le 26 mai 1759, entre Marie-François Taolaïgo, bourgeois
de Paris, y demeurant rue des Bons-Enfants, paroisse Saint-Eustache, fils de défunt sieur Barthélemi Taolaïgo, bourgeois de
Turin en Piedmont et de Catherine Bally, décédée sa veuve, pour
lui et en son nom, d'une part, et demoiselle Jeanne-Catherine
Gaussin, fille majeure de défunt sieur Antoine Gaussin, bourgeois
de Paris et de dame Jeanne Collot¹, sa veuve, demeurant à Paris,
rue de Seine, paroisse Saint-Sulpice, d'autre part, a été extrait ce
qui suit :

« En témoignage de la tendre amitié que lesdits futurs époux
ont dit avoir l'un pour l'autre, ils se sont par ces présentes
fait donation entre vifs et irrévocable en la meilleure forme que
donation puisse valoir, pour et en faveur du survivant d'eux, ce
acceptant, respectivement de tous les biens meubles, immeubles
acquets, conquets et propres généralement quelconques qui se
trouveront être et appartenir au premier mourant au jour de son
décès, sans en rien excepter ni réserver, pour par le survivant en
jouir, faire et disposer en pleine propriété comme de chose à lui
appartenant, à compter du jour dudit décès, pourvu qu'alors il n'y
ait point d'enfants vivants ni procréés dudit mariage; même, en
cas d'enfants, s'ils venoient ensuite à décéder sans postérité légitime ou à faire profession en religion avant d'avoir valablement

---

1. Antoine Gaussin avait été, dit-on, laquais de l'acteur Baron, et Jeanne
Collot ouvreuse de loges. J'ai rencontré dans mes recherches un Pierre
Gaussen qui, en 1705, était barbier du roi. Etait-ce le grand-père de l'ac-
trice ?

disposé, ladite donation sortira son plein et entier effet de même que s'il n'étoit point issu d'enfants dudit mariage.

« Cette donation ainsi faite de la part de la demoiselle future épouse audit sieur futur époux à la charge par ledit futur époux, ainsi qu'il s'y oblige, dans le cas où la future épouse viendroit à décéder avant ladite dame sa mère, de payer annuellement en quatre payemens égaux, de trois mois en trois mois et par avance, à compter du jour du décès de ladite future épouse, douze cents livres de rente et pension viagère exempte de toute retenue d'impositions imposées ou à imposer, à ladite dame Gaussin, mère de la future épouse, pendant sa vie; à quoi tous les biens de la succession de ladite future épouse resteront privilegiément affectés et hypothéqués; et, en outre, sans qu'une affectation déroge à l'autre, ledit futur époux y affecte, oblige, hypothèque généralement tous ses biens, meubles et immeubles présents et à venir. »

Insinué à Paris, le 9 février 1760, à la réquisition du porteur qui a signé : Dont acte.

Signé : Taolaigo.

(Arch. nationales, Y 392.)

GRAMMONT DE ROZELLI (Jean-Baptiste-Jacques Nourry), né vers 1752, débuta à la Comédie française le 5 février 1779[1] par le rôle de Tancrède. Il fut reçu à l'essai le 20 du même mois et admis définitivement en août 1781. Congédié en 1782, il redébuta le 30 août 1786 dans le rôle de Mahomet et fut reçu l'année suivante. Impliqué dans le procès des Hébertistes, Grammont fut condamné à mort par le tribunal révolutionnaire de Paris le 24 germinal an II et guillotiné le même jour en même temps que le procureur de la Commune Chaumette, l'évêque constitutionnel de Paris Gobel, et les veuves de Camille Desmoulins et d'Hébert.

I.

1779. — 20 février.
Grammont de Rozelli est reçu à l'essai à la Comédie française.

Nous, maréchal duc de Duras, pair de France, premier gentilhomme de la Chambre du roi.

---

1. Telle est, du moins, la date donnée par Le Mazurier; mais le duc de Duras, premier gentilhomme de la Chambre du Roi, dans une pièce offi-

Avons reçu, à l'essai et aux appointements de 1,800 livres, le sieur Grammont de Rozelly, pour jouer à la Comédie française tous les rôles où il sera jugé nécessaire et dont la liste lui sera incessamment remise.

Paris, ce 20 février 1779.

(Arch. nationales, O¹ 845.)

II.

1781. — 1ᵉʳ août.

Grammont de Rozelli est reçu à quart de part à la Comédie française.

Nous, maréchal duc de Duras, etc.

Avons reçu sous le bon plaisir du roi, au nombre de ses comédiens françois ordinaires du roi, le sieur Grammont à quart de part pour doubler dans les premiers rôles le sieur Molé après les sieurs Larive et Fleury et y remplir en outre tous les rôles dont la liste lui a été remise par le comité et qu'il a promis de jouer.

Paris, ce 1ᵉʳ août 1781.

(Arch. nationales, O¹ 845.)

III.

1782. — 23 juin.

Des Essarts est chargé par les comédiens du Théâtre-Français de faire des recherches pour savoir si Grammont de Rozelli est encore à Paris.

La Comédie françoise assemblée en comité a délibéré qu'il étoit de la plus grande importance pour elle de s'assurer si le sieur Grammont, son pensionnaire, existe encore à Paris et depuis quel jour il en pourroit être parti [1]. En conséquence, elle charge le sieur Desessarts de faire toutes les démarches nécessaires pour y parvenir. Cejourd'hui, dimanche 23 juin 1782 [2].

Signé : DESESSARTS; DROUIN-PRÉVILLE [3]; D'OLIGNY [4]; DE LA CHAS-

---

cielle, fait remonter à 1778 l'entrée de Grammont à la Comédie française. Voyez plus loin le document numéroté V.

1. Grammont avait quitté Paris sans congé pour suivre Mˡˡᵉ Thénard, sa camarade, dont il était épris. Cette incartade le fit congédier par le premier gentilhomme de la Chambre, comme le prouve le document publié plus loin et qui porte le chiffre V.

2. Cette délibération est entièrement écrite par Des Essarts.

3. Voyez PRÉVILLE (Madeleine-Angélique-Michelle DROUIN, mariée à Pierre-Louis DUBUS dit).

4. Voyez OLIGNY (Louise-Adélaïde BERTON DE MAISONNEUVE, dite d').

SAIGNE; DE BELLECOUR; OLIVIER[1]; COURVILLE[2]; BELLEMONT[3]; H.
SUIN[4]; PRÉVILLE[5]; FLEURY; VANHOVE[6].

(Arch. nationales, Y 11598.)

IV.

1782. — 23 juin.

Procès-verbal dressé par un commissaire de police, constatant que Grammont de Rozelli a quitté son domicile depuis trois semaines.

L'an 1782, le dimanche 23 juin, sur les huit heures et demi du soir, nous, Gilles-Pierre Chenu, commissaire au Châtelet, ayant été requis, sommes pour l'exécution des ordres à nous adressés, transporté rue Clos-Georgeot, butte et paroisse Saint-Roch, en une maison où demeure le sieur de Grammont, pensionnaire des Comédiens françois, où étant entré dans une boutique par bas dépendant de ladite maison, y avons trouvé un particulier auquel nous avons demandé le sieur de Grammont, lequel particulier après nous avoir déclaré se nommer Jean Dumont, tenant ladite boutique ou cave en ville pour le sieur Desgoffe, son cousin, marchand de vin traiteur, demeurant aux Tuileries, et lui comparant demeurant en ladite boutique où nous sommes, nous a dit que le sieur de Grammont occupe le 3e étage de ladite maison d'où il est absent depuis environ trois semaines sans avoir paru, et que même lui comparant est chargé des clefs de son appartement pour le faire voir à l'effet de le louer; ne sait au surplus ce qu'il est devenu. Dont et de quoi nous avons dressé le présent procès-verbal.

Signé : CHENU.

(Arch. nationales, Y 11598.)

---

1. Voyez OLIVIER (Jeanne-Adélaïde-Gérardine).

2. Edme-François Chollot dit Courville débuta au Théâtre-Français le 6 octobre 1757 par le rôle d'Harpagon, dans l'*Avare*, fut reçu en 1779 et mourut le 14 juin 1789, rue des Fossés-Monsieur-le-Prince, maison dite du *Riche laboureur*. Il laissait trois enfants, Catherine-Françoise, Christophe, qui était marin, et Christian-Frédéric, qui était chirurgien.

3. Jean-Baptiste Colbert de Beaulieu dit Bellemont, né en 1728, débuta au Théâtre-Français en 1765, se retira en 1802 et mourut le 12 février 1803.

4. Voyez SUIN (Marie-Denise VRIOT, mariée à M.).

5. Voyez PRÉVILLE (Pierre-Louis DUBUS dit).

6. Charles-Joseph Vanhove, né à Lille vers 1740, débuta au Théâtre-Français le 2 juillet 1777, fut reçu en 1779 et mourut en l'an XI.

V.

1782. — 3o juin.

Le maréchal duc de Duras, premier gentilhomme de la Chambre du roi, congédie Grammont de Rozelli, à cause de son peu de zèle[1].

Nous, maréchal duc de Duras, etc.

Sur le compte qui nous a été rendu du peu de progrès qu'à fait le sieur Grammont, depuis 1778 qu'il est à la Comédie françoise et surtout du peu de zèle qu'il a apporté à ses devoirs, nous nous sommes déterminés à lui donner son congé dès ce jour et l'invitons à redoubler d'efforts en province pour se mettre en état d'obtenir, s'il y a lieu, son rappel au Théâtre François si ses progrès et ses talents l'en rendoient digne.

A Paris, ce 3o juin 1782.

(Arch. nationales, O¹ 845.)

GRANDVAL (François-Charles Racot de).
GRANDVAL (Marie-Geneviève Dupré, mariée à Charles-François Racot de).
Grandval, qui était né à Paris le 23 octobre 1710, débuta à la Comédie française sous le nom de Duval, le 19 novembre 1729, par le principal rôle d'*Andronic*, tragédie de Campistron. Reçu le 31 décembre suivant, il resta au théâtre jusqu'en 1762, époque où il se retira avec une pension de 1,500 livres. Deux ans après, au mois de février 1764, il rentra par le rôle d'Alceste dans le *Misanthrope* et quitta définitivement en 1768[2]. Il mourut le 24 septembre 1784, rue

---

1. A la date du 25 juillet 1782, les *Mémoires secrets* (t. XXI, p. 39) s'expriment ainsi à ce propos : « Il paroît que la faute du sieur Grammont est de s'être absenté sans congé, entraîné par son amour excessif pour Mlle Thénard, sa camarade, qui en avoit un. Les gentilshommes de la Chambre ont été furieux et surtout le maréchal duc de Duras. Ce supérieur a fait arrêter le sieur Grammont à son retour, qui, ayant aggravé son insubordination par des propos insolents, a été mis à l'hôtel de la Force. Ensuite le maréchal a écrit au Lieutenant de police pour le prier de ne l'en laisser sortir qu'à condition de disparoître du royaume. Il vouloit même qu'on le fît escorter avec éclat. Mais, comme ce bannissement n'est que sur un ordre extra-judiciaire, M. Le Noir a fait sentir au maréchal qu'il ne pouvoit se conformer à cet égard à ses intentions et sans doute c'est un exempt de police qui aura été chargé de la conduite. » Quant à Mlle Thénard, voyez plus loin l'article qui la concerne.

2. Grandval fut un des meilleurs acteurs du siècle dernier. Le seul re-

Blanche, dans la maison de Mlle Dumesnil, où il occupait un pavillon.

Grandval avait épousé Marie-Geneviève Dupré, qui était née le 25 octobre 1711 et qui débuta à la Comédie française le 13 janvier 1734 par le rôle d'Atalide dans *Bajazet*. Elle fut reçue le 29 novembre suivant et se retira en 1760 avec une pension de 1,000 livres[1]. Elle mourut le 9 août 1783, rue Mazarine, laissant pour unique héritier son neveu David Dupré, maître horloger, demeurant rue Haute-des-Ursins. Grandval, à cette époque, n'habitait déjà plus le même domicile que sa femme.

I.

1779.

Le roi accorde une pension de 1,120 livres à Grandval.

Brevet d'une pension de 1,120 livres, y compris 120 livres d'accroissement pour arrérages dûs en 1766, produisant net 944 livres en faveur du sieur François-Charles Racot-Grandval, comédien ordinaire du roy, qui lui a été accordée sur le Trésor royal en considération de ses services, suivant le brevet du 14 octobre 1745. Laquelle pension, de l'échéance d'octobre, déduction faite d'un dixième et demi sur 1,000, d'un dixième sur 120 et de 3 deniers pour livre sur le tout, est net de 944 livres.

Nota. Il reste dû de cette pension de 944 livres trois années trois mois révolus le premier janvier 1779, montant à 3,068 liv.

(Pièces jointes au brevet.)

1. — Déclaration de Grandval relativement à sa pension.

François-Charles Racot-Grandval, né à Paris le 23 octobre 1710,

---

proche qu'on lui ait adressé était d'avoir, dans la parole, un grasseyement insupportable. Mlle Clairon, dans ses *Mémoires*, parle ainsi de ce défaut : « Ce comédien charmant, plein de grâce, d'esprit et de chaleur, avec qui ce qu'on nomme décence théâtrale, a quitté la scène, qu'on ne remplacera peut-être jamais dans les petits maîtres de bonne compagnie et dans le haut comique, ayant la sagesse de ne se montrer que dans les rôles convenables à son âge, a été forcé de se retirer avant 50 ans (erreur, il en avait 52) par le dégoût que son grasseyement inspirait au public dont il avait été l'idole. »

1. Collé juge en ces termes cette actrice au mois de mars 1750 : « Madame Grandval est une actrice assez passable dans le comique. Je l'ai vue jouer dans le tragique où elle ne valoit rien..... elle se tire assez bien des rôles de première et de seconde amoureuse dans le comique. » (*Journal*, t. I, p. 141.)

baptisé le 25 dudit mois à la paroisse Saint-Sulpice, reçu dans la troupe des comédiens du roi à la fin de l'année 1729, retiré en 1768 vu son âge qui ne convenoit plus aux rôles qu'il remplissoit, demeurant à Paris à la barrière Blanche, déclare et certifie avoir obtenu de Sa Majesté Louis Quinze, en 1745, une pension viagère de mille livres dont il a joui jusqu'à ce jour en vertu du brevet joint, avec son baptistère, à la présente déclaration, ce 28 juillet 1779.

Signé : GRANDVAL [1].

2. — Acte de baptême de Grandval.

Extrait des registres des baptêmes de l'Eglise paroissiale de Saint-Sulpice.

Le 25 du mois d'octobre de l'année 1710, a été baptisé François-Charles, né le 23 de ce mois, fils de Nicolas Racot de Grandval, joueur de clavecin, et de Marie Macé, son épouse, demeurant rue Dauphine. Le parrain : Pierre Charles, intéressé dans les affaires du roy; la marraine : Françoise Pithel, veuve de Jean Raisin, etc.

(Arch. nationales, O[1] 685.)

II.

1752. — 18 juillet.
Plainte rendue contre madame Grandval par Julie Saunier, sa femme de chambre.

L'an 1752, le mardi 18 juillet, neuf heures du matin, en l'hôtel et par devant nous Louis Cadot, commissaire au Châtelet, est comparue demoiselle Julie Saunier, fille majeure, sortant d'être femme de chambre chez la demoiselle femme du sieur Grandval, de la Comédie françoise, se retirant cejourd'hui chez le sieur Deshayes, maître perruquier, de son pays, rue de Grenelle-Saint-Honoré; laquelle nous a rendu plainte contre ladite demoiselle Grandval de ce que, étant entrée à son service il y a aujourd'hui trois mois dix-sept jours, à raison de 40 écus par an, ladite demoiselle Grandval, contente de son service, lui auroit fait présent de deux robes, l'une de taffetas flambé à bouquets et l'autre de damas des Indes gris doublée de taffetas flambé ouatée et le jupon pareil et d'une montre de cuivre de métal doré, laquelle montre elle lui a

---

1. Tout ceci est entièrement écrit par Grandval.

reprise dans une dispute qu'elle a eue il y a quinze jours avec
elle, fâchée lors de la lui avoir donnée. Néanmoins, pour prévenir qu'elle comparante ne lui fît restituer la valeur d'icelle, elle
auroit donné une autre montre à boîte d'argent, faite à Paris par
Dupré, qui est le père de ladite demoiselle Grandval, pour et au
lieu de celle de métal, sous condition qu'elle comparante resteroit
toujours à son service, ce qu'elle a fait avec toute l'application
possible ayant rempli son devoir mieux qu'aucune des autres
femmes de chambre; qu'hier au soir, étant avec ladite demoiselle
Grandval à sa maison de campagne aux Martyrs, elle l'auroit envoyée à Paris pour donner le linge à la blanchisseuse et, étant de
retour hier au soir vers sa maîtresse pour lui rendre réponse dudit
linge, ladite demoiselle Grandval auroit pris prétexte, pour
lui faire une querelle d'allemand, qu'elle avoit été trop longtems.
Et ayant découvert dans son voyage à Paris que ladite demoiselle
Grandval avoit retiré ou fait retirer à son insu de la chambre où
elle comparante couche ordinairement rue Mazarine, où est la
demeure desdits sieurs et dame Grandval, l'une desdites deux
robes qui est celle de damas, elle auroit trouvé le procédé injuste.
Et comme ladite demoiselle Grandval a eu toutes sortes de mauvais
procédés et d'indignités envers elle comparante, et qu'elle lui a
malpris ladite robe de damas; qu'elle voudroit encore, à ce qu'elle
lui a appris, lui retirer ladite montre à boîte d'argent, même ladite
robe de taffetas; qu'elle l'a empêchée de la quitter et d'entrer dans
une autre maison, il y a quinze jours, pour lui chercher aujour-
d'hui de mauvaises difficultés, et qu'elle veut d'ailleurs prévenir
qu'elle, demoiselle Grandval, ne lui impute de lui avoir pris
ladite montre d'argent et ladite robe de taffetas et être payée de
17 jours de gages avec remise de son coffre, linge et effets et la
restitution de ladite robe de damas, elle vient au sujet de ce que
dessus nous faire plainte et déclaration pour se mettre en règle.

Signé : SAUNIÉ, Julie; CADOT.

(Arch. nationales, Y 12155.)

GUILLOT-GORJU (Bertrand HARDOUIN DE SAINT-JACQUES, dit), né à
Paris le 31 août 1600, était le fils de Philippe Hardouin de Saint-
Jacques, docteur régent de la Faculté de médecine. Bertrand Har-
douin exerça quelque temps la profession de son père et débuta

seulement en 1634 sur le théâtre de l'Hôtel de Bourgogne. Il se retira vers 1642 et mourut rue Montorgueil le 5 juillet 1648[1].

1636. — 26 octobre.

Contrat de mariage de Bertrand Hardouin de Saint-Jacques, dit Guillot-Gorju, et de Gabrielle Le Messier, sœur de Bellerose.

Par devant Jacques Moreau, notaire royal, tabellion et garde-note héréditaire, établi à Conflans-Sainte-Honorine, soussigné, sont comparus en leurs personnes honorable homme Bertrand Hardouin de Saint-Jacques, bourgeois de Paris, âgé de 36 ans, comme il l'a dit, de présent en ce lieu de Conflans d'une part, et damoiselle Gabrielle Le Messier, fille usante et jouissante de ses droits, franchises et libertés, comme elle a dit aussi, de présent en ce lieu, âgée de 28 ans ou environ, d'autre part.

Lesquelles parties à savoir ledit sieur Hardouin en la présence de Henri Le Grand, sieur de Belleville[2], son intime, et ladite Le Messier, en la présence de Pierre Le Messier, sieur de Belleroze, bourgeois de Paris, son frère, et de damoiselle Nicolle Gassot, épouse dudit Le Messier, volontairement reconnurent et confessèrent et par ces présentes confessent avoir fait et font entre elles les traité et conventions matrimoniales qui ensuivent. C'est à savoir que lesdites parties, respectivement, en la présence des dénommés et de leur consentement, ont promis et promettent l'une d'elle prendre l'autre à foi et loi de mariage aussi tost et incontinent que Dieu et notre mère sainte Eglise s'y accordent. En faveur et contemplation duquel mariage lesdits futurs mariés apporteront en la communauté d'entre elles tous et chacuns leurs biens tant meubles que immeubles qui leur peuvent compéter et appartenir en quelque façon et manière que ce soit, avec tous leurs droits, noms, raisons et actions, pour être uns et communs entre eux, suivant et au désir de la coutume de la prévôté et viconté de Paris.

Si a doüé et doüe ledit futur époux icelle future épouse de la somme de 1,000 livres de douaire préfix pour une fois payée, ou bien de douaire coutumier aux us et coutumes de ladite prévôté

---

1. Les dates précises de la naissance et de la mort de Guillot-Gorju me sont fournies par M. Jal (*Dictionnaire*, art. GORJU).

2. Henri Legrand, dit Belleville dans le haut comique et Turlupin dans la farce, comédien célèbre de l'Hôtel de Bourgogne, né en 1586, mort vers 1637 et non en 1634, comme le disent ses biographes.

et viconté, aux choix et option de ladite future épouse. Et a été accordé entre lesdites parties que si l'un ou l'autre desdits futurs époux viennent à décéder sans qu'il y ait enfants procréés dudit futur mariage, ils ont, dès à présent comme dès lors et dès lors comme à présent, donné et donnent respectivement l'une desdites parties à l'autre, par don mutuel, réciproque et fait entre vifs et irrévocable, tous et chacuns les biens tant meubles qu'immeubles, présents et à venir dont ils se trouveront possesseurs lors de la dissolution dudit futur mariage, pour en jouir par le survivant d'eux deux suivant et au désir de ladite coutume de ladite prevôté et viconté de Paris et comme de droits, dons et avances faites en faveur de mariage. Car ainsi a été accordé entre icelles parties et sans lesquelles clauses ledit futur mariage n'eut sorti et ne sorti-roit effet, etc.

Ce fut fait et passé audit Conflans, le 26ᵉ octobre 1636, ès pré-sences de François Le Messier, bourgeois de Paris, frère de ladite future épouse; Olivier Le Cheverier, bourgeois de Paris, allié de ladite future épouse; Nicolas Regnier, docteur en médecine; Benjamin Regnier, maître chirurgien à Paris; Hierosme Scellier, bourgeois de Paris, et maître Charles Pioger, procureur audit Conflans, témoins qui ont, avec les parties et notaire, signé la minute des présentes.

(Arch. nationales, Y 177.)

GUIMARD (Marie-Madeleine), née à Paris le 27 décembre 1743, était fille de Fabien Guimard, inspecteur des manufactures de toiles à Véron, en Dauphiné, et de Marie-Anne Bernard. Elle entra vers la fin de 1758 ou au commencement de 1759 à la Comédie française en qualité de danseuse et y resta jusqu'en 1762, époque où elle passa à l'Académie royale de musique. Mˡˡᵉ Guimard mourut à Paris le 4 mai 1816. Elle avait épousé, le 14 août 1789, un danseur nommé Jean-Etienne Despréaux, qui mourut en 1820[1].

I.

1760. — 5 septembre.

Plainte rendue par la mère de Mˡˡᵉ Guimard, danseuse à la Comédie fran-çaise, contre un sieur Léger, qu'elle accusait de vouloir séduire sa fille.

L'an 1760, le vendredi cinq septembre, onze heures du matin,

---

1. Jal, *Dictionnaire*, au mot GUIMARD.

en l'hôtel et par devant nous Simon-François Leblanc, commissaire au Châtelet, est comparue demoiselle Marie-Anne Bernard,
veuve du sieur Fabien Guimard, employé pour raison du commerce dans le Dauphiné, demeurante rue des Fossez-Monsieur-
le-Prince, parroisse Saint-Cosme, laquelle nous a dit et déclaré
qu'il y a près de deux ans que la demoiselle Guimard sa fille, âgée
de quinze ans ou environ, est danseuse à la Comédie françoise,
qu'elle y a toujours été seconde danseuse seule ; que la comparante
a toujours eu une très-grande attention pour l'accompagner jusques dans les coulisses et que, lorsque par incommodité elle ne
pouvoit pas le faire, de confier la garde de sa fille à la demoiselle
veuve Levray, sa sœur, qui avoit le même soin d'elle pour veiller
sur sa conduite ; que le sieur Leger, cy devant danseur à la Co-
medie françoise et actuellement à l'Opéra, s'est introduit chez la
comparante sous prétexte de luy demander sa protection pour
danser seul avec sa fille ; qu'il est venu chez elle environ une
vingtaine de fois ; qu'ayant été rapporté à la comparante que sa
fille étoit en commerce de lettres avec luy, quoi qu'elle n'en con-
vînt point, elle a congédié ledit Leger pour qu'on ne pût rien
dire sur le compte de sa fille ; qu'il y a environ quinze mois qu'elle
a retiré chez elle la demoiselle Bernard, sa belle-sœur, et que le
frère d'elle comparante venoit d'épouser ; que ledit Leger a su gagner la demoiselle Bernard de façon qu'elle s'est chargée de ses
lettres pour les remettre à sa fille, qui d'abord a fait difficulté de
les recevoir apres ce que luy avoit dit la comparante, mais enfin
touchée de ce que luy disoit la demoiselle Bernard, sa tante, elle
les a reçues et y a fait des réponses que la demoiselle Bernard luy
rendoit ; que même la comparante en a surpris une, écrite d'une
façon à faire voir l'empire que ledit Leger avoit sur sa fille ; que
laditte demoiselle Bernard s'est retirée de chez la comparante il y a
près de trois semaines ; qu'ayant découvert avec certitude ce qui
s'étoit passé entre laditte demoiselle Bernard et ledit sieur Leger
au sujet de sa fille, et en même temps ayant appris que laditte
demoiselle Bernard avoit débité à des personnes de considération
que la comparante étoit une misérable qui rendoit sa fille une des
plus malheureuses qu'il y eut, que même elle l'avoit voulu faire
violer, la tenant elle-même pour cela, et d'autres semblables hor-
reurs, elle a parlé à sa fille qui luy a déclaré n'avoir aucune connoissance de si horribles calomnies ; qu'il étoit bien vray que
laditte demoiselle Bernard, sa tante, luy avoit dit qu'elle avoit

trouvé un moyen sûr de la faire sortir de chez elle pourvu qu'elle
ne la démentît pas; que ledit Léger, par les soins et les attentions
de la comparante sur sa fille, ainsi que par les mêmes soins de
ladite demoiselle veuve Levray, sa sœur, ne pouvant point exécuter les vues criminelles qu'il peut avoir au sujet de sa fille, il ne
cesse de les suivre partout et est à la Comédie toutes les fois que
sa fille y danse; qu'il est arrivé plusieurs fois à la comparante
d'être insultée par des fiacres qu'elle est obligée de prendre avec
sa fille lorsqu'elles sortent tard de la Comédie; qu'elle a lieu de
présumer que c'est ledit Leger qui les fait ainsi insulter; que le
jour d'hier ladite demoiselle veuve Levray a conduit et accompagné à la Comédie françoise la fille de la comparante qui ne
pouvoit point y aller; que quelques moments auparavant que le
ballet fut commencé ladite demoiselle veuve Levray ayant vu
dans le foyer où l'on avoit fait descendre la fille de la comparante
ledit Leger, elle a dit à la fille de la comparante : « Il faut nous
retirer puisque le ballet n'est pas prêt à être dansé »; qu'à cela
ledit Leger luy ayant demandé si c'étoit luy qui étoit la cause
qu'elles se retiroient, elle lui a répondu que ouy; qu'il s'est tout
de suite retiré, mais, dans l'instant, il est rentré et ladite demoiselle veuve Levray ayant dit de nouveau à la fille de la comparante qu'il falloit se retirer, et s'étant toutes deux retiré dans les
coulisses, comme elles sortoient du foyer, ledit Leger, à haute voix,
a traitté ladite demoiselle veuve Levray de « salope » et d' « indigne créature » et autres sottises, ajoutant que si elle n'étoit point
à la Comédie il luy donneroît cent coups de pied dans le cul, ce
qui a été entendu par plusieurs personnes qui étoient là, qu'elle a
pris à témoin. Et comme la comparante a grand intérêt de constater tout ce que dessus et de faire cesser ces odieuses calomnies
de la part de la demoiselle Bernard, sa belle-sœur, et d'arrêter les
poursuites criminelles dudit Leger au sujet de sa fille, dont il
pourroit abuser de la jeunesse et de son peu d'expérience, nonobstant tous les soins et les attentions continuelles qu'elle apporte
pour veiller sur sa conduite sur laquelle, jusqu'à présent, il n'y a
rien à dire, elle a été conseillée de se retirer par devant nous pour
nous faire la présente déclaration et nous rendre plainte, etc.

Signé : M.-A. BERNARD; LEBLANC.

(Arch. nationales, Y 10774.)

II.

1786. — Mai.

Procès-verbal du tirage de la loterie de la maison de Mlle Guimard.

L'an 1786, le samedi 20ᵉ jour de mai, huit heures du matin, en l'hôtel et par devant nous Jean-Marcellin Serreau, etc., est comparue demoiselle Marie-Madeleine Guimard, fille majeure, pensionnaire du roi, demeurant à Paris, rue de la Chaussée-d'Antin, paroisse de la Ville-l'Evêque ;

Laquelle nous a dit qu'ayant désiré vendre par la voie de la loterie la maison qu'elle occupe susdite rue de la Chaussée-d'An-tin, elle a, en vertu du consentement qu'elle a obtenu à cet effet, fait imprimer et distribuer un prospectus contenant la désigna-tion de ladite maison ; elle a annoncé que la plupart des meubles resteroient à cette maison, étant faits pour la place ; que dans le bâtiment sur la rue étoit une salle de spectacle avec toutes ses décorations et que le jardin étoit orné de berceaux couverts ;

Que cette loterie seroit composée de deux mille cinq cents billets à cent vingt livres le billet, dont un seul gagnant ; qu'elle seroit tirée le premier de ce mois dans une salle des Menus en présence d'un officier public ;

Qu'aussitôt après le tirage de la loterie elle passeroit le contrat de vente de cette maison et des meubles au profit du propriétaire du lot gagnant ;

Que les billets numérotés depuis un jusqu'à deux mille cinq cents seroient signés par elle et visés de Mᵉ Chavet, notaire ; que ces billets seroient distribués chez ledit Mᵉ Chavet et que les fonds qui en proviendroient resteroient en dépôt entre les mains de ce notaire non-seulement jusqu'au premier mois pour la sûreté des mises mais encore jusqu'après le sceau sans opposition des lettres de ratification que l'acquéreur pourroit obtenir dans le délai de quatre mois du jour du tirage de ladite loterie ou le rapport des mains-levées des oppositions qui pourroient se trouver aux lettres de ratification.

La demoiselle Guimard comparante déclare encore qu'elle a annoncé par ce même premier prospectus, qu'elle avoit déposé chez ledit Mᵉ Chavet les titres de propriété de cette maison, les plans, un état estimatif qui en a été fait par le sieur Ledoux, architecte, et l'état des meubles qui resteroient à cette maison ;

Que, d'après ce prospectus et pour assurer d'autant les engagemens et les soumissions qu'elle contractoit envers le public, elle a, par acte passé devant ledit Me Chavet, qui en a minute, et son confrère, notaires à Paris, le douze février de la présente année, réitéré les déclarations, soumissions et conditions énoncées dans ce premier prospectus et a déposé audit Me Chavet, ainsi qu'il est énoncé dans cet acte, les titres de propriété et plan estimatif de cette maison et l'état des meubles qui devoient y rester, dont l'estimation est portée à vingt-sept mille cinq cent trente-deux livres.

Ladite demoiselle Guimard s'est pareillement obligée par cet acte de passer aussitôt après le tirage de ladite loterie, contrat de vente pardevant notaire à celui qui seroit propriétaire du numéro gagnant, tant de ladite maison que des meubles contenus audit état, pour la jouissance du tout commencer à compter du premier juillet prochain, à la charge par l'acquéreur de payer et acquitter les arrérages échus de tout le passé et à échoir des cens et rentes dont peut être chargée ladite maison, plus le droit de centième denier et tous les autres droits royaux et seigneuriaux auxquels ladite vente pourroit donner ouverture.

Ladite demoiselle Guimard s'est soumise par le même acte à laisser ès mains dudit Me Chavet la totalité des deniers qui proviendroient de la distribution des billets de ladite loterie, jusqu'après le sceau sans opposition des lettres de ratification que l'acquéreur seroit tenu d'obtenir sur ledit contrat de vente dans le délai de quatre mois du jour de la passation dudit acte ou après le rapport des mains-levées et certificats de radiation des oppositions qui pourroient se trouver au sceau desdites lettres.

Que, depuis la passation de cet acte, elle a fait imprimer et distribuer un avis dans lequel elle a annoncé au public que, pour le satisfaire sur les objets qu'il avoit paru désirer singulièrement à cause de la fixation des droits seigneuriaux, elle venoit de faire arrangement avec les seigneurs dans la censive desquels sa maison est située, d'après lequel l'acquéreur n'auroit à payer pour lods et ventes que la somme de douze mille livres et ne seroit pas gêné pour les payer dans les vingt jours qui sont le délai que les seigneurs fixent ordinairement.

Elle a en outre annoncé que, pour parvenir au tirage de cette loterie, il y auroit deux roues dans l'une desquelles seroient deux mille cinq cents billets roulés numérotés depuis un jusques et compris deux mille cinq cents et dans l'autre deux mille cinq cents billets aussi roulés dont deux mille quatre cent quatre-vingt-dix-neuf blancs et un timbré *Lot*. Que les deux mille cinq cents billets de chaque roue seroient tous tirés l'un après l'autre, quand même le billet gagnant sortiroit un des premiers, afin de prouver au public que les deux mille cinq cents billets étoient dans la roue et qu'il n'y avoit qu'un seul billet timbré *Lot*.

La demoiselle Guimard a encore annoncé par cet avis que la maison dont est question lui appartient en pleine propriété, qu'il n'y a ni bail emphythéotique, ni bail à rente, que le terrain n'a pas été acquis de gens de main-morte et qu'elle n'est chargée que du cens ordinaire.

Enfin, il a été dit dans ce même avis que le propriétaire du billet gagnant seroit tenu de se faire connoître à M⁰ Chavet, notaire, dans les trois mois qui suivront le tirage de la loterie, lui représenter le billet et le lui déposer par acte authentique après qu'il en aura été fait la vérification et que, faute par le propriétaire du billet gagnant de se faire connoître dans ce délai, elle pourroit se faire remettre les fonds de la loterie.

Observe la demoiselle Guimard que des circonstances particulières l'ayant obligée de surseoir au tirage de la lotterie de cette maison, elle en a donné depuis avis au public par un imprimé dont elle a fait distribuer des exemplaires en nombre considérable et par lequel elle a annoncé que le tirage de cette loterie n'auroit lieu le premier mai présent mois, mais se feroit en notre présence le lundi 22 de ce mois en une salle de l'hôtel des Menus ; que ce tirage commenceroit à neuf heures du matin.

Observe encore ladite demoiselle Guimard que le tirage de ladite loterie ayant été retardé de près d'un mois par les raisons qu'elle nous a ci devant dites et n'ayant pu encore se pourvoir d'un nouvel appartement, elle a tout lieu d'espérer que le propriétaire du lot gagnant voudra bien ne pas exiger d'elle de quitter la maison dont est question au premier juillet prochain et aura l'honnêteté de lui accorder jusqu'au premier janvier 1787 sans exiger d'elle de loyer ; qu'elle n'entend point en faire une obligation au propriétaire du lot gagnant, mais seulement une prière et une invitation attendu la position dans laquelle elle se trouve.

Déclare ladite demoiselle Guimard que, désirant remplir les différents engagemens qu'elle a contractés envers le public tant par le prospectus et les avis qui l'ont suivi que par l'acte passé devant ledit M⁰ Chavet ledit jour 12 février dernier, elle ratifie et confirme de nouveau par ces présentes lesdits engagemens et obligations portés dans lesdits actes, prospectus et avis; en conséquence requiert que, pour parvenir au tirage de cette loterie annoncé définitivement pour le lundi 22 de ce mois et disposer ce qui est nécessaire à ce sujet, nous nous transportions à l'instant avec elle en l'hôtel des Menus Plaisirs du Roi, rue Bergère, dans une salle préparée à cet effet, où nous trouverons le sieur Cuignet, chargé de faire le tirage des loteries royales et qui a dû amener avec lui les personnes dont il se sert ordinairement pour parvenir à ces sortes de tirages; nous observant que ledit sieur Cuignet a dû disposer les billets numérotés et ceux blancs; qu'elle croit convenable que nous fassions la vérification desdits billets pour ensuite les mettre en sûreté jusqu'au tirage; requérant ladite demoiselle Guimard acte de tout ce que dessus.

Signé : GUIMARD.

Sur quoi nous, commissaire, avons de tout ce que dessus donné acte à ladite demoiselle Guimard et encore de la représentation qu'elle nous a faite de l'expédition de l'acte passé devant ledit M⁰ Chavet ledit jour douze février 1786, de l'expédition de l'état des meubles de ladite maison déposé audit M⁰ Chavet le même jour 12 février dernier, lesquelles deux expéditions lui ont été rendues ainsi qu'elle le reconnoit; plus d'un exemplaire de chacun des prospectus et deux avis imprimés qui ont été distribués dans le public, lesquelles pièces, au nombre de trois, sont, à la réquisition de ladite demoiselle Guimard, demeurées ci annexées, après avoir été d'elle certifiées véritables et signées et paraphées en notre présence. Et pour satisfaire à son réquisitoire, sommes à l'instant transporté avec elle rue Bergère, en l'hôtel des Menus Plaisirs du Roi, et introduit dans une salle au rez-de-chaussée ayant vue sur le jardin, nous y avons trouvé ledit sieur Cuignet, qui, comme chargé par ladite demoiselle Guimard, nous a représenté deux mille cinq cents billets qu'il nous a dit avoir été numérotés depuis un jusques et compris deux mille cinq cents et deux mille quatre cent quatre-vingt-dix-neuf billets blancs dans la forme et de la grandeur de ceux numérotés. Ledit sieur Cuignet nous a pareillement déclaré que, pour nous mettre plus facilement à même de vérifier si lesdits billets numérotés l'avoient été bien exactement, il les avoit placés dans des cases de trois cartons cent par cent et qu'il avoit pareillement assemblé les billets blancs par centaine; qu'il avoit amené avec lui pour rouler lesdits billets, lorsque la vérification en auroit été par nous faite, six des femmes dont il se sert ordinairement pour ces sortes d'opérations; qu'il a fait apporter deux roues dont l'une à l'usage de la loterie des Enfans trouvés et l'autre à l'usage des loteries qui se tirent à l'Hôtel de cette ville; qu'il croit nécessaire que nous nous assurions de l'état de ces roues en en faisant la visite.

D'après la représentation ainsi faite par ledit sieur Cuignet desdits billets numérotés et blancs, nous avons vérifié par nous même un à un et cent par cent les deux mille cinq cens billets qui se sont tous trouvés exactement numérotés depuis le numéro un jusques et y compris le numéro deux mille cinq cents.

Nous avons ensuite compté les billets blancs représentés et ils se sont trouvés composés de deux mille quatre cent quatre-vingt-dix-neuf auxquels nous en avons ajouté un portant le mot *Lot*.

Ce fait, lesdits billets numérotés ont été remis cent par cent à chacune des six femmes amenées par ledit sieur Cuignet, qui, en notre présence, les ont tous roulés séparément, retenus avec une cire disposée à cet effet.

Lesdits billets ainsi roulés ont été mis cent par cent dans des boîtes de carton portant chacune le numéro du cent qu'elles contiennent.

Les deux mille quatre cent quatre-vingt-dix-neuf billets blancs ont été également remis auxdites femmes, qui, en notre présence, les ont roulés de la même manière que les billets numérotés, ces derniers billets ont été ensuite mis par centaine dans 25 autres boîtes de carton collées en papier d'une autre couleur que ceux renfermant les billets numérotés et ce pour les distinguer les uns des autres.

Il est observé qu'après que lesdits billets numérotés et ceux blancs ont été roulés par lesdites femmes, nous les avons de nouveau et séparément comptés cent par cent avant de les mettre dans lesdites boîtes et ils se sont trouvés tous contenir leur nombre. A l'égard du billet contenant le mot *Lot,* il a, sans avoir été roulé, été placé dans l'une des boîtes renfermant les numéros blancs, nous réservant lors du tirage de cette loterie de le signer et parapher en présence du public et ensuite de le rouler et le mettre dans la roue où seront renfermés aussi en présence du public les billets blancs.

Tous lesdits billets numérotés et blancs arrangés et mis dans l'ordre ci dessus indiqué ont été renfermés dans une armoire pratiquée dans ladite salle sur les deux battans de laquelle armoire nous avons apposé nos scellés sur les extrémités d'une bande de papier après avoir fermé ladite armoire avec la clef restée en nos mains. Nos quels scellés sont restés du consentement de ladite demoiselle Guimard en la possession du nommé Louis Virth, portier de M. de Laferté, intendant des Menus, demeurant audit hôtel, rue Bergère, ainsi qu'il le reconnoît et s'en charge pour en faire la représentation lundi prochain, 22 de ce mois, jour que nous nous transporterons audit hôtel pour faire publiquement ledit tirage qui sera commencé à neuf heures du matin, conformément au dernier avis qui en a été donné. Etant observé que lesdits billets numérotés et les billets blancs ont été ainsi renfermés sous nos scellés dans la forme qui a été ci devant indiquée pour les mettre en sûreté jusqu'au moment où ledit tirage sera commencé, lors duquel et avant qu'ils soient mis dans les roues qui les doivent contenir, nous exposerons devant le public et sur une grande table qui sera dressée à cet effet lesdits billets numérotés ; qu'ils seront placés cent par cent afin de mettre le public à même de les faire vérifier en sa présence s'il le juge à propos : comme aussi que lesdits billets blancs seront présentés au public dans les boîtes qui les contiennent pour en faire compter le nombre s'il le requiert.

Nous avons aussi vérifié les deux roues que ledit sieur Cuignet a fait apporter, lesquelles se sont trouvées en bon état et propres à faire le tirage dont est question.

Ce fait, nous nous sommes retiré après avoir dressé le présent procès-verbal.

Signé : GUIMARD ; SERREAU ; VIRTH.

Et le lundi 22 dudit mois de mai audit an, six heures du matin, nous, commissaire susdit, sur le réquisitoire de ladite demoiselle Guimard et en vertu tant de la lettre de M. le Lieutenant général de police, que de celle de M. le Contrôleur-général du 19 du même mois dont copie a été envoyée par M. le Lieutenant général de police, lesquelles lettre et copie de lettre sont demeurées ci annexées, sommes de nouveau transporté audit hôtel des Menus, rue Bergère, et conduit dans une salle en forme de tente, pratiquée dans le jardin dudit hôtel, nous avons observé que cette salle avoit été disposée et arrangée pour le tirage de ladite loterie ;

qu'à l'une des extrémités de cette salle il y avoit été établi une estrade sur laquelle étoient placées les deux roues. Nous y avons pareillement trouvé ledit sieur Cuignet qui avoit amené avec lui quatre enfans du Saint-Esprit, deux particuliers devant servir à annoncer après nous les numéros des billets qui sortiroient des roues et quatre tourneurs desdites roues; nous y avons aussi trouvé .... soldats de la garde de Paris et .... officiers de ladite garde qui ont placé les soldats à différens postes pour maintenir le bon ordre lors de l'arrivée du public.

Et sur les dix heures du matin, le public étant réuni en grand nombre dans ladite salle et s'agissant de parvenir au tirage de cette loterie, nous avons, en la présence de M⁰ Defresne, notre confrère, que nous avons invité de se trouver avec nous pour nous aider dans les différentes opérations relatives audit tirage, reconnu et levé les scellés par nous apposés sur les extrémités d'une bande de papier appliquée sur les deux battans d'une armoire étant dans une salle dudit hôtel et ayant vue sur le jardin, et ouverture faite de cette armoire avec la clef qui étoit restée en nos mains, ledit M⁰ Defresne, notre confrère, s'est chargé de toutes les boîtes contenant les billets blancs et nous de celles contenant les billets numérotés que nous avons l'un et l'autre transportés sur une grande table posée dans ladite salle en forme de tente au bas de l'estrade dont est question, et en présence du public nous avons placé cent par cent les billets numérotés et ayant offert au public de faire, en sa présence, de nouveau la vérification de chacun desdits billets après l'avoir assuré que nous l'avions précédemment faite et que lesdits billets contenoient exactement leurs numéros depuis un jusques et compris deux mille cinq cents, après avoir pareillement offert de compter les billets blancs au nombre de deux mille quatre cent quatre-vingt-dix-neuf et personne n'ayant réclamé, nous avons renfermé dans la roue posée à droite sur ladite estrade les deux mille cinq cents billets numérotés et roulés et dans l'autre roue nous y avons renfermé les deux mille quatre cent quatre-vingt-dix-neuf billets blancs et le billet portant le mot *Lot* qui a été dudit M⁰ Defresne et de nous signé et paraphé en présence du public.

Lesdits billets ainsi placés dans les deux roues, deux des quatre enfans du Saint-Esprit se sont tenus à côté de chacune desdites roues, les deux tourneurs de roues se sont placés à côté de ces roues, ledit M⁰ Defresne et nous, commissaire, nous sommes assis au-devant d'une table placée entre les deux roues et derrière chacun de nous étoit debout un particulier à qui nous devions remettre les billets à mesure qu'ils sortiroient desdites roues pour, de nouveau et après, nous en annoncer les numéros au public.

Sur cette estrade étoient encore ledit sieur Cuignet et les sieurs Devassis et Tartois, tous deux inspecteurs de la Loterie royale de France, que M. le Lieutenant général de police avoit désiré qu'ils s'y trouvassent pour que l'opération du tirage se fît dans le meilleur ordre possible. Il y avoit encore sur cette estrade un autre particulier qui, à mesure que lesdits billets tant numérotés que blancs devoient être tirés de la roue et annoncés au public étoit chargé de les enfiler cent par cent.

Aux deux côtés de la table, au bas de l'estrade étoient aussi deux particuliers pour y inscrire séparément, et sur des feuilles disposées à cet effet, les numéros des billets à mesure de leur sortie.

Tout étant ainsi arrangé, nous avons annoncé au public assemblé que la demoiselle Guimard avoit réitéré par le présent procès-verbal les soumissions et engagemens qu'elle avoit faits et contractés, tant par les prospectus et avis qu'elle avoit fait distribuer que par l'acte passé devant Me Chavet, notaire, le 12 février dernier; en conséquence qu'il alloit être procédé au tirage de ladite loterie dans la forme indiquée par les avis et nous avons ajouté que le public pouvoit être assuré que, quoi qu'il ait bien voulu s'en rapporter à nous sur les précautions qui avoient été prises pour que le tirage de cette loterie se fît avec la plus grande régularité, néanmoins pour donner la preuve au public que les deux mille cinq cents billets qui avoient été placés dans chaque roue y existoient bien réellement, ils seroient tous tirés l'un après l'autre quand même le billet gagnant sortiroit un des premiers.

Le public ayant paru applaudir à ces différentes précautions, nous avons commencé à faire procéder au tirage de cette loterie vers onze heures du matin.

Les billets numérotés qui étoient tirés les premiers se prenoient dans la roue à droite par l'enfant du Saint-Esprit qui étoit placé à côté de cette roue, lequel les remettoit à nous, commissaire Serreau, qui faisions l'annonce publiquement du numéro, lequel numéro étoit répété par un particulier placé derrière nous sur un marchepied.

A mesure qu'il se tiroit un billet numéroté, un second enfant du Saint-Esprit tiroit un billet de la seconde roue placée à gauche et dans laquelle avoient été placés les deux mille quatre cent quatre-vingt-dix-neuf billets blancs et le billet portant *Lot,* ces deux enfans en tirant chacun de leur côté le billet les montroient au public et remettoient, savoir à nous, commissaire Serreau, le billet tiré de la roue à droite et audit Me Defresne celui tiré de la roue à gauche et quand nous, commissaire Serreau, avions annoncé le billet numéroté et qu'il avoit été répété par l'annonceur, ledit Me Defresne annonçoit et montroit au public le billet qui lui étoit remis et qui étoit aussi répété par l'annonceur et transcrit sur deux états qui étoient tenus par deux particuliers placés sur une table au bas de ladite estrade.

Il est observé que lorsqu'il avoit été tiré un cent des billets de chaque roue, les deux tourneurs de roue, les deux enfans du Saint-Esprit, l'annonceur et le particulier placé entre nous deux, commissaires, qui enfiloit les billets à mesure qu'ils étoient tirés de chaque roue étoient relevés par d'autres et se relevoient ainsi tous de centaine en centaine.

Ayant été tiré mille billets sans que le lot gagnant fût sorti et étant alors deux heures et demie et le public ayant désiré une interruption, nous avons, par sûreté des billets renfermés dans chacune des deux roues, apposé les scellés et cachets aux armes de nous, commissaire Serreau, sur les extrémités de deux bandes de papier appliquées sur chacune des deux entrées de chacune desdites deux roues, nous avons pareillement apposé les scellés et cachets de nous, commissaire Serreau, sur les bouts réunis desdits lacets renfermant chaque centaine des billets qui y avoient été enfilés; et nosdits scellés, ensemble les dix paquets de billets enfilés, ont été, du consentement de ladite demoiselle Guimard, laissé en possession dudit Virth, portier de mondit sieur de Laferté, ainsi qu'il les reconnoît et s'en charge pour du tout nous faire la représentation cejourd'hui quatre heures de relevée, heure à laquelle nous avons indiqué au public que la continuation du tirage de cette loterie se feroit; étant observé que, pour plus de sûreté, l'officier de la garde de Paris qui commandoit les différens postes qui avoient été placés tant dans l'intérieur de la salle que dehors pour le bon ordre, avoit continué de laisser, comme il y étoit précédemment depuis le commencement dudit tirage, une sentinelle placée à côté de chacune desdites deux roues. Et ont ladite demoiselle Guimard, ledit sieur Cuignet, lesdits sieurs Devassis et Tartois, lesquels étoient placés à côté de nous sur ladite estrade pour veiller à l'ordre du tirage, et ledit Virth, signé avec nous.

Signé : M.-M. GUIMARD; TARTOIS; DEVASSY; DEFRESNE; SERREAU.

Et ledit jour lundi, 22 dudit mois de mai, quatre heures de relevée, nous, commissaires susdits et soussignés, sommes de nouveau transportés audit hôtel des Menus dans la salle où avoit été commencé le tirage de ladite loterie et, y ayant trouvé un assez grand nombre de personnes assemblées, nous avons, à la réquisition de ladite demoiselle Guimard, continué de procéder au tirage de ladite loterie dans l'ordre et la même forme qui avoient été employés et avec les mêmes personnes lors du tirage fait dans la vacation de cejourd'hui matin, et à cet effet nous avons reconnu sains et entiers, levé et ôté les scellés qui avoient été par nous apposés sur les ouvertures de chacune desdites roues.

Il avoit été tiré, tant dans la vacation du matin que dans celle de cette après-midi, deux mille deux cent soixante et sept billets, lorsque nous, commissaire, ayant annoncé au public pour le deux mille deux cent soixante-huitième billet celui numéroté 2175, ledit M⁰ Defresne ayant aussitôt déroulé le billet qui venoit de lui être remis en même tems que celui que nous venions d'annoncer et ayant reconnu que ce billet étoit celui qui portoit le mot *Lot* et qui avoit été signé et paraphé par ledit M⁰ Defresne et nous, commissaire Serreau, nous avons annoncé à trois fois différentes comme étant celui gagnant le lot, ledit billet numéroté 2175[1], ce qui a été répété encore par trois fois par l'annonceur.

Nous avons ensuite, ledit M⁰ Defresne et nous, commissaire Serreau, fait mention sur ledit billet portant *Lot* du billet qui venoit de lui écheoir et pareille mention sur ledit billet numéroté 2175; et, après avoir été tous deux signés et paraphés par nous, commissaires soussignés, ils sont demeurés ci annexés pour y avoir recours si besoin est.

Nous avons ensuite continué en la présence du public le tirage des billets tant numérotés que blancs restant dans lesdites roues, lesquels billets ont aussi continué d'être transcrits sur lesdits

---

1. Le billet gagnant, numéroté 2175, appartenait à la comtesse du Lau, qui revendit l'hôtel de Mlle Guimard, moyennant 500,000 l., au banquier Perregaux. Voyez G. Bonnefons, *les Hôtels historiques de Paris*, Paris, Victor Lecou, 1852, p. 207.

états; lesquels billets numérotés et blancs se sont trouvés conformes en nombre de chacun deux mille cinq cens et lesdits états après avoir été dudit Me Defresne et de nous, commissaire Serreau, signés et paraphés au désir du présent procès-verbal, sont demeurés ci annexés pour y avoir recours. Le tirage de ladite loterie ainsi fini vers dix heures du soir, la garde s'est retirée; et après avoir, de même que ce jourd'hui matin, apposé nos scellés sur les bouts réunis des quinze lacets dans lesquels avoient été enfilés les quinze derniers cents desdits billets, nous, commissaire Serreau, nous nous en sommes chargé ainsi que des dix premiers cents pour mettre à même le public d'y avoir recours, s'il le juge à propos.

Signé : M.-M. GUIMARD; TARTOIS; DEVASSY; SERREAU; DEFRESNE.

(PIÈCES JOINTES AU PROCÈS-VERBAL.)

1. — Etat des meubles de la maison de Mlle Guimard.

Ladite maison ornée de glaces.

Antichambre du rez-de-chaussée.

12 chaises couvertes en moquette verte.
Une table et son dessus de marbre.
Deux buffets.
Une fontaine à filtrer.
Un poêle.
Un coffre à bois.
Les figures des niches. — Le tout estimé . . . . . 400^tt

Salle à manger.

18 siéges couverts en velours d'Utrecht vert et blanc.
3 tables à manger de 30, 15 et 10 couverts. . . .   600

Serre chaude.

5 banquettes couvertes en velours d'Utrecht vert.
4 girandoles portées par des figures en stuc, montées sur leurs piédestaux de marbre blanc   1,800

Passage du boudoir.

Une banquette couverte en péquin   72

Boudoir.

2 parties de rideaux de croisé de taffetas vert.
2 canapés.
2 bergères.

2 chaises, lesdits siéges couverts en tapisserie de petit point.

1 tapis de pied.

Un secrétaire dans une porte feinte, avec les cartons qui en dépendent.

Un feu doré d'or moulu, pelle et pincettes . . .   1,800

Chambre à coucher.

2 grands tableaux servant de tenture.

Un lit à niche excepté le coucher, savoir la tenture de la niche, l'impériale, courtepointe et rideaux d'alcove.

4 parties de rideaux de croisée.

2 Tête-à-tête.

6 fauteuils à carreaux.

Un écran à deux feuilles, le tout couvert en damas de Gênes, cramoisi et blanc.

2 banquettes couvertes en lampasse de même couleur.

4 cabriolets couverts d'étoffe brochée.

Un écran en tapisserie.

Un tapis de pied.

Deux girandoles en lys de cuivre doré d'or moulu.

Un feu également doré.

Les meubles de ladite chambre avec les tableaux .   13,600

Passage de la garde-robe.

Une portière de moquette.   24

Bains.

La baignoire.

Le meuble de la niche en perse.

2 rideaux de croisée en blanc encadrés de bordure.

4 cabriolets.

Un canapé.   960

Cabinet à côté des bains.

Un canapé.

4 cabriolets.

2 rideaux de croisée, le tout en pékin peint.

Un feu doré d'or moulu   760

Cabinet de toilette.

La tenture de papiers lampas.

6 cabriolets couverts en velours cramoisi et blanc .   200

Premier étage.

Antichambre.

6 chaises de canne.

1 fontaine de fayence.   20

Salle à manger.

6 chaises.

2 fauteuils couverts en velours bleu et blanc . . .   200

Salon.

Les quatres tables des encoignures et celle entre les croisées.

Un canapé.

6 fauteuils à carreaux.

4 chaises, le tout couvert en damas vert et blanc avec leurs housses de toile blanche.

Un tabouret couvert de tapisserie.

La tenture en moire et 4 parties de rideaux de taffetas vert   3,600

Cabinet de toilette.

2 rideaux de croisée de taffetas bleu.

4 fauteuils.

4 chaises couvertes en lampas bleu et blanc.

Un fauteuil de toilette couvert de maroquin.

Une cheminée à la prussienne.

Un feu doré d'or moulu.   860

Chambre à coucher.

Le lit en niche excepté le coucher, savoir la tenture de la niche, les draperies, courtepointe, rideaux d'alcove et draperie de la croisée, le tout en basin des Indes.

Les deux rideaux de croisée de taffetas vert.

4 fauteuils.

4 chaises couvertes en toile de Jouy.

Un feu doré d'or moulu.   2,400

Cabinet à écrire.

2 rideaux de croisée de taffetas vert.

Un carreau sur l'appui de la croisée.

Un fauteuil de bureau en velours vert.   200

Garde-robe.

2 encoignures, une à dessin de marbre et l'autre en bois découpé   36

Total. . . . .   27,532[t]

2. — Prospectus d'une loterie de la maison de Mlle Guimard, dont le tirage se fera le premier mai 1786 dans une salle de l'hôtel des Menus, en présence d'un officier public.

Cette maison est située à l'entrée de la Chaussée-d'Antin et consiste en un corps de bâtiment entre cour et jardin; la face sur la cour est ornée d'un péristile; le rez-de-chaussée, qui est élevé de huit marches, est distribué en une antichambre, salle à manger, salon, chambre à coucher, boudoir, une grande pièce éclairée par le haut pouvant servir de galerie de tableaux, cabinet de toilette, salle de bains, etc., le tout très-orné.

Dans le comble sont de petits appartemens très-commodes et aussi très-ornés.

Un bâtiment sur la rue dans lequel sont les écuries et remises et au-dessus une salle de spectacle avec toutes ses décorations.

Le jardin est orné de berceaux couverts.

La plupart des meubles resteront à la maison étant faits pour la place.

La loterie sera de deux mille cinq cents billets à 120 livres le billet, dont un seul gagnant. Elle sera tirée le premier mai dans une salle de l'hôtel des Menus.

Aussitôt après le tirage de la loterie, Mlle Guimard passera le contrat de vente de la maison et des meubles au profit du propriétaire du lot gagnant.

Les billets numérotés depuis 1 jusqu'à 2,500, seront signés par Mlle Guimard et visés de M. Chavet; ils seront distribués chez lui et les fonds qui en proviendront resteront en dépôt entre ses mains, non-seulement jusqu'au premier mai pour la sûreté des mises, mais encore jusqu'après le sceau sans oppositions des lettres de ratification que l'acquéreur pourra obtenir dans le délai de quatre mois du jour du tirage de ladite loterie ou le rapport des mains-levées des oppositions qui pourroient se trouver aux lettres de ratification.

Mlle Guimard a déposé chez M. Chavet, notaire, rue Saint-Martin, les titres de propriété de cette maison, les plans, un état estimatif qui en a été fait par M. Ledoux, architecte, et qui monte à 468,000 livres, et l'état des meubles qui resteront à la maison.

Les personnes qui désireront prendre connoissance du tout pourront s'adresser chez M. Chavet.

Celles qui désireront voir la maison pourront s'y présenter les mardi et vendredi de chaque semaine depuis onze heures du matin jusqu'à cinq heures du soir.

3. — Loterie de la maison de Mlle Guimard, située à l'entrée de la rue et chaussée d'Antin, dont le tirage se fera publiquement le premier mai 1786, dans une des salles de l'hôtel des Menus, rue Bergère, en présence d'un officier public.

L'accueil favorable que le public a fait à cette loterie dont la distribution des billets est déjà très-avancée, engage Mlle Guimard à le satisfaire sur les objets qu'il a paru désirer.

Le point le plus essentiel étoit la fixation des droits seigneuriaux.

Mlle Guimard qui, lors de son prospectus, n'avoit pas encore pu traiter avec les seigneurs dans la censive desquels est située sa maison, vient de faire un arrangement avec eux, d'après lequel l'acquéreur n'aura à payer pour lods et ventes que la somme de 12,000 livres et ne sera pas gêné pour les payer dans les vingt jours, qui sont le délai que les seigneurs fixent ordinairement.

On a demandé de quelle manière se fera le tirage de cette loterie? Il y aura deux roues dans l'une desquelles seront 2,500 billets roulés numérotés depuis un jusque et compris 2,500; et dans l'autre 2,500 billets aussi roulés, dont 2,499 blancs et un timbré *Lot;* les deux mille cinq cents billets de chaque roue seront tous tirés l'un après l'autre quand même le billet gagnant sortiroit un des premiers, afin de prouver au public que les 2,500 billets étoient dans la roue et qu'il n'y avoit qu'un seul billet timbré *Lot*. Plusieurs personnes ont craint que cette maison ne fût à bail emphythéotique, ainsi que la plupart de celles de la Chaussée-d'Antin. Cette maison est en pleine propriété; il n'y a ni bail emphythéotique ni bail à rente : le terrain n'a pas été acquis de gens de main-morte; enfin elle n'est chargée que du cens ordinaire.

Les billets de cette loterie sont de 120 livres et se distribuent chez Me Chavet, notaire, rue Saint-Martin, vis-à-vis de Saint-Julien-des-Ménétriers. Les fonds lui restent en dépôt, non-seulement jusqu'au premier mai 1786 pour la sûreté des mises, mais bien encore jusqu'après le sceau sans opposition des lettres de ratification que le propriétaire du billet gagnant obtiendra, dans le délai de quatre mois, sur le contrat de vente que Mlle Guimard lui passera de cette maison et des meubles qui doivent y rester, ainsi qu'elle s'y est soumise par acte passé devant Me Chavet, notaire, le 12 février 1786.

Le propriétaire du billet gagnant sera tenu de se faire connoître à Me Chavet, notaire, dans les trois mois qui suivront le tirage de la loterie, lui représenter le billet et le lui déposer par acte authentique après qu'il en aura été fait la vérification; et, faute par le propriétaire du billet gagnant de se faire connoître dans ce délai, Mlle Guimard pourra se faire remettre les fonds de la loterie.

Les personnes qui souhaiteront voir cette maison pourront s'y présenter les mardi et vendredi de chaque semaine depuis onze heures du matin jusqu'à cinq heures du soir.

4. — Loterie de la maison de Mlle Guimard.

Le public est averti que le tirage de cette loterie qui avoit été annoncée pour le 1er mai 1786 est remis au lundi 22 du même mois et se fera en présence de M. le commissaire Serreau, depuis neuf heures du matin jusqu'à midi et se continuera en l'une des salles de l'hôtel des Menus.

On entrera par la rue Poissonnière.

5. — Lettre de M. de Calonne à M. de Crosne.

A M. le Lieutenant général de police.

Versailles, le 19 mai 1786.

On ne m'a point demandé, Monsieur, et je n'ai pas donné d'autorisation pour la loterie de Mlle Guimard. J'ai seulement pu dire quand on m'en a parlé, que je ne m'y opposerois pas. Il me semble que, dans l'état actuel des choses, il y auroit beaucoup d'inconvénient à ne pas tolérer le tirage qui est annoncé, tous les billets étant distribués et n'y ayant eu ni réclamation ni aucune défense soit de la part de M. le baron de Breteuil, soit de la mienne.

J'ai l'honneur d'être, avec un sincère attachement, monsieur, votre très-humble et très-obéissant serviteur,

DE CALONNE.

6. — Lettre de M. de Crosne au commissaire Serreau.

A M. le commissaire Serreau.

A Paris, le 20 mai 1786.

Je vous envoie, monsieur, copie de la lettre que je viens de recevoir de M. de Calonne au sujet de la loterie de la maison de Mlle Guimard.

Je suis, monsieur, votre très-humble serviteur,

DE CROSNE.

(Arch. nationales, Y 15399.)

HAUTEROCHE (Noël Le Breton, sieur de), né en 1617, faisait partie, dès 1654, de la troupe du Marais. Il passa plus tard à l'Hôtel de Bourgogne et, en 1680, lors de la réunion des troupes, il fut engagé à la nouvelle Comédie française. Hauteroche prit sa retraite en 1684[1] et obtint la pension de 1,000 livres. Il mourut le 14 juillet 1707[2].

1685. — 25 juin.

Contrat de mariage de Hauteroche et de Jacqueline Lesueur, veuve Arnaud.

Par devant les conseillers du roi, notaires garde-notes de Sa Majesté, au Châtelet de Paris, soussignés, furent présents Noël Le Breton, sieur d'Hauteroche, demeurant à Paris, rue et paroisse Saint-Sauveur, pour lui et en son nom, d'une part; et damoiselle Jacqueline Le Sueur, veuve de Jean-Baptiste Arnaud, écuyer, sieur du Buisson et de la Maraudière, demeurant rue Beaurepaire, susdite paroisse, aussi pour elle et en son nom, d'autre part.

Lesquelles parties, en la présence de leurs parents et amis ci-après nommés, qui sont, savoir, de la part dudit sieur d'Hauteroche, de sieur Mathieu d'Ennebault, bourgeois de Paris[3], ami, de sieur Quillet de Saint-Georges, aussi ami, et de la part de ladite damoiselle veuve d'Arnaud, de Jean-Baptiste Dedenois, bourgeois de la ville d'Amiens, beau-frère à cause d'Anne-Marie Lesueur, sa femme, et de messire Jean de Lapierre, prêtre habitué à Saint-Eustache, ami, ont volontairement reconnu et confessé avoir fait et accordé entre eux les traité et convention qui ensuivent. C'est à savoir que lesdits sieur d'Hauteroche et damoiselle veuve Arnaud ont promis respectivement se prendre l'un l'autre par nom et loi de mariage et en solenniser le mariage en face de notre mère la sainte Eglise le plus tost que faire se pourra et qu'il sera avisé et délibéré entre eux.

A été expressément convenu entre lesdits futurs époux que,

---

1. Le 24 mars, suivant le registre de Lagrange.

2. Hauteroche jouait les troisièmes rôles tragiques et les grands confidents. Il excellait dans les récits.

3. Mathieu Dennebault avait épousé une fille de Montfleury, Françoise Jacob, qui joua d'original le rôle d'Aricie dans *Phèdre*, ce qui lui valut un coup de griffe de madame des Houlières. (Voir sa fameuse épigramme sur la pièce de Racine.) Dennebault n'était pas comédien, mais commis pour les affaires du roi en Guyenne.

nonobstant la coutume de Paris, il n'y aura aucune communauté de biens entre eux et que chacun jouira séparément des biens à lui appartenant, en recevra les fruits et revenus et en disposera à sa volonté sans le consentement de l'autre; pour quoi faire par ladite future épouse ledit futur époux l'a dès à présent autorisée, comme aussi ladite damoiselle future épouse aura pendant ledit futur mariage l'administration et entière disposition par ses mains de tous et chacuns ses biens meubles et immeubles tant en fond et capital qu'en fruits, de quelque nature que le tout puisse être, comme elle auroit pu faire avant ledit mariage[1]..... Et, pour distinguer les meubles qui appartiennent à chacun desdits futurs époux, en a été fait deux actes séparés qui sont restés joints à la minute des présentes pour y avoir recours..... Ledit futur époux a doué et doue ladite future épouse de la somme de 6,000 livres de douaire préfix, une foix payée, dont elle jouira sans aucun retour, à l'avoir et prendre par elle, si tost qu'il aura lieu, sur tous les biens meubles et immeubles, présents et à venir dudit futur époux qui les a, dès à présent, affectés et hypothéqués, à fournir ledit douaire.

Est convenu que ladite damoiselle future épouse sera tenue, comme elle promet et s'oblige, de bailler et payer audit sieur futur époux la somme de 700 livres par chacun an pour sa pension et logement qu'elle occupera et prendra en la maison dudit sieur futur époux, payable ladite pension de six mois en six mois. Et quant aux enfants qui naîtroient dudit futur mariage, ils seront nourris, élevés et entretenus et envoyés aux écoles à frais communs desdits futurs époux, sans que les héritiers du premier mourant puissent obliger le survivant d'en compter. Comme aussi en cas de prédécès dudit sieur futur époux avant ladite damoiselle future épouse, les héritiers d'icelui sieur futur époux ne pourront lui demander compte desdites pensions et dont, dès à présent, au susdit cas, il lui fait don et remise.

A été pareillement convenu qu'au cas que ladite future épouse s'oblige pour ledit sieur futur époux, elle aura son indemnité pour cet effet sur les biens dudit futur époux et son hypothèque de cejourd'hui.

Et pour se donner par lesdits futurs époux une marque singu-

---

1. Suit la longue énumération de tous les droits que confère à la future épouse le régime de la séparation de biens.

lière de l'amitié qu'ils ont l'un pour l'autre, se sont fait par ces présentes donation entre vifs et irrévocable, en la meilleure forme que donation peut avoir lieu, savoir par ledit sieur futur époux à ladite damoiselle future épouse de tous les biens, meubles, vaisselles d'argent, ustensiles et autres choses réputées meubles, en ce compris les billets, promesses et obligations qui se trouveront appartenir audit sieur futur époux au jour de son décès, en quelques lieux qu'ils soient sis, situés et trouvés et à quelque somme que le tout se puisse monter, excepté toutefois les deniers comptants qui ne seront point compris dans ladite donation, pour par elle jouir, faire et disposer de ce que dessus donné, en pleine propriété comme bon lui semblera. Et outre lui donne encore 1,000 l. de rente et pension viagère pendant la vie de ladite future épouse, laquelle demeurera éteinte le jour de son décès et que ladite damoiselle future épouse prendra sur les plus clairs et apparents biens qui se trouveront appartenir audit sieur futur époux au jour de son décès; et en cas qu'il n'y ait immeuble suffisant pour produire le revenu desdites 1,000 livres de rente et pension viagère ci-dessus, veut et entend ledit sieur futur époux qu'il soit pris les deniers qu'il conviendra pour ce faire, sur ses autres effets, pour être employés en l'acquisition d'héritages ou rentes pour produire lesdites 1,000 livres de rente par chacun an.

Et par ladite damoiselle future épouse audit sieur futur époux aussi de tous les biens, meubles, vaisselle d'argent, ustensiles et autres choses réputées meubles, y compris pareillement les billets, promesses et obligations qui se trouveront appartenir à ladite damoiselle future épouse, en quelques lieux qu'ils soient sis et trouvés et à quelque somme que le tout puisse monter, pour, par ledit sieur futur époux jouir, faire et disposer de ce que dessus à lui donné en pleine propriété comme il avisera, ainsi que de chose à lui appartenant. Comme aussi outre ce, ladite damoiselle future épouse a donné audit sieur futur époux l'usufruit et jouissance, pendant sa vie, de tous les biens immeubles qu'à ladite damoiselle future épouse se trouveront appartenir au jour de son décès, pour, après le décès dudit sieur futur époux, ledit usufruit et jouissance être réuni à la propriété desdits biens et le tout retourner et appartenir aux héritiers de ladite damoiselle future épouse.

Les susdites donations ainsi faites à condition qu'en cas qu'il y ait des enfants dudit futur mariage, au jour de la dissolution d'icelui par la mort de l'un ou de l'autre desdits futurs époux, elles demeureront nulles; et néanmoins si lesdits enfants décèdent sans enfants procréés en mariage et sans avoir disposé desdits biens en majorité, veulent et entendent lesdits futurs époux que lesdites donations reprennent leur force et vertu en faveur dudit survivant.

Fait et passé à Paris, en la demeure de ladite damoiselle Arnaud devant déclarée l'an 1685, le 25e juin, après midi, etc.

(Arch. nationales, Y 248.)

HUS (Adélaïde-Louise-Pauline), née à Rennes le 31 mars 1734, débuta pour la première fois à la Comédie française le 26 juillet 1751 [1] et ne fut pas reçue. Son second début eut lieu le 22 janvier 1753 dans le rôle d'Andromaque et fut plus heureux, car elle fut reçue le 21 mai suivant [2]. Mlle Hus se retira en 1780 avec la pension de

---

1. Collé, dans son *Journal* (édit. H. Bonhomme, t. I, p. 333), rend compte en ces termes du premier début de cette actrice : « Le lundi 26 du courant [juillet 1751], débuta la demoiselle Hus dans *Zaïre*. C'est la fille d'une comédienne de campagne; elle me séduisit dans ce rôle et j'ai vu plusieurs connoisseurs de mon avis, je veux dire qui lui trouvèrent du talent. Outre une figure très-agréable, d'assez beaux gestes, une habitude de corps assez noble et les passions qui se peignent sur son visage, elle a encore quelques autres talents pour le théâtre, mais il faudroit qu'ils fussent cultivés avec le plus grand soin pour arriver à être une bonne actrice. Elle a joué depuis dans *Gustave* (tragédie de Piron) et dans *Iphigénie*, d'une façon fort inférieure à celle dont elle s'est tirée du rôle de *Zaïre* et fort au-dessous du médiocre. Sa voix ne m'a point paru mauvaise, mais elle n'est pas forte; comme elle est jeune, elle peut très-bien devenir plus belle et acquérir plus de corps. Sa prononciation n'est pas bien nette; c'est un défaut, je crois qu'elle pourroit venir à bout de le corriger avec de l'attention, mais il en faudroit beaucoup. Son intelligence n'est pas supérieure, à beaucoup près, et sa déclamation dégénère souvent en un chant qui est insoutenable. Elle tient, je pense, ce vice de Clairon, dont elle est l'élève, plutôt que d'elle-même. Elle imite les tons de cette comédienne d'une façon un peu trop moutonnière, elle les quitte quelquefois, mais rarement, lorsqu'elle est dans la vivacité d'une situation et c'est alors qu'on ne désespère pas d'elle totalement. C'est dans ce dernier cas qu'on peut lui soupçonner qu'on aperçoit quelque talent dans cette petite créature : mais il ne faut pas, je pense, se presser de lui en croire, encore moins exagérer ce qu'elle en montre, d'autant plus que pour qu'elle profitât de ses avantages il seroit indispensable qu'elle travaillât beaucoup et longtemps. »

2. Grimm, qui vit jouer Mlle Hus après sa réception, la juge plus sévèrement encore que Collé : « Mlle Hus, jeune actrice de 16 ans (elle en avait

1,500 livres et mourut le 18 octobre 1805. Elle avait épousé vers 1777 Louis-Elie Le Lièvre, écuyer, apothicaire et distillateur du roi[1].

I.

1772. — 18 août.

Vol commis à la Comédie française, dans la loge de Mlle Hus.

Cejourd'hui mardi, 18 août 1772, du matin, en l'hôtel et par devant nous Pierre Thiérion, etc., est comparue demoiselle Adélaïde Hus, actrice de la Comédie françoise, demeurant rue et barrière Notre-Dame-des-Champs, parroisse Saint-Sulpice; laquelle nous déclare que, le 16 de ce mois, il lui a été rapporté qu'on étoit entré dans sa loge à la Comédie et pour s'en procurer l'entrée on avoit fait effraction à l'imposte qui est au-dessus de la porte d'entrée; qu'à cette nouvelle, elle comparante s'étoit rendue dans sa loge; qu'elle avoit trouvé une commode ouverte et s'étoit aperçu qu'on lui avoit volé dedans cinq bagues, dont trois de pierres fines de différentes couleurs : une topaze, une aigle marine et l'autre saphir; les deux autres de pierres de composition blanches montées en or, quatre paires de manchettes d'homme, trois de tulle bordées de pied d'Angleterre, l'autre de filet brodé en façon de poingt, une cuillère à filets à bouche, marquée au chiffre d'elle comparante, A H, surmontée d'une couronne de fleurs; qu'il s'y est trouvé derrière la porte et près l'effraction une barre de fer forcée, d'environ six pieds de long; que cette barre a été déposée au sieur Deplan, suisse des Menus, par les officiers de la Prévôté de l'Hôtel, qui ont constaté l'effraction réparée; qu'elle ignore qui sont les auteurs du vol; qu'elle sait qu'il a été fait un vol de billets d'entrée dans un tronc où ils se mettent ordinairement et que

---

19), d'une figure charmante, qui vient d'être reçue à la Comédie française, a dansé dans cette petite pièce [les *Hommes*, comédie-ballet de Saint-Foix] avec un applaudissement universel. Il est bien dommage qu'aux agréments de la figure il ne se soit pas joint un talent bien décidé dans cette jeune fille, mais ceux qui ont la connoissance et l'expérience du théâtre ne lui trouvent point de talent après l'avoir vu jouer les différents rôles tragiques et comiques dont elle s'est chargée jusqu'à présent. » (*Correspondance littéraire*, édit. Taschereau, t. I, p. 35.)

1. Ce personnage était fils d'un apothicaire nommé Claude Le Lièvre, qui avait gagné beaucoup d'argent en vendant un baume qui portait son nom.

ce vol de billets a été fait le même jour que celui qui a été fait chez elle.

Signé : Thérion; Hus.

Information faite par le commissaire Thierrion.

Du lundi 8 mars 1773.

Sieur Jean Saint-Crépin, âgé de 29 ans, concierge de la Comédie françoise, demeurant à la Comédie, etc.

Dépose que, le 15 du mois d'août dernier, ayant appris que l'on avoit volé dans la loge de la demoiselle Hus, il s'y est rendu; qu'il a vu que le chassis qui étoit au-dessus de la porte étoit forcé et qu'il y avoit deux carreaux de cassés; qu'il présume que l'on s'est servi d'une barre de fer qui est à côté de la porte pour faire ladite effraction et d'une chaise pour monter par ledit chassis; qu'étant entré dans la loge il y a vu une commode ouverte et tout ce qui étoit dedans étoit pêle-mêle; qu'il croit que les voleurs se seront sauvés par la fenêtre de ladite loge, qui s'est trouvée ouverte, laquelle donne sur une terrasse qui n'a que six pieds ou environ de haut; qu'il ignore ce qui a été volé à ladite demoiselle Hus.

Signé : Crépin.

Demoiselle Adélaïde Hus, âgée de 28 ans, pensionnaire du roi, actrice de la Comédie françoise, demeurant rue Notre-Dame-des-Champs, etc.

Dépose que le seize du mois d'août dernier elle a appris qu'on lui avoit volé dans sa loge, à la Comédie, dans une commode verte, cinq bagues, dont trois de pierres fines de différentes couleurs, une topaze, une aigle marine, un saphir, les deux autres de pierres de composition blanche montées en or et les autres effets contenus en sa déclaration. Qu'elle ignore toujours qui sont les auteurs du vol.

Signé : Hus.

(Arch. nationales, Y 10904, 10905.)

II.

1786.— 18 juin.

Le roi accorde une pension de 500 livres à Mlle Hus.

Brevet d'une pension de 500 livres en faveur de la demoiselle Adélaïde-Louise-Pauline Hus, née et baptisée le 31 mars 1734, paroisse Saint-Etienne de Rennes en Bretagne, épouse du sieur

Lelièvre. Laquelle pension lui a été accordée sur le trésor royal sans retenue, en considération de ses services, en qualité de comédienne françoise ordinaire du roy, suivant la décision de ce jour, 18 juin 1786.

(PIÈCE JOINTE AU BREVET.)

Acte de baptême de Mlle Hus.

Extrait des registres de la paroisse de Saint-Etienne de Rennes, pour l'année 1734.

Adélaïde-Louise-Pauline, fille de M. François Hus et de damoiselle Françoise-Nicole du Kaufay[1], son épouse, née ce jour, a été baptisée par le recteur et tenue sur les saints fonts par haut et puissant messire Christophe-Paul de Robien, chevalier, seigneur dudit lieu, baron de Lauvaugner, vicomte de Keraubourg, Plamtelise, conseiller du roy en tous ses conseils, président à mortier au parlement de Bretagne, et haute et puissante dame Louise-Jeanne de Robien, épouse de haut et puissant messire Jacques-René Le Prestre, chevalier, seigneur, baron de Châteaugiron, marquis d'Epinay, Sévigné, conseiller du roy en tous ses conseils, président à mortier au parlement de Bretagne, le 31 mars 1734, etc.

(Arch. nationales, O¹ 680.)

JOLY (Marie-Elisabeth), née à Versailles le 3 avril 1761[2], débuta le 1er mai 1781[3] à la Comédie française, où elle avait déjà paru comme danseuse et dans des rôles d'enfant. Elle fut reçue en 1783 et mourut le 5 mai 1798. En 1781 Mlle Joly avait épousé M. Nicolas-François-Roland Foucquet-Dulombois, ancien capitaine de cavalerie.

---

1. Ou du Kéraufay. La mère de Mlle Hus avait été comédienne de campagne; en 1760 elle débuta à la Comédie française par le rôle de madame Croupillac dans l'*Enfant prodigue*, comédie de Voltaire, mais elle n'obtint aucun succès et se retira peu après.

2. L'indication exacte de la naissance de cette actrice m'est fournie par M. de Manne (Biographie Didot et *la Troupe de Talma*, notice sur mademoiselle Joly).

3. Grimm, dans la *Correspondance littéraire* (édit. Taschereau, t. X, p. 427), à la date de mai 1781, s'exprime ainsi sur le compte de Mlle Joly : « Voici enfin un début qui nous laisse concevoir d'assez belles espérances, c'est celui de la demoiselle Joly, qui a joué pour la première fois sur le théâtre de la Comédie françoise le mardi 1er, le rôle de Dorine dans le *Tartuffe*,

I.

1781. — 21 mai.

Mlle Joly est reçue à l'essai à la Comédie française.

Nous, maréchal duc de Duras, pair de France, premier gentil-homme de la chambre du roi.

Suivant l'article 6 des *Débuts* des nouveaux réglements du 18 mai 1781, avons reçu à l'essai la demoiselle Joly et aux appointements de 2,000 livres avec ses feux, à charge par elle de remplir tous les rôles dont la liste lui sera donnée par le Comité et ceux, en outre, où elle sera jugée nécessaire.

Paris, ce 21 mai 1781.

Signé : le maréchal duc DE DURAS.

(Arch. nationales, O¹ 845.)

II.

1782. — 5 avril.

Le maréchal duc de Duras, premier gentilhomme de la Chambre du roi, promet à Mlle Joly sa réception pour l'année suivante.

Nous, maréchal duc de Duras, etc.

Avons accordé à la demoiselle Joly les appointements d'un quart de part et lui promettons sa réception à Pâques 1783, à charge par elle de continuer à se rendre utile dans tous les rôles qui lui seront distribués par le Comité pour le service de la Cour et celui de la Comédie.

Paris, ce 5 avril 1782.

Signé : le maréchal duc DE DURAS.

(Arch. nationales, O¹ 845.)

---

depuis celui de Lisette dans la *Métromanie*, et de suite les principaux rôles de soubrette. C'est un enfant de la Comédie ; elle a été élevée sur les planches de ce théâtre où elle a souvent rempli le rôle de Joas et quelques autres rôles du même âge. Il est donc assez naturel que l'habitude de voir jouer tous les jours Mlle Luzy (voyez plus loin LUZY) lui ait donné quelques rapports sensibles avec la manière et le jeu de cette actrice. Sa figure, sans être régulièrement jolie, est pleine de vivacité et d'expression ; si cette expression n'étoit pas quelquefois un peu exagérée, sa physionomie y gagneroit encore plus d'agrément et de finesse. Sa voix est sonore et flexible, sa prononciation, en général pure et distincte, n'a d'autre défaut que celui de s'élever trop souvent au-dessus du ton de ses interlocuteurs, défaut que l'usage de la scène peut corriger. Nous ne lui avons encore vu jouer aucun rôle dont elle eût assez étudié l'ensemble, mais il n'en est pas un aussi où elle n'ait saisi des nuances très-fines avec le tact le plus heureux et ces nuances-là sont toujours rendues par elle d'une manière piquante et d'une manière qui lui semble propre. »

III.

Nous, maréchal duc de Duras, etc.

Ordonnons au caissier de la Comédie françoise de retenir cent livres à la demoiselle Jolly pour avoir refusé malhonnêtement les lettres que lui adressoit la demoiselle Dugazon, son ancienne, par lesquelles elle l'invitoit à se charger d'un rôle pour la Cour.

Paris, ce 11 novembre 1782.

(Arch. nationales, O¹ 845.)

IV.

L'an 1785, le lundi 22 août, neuf heures du soir, en l'hôtel et par devant nous Michel-Pierre Guyot, commissaire au Châtelet, est comparue demoiselle Marie Jolly, pensionnaire du roy, demeurant à Paris, rue d'Enfer, n° 148 : Laquelle nous a déclaré qu'elle vient de s'apercevoir que l'on lui avoit pris, pendant qu'elle étoit ce matin à la Comédie françoise, sa montre d'or, qui étoit à sa cheminée ; que la nommée Brigitte, sa cuisinière, qui est chargée d'ouvrir sa porte, lui a dit, en réponse aux questions qu'elle lui a faites pour savoir si personne n'étoit venu chez elle, que vers midi, ce matin, une femme qu'elle ne connoît pas s'est présentée chez la comparante pendant qu'elle étoit à la Comédie et a demandé à lui parler ; que, quoi qu'elle lui eût dit qu'elle n'y étoit pas, elle a insisté pour entrer disant qu'elle avoit quelque chose à lui remettre ; qu'elle a eu la foiblesse de la laisser monter parler au domestique sans l'accompagner ; que cette femme est sortie peu de tems après en disant qu'elle n'avoit trouvé personne ; que cette Brigitte, cuisinière, a dit à elle comparante, que cette femme lui a paru être âgée de 30 ou 40 ans ; qu'elle étoit vêtue

---

1. Mlle Dugazon était sœur du célèbre comédien du même nom et de madame Vestris. Elle débuta à la Comédie-Française le 12 novembre 1767 par le rôle de Dorine dans *Tartuffe* et fut reçue en 1768. Le Mazurier dit que cette actrice avait de l'intelligence et que son jeu était sage, mais un peu froid.

d'un déshabillé fond blanc à manche rouge. Nous observe la comparante que la montre qui lui a été volée est à répétition, à cylindre et chevilles, faite par Duvernois, boîte d'or guillochée avec rosette d'or de couleur, charnière perdue, sans bouton, cadran à la françoise, aiguilles de diamant, la lunette, l'anneau et le poussoir en diamant; qu'elle tient à une chaîne d'or à trois branches, anneaux carrés avec plaque à huit pans, ayant trois branches, ayant trois anneaux portant l'une un cachet tournant de cristal de roche plat sans gravure, un autre cachet à colonnes en or monté d'une pierre de couleur gravée d'un autel et de deux colombes, la troisième une clef d'or guillochée; qu'elle nous a fait la présente déclaration pour servir et valoir ce que de raison.

Signé : Guyot; Joly.

(Arch. nationales, Y 13575.)

V.

1786. — 14 juillet.

Plainte rendue par M. Dulombois, mari de Mlle Joly, contre M. Legouvé.

L'an 1786, le vendredi 14 juillet, onze heures du matin, en l'hôtel et par devant nous, Michel-Pierre Guyot, etc., est comparu sieur Nicolas-François-Roland Fouquet-Dulombois, ancien officier de cavalerie, demeurant rue d'Enfer; lequel nous a rendu plainte contre le sieur Legouvé, bourgeois de Paris, demeurant rue des Quatre-Fils, et nous a dit qu'hier, vers 4 heures et demie de l'après-midi, étant à la Comédie-françoise ou étoient les sieurs Legouvé[1] et Chénier[2], ces derniers se prirent de querelle[3]. Le plaignant fit tout ce qu'il put pour les calmer, mais il ne put y parvenir. Ils se provoquèrent réciproquement et sortirent pour se battre. Le plaignant quitta les personnes avec lesquelles il étoit et courut après les sieurs Legouvé et Chénier et les rattrapa au bas de la rue de Condé. Le plaignant les engagea de nouveau à ne point se battre en leur représentant que des braves gens ne devoient pas avoir d'affaire pour si peu de chose. Le sieur Le-

---

1. Gabriel-Marie-Jean-Baptiste Legouvé, né à Paris le 23 juin 1764, mort le 30 août 1812. Il est l'auteur du poëme bien connu, intitulé *le Mérite des femmes*.

2. Marie-Joseph de Chénier, né à Constantinople le 28 août 1764, mort à Paris le 10 janvier 1811.

3. Dans la loge de Mlle Joly, ce qui explique l'intervention de M. Dulombois.

gouvé repoussa brutalement le plaignant en lui disant que cela ne
le regardoit pas et ajouta avec beaucoup de violence : « Foutre !
mêlez-vous de vos affaires. Que venez-vous faire ici ? Allez-vous-
en, je veux me battre. » Le plaignant lui répliqua qu'il étoit malhonnête de lui répondre ainsi, sa démarche n'ayant pour but que
d'empêcher qu'il n'arrivât à l'un ou à l'autre quelque accident
fâcheux ; le sieur Legouvé entra dans une colère furieuse et porta
plusieurs coups de poing au plaignant dans l'estomac et la figure
où il déclare ressentir de fortes douleurs, le prit au collet et lui
arracha sa chemise, ensuite le prit aux cheveux. Le plaignant
parvint avec beaucoup de peine à se débarrasser des mains dudit
sieur Legouvé et se sauva.

Et comme il a intérêt de constater ces faits et de se pourvoir
pour en avoir satisfaction, il nous a rendu la présente plainte.

Signé : DULOMBOIS; GUYOT.

Information faite par le commissaire Guyot.

Du mardy 18 juillet 1786.

Sieur Christophe Becquerel, âgé de 57 ans passés, maître en
pharmacie, demeurant rue de Condé, etc.

Dépose que le 13 de ce mois, vers sept heures et demie du soir,
voyant de sa porte beaucoup de monde assemblé rue de Condé,
aux environs de la rue du Petit-Lion[1], il s'est transporté chez la
dame Thévenot, directrice du bureau de la petite poste, et y a
trouvé un particulier, qu'il a su depuis se nommer Legouvé, qui
avoit la figure ensanglantée et paroissoit être dans une colère furieuse, tenant des propos sans suite tels que : « Des coups de
canne ! Un homme comme moi ! Un homme comme moi ! Des
coups de canne !... » ; qu'il avoit « une explication à avoir avec une
personne » ; que « cela ne regardoit pas celui qui l'avoit assommé » ;
et n'a nommé personne. Que le déposant ayant examiné la plaie
que ledit sieur Legouvé avoit au nez, il lui donna des conseils
sur la manière de la panser et s'est retiré sans savoir les noms ni
du blessé ni de celui qui l'avoit blessé. Que le lendemain matin
le sieur Dulombois est entré chez le déposant, accompagné du
sieur Hamelin, et lui a dit qu'étant accouru la veille pour séparer
les sieurs Legouvé et Chénier, il avoit été repoussé rudement par le

---

1. C'est le nom que porta jusqu'en 1851 la partie de la rue Saint-Sulpice
allant de la rue de Condé à la rue de Tournon.

sieur Legouvé et qu'il en avoit même reçu un coup au visage et a fait voir au déposant une rougeur près le nez, avec gonflement, qu'il a dit provenir des coups qu'il avoit reçus du sieur Legouvé, lorsqu'il avoit voulu le séparer du sieur Chénier.

Signé : BECQUEREL.

Messire Marie-Joseph de Chénier, âgé de 22 ans, ci-devant officier de dragons, demeurant rue Taitbout, etc.

Dépose que le jeudi 13 de ce mois, entre cinq et six heures du soir, ayant eu quelque discussion avec le sieur Legouvé dans la loge de la demoiselle Joly, de la Comédie françoise, en présence du sieur Dulombois, le déposant est sorti avec le sieur Legouvé pour s'expliquer tranquillement. Un moment après le sieur Legouvé dit au déposant : « J'ai oublié ma canne, mais cela ne fait rien. » Le déposant n'en avoit pas non plus parce qu'il n'en porte pas ordinairement. Le déposant et le sieur Legouvé étoient parvenus au coin de la rue de Condé et de la rue du Petit-Lion, quand le sieur Dulombois, alarmé de les avoir vu sortir, est venu pour les apaiser. Il leur a tenu plusieurs discours dont telle étoit l'intention. Le déposant lui a dit plusieurs fois de se retirer. Le sieur Legouvé le lui a dit aussi, mais avec colère et en le repoussant. Alors le sieur Dulombois lui a donné des coups de canne après l'en avoir menacé ; cette canne étoit un bambou fort mince qui appartenoit à M. Legouvé. Ils ont été entraînés dans une petite allée où ils se sont pris au corps et se sont porté mutuellement quelques coups. Le sieur Dulombois est sorti un moment après et a disparu. Le sieur Legouvé est sorti aussi, ensanglanté des coups qu'il avoit reçus à la tête. Le déposant qui, dans la consternation où le jeta cette violence, n'eut ni le temps, ni la présence d'esprit de se jeter entre eux pour les séparer, s'est retiré chez lui après avoir fait pendant le reste de la soirée des recherches vaines pour savoir la demeure du sieur Legouvé et s'instruire des suites de cette rixe malheureuse. Il n'a su que le lendemain l'état du sieur Legouvé, qu'il a vu retenu dans son lit, et les plaintes rendues par les deux parties.

Signé : DE CHÉNIER.

Monsieur Charles Hamelin, âgé de 27 ans, ancien officier de cavalerie, demeurant rue de Condé, etc.

Dépose que le jeudi 13 de ce mois, vers six heures et demie du soir, il rencontra le sieur Dulombois sous la galerie de la Comédie françoise ; il lui demanda où il alloit, le voyant aller fort vite :

il lui dit qu'il alloit séparer les sieurs Legouvé et Chénier qui alloient se battre. Le déposant suivit de loin le sieur Dulombois qui couroit; il le vit rejoindre ces deux particuliers rue de Condé, en face de la rue du Petit-Lion, et s'aperçut que le sieur Legouvé repoussoit le sieur Dulombois, à qui il finit par porter un coup de poing dans la poitrine. Alors le sieur Dulombois lui porta un coup d'une petite badine qu'il tenoit à sa main. Ils se prirent ensuite aux cheveux et se culbutèrent jusque dans l'allée de l'épicier. Le monde s'est amassé et a empêché le déposant, qui s'étoit tenu à l'écart, d'en voir davantage. Le déposant est remonté à la Comédie françoise et peu de tems après y est arrivé le sieur Dulombois, qui lui peignit de la manière la plus sensible combien il étoit malheureux d'avoir été pour séparer deux personnes et d'avoir reçu un coup de poing, ce qui l'avoit obligé de se prendre aux cheveux et de se battre comme un polisson. Le déposant remarqua effectivement que le sieur Dulombois étoit tout échevelé, avoit la chemise déchirée, les yeux rouges et une tumeur au nez.

Signé : HAMELIN.

Thomas Dival, âgé de 38 ans, officier de cavalerie, demeurant quai de l'Ecole, etc.

Dépose de faits déjà connus.

Françoise Arquin, âgée de 22 ans passés, femme de chambre de Mlle Joly, pensionnaire du roi, demeurant rue d'Enfer, etc.

Dépose que le 13 de ce mois, entre cinq et six heures du soir, étant à la Comédie françoise, dans la loge de sa maîtresse, où étoient les sieurs Chénier, Legouvé et Dulombois, le sieur Legouvé plaisanta d'une manière un peu piquante le sieur Chénier sur sa coiffure; ce dernier ne répondit mot, mais il sourit. Le sieur Legouvé, voyant que le sieur Chénier ne répondoit rien, dit : « Il y a bien des êtres qui ne disent rien, mais qui n'en pensent pas moins, mais je dis un être qui ne sait pas jouer des armes; » et en souriant dit : « Je me fais entendre. » Alors le sieur Chénier répondit : « Je vous ai entendu, je vous prie de sortir. » Et aussitôt il prit le sieur Legouvé par la main et ils sortirent. Environ un quart d'heure après, le sieur Dulombois dit : « Mais ce sont des jeunes gens, j'ai peur qu'ils ne se battent; je vais tâcher de les joindre pour les séparer et éviter qu'il n'arrive de malheur. »

Sieur Alexis Judelin, âgé de 42 ans, peintre en miniature, demeurant rue Dauphine; Denis-Alexis Bizet, âgé de 34 ans, demeurant rue des Ecrivains, et Marie Laporte, âgée de 18 ans, couturière, demeurant rue des Saints-Pères, déposent ensuite de faits déjà connus.

(Arch. nationales, Y 13577.)

VI.

1786. — 14 juillet.

Plainte rendue par la mère et le beau-père de M. Legouvé contre M. Dulombois, mari de Mlle Joly.

L'an 1786, le vendredi 14 juillet, en l'hôtel et par devant nous, Michel-Pierre Guyot, etc., sont comparus messire Armand-Bernard-Honoré Brousse, écuyer, avocat au parlement de Paris, et dame Claire-Françoise Motte, son épouse, veuve de messire Jean-Baptiste Legouvé[1], écuyer, avocat au Parlement, conseiller secrétaire du roi, maison, couronne de France et de ses finances, demeurant à Paris rue des Quatre-Fils, parroisse Saint-Jean-en-Grève, ladite dame Brousse tutrice de messire Jean-Baptiste-Marie Legouvé, écuyer, avocat au Parlement, son fils mineur; lesquels nous ont rendu plainte et dit qu'ils rentroient chez eux hier jeudi 13 juillet, à neuf heures du soir, lorsqu'ils ont appris que ledit sieur Legouvé leur fils et beau-fils avoit été apporté couvert de blessures, baigné dans son sang et dans l'état le plus dangereux; que s'étant informé de ce qui avoit pu causer un événement si affreux, ils avoient été instruits que le même jour, cinq heures et demie du soir, il s'étoit élevé un léger démêlé à la Comédie françoise entre le sieur Legouvé et le sieur Chénier; que ledit sieur Chénier avoit engagé ledit sieur Legouvé à sortir pour s'expliquer plus tranquillement et qu'ils étoient en effet sortis sans armes et même sans canne; qu'au moment où ils se trouvoient dans la rue du Petit-Lion près de celle de Condé, un autre particulier, que ledit sieur Legouvé, par un excès de délicatesse, a constamment refusé de nommer, mais que le cri public a fait connoître pour être le sieur Dulongbois, ami dudit sieur Chénier et ci-devant du corps de la gendarmerie, demeurant rue d'Enfer, vis-à-vis le Luxembourg, chez la demoiselle Jolly, actrice de la Comédie, étoit survenu et avoit paru vouloir jouer le rôle de conciliateur en

---

1. Jean-Baptiste Legouvé, célèbre avocat au Parlement de Paris, né vers 1730, mort le 3 janvier 1782.

élevant néanmoins la voix avec beaucoup de hauteur; que ledit sieur Legouvé, voyant que le peuple s'assembloit autour d'eux, l'avoit prié d'abandonner une médiation peu mesurée et qui commençoit à faire scandale; qu'à cette représentation, ledit sieur Dulongbois s'étoit emporté en menaces; que ledit sieur Legouvé lui avoit observé qu'il étoit inutile de chercher à l'intimider; qu'aussitôt le sieur Dulongbois avoit fondu sur lui et abusant de l'avantage que lui donnoient ses forces qui sont extraordinaires, son âge qui est près du double de celui dudit sieur Legouvé et enfin la canne qu'il avoit à la main appartenante audit sieur Legouvé, laquelle canne il avoit trouvée à la Comédie, il avoit frappé à coups redoublés, de la manière la plus cruelle, ledit sieur Legouvé qui étoit sans armes et sans défense et dont la complexion est fort délicate, lui avoit coupé le nez à sa naissance, fait des contusions au front, ouvert une des tempes, meurtri les mains et tout le corps, l'avoit ainsi couvert de blessures et laissé baigné dans son sang sans que ledit Chénier, toujours présent, se fut mis en devoir d'empêcher les violences et les excès dudit sieur Dulongbois, et que ledit sieur Dulongbois s'étoit dérobé par la fuite aux cris du peuple assemblé qui s'indignoit d'une action aussi lâche et aussi horrible; que ledit sieur Legouvé avoit été recueilli par une personne voisine du lieu de cette scène et transporté mourant chez le sieur et dame comparant; que les chirurgiens qui ont été mandés ont déclaré l'état de ses blessures comme très-dangereux. Comme lesdits comparants, en leur dite qualité, sont chargés par la loi d'administrer les biens et de défendre la personne dudit sieur Legouvé, leur fils et beau-fils, et ont le plus grand intérêt d'obtenir justice contre ledit sieur Dulongbois, ils nous rendent plainte.

Information faite par le commissaire Alix. — Du lundi 17 juillet 1786, huit heures du matin. Claudine Falconnet, âgée de 35 ans, épouse du sieur Joseph-Marie Lebrun, marchand limonadier, demeurant à Paris, rue du Petit-Lion, faubourg Saint-Germain, parroisse Saint-Sulpice, etc., dépose que jeudi dernier, sur les sept heures environ du soir, la déposante étant dans sa boutique et entendant du bruit dans la rue y a regardé; qu'elle a vu une querelle entre deux personnes à elle inconnues, dont l'un étoit grand et fort et l'autre petit et délicat; qu'elle a remarqué que le plus fort saisissoit le plus foible aux cheveux et qu'il l'a trainé dans l'allée de l'épicier; que peu de temps après le grand est sorti sans que la déposante ait remarqué sur lui aucune meurtrissure et qu'il s'est enfui, mais que le plaignant, en sortant de l'allée, étoit couvert de sang et fort échevelé; qu'en sortant de là une dame lui a offert des secours qu'il a refusés, et qu'à quatre pas de la boutique de la comparante il est tombé à la renverse et dans un tel état que l'on croyoit qu'il alloit mourir.

Marie-Angélique Thevenin, âgée de 17 ans et demi, demeurant chez la dame Cousier, marchande lingère, rue de Condé, etc., dépose que jeudi au soir elle a vu de sa boutique une querelle entre deux personnes, dont l'un beaucoup plus fort que l'autre paroît être le sieur Dulongbois, nommé en la plainte; le second, jeune et foible, a été nommé dans le quartier le sieur Legouvé; que ce dernier étoit sans canne; le plus fort en avoit une et la déposante a entendu dire que c'étoit celle du sieur Legouvé qu'il avoit oubliée à la Comédie françoise; que la déposante a vu le sieur Dulongbois lever cette canne sur le sieur Legouvé et l'en frapper sur le nez entre les deux yeux; qu'ensuite il l'a pris par les cheveux du toupet, il l'a jeté dans l'allée de l'épicier, et, soit que le sieur Dulongbois y ait été entraîné lui-même par la chute du sieur Legouvé ou qu'il y soit entré de lui-même, ils se sont trouvés tous deux dans l'allée; qu'en sortant de l'allée le sieur Dulongbois a encore repris le sieur Legouvé aux cheveux et l'a jeté dans l'allée; qu'il l'a laissé là ainsi que la canne; que le sieur Legouvé étoit meurtri et tellement couvert de sang et défiguré qu'on ne pouvoit reconnoître aucun de ses traits; qu'ensuite le sieur Dulongbois s'est en allé, d'abord tranquillement, et qu'après s'être un peu éloigné il a précipité sa marche. Que, dans la même soirée, il est repassé trois fois dans la rue après avoir quitté l'habit couleur merde d'oie qu'il avoit et repris une redingote couleur de boue de Paris et un chapeau à bords rabattus; que maître Bizet, avocat, se disant l'ami des trois personnes, est venu demander à la boutique où étoit la comparante des détails sur cette affaire, et ayant appris que le sieur Legouvé étoit au grand bureau de la petite poste, il y a été et a quitté le sieur Dulongbois qui l'avoit amené; que le lendemain il est venu, de la part de la demoiselle Jolly, un ami du sieur Dulongbois s'informer de ce que l'on disoit dans le quartier et il a prié une des demoiselles de la boutique d'aller chez la demoiselle Jolly lui porter de la marchandise, mais qu'elle n'en a pas acheté et qu'il paroît qu'elle ne vouloit que se faire rendre compte de l'affaire. Observant la déposante que, ce qui a le plus révolté, c'est qu'un jeune homme, que l'on dit être un auteur, et avec qui le sieur Legouvé avoit eu querelle et avec qui il étoit venu jusqu'à l'endroit où ce dernier a été maltraité, n'a fait aucun effort pour les séparer et pour empêcher le sieur Dulongbois de maltraiter le sieur Legouvé; qu'il regardoit cette scène les bras croisés et en haussant les épaules.

Marie-Madeleine Cousier, âgée de 38 ans, marchande lingère à Paris, y demeurant rue de Condé, etc. Dépose que jeudi dernier, sur les cinq heures du soir, la déposante a vu descendre de la rue de Condé deux jeunes gens, dont l'un non coiffé et vêtu d'une redingote bleue et l'autre de gros verd; qu'ils étoient tous deux sans cannes et se tenoient par dessous le bras, et, quoi qu'ils se parlassent avec assez de chaleur, ils ne paroissoient pas en querelle; que lorsqu'ils ont été à la porte de l'épicier, vis-à-vis la boutique de la déposante, ils ont été rejoints par un autre particulier vêtu d'un habit merde d'oie et non coiffé, autant que se le rappelle la déposante; que ce dernier a adressé la parole au jeune homme vêtu en verd; que la déposante a entendu que ce jeune homme lui répliquoit : « Nous nous expliquons! » ce qu'il a répété avec feu; que la déposante n'a pas entendu ce qui a suivi cette réponse et ce qui a pu donner lieu aux violences de l'habit merde d'oie, mais qu'elle a vu ce dernier lancer deux coups de canne à l'habit verd; qu'ensuite il l'a pris aux cheveux, il l'a jeté dans l'allée de l'épicier et il y a tombé avec lui; que la déposante n'a pu voir ce qui se passoit dans l'allée, mais qu'en sortant le jeune homme vêtu de verd étoit couvert de sang; que la déposante a vu ensuite dans la rue le jeune homme blessé étant hors de lui et qu'il a retombé sur le pavé; que le jeune homme en habit bleu s'est en allé quelque temps après, tout doucement, en haussant les épaules, mais que la déposante ne l'a pas remarqué pendant la scène; qu'au bout d'une heure, celui qui avoit maltraité le jeune homme est repassé en redingote à longs poils avec un autre jeune homme.

Anne-Pierrette Gatteaux, âgée de 25 ans, épouse de Nicolas-Philippe Salmon, maître serrurier, demeurant rue du Petit-Lion, etc. Dépose qu'étant à sa croisée, la déposante a vu trois personnes qui lui étoient inconnues et qu'elle a su depuis, par le bruit public, être les sieurs Dulongbois, de Chénier et Legouvé; que le sieur Dulongbois tenoit le sieur Legouvé appuyé contre le pilier de la porte de l'allée de l'épicier; que, d'une main, il le tenoit au collet et de l'autre aux cheveux; qu'ensuite il lui a donné plusieurs coups de poing; la déposante a même vu donner un coup de canne, que le sieur Legouvé, qui étoit sans armes, sans canne, étoit tenu de manière qu'il ne pouvoit se défendre; que le sieur Dulongbois ensuite a jeté le sieur Legouvé dans l'allée, le visage en avant, et que, après que le sieur Legouvé a été relevé et sorti de l'allée couvert de sang, le sieur Dulongbois l'a repris et l'a jeté sur le pavé : puis il s'est en allé tranquillement sans paroître ému, rajustant même froidement sa cravate qui avoit été dénouée pendant la scène et se retournant de fois à autre; que, lorsqu'il a vu le sieur Legouvé relevé, il s'est mis à courir quelques pas, mais au bout de la rue du Petit-Lion il a recommencé de marcher doucement; que, pendant cette scène, le sieur de Chénier étoit tranquille et qu'il ne s'est occupé d'aucune manière d'arrêter les violences du sieur Dulongbois; qu'après la scène, le sieur Legouvé, qui paroissoit hors de lui et n'avoir pas conservé sa tête, lui adressa la parole et lui dit : « Monsieur, c'est vous qui êtes cause de ce qui m'arrive et vous m'en ferez raison ». Le sieur Chénier répondit : « Moi! cela ne me regarde pas, je ne vous connois pas ». Que, dans cet instant, on a obligé la déposante à quitter ce spectacle effrayant et qu'elle n'a pas vu le surplus.

Madeleine-Charlotte Lefuelle, âgée de 17 ans, demeurant chez la dame Cousier, marchande lingère, rue de Condé, etc. Dépose que jeudi, à l'heure de la Comédie, elle a vu deux jeunes gens qui se tenoient par dessous le bras et qui parloient avec assez de chaleur; qu'ils sont descendus de la rue de Condé jusques à la porte de l'épicier qui fait le coin de la rue du Petit-Lion; qu'ils n'avoient de canne ni l'un ni l'autre; qu'ils ont été rejoints dans cet endroit par un autre particulier qui est accouru après eux et qui avoit à la main une canne que l'on dit dans le quartier être celle du jeune homme maltraité et qu'il avoit laissée à la Comédie; qu'ils se sont arrêtés en cet endroit et expliqués avec chaleur; que l'habit bleu qui étoit venu avec le jeune homme maltraité depuis s'est éloigné d'eux et a passé de l'autre côté de la rue auprès de la boutique du marchand de vins; que les deux autres sont restés ensemble : La déposante a entendu que le jeune homme disoit à l'autre : « Cela ne vous regarde pas. » Que celui qui avoit une canne à la main en a donné plusieurs coups dans la figure du jeune homme; qu'ensuite il l'a pris par les cheveux et il l'a entrainé dans l'allée de l'épicier de manière que le jeune homme a dû tomber le nez devant, et que la violence du coup a été telle que la déposante et les quatre personnes qui étoient avec elle dans la boutique de la dame Cousier l'ont entendu; qu'après être sortis de l'allée, le grand a encore repris le jeune homme et l'a jeté à la renverse sur le pavé, et qu'ensuite il s'en est allé, d'abord tranquillement et ensuite plus vite; que le jeune homme en habit bleu est resté tranquille pendant cette scène, mais regardant battre, et quand le jeune homme a été relevé, il s'est en allé pâle comme la mort et a pris la rue de Condé.

Antoine Maille, âgé de 21 ans, commissionnaire, logeant rue des Cordeliers, parroisse Saint-Cosme, chez le marchand de vins, aux Deux Boules, etc. Dépose qu'il a vu trois personnes qui descendoient la rue de Condé; qu'il y en avoit deux sans cannes; qu'il croit que celui qui avoit une canne à la main est le même qui ne s'est pas battu et que le grand la lui a prise des mains, mais qu'il ne se le rappelle pas au juste. Que le grand et le jeune qui a été maltraité se sont disputés ensemble, et que le plus petit disoit à l'autre que cela ne le regardoit pas et qu'il pouvoit les laisser aller tous les deux; que le grand lui a dit qu'il étoit un impertinent de lui répondre comme cela; qu'il lui a donné des coups de canne dans la figure. Le grand a pris le petit à la figure et celui-ci crioit : « Lâchez-moi, lâchez-moi! » ajoutant et criant : « Si l'on peut arranger un ami comme cela! » Le grand tenoit toujours le petit aux cheveux, l'a entraîné dans l'allée et lui cognoit la tête contre le pavé de l'allée; le petit a voulu le reprendre aux cheveux, mais il n'étoit pas assez fort, parce que le grand en auroit mangé trois comme lui; que le troisième qui étoit venu avec eux restoit tranquille et haussoit les épaules d'un air d'indignation; qu'en sortant de l'allée, le grand tenoit encore le petit aux cheveux et l'a jeté sur le pavé de la rue; qu'ensuite il s'en est allé, il a changé d'habits, il est revenu en redingote et a passé trois ou quatre fois dans la rue; que lui déposant avoit voulu les séparer, mais qu'il a reçu un léger coup de canne sur la tête et que, voyant le jeune homme si maltraité, il n'a pas osé s'en mêler.

Elisabeth Desjardins, âgée de 38 ans, couturière en robes, demeurant rue du Petit-Lion, etc. Dépose qu'elle n'est descendue dans la rue qu'après que le sieur Legouvé a été maltraité, qu'il avoit le visage plein de sang, de plaies et de contusions et qu'il étoit tellement ensanglanté qu'il étoit impossible de distinguer ses plaies; que la déposante a voulu lui offrir des secours dont il avoit besoin, mais qu'il l'a refusée tout hors de lui; que la déposante, qui avoit voulu le secourir, étoit elle-même tachée de sang; qu'il a voulu faire quelques pas et que, ne pouvant se soutenir, il est retombé; que le tapissier l'a fait rentrer chez lui et lui a donné des secours.

Marie-Madeleine Dagues, âgée de 37 ans passés, femme d'André Broché, scieur de long, demeurant rue du Petit-Lion, etc. Dépose comme les précédents.

André Broché, âgé de 57 ans, scieur de long, demeurant rue du Petit-Lion, etc. Dépose comme les précédents.

Louise-Christine de Blainville, âgée de 44 ans, veuve du sieur Simon Théveneau, directrice de la poste, demeurant à Paris, rue de Condé, etc. Dépose qu'entendant du bruit dans la rue elle s'est mise à la croisée du rez-de-chaussée, et qu'elle a vu un jeune homme couvert du sang qui lui ruisseloit du visage; que tous les spectateurs paroissoient indignés de ce qui venoit de se passer; qu'on l'a aidé à se rendre chez maître Guyot, notre confrère, et la déposante a su qu'il avoit refusé de nommer l'auteur de ces violences; qu'en sortant de chez maître Guyot il est revenu rue de Condé s'asseoir sur des pierres; que la déposante, inquiète de son état et craignant qu'il ne fût incommodé par le public qui s'amassoit en foule autour de lui, elle a prié le contrôleur de son bureau, ainsi qu'un ami qui étoit chez elle, d'aller engager ce jeune homme à accepter un asile dans sa maison; que cet ami l'a amené; que ce jeune homme étoit hors de lui-même; qu'on a essayé de le tranquilliser et qu'il a raconté les circonstances de cet accident telles qu'elles sont énoncées dans la plainte. Qu'au bout d'une heure et demie environ, un avocat, ami du jeune homme, est venu le trouver et l'a reconduit dans un fiacre que la déposante a envoyé chercher.

Geneviève-Pétronille Tissier, âgée de 30 ans, marchande épicière, demeurant rue de Condé, au coin de celle du Petit-Lion, etc. Dépose qu'elle a vu le sieur Legouvé et le sieur Dulongbois venir, par la rue de Condé, jusques à sa porte; que là s'étant arrêtés elle a entendu que le sieur Legouvé disoit au sieur Dulongbois: « Mais, Dulongbois, vous n'y pensez pas, on ne traite pas un homme comme cela, donnez-moi un endroit! » Que sur ce propos, le sieur Dulongbois, qui avoit une canne à la main, en a donné un coup à travers la figure du sieur Legouvé, qui étoit sans armes et sans canne; que, le sieur Legouvé ayant voulu se défendre, le sieur Dulongbois l'a pris par les cheveux et l'a entraîné dans l'allée de la déposante; qu'en y entrant, il a fermé la porte du cabinet de la déposante, qui donne dans cette allée, en sorte que la déposante n'a pas pu voir ce qui s'y passoit, mais qu'il y est resté une telle quantité de sang qu'il a fallu deux seaux pour en nettoyer l'allée; qu'après cette scène, le sieur Dulongbois s'est en allé par la rue du Petit-Lion, et le sieur de Chénier, qui l'avoit regardée fort tranquillement (quoique le sieur Legouvé lui criât : « Monsieur, est-il possible de laisser assassiner de cette manière-là? »), remonta fort lentement du côté de la Comédie françoise ; que la déposante ayant aperçu sur sa porte la demoiselle Desjardins, elle l'a priée de faire rentrer le sieur Legouvé afin qu'on pût lui procurer quelques secours, mais qu'il étoit tellement hors de lui-même qu'il y fit peu d'attention et n'accepta pas.

Marie Lançon, âgée de 52 ans, femme de Laurent Gaumont, dit Laurent, porteur de chaise, demeurant rue Guisarde, etc. Dépose qu'elle étoit dans la salle de la demoiselle Tissier, lorsqu'elle a entendu le bruit de la querelle; qu'elle est sortie de la salle par la porte qui donne dans l'allée, et qu'il lui a passé devant les yeux un bout de cuivre qui s'est détaché d'une canne et qui est entré dans l'allée; que presque au même instant le sieur Legouvé a été jeté la tête la première sur la pierre qui forme le pas de l'allée; que le sieur Dulongbois l'a saisi aux cheveux par le chignon et lui a cogné à plusieurs reprises la tête contre cette même pierre; qu'aussitôt qu'il l'a eu quitté, le sieur Legouvé s'est relevé avec précipitation et le sang a jailli d'une telle force de ses blessures qu'il a couvert la moitié de la porte de l'allée qui en est encore teinte; que le sieur Legouvé a voulu saisir le sieur Dulongbois au collet, mais qu'il n'a fait que dénouer sa cravate que ce dernier a renouée froidement et tranquillement; que le troisième, qui étoit venu avec eux, étoit là qui les regardoit constamment sans s'occuper de les séparer, ce qui fut cause que le sieur Legouvé s'est écrié : « C'est bien malheureux..... un ami.... vous laissez assassiner un ami! » qu'il n'a rien répondu et qu'il s'est en allé tranquillement par la rue de Condé; observant la déposante que lorsqu'elle a lavé l'allée du sang qui y étoit coulé, le premier seau d'eau qu'elle y a jeté en étoit entièrement teint. Et nous a, la déposante, représenté et remis le bout de la canne qu'elle a ramassé dans l'allée, lequel est resté en notre possession pour être déposé au greffe.

Mardi 18 juillet. Maître Denis-Alexis Bizet, âgé de 34 ans ou environ, avocat au Parlement, demeurant rue des Ecrivains, parroisse Saint-Jacques-de-la-Boucherie, etc. Dépose qu'étant à la Comédie françoise, le sieur Dulombois vint l'y chercher à sept heures et demie environ, pour lui faire part d'une rixe qui s'étoit élevée à ladite Comédie entre le sieur Chénier et le sieur Legouvé; que lui, sieur Dulongbois, étoit sorti du spectacle pour les concilier; qu'il a paru au déposant qu'il avoit l'œil gauche rouge et la cravate ensanglantée; qu'il a dit au déposant avoir reçu du sieur Legouvé un coup de poing dans l'œil en se colletant ensemble; qu'il engagea le déposant à aller dans l'endroit de la rixe; qu'ayant cédé à ses instances, le déposant a été jusqu'au bas de la rue de Condé où il a trouvé le sieur Legouvé dans la maison du bureau de la petite poste; que le sieur Legouvé, étonné de le voir, lui demanda comment il avoit été informé de cette rixe; que le déposant alloit lui déclarer la vérité, lorsqu'il lui défendit de nommer qui que ce soit; qu'il étoit couvert de sang, avec blessures au nez, au-dessus de l'œil et à la tempe; qu'il lui demanda de le reconduire chez lui, ce que le déposant a fait, et que dans la voiture il lui a dit qu'il avoit éprouvé ce traitement du fait du sieur Dulongbois à l'aide de la badine du sieur Legouvé qu'il avoit laissée au spectacle et dont le sieur Dulongbois s'étoit emparé. Il a ajouté qu'il avoit été pris aux cheveux et terrassé.

Jean-Baptiste Fleury, âgé de 17 ans, garçon marchand de vins, demeurant chez le sieur Raimbault, marchand de vins, rue du Petit-Lion, au coin de celle de Condé, etc.; Antoinette Cerutti, âgée de 24 ans et demi, cuisinière au service de la dame Maillard, chez laquelle elle demeure, etc.; Jean Gechter, âgé de 24 ans et demi, compagnon serrurier chez la dame Salmon, rue du Petit-Lion, demeurant à Paris, rue de la Vannerie, parroisse St-Jean-en-Grève, etc.; Christophe Becquerel, âgé de 58 ans, maître en pharmacie, demeurant rue de Condé, etc.; Charles Curin, âgé de 34 ans, garçon serrurier au service de la dame Salmon, serrurière, demeurant rue des Marmousets en la Cité, chez le sieur Bailly, épicier, etc. Déposent tous de faits déjà connus[1].

(Arch. nationales, Y 10807.)

---

1. Le 30 août suivant, le Parlement rendit un arrêt qui fit défense à

VII.

1789. — 9 janvier.

Plainte rendue par Fabre d'Eglantine contre M. Dulombois, mari de Mlle Joly.

L'an 1789, le vendredi 9 janvier, sept heures du soir, en l'hôtel et par devant nous, Pierre Chénon, etc., est comparu M. Philippe-François-Nazaire Fabre d'Eglantine[1], demeurant à Paris, rue de Molière, près la Comédie françoise : Lequel nous a dit qu'il vient d'être instruit que le 7 de ce mois, dans la salle de la Comédie françoise, à la première représentation du *Présomptueux ou l'heureux imaginaire*, comédie dont le comparant est auteur, le sieur Fouquet du Lomboy, vêtu d'une capote à peu près gris blanc sur ses vêtemens et d'un chapeau à large cocarde noire, vivant et cohabitant maritalement avec la demoiselle Joly[2], actrice de la Comédie françoise, étant dans le parterre assis, feignant de ne connoître ni la pièce que l'on alloit jouer, mais disant du mal de l'auteur et ordonnant autour de lui, par des mots de ralliement, nombre de personnes qui devoient le seconder dans son projet, notamment un quidam qui avoit réservé sa place, commença au lever du rideau par insinuer à ses voisins inconnus que la pièce étoit mauvaise et qu'il falloit la faire tomber ; à quoi il procéda à haute et intelligible voix dès la seconde scène en renforçant sa troupe sur le silence de ceux qui se taisoient et, voulant s'en faire appuyer, il chercha à les captiver par la voie de la douceur en déprimant auprès d'eux l'auteur et l'ouvrage. Mais, comme il les trouvoit paisibles et récalcitrans, il le prit d'un air menaçant et voulut les contraindre à son opinion. Sur la prière des gens bien intentionnés de les laisser tranquiles faite à plusieurs reprises, il éleva la voix d'un ton fort et d'un air forcené, leur dit en jurant qu'il lui plaisoit de crier ainsi et qu'il crieroit de même jusque dans leurs oreilles. Au milieu de cette rumeur, soutenu de ses alentours qu'il commandoit, le spectacle se trouvant interrompu,

---

M. Dulombois, sous peine de punition corporelle, de plus user de voies de fait envers M. Legouvé, le condamna à 3,000 livres de dommages et intérêts et aux frais de l'impression et affichage de l'arrêt.

1. Philippe-François-Nazaire Fabre d'Eglantine, né à Carcassonne le 28 décembre 1755, condamné à mort par le tribunal révolutionnaire de Paris et exécuté le 16 germinal an II (5 avril 1794).

2. Ils étaient mariés depuis l'année 1781.

il redoubla de clameur et fut le premier à jeter le cri : « A bas! »,
lequel cri répété par les siens, il demanda aussi le premier l'*Inconstant*[1], ce que toute sa troupe répéta. Ce fut alors qu'il lâcha
le premier coup de sifflet qui lui fut répondu par ses adhérens.
Lorsque la demoiselle Joly entra il suspendit son activité à cabaler et applaudit ladite demoiselle, mais feignant de lui être étranger, il dit : « Voyez-vous celle-ci qui relève toutes les pièces et
qui ne peut pas aujourd'hui en venir à bout.» Il partit de là pour
redoubler de murmures méprisans contre ceux qui restoient paisibles. Cependant les gens sensés, qui voyoient l'atrocité d'un
parti si subit, de tous les coins de la salle parvinrent à imposer
silence aux séditieux par un cri d'indignation, ce qui força le
sieur du Lomboy à se rasseoir sur la menace qu'on lui fit de crier
à la sentinelle. Le sieur Molé[2], acteur, profitant de ce moment de
calme, demanda au public de continuer ; sur la voix unanime qui
répondit : « Continuez, » comme le sieur Molé ouvroit la bouche
pour reprendre son rôle, un des affidés du sieur du Lomboy,
placé derrière lui, lui cria : « Cela est mauvais, ne continuez
pas. » L'indignation fut si générale qu'un spectateur, qui avoit
aperçu le crieur, le désigna hautement de la main en appelant la
sentinelle. A ce mouvement, le sieur du Lomboy se levant et
barrant la personne qui indiquoit le crieur, l'apostropha en disant
que « l'on n'indiquoit pas ainsi un honnête homme de la main »,
et du même tems ameuta toute sa troupe qui se leva et répandit
un tel murmure qu'il ne fut plus possible d'apaiser. La rumeur
fit déplacer toute l'assemblée. Ce fut le moment qu'ils prirent tous
ensemble pour crier l'*Inconstant* et l'*Optimiste*[3] et siffler à l'envi
l'un de l'autre à des intervalles si répétés que le spectacle cessa et
la pièce fut retirée. Le sieur du Lomboy, non content de cette
sédition, guetta le moment où deux des personnes qu'il avoit trouvées contraires à ses desseins et qui avoient requis son silence,
sortoient du spectacle, pour les suivre suivi de son quidam et, les
joignant dans la rue de Molière, il en provoqua un avec férocité,
le croyant seul, et, sur ce que son compagnon survint, il entraîna
ce premier vers la place en affectant d'avoir à lui parler seul pour
se soustraire à la présence de la garde voisine et en lui deman-

---

1. Comédie de Collin d'Harleville.
2. Voyez MOLÉ (François-René).
3. Comédie de Collin d'Harleville.

dant raison avec des mots outrageants et de violentes imprécations si inarticulés, par la fureur dont il étoit possédé, qu'il ne pouvoit presque pas s'exprimer. L'homme attaqué, éloigné toujours d'un pas de son compagnon, qui se voyoit entre deux hommes et qui craignoit qu'il ne vint un renfort de la même troupe, résista et refusa d'aller plus loin. Et comme le compagnon de l'homme attaqué suivoit toujours quoique repoussé, le sieur du Lomboy lui ordonna de se retirer et que *monsieur*, en désignant le quidam, qu'il dit être militaire, un officier, *lui parleroit*. Heureusement qu'il passa deux personnes de la compagnie des deux hommes attaqués et qui avoient quitté le spectacle sur ce qu'ils avoient vu sortir le sieur du Lomboy d'un air féroce et menaçant sur les pas de leurs connoissances : l'un d'eux aborda le groupe en criant que c'étoit là un guet-à-pens. Le sieur du Lomboy, sans lâcher prise, cherchoit à entraîner celui qu'il attaquoit en disant toujours et en grinçant des dents : « Venez donc, venez donc; suivez-moi et ne faites pas de bruit »; mais comme la garde à relever passoit à quelques pas, le sieur du Lomboy s'esquiva en se cachant. Le comparant ne peut qu'envisager avec la plus vive indignation une conduite aussi infâme que violente par les raisons suivantes : 1° le sieur du Lomboy jouit des revenus de la Comédie françoise, qu'il outrage et dont il sape l'union, l'esprit et la propriété par des violences si contraires aux intérêts des comédiens ordinaires du roi, ainsi qu'à la propriété, à l'honneur et à la réputation du comparant; 2° la demoiselle Joly, unie d'habitation, d'esprit et d'intérêt avec le sieur du Lomboy et nécessairement soumise aux projets d'un homme aussi violent, remplissoit un des principaux rôles dans la pièce même du comparant; 3° fait incroyable et révoltant, le sieur du Lomboy a négocié avec le sieur Ducreux, peintre, son droit d'entrée au spectacle à lui transmis par la demoiselle Joly, et le comparant, pour récupérer le sieur du Lomboy de cette cession d'intérêt, lui avoit donné, par une confiance aveugle, depuis quelques mois, les grandes entrées du droit d'auteur de cette même pièce, enregistrées au contrôle de la Comédie sous le nom de Fouquet, entrées dont le sieur du Lomboy jouissoit au moment même de son ingrate infidélité; 4° le sieur du Lomboy ne s'étoit déplacé ce jour des places à 6 fr., où l'admettoit la pièce du comparant, que pour cabaler plus aisément au parterre assis, et comme il lui falloit des billets payants en certaine quantité, la demoiselle Joly en prit quatre en don des mains du comparant qui furent distribués à une partie de sa troupe infâme pour proscrire son ouvrage, billets au reste que le comparant a payés bien exactement de sa poche. Le comparant, passant sur une multitude d'autres faits relatifs à sa plainte et dont il se réserve l'adjonction, s'il y échoit, observe qu'avec la plus grande surprise il apprend que cette turpitude d'âme et cette violence dans les faits est ordinaire au sieur du Lomboy, puisqu'il vient de découvrir que cet homme est flétri par un arrêt du Parlement, en date du 30 août 1786, lequel fait défenses à Fouquet du Lomboy, sous peine de punition corporelle, de plus user de violences et de voies de fait contre M. Legouvé fils ni contre toutes autres personnes, supprime les requêtes dudit sieur du Lomboy comme contenant des faits faux et calomnieux, condamne ledit sieur du Lomboy en trois mille livres de dommages et intérêts par forme de réparation civile, applicable aux pauvres prisonniers de la Conciergerie, avec affiches et impression de l'arrêt[1].

Dont et de tout ce que dessus le comparant nous rend la présente plainte.

Signé : CHÉNON; FABRE D'EGLANTINE.

Et le lundi 12 janvier audit an, sept heures du soir, est de nouveau comparu en notre hôtel ledit sieur Philippe-François-Nazaire Fabre d'Eglantine, lequel, en continuant la plainte ci-dessus, etc., nous a dit que pour assurer d'autant mieux la cabale contre l'ouvrage du comparant, le sieur du Lomboy avoit empêché la demoiselle Joly de rester à la répétition entière d'une des deux de l'*Heureux imaginaire*, les seules faites au théâtre, et d'assister également à la répétition entière absolument de la dernière, ce qui fut consenti et en quelque sorte avoué par ladite demoiselle lorsqu'elle vint à cette dernière répétition sur les instances et appel qui lui en avoient été faits par une lettre écrite à elle par le sieur Florence au nom de la comédie et après minuit; laquelle demoiselle allégua pour excuse qu'elle n'étoit pas maîtresse de faire son devoir, faisant clairement entendre, en présence de ses camarades, qu'elle en étoit empêchée par ledit sieur du Lomboy; que ledit sieur du Lomboy feignit, avant le lever du rideau et après, de ne pas connoître l'ouvrage, c'est-à-dire la pièce, quoique l'auteur en eût fait la première lecture devant lui; qu'à

---

1. Voyez plus haut les pièces numérotées V et VI.

une scène où les mots : « Aimez-vous ! » sont répétés plusieurs fois,
il feignit de deviner que cette expression alloit être répétée en disant
avant qu'elle fût entendue pour la seconde fois : « Voyez, voyez !
elle va le dire une douzaine de fois »; que ledit sieur du Lomboy
sur la nouvelle qu'il eut, il y a quelque tems, que l'*Heureux ima-*
ginaire alloit être joué fit et fit faire des démarches et semer des
calomnies contre cette comédie qu'il prétendoit avoir été volée
auprès de ceux qui pouvoient influer sur la rejection de cette
pièce et cela, soit pour se conserver l'entrée qu'elle lui procuroit,
soit pour nuire au comparant, démarches dont l'inutilité a d'autant
plus animé sa colère que le sieur du Lomboy a fréquenté et fré-
quente les ennemis nés du comparant et qu'il a assisté à l'avant
dernière répétition de l'*Heureux imaginaire* faite de nuit avec
des personnes que la délicatesse auroit dû en éloigner, et cela
caché dans une loge; avec laquelle personne il est rentré chez lui
en forçant la demoiselle Joly de le suivre et d'abandonner la
répétition entre le quatrième et le 5e acte; que ledit sieur du
Lomboy est dans l'habitude de contribuer de toutes ses forces à la
chûte des pièces dont le succès contrarieroit l'intérêt de ses
passions et ses projets, et qu'il a dit, notamment au premier signe
de sa cabale contre l'*Heureux imaginaire*, qu'il falloit la faire
tomber parce qu'il seroit possible qu'on la donnât quinze ou vingt
fois. De laquelle addition de plainte le comparant nous requiert
acte[1].

Signé : CHÉNON; FABRE D'EGLANTINE.

---

1. La cabale qui empêcha la représentation de la comédie de Fabre
d'Eglantine donnait pour raison de son acharnement qu'une grande partie
de l'intrigue et des incidents était tirée d'un ouvrage non encore représenté, intitulé *les Châteaux en Espagne*, dû à la plume de Collin d'Harleville et qui fut joué le 20 février suivant. Quant à l'animosité toute
particulière que M. Dulombois semble avoir montrée en cette circonstance,
je crois qu'il faut y chercher une autre cause qu'une cause littéraire.
Fabre d'Eglantine fut pendant quelque temps passionnément amoureux
de Mlle Joly et c'est pour elle qu'il composa la fameuse chanson connue
sous le nom de *Délire d'amour* et dans laquelle on lit cette jolie strophe :

> En ville, aux champs, chez moi, dehors,
> Ta douce image est caressée,
> Elle se fond quand je m'endors
> Avec ma dernière pensée.
> Quand je m'éveille je te voi
> Avant d'avoir vu la lumière,
> Et mon cœur est plus vite à toi
> Que le jour n'est à ma paupière.

Information faite à la requête dudit Fabre d'Eglantine, le mardi 20 janvier 1789.

Joseph Dionet, âgé de 48 ans, ouvreur de l'orchestre de la Comédie françoise du côté du Roi, demeurant à Paris, rue du Petit-Lion-Saint-Sulpice, maison de l'apothicaire, etc.

Dépose qu'il n'a aucune connaissance des faits portés aux deux plaintes, sait seulement que le sieur Dulombois a ses entrées à l'orchestre et est enregistré sous le nom de Fouquet.

Signé : Dionet; Chénon.

Pierre Blanc, âgé de 60 ans, contrôleur de la Comédie françoise, demeurant à Paris rue la Harpe, paroisse Saint-Cosme, etc.

Dépose qu'il n'a aucune connoissance du contenu aux deux plaintes, si ce n'est que le sieur Dulomboy a joui de l'entrée d'auteur de l'*Heureux imaginaire* sous le nom de Fouquet.

Signé : Blanc; Chénon.

Pierre-Louis Sonthonas, âgé de 32 ans, négociant, demeurant à Paris rue Taitbout, etc.

Dépose que le mercredi 7 de ce mois, étant à la Comédie françoise pour voir la première représentation du *Présomptueux* avec le sieur Sambat sur un banc en face de la porte d'entrée du côté du Roi, il y avoit à leur droite une place gardée qui vint bientôt être occupée par le sieur Dulomboy que le déposant connoît pour être dans l'habitude de troubler le spectacle, notamment à la première représentation de *la Belle-mère*[1]. Dans le cours du premier acte du *Présomptueux*, le sieur Dulombois, parlant très-haut à celui qui lui avoit gardé sa place, ainsi qu'au sieur Sambat, dit : « Voyez donc comme cela est mauvais! » et il rioit aux éclats. Le sieur Sambat l'a prié à différentes reprises de se taire et de lui laisser entendre la pièce, alors le sieur Dulombois,

---

Plus tard ses sentiments envers l'actrice changèrent du tout au tout et il fit, lorsqu'il fut brouillé avec elle, une contre-partie à *Délire d'amour* dans laquelle il chantait la palinodie. Ces détails que je trouve dans l'*Histoire anecdotique du théâtre*, publiée par M. Charles Maurice (t. I, p. 235), expliquent très-bien l'attitude prise par M. Dulombois à l'égard de Fabre d'Eglantine et justifient jusqu'à un certain point son hostilité.

J'ajouterai enfin que le *Présomptueux ou l'Heureux imaginaire,* dont le public n'avait pas voulu supporter la représentation le 7 janvier 1789, fut rejoué le 5 juin 1790 et obtint du succès.

1. La *Belle-Mère ou les Dangers d'un second mariage,* comédie en cinq actes, en vers, par Vigée, représentée le 24 juillet 1788.

en jurant, a répondu au sieur Sambat : « Vous m'ennuyez, je veux crier malgré vous et à vos oreilles! » Avant et après ce propos il crioit, siffloit et faisoit beaucoup de bruit, excitant ses voisins à en faire autant. Au second acte, ses clameurs avoient redoublé. Le sieur Molé, s'adressant au public, observa que la pièce étoit en 5 actes, qu'on n'en étoit encore qu'au second et demanda si le public vouloit qu'on continuât. Il fut répondu d'une voix unanime : « Continuez! » et il se fit un grand silence qui fut interrompu par un jeune homme assez mal vêtu, placé deux bancs derrière le déposant lequel cria : « C'est assez! c'est trop mauvais! » Quelques personnes indignées de ce cri d'improbation contre le vœu public appellèrent la sentinelle. Le sieur Savy, placé devant le déposant, se retourna et indiqua de la main celui qui avoit crié en disant : « Voilà le perturbateur! » Alors le sieur Dulomboy entreprit le sieur Savy et lui dit en jurant : « De quoi vous mêlez-vous? on ne désigne point ainsi une personne de la main! » Ce qui fut répété par plusieurs personnes qui l'entouroient. Le sieur Dulombois prit de là occasion pour exciter le murmure de son arrondissement. Au commencement du 3e acte, le bruit ayant redoublé et le sieur Dulombois reprenant ses sifflets, les acteurs se sont retirés. Le sieur Dulombois demanda l'*Inconstant*; le sieur Molé annonça qu'on alloit donner *Nanine*. Le déposant, le sieur Sambat et le sieur Savy sortirent, le sieur Dulombois les suivit. A peine étoient-ils dans la rue de Molière, le sieur Dulombois, prenant le sieur Savy par le bras et le tirant à l'écart, lui dit d'un air de colère : « J'ai quelque chose à vous dire en particulier! » Et comme le sieur Sambat vouloit les suivre, le sieur Dulomboy l'éloigna en lui disant : « J'ai à parler à Monsieur! » Il attira le sieur Savy sous la voûte de la rue de Molière où ils restèrent un moment tête-à-tête. Et aussitôt après le déposant ayant vu celui qui avoit gardé la place du sieur Dulombois s'approcher d'eux, le déposant et le sieur Sambat les joignirent : le déposant entendit le sieur Dulombois dire au sieur Savy d'un ton menaçant : « Suivez-moi! ne faites pas de bruit; je veux que vous me fassiez raison, je suis officier! » Le sieur Sambat, s'adressant au sieur Dulombois pour savoir de quoi il avoit à se plaindre, le sieur Dulombois lui répondit en lui montrant celui qui avoit gardé sa place : « Voilà monsieur, qui est aussi officier et qui est dans le cas de vous rendre raison! » La garde passant pour relever les sentinelles, le sieur Dulombois,

fort effrayé, tirant encore le sieur Savy par le bras et voulant
l'emmener du côté des rues basses, lui répéta : « Ne faites point
de bruit, suivez-moi, vous m'en ferez raison! » Alors le déposant
a prié le sieur Savy de le suivre en disant tout haut que c'étoit
un guet-à-pens.

Signé : Sonthonas; Chénon.

Jean-Baptiste Savy, âgé de 33 ans, ancien commis du contrôle
général, demeurant à Paris rue Thévenot, nº 17, etc.

Dépose que le 7 janvier présent mois, il est allé avec le sieur
Sonthonas et le sieur Sambat au spectacle françois pour y voir la
première représentation du *Présomptueux*. Ils se sont placés au
parterre assis, à droite en entrant. Un particulier à lui inconnu
pour lors, mais qu'il reconnoîtroit s'il lui étoit représenté, a prié
les deux amis du déposant de se prêter pour conserver une place
à une personne qui devoit arriver. Environ un quart d'heure
avant le lever du rideau est arrivé le sieur Dulombois, que le
déposant connoît de vue et de réputation, lequel a occupé la place
gardée. Vers la seconde scène du premier acte, le sieur Dulomboy,
qui étoit derrière le déposant, a commencé à décrier la pièce. Sur
quelques représentations que lui a faites le sieur Sambat que par
la rumeur qu'il occasionnoit il l'empêchoit d'entendre, le sieur
Dulomboy a répondu qu'il lui plaisoit de se comporter ainsi,
qu'il trouvoit la pièce mauvaise et qu'il iroit jusqu'à le lui crier
dans les oreilles. A l'apparition de la demoiselle Joly, qui avoit
un rôle dans cette pièce, le sieur Dulomboy a discontinué de crier
et de siffler et a, au contraire, vivement applaudi en disant :
« C'est celle-là qui relève ordinairement les pièces! » Après que
la demoiselle Joly a eu prononcé une partie de son rôle et comme
le public continuoit le trouble, le sieur Dulomboy a dit : « Il faut
effectivement que la pièce soit bien mauvaise puisque la demoiselle Joly ne parvient pas à la soutenir. » Lorsque, dans un passage
du rôle de la demoiselle Joly, elle a dit : « Aimez-vous! » le sieur
Dulomboy en s'adressant à eux, comme il l'avoit fait jusqu'alors,
a dit : « Vous allez voir qu'elle le répétera au moins une demi-
douzaine de fois! » La rumeur continuant avec toute sa force, le
sieur Dulomboy a été des premiers à demander l'*Inconstant*. Au
milieu de tout ce tumulte, le sieur Molé s'est adressé au public et
a demandé s'il falloit continuer; il lui a été répondu unanime-
ment de continuer. Il s'est fait alors le plus profond silence et au
moment où le sieur Molé alloit reprendre son rôle, un particulier,

qui se trouvoit à trois ou quatre banquettes derrière le déposant, a crié : « C'est mauvais ! ne continuez pas ! » Le déposant s'étant retourné assez promptement pour reconnoître ce particulier, il l'a, sur la demande qu'en a faite le public, désigné avec la main. Alors le sieur Dulomboy, d'un air furieux, a dit au déposant qu'on ne désignoit pas ainsi avec la main. Le déposant s'est borné de le prier de ne lui point adresser la parole. Le tumulte a continué. Le sieur Dulomboy a persisté à rire aux éclats, à siffler et à demander par intervalle l'*Optimiste* et l'*Inconstant*. Les acteurs se sont retirés. Le déposant est sorti du spectacle avec ses deux amis. Parvenu à la rue de Molière, il s'est senti tirer par le bras et a entendu qu'on lui disoit : « Venez, j'ai quelque chose de particulier à vous dire. » Le déposant a été fort étonné de reconnoître le sieur Dulomboy accompagné de celui qui lui avoit gardé sa place. Le déposant alloit le suivre avec le sieur Sambat, mais le sieur Dulomboy a dit n'avoir affaire qu'au déposant. Le déposant l'a suivi à quelques pas. Alors le sieur Dulomboy lui a dit d'un ton menaçant et furieux : « Vous m'avez insulté ! je suis officier ; vous m'en rendrez raison ! » Le déposant, surpris de la conduite du sieur Dulomboy, à qui il ne reconnoissoit réellement pas de motifs à un pareil procédé, s'est écrié hautement en disant que sa démarche étoit un véritable guet-à-pens. Comme la garde passoit pour relever les sentinelles, le sieur Dulomboy a prié très-instamment le déposant de baisser la voix, de faire silence et de le suivre dans la rue basse qu'il désignoit, répétant toujours : « Je me trouve insulté, vous m'en rendrez raison ! » Les deux amis du déposant se sont alors approchés pour reconnoître les causes de la dispute, mais le sieur Dulomboy ne les ayant pas plus satisfaits que le déposant, l'un d'eux a engagé le déposant à se retirer, disant qu'en effet c'étoit un guet-à-pens. Le sieur Dulomboy persistant toujours en recommandant le silence, a entraîné le déposant vers cette rue basse et voyant que les amis du déposant le gênoient a dit à l'un d'eux : « Voilà, monsieur qui est officier qui vous rendra raison ! » c'étoit celui qui avoit gardé sa place. Pendant ce colloque, la garde s'étant approchée, le déposant et ses deux amis se sont retirés.

Signé : Savy ; Chénon.

Jean-Baptiste Sambat, âgé de 31 ans, contrôleur des impositions, demeurant rue Saint-Lazare aux Porcherons, n° 8, etc.

Dépose dans les mêmes termes que les deux précédents.

Du lundi 26 desdits mois et an, dix heures du matin.

Sieur François Molé, âgé de 54 ans, pensionnaire du Roi, demeurant à Paris, rue du Sépulcre, etc.

Dépose qu'il ne peut avoir aucune connoissance de ce qui s'est passé au parterre pendant la représentation, sinon que le tumulte a empêché la pièce d'être écoutée. Il a encore moins connoissance de ce qui s'est passé au dehors. A l'égard du propos attribué à la demoiselle Joly lors de la dernière répétition, on lui a fait dire qu'elle n'étoit pas la maîtresse de faire ce qu'elle vouloit, il n'en reste au déposant qu'une idée trop vague pour en rappeler les termes. N'a pareillement aucune connoissance que lors d'aucune répétition au théâtre, le sieur Dulomboy, qu'il ne connoît pas même de figure, fût caché dans une loge avec qui que ce soit.

Signé : MOLÉ; CHÉNON.

Charles-Joseph Vanhove, âgé de 49 ans, pensionnaire du Roi, demeurant à Paris, rue Molière, etc.

Dépose qu'il n'a aucune connoissance des faits portés aux deux plaintes; sait seulement que la demoiselle Joly s'est retirée à la dernière répétition entre le 4e et le 5e acte.

Signé : CHÉNON; VANHOVE.

Demoiselle Caroline Vanhove[1], âgée de 17 ans et demi, épouse du sieur Louis-Sébastien-Olympe Petit, pensionnaire du Roi, demeurant à Paris rue de Condé, etc.

Dépose que la demoiselle Joly s'est retirée entre le 4e et le 5e acte de la dernière répétition et n'en sait pas les motifs.

Signé : C. VANHOVE, fe PETIT; CHÉNON.

Du vendredi 30 desdits mois et an, dix heures du matin.

Sieur Joseph-Florence Laferrière, âgé de 37 ans, pensionnaire du Roi, demeurant à Paris rue de Condé, etc.

Dépose qu'il n'a aucune connoissance de la cabale faite au parquet supposée par le sieur Dulomboy; qu'il est vrai qu'il a écrit à la demoiselle Joly comme étant chargé du répertoire, pour se trouver à la répétition du lendemain, de laquelle répétition la demoiselle Joly devoit s'absenter pour aller rendre une visite, et sur la lettre du déposant, elle s'est rendue à la répétition.

Signé : Joseph FLORENCE; CHÉNON.

---

1. Voyez VANHOVE (Caroline).

Demoiselle Hélène Broquin de la Chassaigne, âgée de 42 ans, fille, pensionnaire, demeurant à Paris rue de Condé, etc.

Dépose qu'elle n'a aucune connoissance de ce qui s'est passé dans la salle de la comédie, sinon qu'elle a entendu dès le premier acte des huées et des sifflets. Occupée de son rôle elle n'a pas pu apercevoir qui pouvoit exciter ce murmure; et il est vrai qu'à l'une des répétitions la demoiselle Joly a quitté après le 4e acte, mais elle en ignore le motif.

Signé : DE LA CHASSAIGNE; CHÉNON.

Sieur Joseph Dazincourt[1], âgé de 38 ans, pensionnaire du Roi, demeurant à Paris rue des Francs-Bourgeois-Saint-Michel, n° 9, etc.

Dépose qu'il a bien entendu dès le second acte beaucoup de huées comme il arrive souvent aux premières représentations, mais occupé de son rôle il n'a pas pu apercevoir par qui cela pouvoit être excité. A l'égard des répétitions, se souvient que la demoiselle Joly s'est retirée une fois après le 4e acte et a donné pour raison qu'elle n'avoit presque rien à dire dans le 5e et qu'il étoit onze heures du soir.

Signé : J. DAZINCOURT.

Sieur François-Joseph Talma[2], âgé de 25 ans, comédien françois, demeurant à Paris rue de Molière, etc.

Dépose qu'à l'une des répétitions la demoiselle Joly s'est retirée avant la fin du 5e acte et sur le reproche qu'on lui en a fait le

---

1. Joseph-Jean-Baptiste Albouy, dit Dazincourt, né à Marseille le 11 novembre 1747 selon Le Mazurier, mais en 1751 seulement si l'on s'en rapporte à la déclaration qu'il fait ici, débuta à la Comédie française le 21 novembre 1776 par le rôle de Crispin dans les *Folies amoureuses,* fut reçu à l'essai le 26 mars 1777 et définitivement le 23 mars 1778 et mourut le 28 mars 1809.

2. François-Joseph Talma, né à Paris le 15 janvier 1763, débuta à la Comédie française le 21 novembre 1787 par le rôle de Seïde dans *Mahomet,* fut reçu en 1789 et mourut à Paris le 20 octobre 1826. Le *Journal de Paris* du 22 novembre 1787 rend compte en ces termes des débuts de ce grand tragédien et semble deviner l'avenir qui lui était réservé : « Le jeune acteur qui a débuté hier par le rôle de Séïde dans la tragédie de *Mahomet,* annonce les plus heureuses dispositions. Il a d'ailleurs tous les avantages naturels qu'il est possible de désirer pour l'emploi qu'il a choisi, taille, figure, organe, et c'est avec justice que le public l'a applaudi surtout dans les trois premiers actes. Le quatrième exige un abandon et une pantomime rarement à la portée d'un débutant; mais nous croyons qu'avec du travail cet acteur peut espérer de brillants succès. »

lendemain, elle s'est excusée sur ce qu'on n'étoit pas toujours maître de faire ce qu'on vouloit. A la première représentation il a été fait des huées dès le second acte, de sorte que la pièce n'a pu être continuée, mais, occupé de son rôle, il n'a pu s'apercevoir par qui ces huées pouvoient être excitées.

Signé : J. Talma; Chénon.

(Arch. nationales, Y 11441.)

LA CHASSAIGNE (Marie-Hélène Broquin de), née à Saint-Valery-sur-Somme le 10 janvier 1747, débuta à la Comédie française, sous le nom de Sainval qu'elle garda peu de temps, le 16 janvier 1766[1], fut reçue en 1769, et se retira au commencement de l'an XIII.

1780. — 1er avril.

Le roi accorde une pension de 600 livres à Mlle de La Chassaigne.

Brevet d'une pension de 600 livres en faveur de la demoiselle Marie-Hélène Broquin de la Chassaigne, née le 10 janvier 1747, à Saint-Vallery-sur-Somme, et baptisée le lendemain dans la paroisse Saint-Martin de ladite ville, qui lui a été accordée sur les fonds ordinaires des menus plaisirs, sans retenue, en qualité de comédienne ordinaire du Roy, par brevet du 1er janvier 1770.

Nota. Cette pension lui a été payée par le trésorier général des Menus Plaisirs jusqu'au 1er janvier 1779.

Ce 1er avril 1780.

(Pièces jointes au brevet.)

1. — Déclaration de Mlle de La Chassaigne relativement à sa pension.

La demoiselle Broquin de la Chassaigne, actrice de la Comédie françoise, née à Saint-Vallery en Picardie, le 10 janvier 1747, ainsi qu'il est justifié par l'extrait baptistaire cy-joint, a obtenu le 1er janvier 1770 une pension de 600 livres constatée par le brevet cy-joint dont le payement a été assigné sur la caisse des

---

1. On lit dans les *Mémoires secrets* à la date du 17 janvier 1766 (t. II, p. 332): « Mlle La Chassaigne, nièce de Mlle Lamotte, ancienne actrice de la Comédie françoise, a débuté hier dans le rôle de Phèdre. On sent bien qu'un pareil rôle, le chef-d'œuvre du poète et du comédien, a été très-pitoyablement rendu. On voit dans cette jeune personne beaucoup de singeries de Mlle Clairon. Le vrai talent ne singe personne. »

menus en récompense des services de la demoiselle de la Motte[1], sa tante, actrice de la Comédie françoise pendant trente-six ans, et qui n'avoit joui que fort peu de temps des grâces du Roy pour sa retraite.

Fait à Paris, ce 9 avril 1779.

Signé : Broquin de la Chassaigne[2].

2. — Acte de baptême de Mlle de La Chassaigne.

Extrait du registre aux baptêmes et mariages de la paroisse Saint-Martin de la ville de Saint-Vallery-sur-Somme pour l'année 1747 :

Marie-Hélène, fille légitime de Michel Broquin, écuyer, sieur de la Chassaigne, et de dame Marie-Catherine des Mottes, son épouse, est née le 10 janvier 1747, et a été baptisée le lendemain. Son parrain a été messire Jean-Baptiste Broquin de la Chassaigne, son frère ; sa marraine mademoiselle Marie-Hélène des Mottes, sa tante, représentée pour son absence et sur sa procuration par Geneviève Levellaud, fille de Louis, capitaine de marine, qui ont signé avec nous curé doyen soussigné, etc.

(Arch. nationales, O¹ 670.)

LAMOTTE (Marie-Hélène des Mottes, dite de), née à Colmar en 1704, débuta à la Comédie française dans les premiers jours d'octobre 1722 par le rôle de Cléopâtre dans *Rodogune*[3], et fut reçue un mois après. Elle se retira en 1759 avec la pension de 1,500 livres. Elle mourut le 30 novembre 1769.

1735. — 9 août.

Plainte rendue par Mlle de Lamotte contre un particulier qui l'avait grossièrement insultée elle et sa femme de chambre.

L'an 1735, le mardi 9e jour d'août, environ les trois heures du soir, en l'hôtel de nous, Charles-Jacques-Étienne Parent, commissaire au Châtelet, est comparue demoiselle Marie de Lamotte,

---

1. Voyez l'article qui suit.
2. Cette pièce est entièrement écrite par Mlle de la Chassaigne.
3. Mlle de Lamotte ne continua pas longtemps à jouer la tragédie et prit bientôt les rôles dits de caractère. Collé (*Journal*, t. I, p. 148) la trouve mauvaise comédienne et dit qu'elle avait une voix désagréable. Le Mazurier assure qu'elle était bonne actrice et qu'elle avait un talent réel d'imitation.

fille majeure, demeurant rue Mazarine, paroisse Saint-Sulpice;
laquelle nous a dit qu'il y a une demi-heure ou environ, sa
femme de chambre, revenant de la Comédie françoise et portant
chez elle son deshabillé, a été surprise qu'un particulier vêtu de
noir, portant épée, est venu à elle, lui a tenu des propos des plus
malhonnêtes et impropres; qu'elle lui a répondu qu'il se trompoit
et qu'il eût à se retirer; que dans l'instant ledit particulier lui a
donné un coup de poing dans le dos, a mis l'épée à la main, l'a
traitée de gueuse et de bougresse de putain; que cette femme de
chambre a été obligée de se retirer dans la boutique du sieur
Seinitte, perruquier, susdite rue Mazarine; que ledit particulier
l'y a suivie et est entré dans la boutique dudit Seinitte, où là il
s'est mis à dire : « Quoi! vous ne connoissez pas la femme de
chambre de cette maquerelle de Lamotte, comédienne, c'est une
gueuse, une putain, et sa maîtresse une garce. » Que ledit Seinitte a été obligé de mettre dehors ledit particulier de sa boutique
pour éviter plus grands discours injurieux qu'il a tenus dans
ladite rue en présence de plusieurs personnes. Et comme il se
trouve que la femme de chambre de ladite demoiselle comparante n'est pas en sûreté, qu'elle a été très-insultée ainsi qu'elle
comparante, et qu'elle ne sait à quel propos ledit particulier l'injurie et lui ôte son honneur et réputation, elle a été conseillée de
se retirer par-devant nous pour nous rendre plainte contre ledit
particulier inconnu et qu'elle a appris se nommer Orri et qu'il
est fils d'un marchand, ainsi qu'elle fait, à l'effet de se pourvoir
contre ledit Orri.

Signé : DELAMOTTE; PARENT.

(Arch. nationales, Y 13221.)

LA RIVE (Jean MAUDUIT, dit de), né à La Rochelle le 6 août 1747,
débuta à la Comédie française le 3 décembre 1770 par le rôle de
Zamore dans *Alzire*, et ne fut pas reçu[1]. Il débuta pour la seconde

---

1. Grimm dans la *Correspondance littéraire* (t. VII, p. 174) parle ainsi de
La Rive à la date de janvier 1771 : « Les comédiens françois n'ayant pas été
heureux en pièces nouvelles ont cherché à y suppléer par le début d'un
acteur nouveau qui a paru pour la première fois sur le théâtre le 3 décembre
dernier dans les grands rôles tragiques..... M. La Rive, c'est son nom, n'a
à ce qu'on prétend que 22 ans, il a l'air plus âgé au théâtre. C'est un élève
de Mlle Clairon..... Les amis de Mlle Clairon nous avoient dit, trois mois
d'avance, que nous allions voir la perle des acteurs et, lorsque cette perle

fois le 29 avril 1775[1] par le rôle d'Oreste dans *Iphigénie en Tauride* de Guimond de la Touche, et fut reçu la même année. La Rive cessa de jouer en l'an IX, et mourut le 30 avril 1827. Il était associé correspondant de l'Institut de France.

I.

1778. — 4 septembre.

Un commissaire de police restitue à La Rive sa montre que lui avait volée son domestique.

L'an mil sept cent soixante-dix-huit, le vendredi 4 septembre, avant midi, en notre hôtel et par devant nous François-Jean Sirebeau, commissaire au Châtelet, est comparu M. Jean Mauduit de Larive, pensionnaire du Roi, demeurant au Gros-Caillou.

Lequel nous a dit qu'il a appris que le premier de ce mois, il a été fait une déclaration par-devant nous par le nommé Germain Grappin, cocher, par laquelle il avoit reçu, en nantissement d'une somme de 192 livres, une montre d'or à double boîte sur le derrière de laquelle est une peinture en émail représentant une femme et un vieillard, ladite montre à répétition et ayant un timbre et une chaîne en or à laquelle pendent deux cachets et

---

a paru, nous avons été tentés de lui disputer jusqu'à sa qualité de perle. Mlle Clairon s'étoit placée dans le trou du souffleur le premier jour de son début; c'est de là qu'elle dirigeoit son élève à chaque vers, à chaque pas, des yeux, de la voix, des gestes..... L'élève annoncé fut d'abord reçu avec les plus grands applaudissements, mais ces applaudissements allèrent toujours en déclinant et il n'en resta plus pour les 4e et 5e actes..... Quant à M. La Rive, le public après l'avoir vu jouer lui a décerné les honneurs de la médiocrité, je doute qu'il mérite jamais au delà. Ses partisans disent qu'il a une très-belle figure, une voix superbe, un maintien et des gestes nobles. Je n'aime ni son maintien, ni sa voix, ni sa figure..... Il n'a pas de jeu dans la physionomie, rien ne se peint sur son visage ni dans ses beaux yeux. Il a l'air d'un oiseau de proie superbe, mais sans esprit. Je parierois que M. La Rive est fort bête et je gagnerois. Il n'a ni véritable chaleur ni sentiment, si tout cela lui vient avec le temps, il sera grand acteur. »

1. A la date du 3 mai, peu de jours après le second début de La Rive, les *Mémoires secrets* disent que cet acteur n'a produit aucun enthousiasme et ce n'est qu'au mois de novembre suivant qu'ils commencent à lui reconnaître les talents qui le distinguèrent depuis. C'est à propos du *Pygmalion* de J.-J. Rousseau où jouaient La Rive et Mlle Raucourt qu'ils reconnaissent que « c'est un acteur qui donne les plus grandes espérances, qui se possède et ne se livre que lorsque la passion l'exige. » (*Mémoires secrets*, t. VIII, p. 25 et 268.)

une clef en or. Que cette montre a été prise au comparant par le nommé Hus, le mercredi 26 août dernier, qui est précisément le même homme qui a remis ladite montre audit Grappin. Pourquoi il est venu nous faire la présente déclaration.

Signé : J. Mauduit-Delarive.

Et à l'instant est aussi comparu ledit Germain Grappin, cocher de M. de Lécluse, demeurant rue du Hasard.

Lequel nous a dit qu'il consent et offre de remettre audit sieur de Larive la montre d'or désignée en sa déclaration ci-dessus, que lui Grappin avoit reçue en nantissement dudit Hus sur une somme de 192 livres et ce au moyen de ce qu'il est reconnu que ledit sieur de Larive en est le propriétaire et qu'elle lui a été volée par ledit Hus, qui étoit son domestique. Se réservant ledit Grappin de se pourvoir contre ledit Hus, pour raison de ladite somme de 192 livres et pour avoir abusé de sa bonne foi.

Sur quoi, nous conseiller, commissaire susdit, avons donné acte audit sieur de Larive de sa déclaration et audit Grappin de ses offres, et en conséquence la montre ci-devant désignée a été remise par ledit sieur Grappin audit sieur de Larive, qui le reconnoît.

Signé : Sirebeau; J. Mauduit-Delarive.

(Arch. nationales, Y 15676.)

II.

1784. — 10 octobre.
Le roi accorde à La Rive une pension de 1000 livres.

Brevet d'une pension de 1000 livres en faveur du sieur Jean Mauduit-Delarive, né le 6 août 1747 et baptisé le lendemain, paroisse Saint-Sauveur de la Rochelle, laquelle pension lui a été accordée sur le Trésor royal, sans retenue, en considération de ses services en qualité de comédien ordinaire du Roi, par décision de ce jour 10 octobre 1784.

(Pièces jointes au brevet.)

1. — Billet de La Rive à un fonctionnaire des Menus-Plaisirs.

Delarive a l'honneur d'envoyer à Monsieur de la Chapelle son extrait baptistaire et de le prier de vouloir bien lui faire expédier le brevet de la pension de mil livres que le Roi a bien voulu lui accorder d'après le décès du sieur Grandval. Il a l'honneur d'assurer Monsieur de la Chapelle de ses très-humbles civilités.

Paris, le 3 octobre 1784[1].

2. — Acte de baptême de La Rive.

Extrait baptistaire des registres de l'église paroissiale de Saint-Sauveur de la Rochelle.

Le 7 août 1747 par moi, curé soussigné, a été baptisé Jean, né le jour précédent, fils légitime de M. Isaac Mauduit, marchand, et de Marie Bultel, sa femme. Le parrain a été le sieur Jean Poupet, marchand, et marraine Catherine Guyas, veuve du sieur Jacques Guyas, marchand, qui ont signé avec le père de l'enfant, etc.

(Arch. nationales, O¹ 682.)

LA THORILLIÈRE (Pierre LE NOIR, sieur de), né à Paris le 3 septembre 1659, parut dès 1671 au Palais-Royal dans la troupe de Molière, et joua le rôle d'un des Amours de *Psyché*, puis courut la province jusqu'en 1684, époque où il débuta, et fut reçu à la Comédie française[2]. Il mourut le 18 septembre 1731, rue Taranne, à Paris, laissant un fils, Anne-Maurice, et trois filles : Marie-Madeleine, Marie-Louise et Thérèse, veuve alors d'un marchand nommé Luillier.

1685. — 2 novembre.
Contrat de mariage de Pierre Le Noir, sieur de la Thorillière, et de Catherine Biancolelli.

Par-devant nous Claude Royer, conseiller du Roi, notaire garde-note au Châtelet de Paris, soussigné, en présence des témoins ci-après nommés, furent présents sieur Pierre Le Noir, sieur de la Thorillière, l'un des comédiens de Sa Majesté en la troupe françoise, fils de défunt François Le Noir, sieur de la

---

1. Ce document est entièrement écrit par La Rive.

2. Pierre Le Noir de la Thorillière joua d'abord les seconds rôles de tragédie et les amoureux dans le comique, mais sans grand succès. A la mort de Jean-Baptiste Raisin en 1693, il prit les rôles à manteau, ceux de valets, d'ivrogne, etc., et les rendit, paraît-il, presque aussi bien que son prédécesseur. Cependant Collé (*Journal*, t. I, p. 145) prétend que cet acteur était plaisant, à la vérité, mais outré et grimacier.

Thorillière[1], aussi comédien de Sa Majesté, et damoiselle Marie Petitjean, sa veuve, ses père et mère, demeurant à Paris rue de Seine, étant de présent à la suite de la cour à Fontainebleau, logé rue de l'Église, pour lui et en son nom, d'une part; et sieur Dominique Biancolelli[2], l'un des comédiens de Sa Majesté de la troupe italienne, et damoiselle Ursule Cortesi[3], sa femme, qu'il autorise par l'effet des présentes, demeurant à Paris rue Comtesse d'Artois, paroisse Saint-Eustache, au nom et comme stipulant pour damoiselle Catherine Biancolelli[4], leur fille, aussi l'une des comédiennes de Sa Majesté en ladite troupe italienne, pour ce présente et de son consentement, étant de présent aussi audit Fontainebleau, logés ensemble susdite rue et paroisse, d'autre part.

Lesquelles parties, en la présence et du consentement de très-haut et très-puissant seigneur monseigneur le duc de Saint-Aignan, pair de France, chevalier des ordres de Sa Majesté, premier gentilhomme de sa chambre, gouverneur de la ville et citadelle du Hâvre et autres places et de l'avis et conseil de leurs parents et amis ci-après nommés, savoir : de la part dudit sieur Le Noir de La Thorillière, futur époux : de ladite damoiselle Marie Petitjean, sa mère; sieur Michel Baron[5], officier du Roi, beau-frère à cause de damoiselle Charlotte Le Noir[6], sa femme;

---

1. François Le Noir, écuyer, sieur de la Thorillière, né vers 1626, fut d'abord militaire avant d'entrer au théâtre. En 1658, il épousa Marie Petit-Jean, fille du comédien Petit-Jean dit La Rocque, et entra au Marais. En 1662 il s'engagea dans la troupe de Molière où il resta jusqu'en 1673, époque de la mort du poète. A ce moment il passa à l'hôtel de Bourgogne et mourut le 27 juillet 1680.

2. Dominique Biancolelli, le célèbre Arlequin de la Comédie italienne, né vers 1640, mort en 1688.

3. Ursule Cortesi, comédienne italienne, avait épousé le 2 avril 1663 Dominique Biancolelli.

4. Catherine Biancolelli, née au mois d'octobre 1665, débuta en 1683 à la Comédie italienne où elle tint avec un grand succès l'emploi des Colombines et mourut le 21 février 1716.

5. Michel Boyron dit Baron, né à Paris en 1653, fut d'abord comédien dans la troupe dite du Dauphin, puis dans la troupe de Molière. En 1673 il passa à l'Hôtel de Bourgogne, y resta jusqu'en 1680, époque de la réunion des troupes, et fut engagé à la nouvelle Comédie française. En 1691 il prit sa retraite et rentra le 17 avril 1720. Il mourut à Paris le 22 décembre 1729.

6. Charlotte Le Noir de la Thorillière, née à Paris au mois d'avril 1661,

maître Florent Carton-Dancourt, avocat au Parlement et comédien de Sa Majesté en la troupe françoise, beau-frère ; Marie-Thérèse Le Noir, sa femme, sœur et sieur Michel de Clinchamp, concierge du Palais des Tuileries, ami ; et de la part de ladite damoiselle Catherine Biancolelli, future épouse : de damoiselle Barbe Minuti, son aïeule maternelle, veuve de Bernardin Coris, comédien du Roi ; sieur Louis Biancolelli [1], frère de ladite damoiselle, future épouse, et damoiselle Marie-Françoise Biancolelli [2], fille, sœur de ladite damoiselle future épouse, étant tous de présent audit Fontainebleau, ont reconnu et confessé avoir fait et accordé entre elles les traité de mariage, dons, douaire, promesses et conventions qui ensuivent.

C'est à savoir que ledit sieur Le Noir de La Thorillière et damoiselle Catherine Biancolelli, futurs époux, se sont promis prendre l'un et l'autre par nom et loi de mariage, et icelui faire célébrer et solenniser en face de notre mère sainte Église et sous la licence d'icelle dans le plus bref temps que faire se pourra, et qu'il sera avisé et délibéré entre eux, leurs dits parents et amis, pour audit mariage être iceux futurs époux communs en tous biens, meubles et conquets immeubles, suivant la coutume de Paris, au désir de laquelle leur future communauté sera régie et gouvernée. Ne seront néanmoins tenus des dettes et hypothèques l'un de l'autre faites et créées avant leurs épousailles ; si aucuns y en a, elles seront payées et acquittées par celui d'eux qui en sera tenu, sans que l'autre et ses biens en soient responsables. Se prennent lesdits futurs époux aux biens et droits à chacun d'eux

---

épousa en 1675 Michel Baron et mourut le 24 novembre 1730. Elle avait joué la comédie à l'Hôtel de Bourgogne et en 1680 elle passa avec son mari à la nouvelle Comédie française. Retirée en 1691, elle y rentra, dit-on, en 1720, en même temps que son mari et ne prit définitivement sa retraite qu'après la mort de Baron. Le Mazurier combat cette opinion et fait observer qu'en 1720, époque de sa prétendue rentrée, elle avait environ 60 ans et qu'à cet âge une actrice ne se remet guère à jouer la comédie. Il ajoute qu'elle avait fort peu de talent.

1. Louis Biancolelli ne fut pas comédien. Il prit du service et devint capitaine au régiment royal des vaisseaux et directeur des fortifications au département de Provence. Il mourut à Toulon le 5 décembre 1729 (Jal, *Dictionnaire*, au mot Biancolelli).

2. Françoise-Marie, née en 1664, comédienne italienne, remplissait l'emploi des amoureuses. Elle épousa un sieur de Turgis et mourut en 1747 (Jal, *Dictionnaire*).

appartenant, qu'ils promettent d'apporter et mettre ensemble la
veille de leurs épousailles, consistant ceux dudit futur époux en
ce qui lui est advenu et échu par le décès dudit feu sieur son
père, plus en la part entière qui lui appartient comme l'un des
comédiens de Sa Majesté de la troupe françoise et en son équipage en dépendant, estimé la somme de 10,000 livres; et ceux de
ladite damoiselle future épouse, aussi en une part entière qui lui
appartient comme l'une des comédiennes de ladite troupe italienne
de Sa Majesté que lesdits sieur et demoiselle Biancolelli, ses père
et mère, lui délaissent et abandonnent par ces présentes avec tous
les appointements et profits y attribués et appartenant, et en la
somme de 20,000 livres tant en deniers comptants, linges et hardes
à son usage particulier, qu'équipage de théâtre, suivant l'estimation qui en a été faite à l'amiable entre les parties. De laquelle
somme lesdits sieur et damoiselle de Biancolelli, père et mère
d'icelle future épouse, lui font don en avancement d'hoirie venant
par elle ou les siens de leur successions future, dont iceux sieur
et damoiselle futurs époux, ladite damoiselle future épouse dudit
sieur futur époux, en tant que besoin est ou seroit et que faire se
peut, autorisée pour l'effet de ces présentes, quittent et remercient
lesdits sieur et damoiselle Biancolelli. Et par ces mêmes présentes
lesdits sieur et damoiselle futurs époux quittent et déchargent
entièrement à pur et à plein lesdits sieur et damoiselle Biancolelli
de tout ce qui compétoit et appartenoit à icelle demoiselle future
épouse, en ladite qualité, de tout le passé jusques et compris ce
jourd'hui et qu'ils auront touché et reçu par elle, comme aussi
lesdits sieur et damoiselle ses père et mère la quittent et déchargent
respectivement de toutes les avances qu'ils ont faites pour elle
pareillement de tout le passé jusques et y compris ledit jour.
Lesquelles 20,000 livres seront et demeureront propres à ladite
damoiselle future épouse et à ses enfants seulement. Pourtant
ledit sieur futur époux a doüé et doüe ladite damoiselle future
épouse de la somme de 6666 livres 15 sols de douaire préfix pour
une fois payée et sans retour, à l'avoir et prendre sur tous les
biens, meubles et immeubles, présents et à venir dudit sieur futur
époux qu'il en a chargés, obligés et hypothéqués à fournir et faire
valoir ledit douaire et préfix sans retenue.

Le survivant desdits futurs époux aura et prendra, par préciput et avant partage des biens meubles de ladite communauté,
tels qu'il voudra choisir réciproquement, jusques à la somme de

2000 livres, suivant la prisée de l'inventaire du prédécédé et sans crûe, ou ladite somme en deniers comptants au choix et option du survivant.

Sera permis à ladite future épouse et aux enfants qui naîtront dudit futur mariage de prendre ou accepter ladite communauté, ou icelle renoncer, et, en cas de renonciation, de prendre franchement et quittement tout ce que ladite future épouse aura apporté audit mariage avec ce qui lui sera advenu et échu par succession, donation ou autrement tant en meubles qu'immeubles; mesme ladite future épouse, survivant icelui futur époux, sesdits douaire et préciput sans être tenue d'aucunes dettes ni hypothèques de ladite future communauté, encore que ladite damoiselle future épouse y eut parlé, s'y fut obligée ou y eut été condamnée, ains ils seront acquittés et indemnisés sur les biens dudit futur époux. Le survivant des père et mère de ladite damoiselle future épouse jouira sa vie durant de la part et portion des biens qui auront appartenu au prédécédé, tant qu'il demeurera en viduité, sans être tenu d'en faire faire inventaire, rendre aucun compte ni partage, à condition que le semblable sera accordé par les autres enfants en les mariant.

S'il est vendu, aliéné ou racheté quelques héritages ou ventes propres à l'un ou à l'autre desdits futurs époux, les deniers en provenant seront incontinent après remployés en achats d'autres héritages ou rentes, pour sortir pareil nombre de propre à celui ou celle dont ils auront procédé; et si, au jour de la dissolution de ladite communauté, lesdits remplois n'étoient entièrement faits, ce qui s'en deffaudra sera repris sur les biens de ladite communauté, et, s'ils n'étoient suffisans à l'égard de ladite damoiselle future épouse, ladite reprise se fera sur les propres et autres biens dudit futur époux; pour raison de quoi et de toutes les conventions ci-dessus, elle aura hypothèque dès cejourd'hui.

A été expressément convenu et accordé entre lesdites parties que si ladite damoiselle Catherine Biancolelli, future épouse, vient à décéder sans enfants vivants dudit futur mariage, que lesdits sieur et damoiselle Biancolelli, ses père et mère, ou l'un d'eux, ni les héritiers collatéraux d'icelle damoiselle future épouse ne pourront rien prétendre ni demander de ladite somme de 20,000 livres ainsi par eux donnée à ladite damoiselle future épouse, leur fille; et, au contraire, elle sera et demeurera, compétera et appartiendra audit sieur futur époux, ses hoirs et ayant cause en pleine propriété pour en jouir, faire et disposer par lui, ses hoirs et ayant cause, comme de chose à lui appartenant : auquel futur époux, au cas de défaut d'enfants, lesdits sieur et damoiselle Biancolelli transfèrent ledit don avec toute garantie, par donation entre vifs et irrévocable, sans espérance de la pouvoir révoquer ni rappeler pour quelque cause que ce soit.

Fait et passé audit Fontainebleau, à l'égard des parties intéressées en la maison où lesdits sieur et demoiselle Biancolelli sont avec leur fille logés devant déclarée, et à l'égard de monseigneur le duc de Saint-Aignan, en son appartement du Louvre, l'an 1685, le deuxième jour de novembre, en présence de messire Charles de Simian, chevalier, seigneur de Larnas, ci-devant capitaine dans le régiment de Bourbonnois, et du sieur Dominique Amonio[1], conseiller et médecin ordinaire du Roi, demeurant ordinairement en ladite ville de Paris, savoir : ledit sieur de Simian, rue des Mauvais-Garçons, paroisse Saint-Sulpice, et ledit sieur Amonio, rue des Charités-Saint-Denis, étant de présent audit Fontainebleau, etc.

(Arch. nationales, Y 248.)

LA THORILLIÈRE (Anne-Maurice Le Noir de), fils du précédent, né vers 1697[2] selon les uns, vers 1699[3] selon les autres, fut reçu sans débuts à la Comédie française le 29 juin 1722[4]. Il se retira en 1759 avec la pension de 1,500 livres, et mourut le 23 octobre 1759.

---

1. Dominique Amonio était né vers 1648. Il était neveu d'un maître de la chambre du pape Innocent XI. Mme de Sévigné parle de cet Amonio dans une lettre adressée à Mme de Grignan et datée du 6 mai 1676 : « Ma chère, c'est un homme de 28 ans dont le visage est le plus beau et le plus charmant que j'aie jamais vu ; il a les yeux comme Madame de Mazarin et les dents parfaites, le reste du visage comme on imagine *Rinaldo*, de grandes boucles noires qui lui font la plus agréable tête que vous ayez jamais vue » (*Lettres de Mad. de Sévigné*, édit. Hachette, t. IV, p. 432).

2. Selon Le Mazurier.

3. Selon M. Jal.

4. Le premier rôle qu'il joua est celui de Xipharès dans *Mithridate*. Le temps et l'usage de la scène firent de cet acteur, médiocre pendant quelques années, un assez bon comédien. Collé en mars 1750 dit de lui : « Il fait les rôles de pères ridicules, de jaloux et de caractères bizarres. Il a du feu, une prononciation difficile et embarrassée, souvent plaisant, toujours outré..... Je l'ai vu siffler pendant quinze ans de suite » (*Journal*, t. I, p. 146).

1727. — 20, 21 octobre.

Plainte en extorsion de signature rendue par Anne-Maurice Le Noir de La Thorillière contre Pierre Le Noir de La Thorillière, son père.

L'an 1727, le lundi 20e jour d'octobre, sur les trois heures de relevée, en l'hôtel de nous Charles-Jacques-Étienne Parent, commissaire au Châtelet, est comparu le sieur Anne-Maurice Lenoir de la Thorillière, comédien du roi, fils de Pierre Lenoir, sieur de la Thorillière, aussi comédien du roi, demeurant rue de Bourbon, paroisse Saint-Sulpice; lequel nous a dit et déclaré que, pour n'être point réfractaire aux ordres de son père et pour lui marquer sa soumission en toute occasion, ledit sieur son père l'a pressé, comme il le presse encore actuellement et vivement, de lui passer un acte par lequel ledit comparant reconnoîtra que ledit sieur son père lui auroit fourni, pour se mettre en équipage, jusqu'à la valeur de la somme de 5ooo livres, en imputant dans l'acte que cette somme seroit à-compte tant de la succession de sa mère que celle future de son père. Et comme le comparant, depuis qu'il est entré à la comédie, n'a rien reçu de son père et qu'il n'a été nullement à sa charge; que cet acte qu'il veut lui faire faire est déraisonnable et que c'est un avantage qu'il a l'intention de faire aux sœurs de lui comparant à son préjudice, il est venu nous rendre la présente plainte, protestant de nullité de tout ce qu'il pourra faire à la réquisition dudit sieur son père pour lui obéir, même de réitérer la présente plainte et protestation après la signature dudit acte qu'il ne signera que pour éviter la colère de son père et le tort qu'il lui pourroit faire dans sa succession, attendu que tous ses effets sont mobiliers et qu'il peut facilement les soustraire aux yeux du comparant.

Signé : A.-M. LENOIR DE LA THORILLIÈRE; PARENT.

Et le lendemain mardi 21e dudit mois d'octobre, sur l'heure de midi, en notre hôtel est comparu ledit sieur de la Thorillière fils : lequel nous a dit, en réitérant la plainte ci-dessus, que, pour éviter les violences et emportements de son père, il vient de signer chez Me de Savigni, notaire, un acte par lequel il reconnoît que ledit sieur son père lui a avancé la somme de 5ooo l. pour ses équipages de comédie et que, par icelui, il a promis d'en tenir compte, tant sur les biens de la succession maternelle que paternelle. Et comme il n'a reçu aucune valeur et que cela lui fera un tort considérable lors de l'ouverture de la succession paternelle,

en réitérant les protestations par lui ci-devant faites, il proteste
de nouveau de toute nullité dudit acte, ne l'ayant signé que par
respect et déférence audit sieur son père, auquel il ne doit rien
actuellement.

Signé : A.-M. LENOIR DE LA THORILLIÈRE; PARENT.

(Arch. nationales, Y 13213.)

———————

LAVOY (Georges-Guillaume du MONT de). Cet acteur débuta pour la
première fois le 16 mars 1694 à la Comédie française par le rôle
d'Harpagon dans l'*Avare*, et ne fut pas reçu. Il fit un second
début le 30 avril 1695 dans le rôle du valet de *la Fille Capitaine* de
Montfleury, et fut reçu le 23 décembre suivant. Il mourut en 1726[1].

1716. — 27 octobre.

Plainte rendue par Lavoy contre des individus qui l'accusaient d'avoir
réalisé, en connivence avec les portiers de la Comédie, des gains illicites
aux dépens de la Société.

L'an 1716, le 27e jour d'octobre, du matin, en l'hôtel de nous
François Dubois, commissaire au Châtelet, est venu sieur
Georges-Guillaume Lavoy, l'un des comédiens ordinaires du
Roi, demeurant rue des Fossés-Saint-Germain, paroisse Saint-
Sulpice; lequel nous a fait plainte et dit qu'il a appris, le jour
d'hier dans une assemblée des comédiens du Roi, tenue dans leur
hôtel de la Comédie, susdite rue des Fossés, que des gens malin-
tentionnés avoient dit publiquement que ledit plaignant s'entendoit avec les portiers et portières de la Comédie et que, par de
mauvaises voies et de mauvaises pratiques, il avoit fait un vol et
gain illicite dont il avoit payé ses dettes, d'intelligence avec lesdits
portiers et portières; ce qui est une calomnie et une injure offen-
sante à son honneur et réputation, dont il a intérêt d'avoir réparation. Pourquoi il nous rend la présente plainte.

Signé : DUBOIS; LAVOY.

———————

1. J'ignore l'époque exacte de la naissance de ce comédien que je crois le
neveu de Mlle Ozillon, dont le nom de fille était Marie Du Mont. Il avait
épousé Anne-Françoise Dorné d'Auvilliers, qui débuta à la Comédie française le 30 juin 1705 par le rôle de Camille dans *Horace* et qui ne fut pas
reçue. Elle mourut en 1722, âgée de 35 ans. Lavoy, qui signait aussi Lavoie,
jouait les rôles à manteau, les paysans, les valets et les confidents.

Information faite par le commissaire Dubois.

Du 5e jour de novembre 1716.

Pierre Le Noir, sieur de la Thorillière, comédien ordinaire du Roi, demeurant rue Guénégaud, âgé de 5o ans ou environ, etc.

Dépose ne savoir rien du contenu en la plainte dudit sieur de Lavoy, au surplus connoît ledit sieur de Lavoy pour un homme de bien, d'honneur et de probité.

Signé : Dubois; Lenoir de la Thorillière.

Damoiselle Marie-Anne de Châteauneuf-Duclos, fille, âgée de 28 ans ou environ, demeurant rue des Marais, paroisse Saint-Sulpice, etc.

Dépose qu'il y a quinze jours ou environ, étant à l'assemblée, à l'hôtel de la Comédie; la damoiselle Des Mares dit que ledit sieur de Lavoy se plaignoit qu'on le soupçonnoit d'avoir payé plusieurs dettes. Sur quoi ladite damoiselle déposante dit qu'elle avoit aussi ouï-dire que ses gens disoient qu'il en avoit payé et qu'il étoit bien heureux, dans le temps où nous étions[1], de les payer.

Signé : Dubois; de Chateauneuf.

Abraham-Alexis Dufresne[2], comédien ordinaire du Roi, demeurant rue des Fossés-Saint-Germain, âgé de 22 ans ou environ, etc.

Dépose qu'il a entendu dire que l'on disoit que ledit sieur de Lavoy avoit payé ses dettes en partie.

Signé : Dubois; Dufresne.

(Arch. nationales, Y 14637.)

LAVOY (Anne-Pauline du Mont de), débuta à la Comédie française le 19 août 1739 dans *Andromaque* et fut reçue le 4 janvier 1740[3]. Elle se retira en 1759 avec la pension de 1,000 livres. Elle mourut en 1792 ou 1793, mariée à un M. Poinsot[4].

---

1. Le temps du système de Law.

2. Voyez Quinault du Fresne (Abraham Alexis).

3. Mlle Lavoy jouait les grandes confidentes dans la tragédie et les ridicules dans la comédie. Collé dit « qu'elle partage les rôles de mère et de ridicule avec Mlle La Motte; elle fait les confidentes dans la tragédie : mauvaise actrice, déclamant sans cesse, même dans le comique. » (*Journal*, t. I, p. 149.)

4. Indication donnée par Le Mazurier.

1743. — 26 octobre.

Mlle Lavoy est reçue avec part entière à la Comédie française.

Nous, duc de Gesvres, pair de France, premier gentilhomme de la Chambre du Roi.

Accordons à la demoiselle Lavois, comédienne de la troupe françoise de Sa Majesté, un quart de part de celle vaccante par la retraitte de la demoiselle Duboccage, pour avec les trois quarts de part cy devant accordés lui faire une part entière.

Ordonnons à la troupe des comédiens françois de faire jouir ladite demoiselle Lavois du quart de part ci dessus à compter de Pasques dernier, et ce aux clauses et conditions portées par nos réglements et de la même manière qu'en jouissent ses autres camarades, etc.

Fait au château de Fontainebleau, le 26 octobre 1743.

(Arch. nationales, O¹ 845.)
Signé : le duc DE GESVRES.

———

LE COUVREUR (Adrienne), née à Fismes (Marne) en 1690[1], débuta à la Comédie française le 14 mai 1717 par le rôle d'Électre dans la tragédie de ce nom de Crébillon, fut reçue le même mois[2] et mourut à Paris le lundi 20 mars 1730[3].

I.

1727. — 6 mai.

Plainte rendue par Mlle Le Couvreur contre un de ses anciens laquais qui avait brisé à coups de pierre les vitres de son appartement.

L'an 1727, le mardi 6e jour de mai, sur les dix heures du soir,

———

1. A Damery (Marne), le 5 avril 1692, selon M. de Manne (*La Troupe de Voltaire*).

2. Le Mazurier a consacré dans la *Galerie historique* un très-intéressant article à Mlle Le Couvreur, dont Collé parle ainsi (*Journal*, t. I, p. 460) : « Mlle Le Couvreur, avec plus d'art que Baron et tenant moins de talents de la nature, la rendoit pourtant dans le vrai ; elle traitoit parfaitement tous les détails d'un rôle et faisoit ainsi oublier l'actrice. On ne voyoit que le personnage qu'elle représentoit. Elle excelloit dans les endroits où il falloit de la finesse plus que dans ceux où il falloit de la force. On n'a jamais rendu comme elle le premier acte de *Phèdre* et le rôle de Monime. Il s'en falloit bien qu'elle fût aussi bonne dans le comique. Elle rendoit ses rôles avec esprit, intelligence et noblesse ; mais qu'elle étoit éloignée du naturel de la Gaussin ! »

3. Elle fut inhumée au coin des rues de Bourgogne et de Grenelle, dans un terrain vague dépendant de l'hôtel de Saumery.

nous, Charles-Jacques-Etienne Parent, etc., commissaire au Châtelet, ayant été requis, sommes transporté rue des Marais, et étant entré dans une maison au milieu de la rue, s'est présentée à nous demoiselle Adrienne Lecouvreur, fille, demeurante en ladite maison; laquelle nous a dit et fait plainte à l'encontre du nommé Vaillant, son ancien laquais, sorti depuis trois ans ou environ, et dit que cejourd'hui, sur les huit heures du soir, ledit Vaillant est passé dans ladite rue des Marais et a jeté plusieurs grosses pierres aux vitres de l'appartement qu'elle occupe, dont il y a deux carreaux cassés; qu'il a continué d'en jeter aux fenêtres de la cuisine, sur la rue, plusieurs autres dont il a cassé plusieurs carreaux, en sorte même que lesdites pierres ont tombé jusque dessus la viande, qui étoit en broche; ce qui a obligé ladite demoiselle comparante de faire guetter celui qui jetoit lesdites pierres et l'a fait arrêter dans la rue et rentrer dans sa maison. Pour raison de quoi elle a requis notre transport à l'effet de nous rendre plainte[1].

Signé : Adrienne LE COUVREUR; PARENT.

(Arch. nationales, Y 13213.)

II.

1730. — Août et septembre.

Requête adressée au Lieutenant civil par les parents de Mlle Le Couvreur afin d'obtenir qu'il soit informé des détournements d'argent, d'effets et de titres commis lors de son décès, et information ensuite de cette requête.

A monsieur le Lieutenant civil[2].

Supplient humblement Claude Denis, maître de musique à Paris, et Marie-Marguerite Le Couvreur, sa femme, seule et unique habile à se dire et porter héritière de feue damoiselle Adrienne Le Couvreur, fille majeure, demeurant à Paris, rue de Grenelle-Saint-Honoré, paroisse Saint-Eustache.

Disant que ladite feue damoiselle Le Couvreur est tombée malade au mois de mars dernier. Cette maladie fut des plus violentes et ne dura que quatre jours; les médecins et chirurgiens qui l'as-

---

1. Cet individu s'appelait Édouard Vaillant. Il nia, comme de juste; mais les faits déclarés par Mlle Lecouvreur furent attestés par un valet de pied du comte de Saxe et par un autre témoin oculaire, et Vaillant fut envoyé aux prisons du Grand-Châtelet.

2. J'ai publié in extenso ce curieux document, au mois de novembre 1871, dans le journal le Gaulois.

sistèrent la condamnèrent à la mort. Cependant plusieurs personnes qui l'obsédoient firent refuser la porte à la demoiselle Cuyret, sa cousine germaine, et à son mari, et ces personnes, ainsi que le nommé Laroche, son domestique, et autres, empêchèrent qu'on ne parlât à ladite damoiselle Le Couvreur pendant cette maladie, dont la suppliante ne fut informée que quatre jours après son décèds, encore que les domestiques et autres personnes qui obsédoient ladite défunte eurent connoissance que la suppliante étoit sa sœur et seule présomptive héritière. Le décès de ladite damoiselle Le Couvreur étant arrivé le 20 dudit mois de mars dernier, dans la matinée, des personnes qui avoient habitude dans la maison et qui obsédoient ladite défunte prirent les clefs de ses armoires, cabinets et cassettes, qui étoient dans ses poches et autres endroits, et aucuns des domestiques, même ledit Laroche, s'étant saisis de papiers et clefs, les portèrent pour être vus et examinés à des personnes ou personne qui étoient dans la maison et appartements de ladite défunte, et y ayant eu examen desdits papiers, ont jugé à propos, après avoir enlevé, soustrait ou diverti les meubles, vaisselle d'argent, montres, bijoux, deniers comptans, papiers et autres effets, de laisser entrer ladite demoiselle Cuyret, cousine de la suppliante et de ladite défunte, qui a appris qu'il y avoit plus de sept à huit heures que ladite damoiselle Le Couvreur étoit décédée et que l'on avoit enlevé, soustrait et diverti, tant dans le temps de la maladie qu'aussitôt son décès arrivé, ses biens, titres, papiers, chevaux et carrosses, qui furent même enlevés, et le scellé ne fut apposé que sur les dix à onze heures du soir et il ne fut donné avis à la suppliante de ce scellé que quatre jours après. Une pareille déprédation que la suppliante a apprise lui donne sujet d'avoir recours à votre autorité pour y être pourvu.

Ce considéré, monsieur, il vous plaise donner acte aux suppliants de ce qu'ils emploient la présente requête pour plainte desdits recelés et divertissements et autres faits ci-dessus, leur permettre d'en faire informer par devant tel commissaire qu'il vous plaira commettre contre ceux et celles qui les ont faits et commis, comme aussi d'obtenir et faire publier monitoire en forme de droit et censure ecclésiastique, pour le tout fait et rapporté et communiqué à M. le procureur du roi, être ordonné ce qu'il appartiendra sans préjudice d'autres droits et actions et ferez bien.

Signé : M.-M. COUVREUR; C. DENIS.

Permis d'informer des récélés et divertissements par devant le commissaire Defacq, obtenir et faire publier monitoire.

Fait ce 17 août 1730.

Signé : D'ARGOUGES.

Information faite par le commissaire André Defacq.

Du mercredi vingt-trois août mil sept cent trente, huit heures du matin.

Marie-Antoinette Lenoir, femme d'Antoine Cassaigne, chirurgien à Paris, elle ci devant femme de chambre au service de la damoiselle Adrienne Le Couvreur, demeurant rue du Four, au Grand-Monarque, paroisse Saint-Sulpice, âgée de trente-quatre ans ou environ.

Dépose qu'elle étoit au service de la damoiselle Le Couvreur, actrice de la Comédie françoise, au jour de son décès arrivé au mois de mars dernier. Que, le mardi quatorze dudit mois, elle se trouva mal en jouant sur le théâtre[1] et, étant de retour en sa maison, elle se mit au lit d'où elle n'est pas relevée et est décédée le lundi ensuivant, vingt dudit mois de mars, sur les trois heures de relevée. Que pendant sa maladie elle a été visitée par le sieur comte de Saxe[2], le sieur d'Argental[3], un de ses amis, et le sieur de Voltaire. Qu'elle a reçu aussi plusieurs autres visites de différentes personnes outre le chirurgien, qui étoit le sieur Faget, et le médecin, qui demeure à l'hôtel de Condé, et le sieur Boulduc, apothicaire. N'a point remarqué que pendant tout le tems de la maladie de la demoiselle Le Couvreur il se soit passé rien de particulier par rapport à ses affaires. Que lorsqu'elle mourut le sieur comte de Saxe, le sieur Voltaire et ledit Faget, chirurgien, étoient chez elle et furent présens à sa mort, et ils s'en furent presque aussitôt qu'elle fut morte. Que l'on donna sur le champ avis de cette mort au sieur d'Argental, qui vint à l'instant. Qu'il n'entra pas dans l'appartement où étoit morte la défunte, mais qu'il monta à l'appartement du second étage. Qu'aussitôt qu'il fut arrivé le nommé Laroche, domestique de ladite défunte et qui avoit toute sa confiance ainsi que celle du sieur d'Argental, et lequel ladite damoiselle Le Couvreur avoit fait sortir de prison à

---

1. Le rôle de Jocaste dans l'*Œdipe* de Voltaire.

2. Herman-Maurice comte de Saxe, maréchal de France, né en 1696, mort en 1750.

3. Charles-Augustin de Ferriol d'Argental, né en 1700, mort en 1788.

Noël dernier où il avoit été mis en vertu d'un décret pour raison d'une garniture qu'une dame prétendoit lui avoir mise entre les mains et qu'il nioit avoir eue, icelui Laroche prit dans le cabinet de toilette de ladite damoiselle Le Couvreur une cassette de marquetterie dans laquelle étoient les papiers de ladite défunte ; qu'il prit aussi dans ses poches ses clefs et les porta à l'appartement où étoit le sieur d'Argental. Que dans les poches de ladite damoiselle Le Couvreur il y avoit deux écus de trois livres auxquels ledit Laroche ne toucha pas et qui y furent trouvés lors de l'apposition des scellés. Que le nommé Labarre, laquais de ladite défunte, vint aussi dans l'appartement d'icelle défunte avec un jeune homme qui étoit venu avec le sieur d'Argental, et qu'ils prirent dans une commode qui étoit au passage d'une terrasse plusieurs papiers qui y étoient et qu'ils portèrent audit sieur d'Argental audit second appartement. Ne sait pas ce que ledit d'Argental a fait desdits papiers ni de ceux qui étoient dans la cassette. A seulement ouï dire que, dans ladite cassette, il s'étoit trouvé 40 louis d'or qu'on y avoit laissés. Que le même jour du décès de ladite damoiselle Le Couvreur et presque à l'instant d'icelui, ledit sieur comte de Saxe envoya chercher le carrosse et les deux chevaux de ladite demoiselle Le Couvreur comme à lui appartenant. A ouï dire qu'il les avoit vendus, mais qu'il n'avoit pas voulu profiter du prix et qu'il l'avoit rendu au sieur d'Argental, et qu'il lui avoit aussi renvoié une bourse de jetons d'argent[1] qu'il avoit à ladite damoiselle Le Couvreur. N'a point remarqué qu'il ait été fait aucune autre disposition des effets de ladite défunte, sinon que sa montre, qui étoit d'or et à l'angloise et de valeur à peu près de quatre à cinq cens livres, a disparu à l'instant dudit décès. Nous dépose encore que ladite défunte avoit une montre à boîte d'argent dont ledit Laroche se servoit très-souvent et à son insu, mais qu'il la faisoit néanmoins reparoître toutes fois et quantes que ladite damoiselle Le Couvreur la demandoit et qu'après son décès il a dit que ledit sieur d'Argental la lui avoit donnée ainsi que quelques meubles et effets qui étoient dans la chambre où il couchoit. Dépose que le scellé ne fut apposé qu'à cinq heures du soir par Me Parent, notre confrère, qui y vaqua jusqu'à onze heures. N'a point vu que les papiers qui ont été retirés de la commode y aient été remis. Ne sait s'ils ont été remis dans la cassette avec

---

1. Il s'agit sans doute ici des jetons de présence de la Comédie française.

ceux qui y pouvoient déjà être, mais dépose que ladite cassette a été scellée et remise dans le cabinet de toilette, lequel a été aussi scellé. Est restée dans la maison jusqu'après l'inventaire du linge et des hardes dont elle étoit chargée, ensuite de quoi on lui a donné son congé. Dépose que ladite damoiselle Le Couvreur avoit beaucoup d'ordre et d'arrangement et qu'elle avoit des registres sur lesquels elle écrivoit tout ce qu'elle avoit et les noms de ses domestiques avec les gages qu'elle leur payoit. C'est tout ce qu'elle a dit savoir.

Signé : Marie-Anthoinette LENOIR.

Jeanne Guillotin, femme d'Olivier Richard, cocher du sieur abbé Gédoin, elle garde-malade, demeurant rue des Marais, proche la rue de Seine, chez le sieur Dulot, loueur de chevaux, paroisse Saint-Sulpice, âgée de cinquante-trois ans ou environ. Dépose qu'elle a gardé très-peu de tems la demoiselle Le Couvreur, actrice de la Comédie françoise, décédée au mois de mars dernier, dans les derniers moments de sa vie. Qu'elle entra chez elle un dimanche à dix heures du soir et qu'elle mourut le lendemain lundi, vingt dudit mois de mars, à trois heures de relevée. Qu'à l'instant de son décès le sieur comte de Saxe, le sieur Voltaire, poëte, et le sieur Faget, chirurgien, étoient chez elle : qu'après qu'elle fut morte ils s'en allèrent tous et elle déposante resta seule dans l'appartement avec la femme de chambre, précédent témoin. Qu'elles serrèrent et renfermèrent avec toute l'exactitude possible tous les effets de ladite défunte tant linge qu'argenterie et autres. Que néanmoins telle exactitude qu'elles aient eue, elles n'ont pu empêcher que la montre de ladite défunte, qui étoit d'or, et qui étoit accrochée à la bordure du tableau du Roi, n'ait été prise; ne peut dire par qui elle l'a été. Que le nommé Laroche a dit avoir la montre d'argent. A vu qu'un des domestiques, ne sait si c'est ledit Laroche ou le nommé Labarre, a pris des papiers qui étoient dans une commode, ainsi qu'une cassette qui étoit auprès du lit de ladite défunte et dans laquelle on a dit qu'étoient des papiers, lesquels papiers et cassette ont été portés en haut dans ladite maison, mais ne sait où ils ont été portés. Que le sieur comte de Saxe a aussi envoié chercher le carrosse et les chevaux, et que le scellé n'a été apposé qu'aux environs de six heures du soir, à laquelle heure est venu Me Parent, notre confrère. Qu'elle déposante est restée dans ladite maison jusqu'au mardi soir qu'elle est sortie.

C'est tout ce qu'elle a dit savoir.

Du lundi 28 août mil sept cent trente, heure de midi.

Marie-Jeanne Voitelier, veuve de Jean-Baptiste Lemoine, domestique de maison, elle maîtresse couturière, demeurant rue de Tournon, près la rue du Petit-Lyon, chez le sieur Delorme, paroisse Saint-Sulpice, âgée de quarante-quatre ans ou environ.

Dépose qu'elle a demeuré chez la demoiselle Le Couvreur, actrice de la Comédie françoise, l'espace de six mois en qualité de femme de chambre, il y a environ huit ans. Que pendant qu'elle y a demeuré, elle a vu venir chez elle très-fréquemment un particulier qui se nommoit le sieur d'Argental, qui paroissoit avoir beaucoup d'empire sur son esprit et être son principal conseil. Que la sœur de ladite damoiselle Le Couvreur demeuroit avec elle. Qu'elle la querelloit très-souvent et l'injurioit. Que plusieurs fois icelle damoiselle Le Couvreur, sœur de sa maîtresse, est venue se plaindre à elle déposante que sa sœur l'avoit injuriée et l'avoit battue. A vu que sadite maîtresse a placé sadite sœur chez une coeffeuse où elle étoit, quand elle déposante est sortie de chez ladite damoiselle Le Couvreur. Sait qu'au sortir de chez ladite coeffeuse ladite damoiselle Le Couvreur est revenue chez sa sœur, laquelle elle a appris l'avoir renvoyée depuis chez son père. N'a point fréquenté la maison de ladite damoiselle Le Couvreur depuis qu'elle est sortie de chez elle et ne sait point si à son décès il y a eu quelque divertissement de ses effets.

C'est tout ce qu'elle a dit savoir.

Signé : M.-J. Voitellier.

Etienne Jacques, maître cordonnier à Paris, demeurant rue Maubuée, à la Cloche-d'Or, au premier étage sur le devant, paroisse Saint-Nicolas-des-Champs, âgé de cinquante ans ou environ. Dépose qu'il y avoit très-longtems qu'il connoissoit la damoiselle Le Couvreur, actrice de la Comédie françoise. Qu'il l'a connue dès le tems qu'elle demeuroit à Lunéville en Lorraine. L'a ensuite vue à Strasbourg et a renouvelé connoissance avec elle en l'année mil sept cent douze, quand il est revenu à Paris et auparavant qu'elle fût reçue à la Comédie françoise. Qu'il a aussi connu la demoiselle Marie-Marguerite Le Couvreur, sa sœur, dès Lunéville, et quand sadite sœur a demeuré à Strasbourg a vu qu'elle l'y a été voir plusieurs fois de Lunéville où elle est restée avec ses père et mère. L'a aussi vue demeurer chez sadite sœur à Paris. Ne sait point si sadite sœur l'injurioit ou la maltraitoit, mais quand il y a été, a remarqué que ladite damoiselle Le Cou-

vreur, actrice, usoit envers elle de beaucoup de sévérité. Ne sait
rien au sujet des recélés et divertissemens allégués avoir été faits
des effets de la succession de ladite damoiselle Le Couvreur,
actrice; sait seulement que sur la fin de juillet dernier, ladite
damoiselle Marie-Marguerite Le Couvreur, étant au couvent de
Saint-Michel, rue des Postes, lui commanda une paire de souliers et la lui ayant été porter quelques jours après audit couvent,
il ne la trouva pas, pour quoi il alla porter ladite paire de souliers chez le sieur Tramblin, un de ses parens, qui demeure au
Coq, sur le quai de Gesvres, et les laissa aux enfans dudit sieur
Tramblin, qui lui promirent de les faire tenir à icelle damoiselle
Le Couvreur. Que le jour auquel il remit lesdits souliers chez le
sieur Tramblin étoit le jour de Saint-Jacques-Saint-Christophe
dernier. Que deux ou trois jours après le nommé Laroche, qui
étoit domestique de ladite défunte damoiselle Le Couvreur, actrice,
vint lui demander des nouvelles de ladite damoiselle Marie-Marguerite Le Couvreur et si il ne savoit pas où elle étoit. Que lui
déposant lui avoua qu'il avoit fait des souliers pour elle et qu'il
les avoit portés chez le sieur Tramblin, mais qu'il ne les avoit
pas livrés à ladite damoiselle et qu'il ne l'avoit pas vue. Que ledit
Laroche lui dit qu'il voudroit bien savoir où elle demeuroit parce
qu'il voudroit lui faire donner une assignation en qualité d'héritière de sa sœur. Qu'il lui dit encore que monsieur avoit été à
monsieur Hérault, et que monsieur Hérault avoit promis audit
monsieur qu'il lui feroit trouver ladite damoiselle Marie-Marguerite Le Couvreur dans vingt-quatre heures s'il le souhaitoit; mais
ledit Laroche ne lui dit pas qui étoit le monsieur dont il parloit
et lui déposant ne le lui demanda pas et ne le sait pas. Enfin
qu'icelui Laroche lui déclara que si il pouvoit finir cette affaire,
voulant parler de la succession de ladite damoiselle Le Couvreur,
actrice, laquelle il souhaitoit qu'elle finît bientôt, il lui en reviendroit quatre cens pistoles. Que lui déposant alla dire sur-le-champ
chez ledit sieur Tramblin ce qui lui avoit été dit par ledit Laroche, et les damoiselles Tramblin, auxquelles il parla, lui décla-
rèrent que ladite damoiselle Marie-Marguerite Le Couvreur étoit
mariée de ce jour-là et qu'elle ne craignoit rien. Que ledit Laroche l'attendoit dans le voisinage pendant qu'il étoit chez ledit
sieur Tramblin, et, lui déposant l'ayant été rejoindre à l'instant,
il lui déclara le mariage de ladite damoiselle Le Couvreur dont il
parut être fort intrigué et fort en colère, et, nonobstant la déclara-

tion dudit mariage, il vouloit encore trouver ladite damoiselle Le Couvreur, et engagea lui déposant à la venir chercher avec lui et prendre même à cet effet un carrosse, lui disant que les frais n'en seroient pas aux dépens de lui Laroche, mais il ne lui dit pas aux dépens de qui ce seroit. Que lui déposant n'y voulut point aller.

C'est tout ce qu'il a dit savoir.

Signé : Etienne JACQUES.

Du jeudi trente-un dudit mois d'août, huit heures du matin.

Pierre Fontaine, marchand tapissier à Paris, demeurant rue de Sèvres, paroisse Saint-Sulpice, vis-à-vis les Incurables, âgé de cinquante-neuf ans ou environ.

Dépose qu'il a connu la défunte damoiselle Le Couvreur, actrice de la Comédie françoise, pour lui avoir vendu quelques meubles et avoir fréquenté quelquefois sa maison à cette occasion. Sait qu'elle avoit une sœur qui a demeuré avec elle et qu'elle lui a dit depuis avoir fait mettre au couvent. Dépose que le jour que ladite damoiselle Le Couvreur est décédée, comme lui déposant demeuroit alors rue des Marais dans le voisinage, sa femme lui dit, en rentrant chez lui sur les six heures, que ladite damoiselle Le Couvreur étoit morte. Qu'il fut à l'instant chez elle, trouva dans sa cour le nommé La Roche, son domestique, qui lui confirma cette nouvelle. Que comme lui déposant parloit audit Laroche, vinrent deux filles ou femmes que lui déposant ne connoissoit pas, qui voulurent monter à l'appartement de ladite damoiselle Le Couvreur pour lui jeter de l'eau bénite; mais que ledit Laroche les en empêcha, voulut même leur faire entendre qu'elle n'étoit pas morte et, quoi qu'elles se soient dites cousines et parentes d'icelle damoiselle Le Couvreur, il ne voulut en aucune façon leur permettre de monter : ce que voyant lui déposant, il sortit à l'instant avec lesdites personnes et leur dit d'aller au plus vite chez Mᵉ Parent, notre confrère, à l'effet de venir apposer scellés pour l'absence de la sœur de ladite damoiselle Le Couvreur, actrice, laquelle étoit dans un couvent; et au cas que ledit Mᵉ Parent ne se trouvât pas chez lui, d'aller chez le plus près. Qu'elles y furent à l'instant et lui déposant, étant sur la porte de sa maison, il vit aller ledit Mᵉ Parent, auquel il dit de se dépêcher.

C'est tout ce qu'il a dit savoir.

Signé : P. FONTAINE.

Macque Carette, femme d'Antoine Cuiret, bourgeois de Paris, demeurant rue de l'Arbre-Sec, près la rue Saint-Honoré, à côté du Charriot-d'Or, chez le sieur Leroux, bourgeois de Paris, paroisse Saint-Germain-l'Auxerrois, âgée de quarante ans ou environ, cousine germaine de ladite Marie-Marguerite Le Couvreur.

Dépose que quoi qu'elle fût cousine germaine de ladite défunte damoiselle Le Couvreur, actrice de la Comédie françoise, néanmoins il y avoit neuf à dix ans qu'elle ne l'avoit vue et qu'elle n'avoit été chez elle, parce qu'elles étoient en querelle ensemble à l'occasion d'un payement d'une somme de trois cens livres qu'elle lui avoit prêtées en argent et que ladite damoiselle Le Couvreur lui vouloit rembourser en papiers, lequel remboursement elle n'a pas voulu recevoir, et par la suite elle a reçu deux cens livres en argent et cent livres en papiers. Que néanmoins son mari alloit quelquefois chez ladite damoiselle Le Couvreur, actrice, et a su par lui que ladite damoiselle Marie-Marguerite Le Couvreur, sa sœur, demeuroit chez elle et qu'elle la traitoit très-rudement. A même su qu'elle enfermoit sadite sœur à clef et que sondit mari lui avoit donné du pain et de l'eau en cachette de sa sœur et par-dessous la porte de l'endroit où elle étoit enfermée. Sait encore et a connoissance que le sieur d'Argental venoit souvent chez ladite damoiselle Le Couvreur, actrice, qu'il avoit beaucoup de crédit auprès d'elle, qu'il conduisoit toutes ses affaires, qu'il passoit pour le maître de la maison et qu'on ne parloit de lui que par monsieur, simplement, sans ajouter son nom.

Dépose que le jour que la damoiselle Le Couvreur, actrice, est décédée, elle déposante fut informée de sa mort par la damoiselle de La Motte, autre actrice de la Comédie françoise, sur les quatre heures de relevée. Qu'elle dit à son mari d'aller au plus vite chez icelle damoiselle Le Couvreur et d'y faire mettre les scellés à la requête de la demoiselle Marie-Marguerite Le Couvreur, sa sœur, qu'elle avoit fait mettre dans un couvent. Que son mari partit à l'instant pour y aller et, étant revenu quelque tems après, il lui dit que le nommé Laroche, domestique de la défunte, lui avoit refusé l'entrée et lui avoit dit qu'elle n'étoit pas morte. Que sur ce discours, elle déposante y fut à l'instant avec sa sœur et sa nièce, qu'elles trouvèrent ledit Laroche dans la cour de la maison qui leur dit que ladite damoiselle Le Couvreur n'étoit pas morte et qui les empêcha de monter, et qui leur dit qu'elles n'avoient qu'à sortir et qu'elles n'avoient que faire ici. Que sur ce qu'elle déposante lui dit qu'elle étoit parfaitement informée de la mort de la damoiselle Le Couvreur et qu'elle alloit faire mettre le scellé à la requête de la damoiselle sa sœur, qui étoit sa seule et unique héritière, icelui Laroche lui dit qu'il n'en étoit pas besoin et qu'il y en avoit un de posé par le commissaire Lecomte, qui avoit les clefs de la maison, et qu'elle n'avoit qu'à les aller chercher chez lui. Que nonobstant cela elle déposante étant sortie de la maison, fut chercher Me Parent, notre confrère, qui vint à l'instant avec elle. Qu'ils montèrent droit au deuxième étage où étoit le sieur d'Argental avec trois particuliers. Que ledit Me Parent ayant demandé où étoit le corps de la défunte, il lui fut dit qu'il étoit au premier étage, pour quoi ils y descendirent à l'instant, mais qu'ils en trouvèrent la porte fermée et elle ne leur fut ouverte qu'après y avoir frappé deux ou trois fois. Qu'elle déposante y vit deux hommes et deux femmes qu'elle ne connoit point et qu'elle y laissa ledit Me Parent apposer sesdits scellés et lui dit se transporter par suite à la loge de ladite damoiselle Le Couvreur à la Comédie pour y apposer pareillement ses scellés. Dépose que la première fois qu'elle fut chez ladite damoiselle Le Couvreur et que ledit Laroche lui refusa l'entrée, il lui fut dit par un particulier, qui se trouva présent et qu'elle répondante ne connoit pas, qu'elle se dépêchât au plus tôt de faire mettre le scellé parce que l'on devoit pendant la nuit faire enlever les meilleurs effets dans des carrosses.

C'est tout ce qu'elle a dit savoir et a déclaré ne savoir ni écrire ni signer.

Du vendredi premier septembre mil sept cent trente, huit heures du matin.

Antoine Cuiret, bourgeois de Paris, demeurant rue de l'Arbre-Sec, paroisse Saint-Germain-l'Auxerrois, près la rue de Béthisy, âgé de quarante-deux ans ou environ.

Dépose qu'il a connu la damoiselle Le Couvreur, actrice de la Comédie françoise, à l'occasion de son mariage avec Macque Carette, sa femme, et ce il y a environ quinze ans, et qu'il l'a connue depuis qu'elle est venue de Strasbourg à Paris et avant qu'elle fût à la Comédie françoise. Qu'il a été pendant un très-long tems qu'il la visitoit souvent et qu'il étoit presque tous les jours chez elle; mais que depuis environ quatre ans il n'y alloit point du tout, parce qu'icelle damoiselle Le Couvreur témoignoit ne pas trop se soucier de ses parens. Que pendant qu'il y a été il a vu demeurer chez elle la damoiselle Marie-Marguerite Le Couvreur, sa sœur, pour laquelle elle étoit très-rude et très-sévère, quoi qu'icelle damoiselle Marie-Marguerite Le Couvreur ne lui donnât aucun sujet d'user de tant de sévérité. A vu qu'elle la querelloit fort souvent et presque tous les jours. Lui a vu donner une fois un soufflet et a vu qu'elle l'a renfermée pendant trois semaines dans une chambre à un troisième étage dont elle gardoit la clef et où on ne la nourrissoit qu'avec du pain et de l'eau, qu'on ne lui donnoit même pas à sa suffisance, et que fort souvent on lui en donnoit à l'insu de ladite damoiselle Le Couvreur et on les lui passoit par dessous la porte de l'endroit où elle étoit enfermée, et que lui déposant lui en a passé de la sorte. A vu depuis longtems le sieur d'Argental fréquenter la maison de ladite défunte damoiselle Le Couvreur, qu'il étoit le maître dans la maison et qu'elle ne faisoit rien sans lui. Qu'après le sieur d'Argental, c'étoit le nommé La Roche qui gouvernoit la maison depuis cinq ou six ans, ainsi que sa femme, qui y demeuroient avec leurs enfans. Que ledit Laroche est un mauvais sujet que ladite défunte damoiselle Le Couvreur a retiré de prison où il avoit été mis pour quelque mauvaise affaire qu'il avoit faite. Dépose que le jour de la mort de la damoiselle Le Couvreur, lui déposant en fut informé sur les deux heures de relevée ou environ. Qu'il y alla à l'instant et qu'il trouva dans la cour de la maison ledit Laroche, lequel le connoît fort bien, qui lui dit que ladite damoiselle Le Couvreur n'étoit pas morte, quoi qu'elle le fût dès onze heures du matin. Qu'il lui dit qu'il ne le connoissoit pas et ne voulut pas lui permettre de monter aux appartemens. Que lui déposant le fut dire à sa femme qui alla aussi à l'instant chez ladite damoiselle Le Couvreur à laquelle ledit Laroche ne permit pas pareillement de monter, et elle n'y monta que quand elle amena Mᵉ Parent, notre confrère, pour mettre le scellé sur les effets de ladite damoiselle Le Couvreur pour la conservation des droits de ladite damoiselle Marie-Marguerite Le Couvreur, sa sœur.

C'est tout ce qu'il a dit savoir.

Signé : CUIRET.

Du mercredi six septembre mil sept cent trente, neuf heures du matin.

André Tramblin, ancien professeur de l'Académie de peinture de Paris, demeurant quai de Gesvres, paroisse de Saint-Jacques-de-la-Boucherie, âgé de cinquante-cinq ans.

Dépose qu'il a bien entendu parler qu'il y a eu des recélés et divertissemens des effets de la succession de la défunte damoiselle Le Couvreur, actrice de la Comédie françoise, après son décès; mais n'en sait rien par lui-même, pour quoi il ne nous peut rien dire de positif à ce sujet; mais dépose que le deux ou troisième du mois d'août dernier, dans l'après-dîner, il vint chez lui déposant un particulier en épée, qui lui dit venir de la part de monsieur le Lieutenant général de police et qui lui demanda si il ne pourroit pas lui dire des nouvelles de la damoiselle Marie-Marguerite Le Couvreur et où elle demeuroit, vu que l'on avoit appris qu'elle étoit sortie de son couvent. Que lui déposant s'informa de ce particulier pour quelle raison monsieur le Lieutenant de police vouloit savoir des nouvelles de ladite damoiselle Marie-Marguerite Le Couvreur, et que ce particulier, après avoir biaisé pendant quelque tems, lui avoua que la recherche que faisoit faire mondit sieur le Lieutenant de police étoit à la suscitation du sieur d'Argental. Sur quoi lui déposant dit audit particulier qu'il pouvoit assurer M. le Lieutenant général de police que la damoiselle Marie-Marguerite Le Couvreur étoit mariée et que lui déposant l'avoit été prendre le trente-un juillet précédent dans son couvent, au faubourg Saint-Marceau, et l'avoit conduite à Saint-Médard où elle avoit été mariée et où il avoit servi de témoin, et qu'elle demeuroit avec son mari rue de Grenelle-Saint-Honoré, à la Coquille; et ledit particulier lui a dit qu'il rendroit cette réponse.

C'est tout ce qu'il a dit savoir.

Signé : A. TRAMBLIN.

Damoiselle Marie-Claude Bouly, femme du sieur André Tramblin, précédent témoin, demeurante sur le quai de Gesvres, paroisse Saint-Jacques-de-la-Boucherie, âgée de quarante-un ans ou environ.

Dépose qu'elle ne sait rien au sujet des recélés et divertissemens qui peuvent avoir été faits des effets de la succession de la défunte damoiselle Le Couvreur, actrice de la Comédie françoise. Sait que le sieur d'Argental avoit beaucoup de crédit chez elle et qu'il y étoit regardé comme le maître. Sait aussi que le nommé Laroche, son domestique, avoit l'administration de sa maison et qu'elle lui confioit la meilleure partie de ses affaires Dépose que depuis son décès ledit Laroche lui a dit que ladite damoiselle Le Couvreur lui avoit confié trente mille livres pour les reporter chez le sieur Samuel Bernard et, en les lui confiant, elle lui avoit dit, en parlant à lui et à d'autres domestiques : « Mes enfans, voilà du pain que je vous assure. » Dépose que le jour qu'il lui fit cette déclaration, elle déposante lui fit des reproches de ce qui, la connoissant parente de ladite défunte, il ne lui avoit pas donné avis ni de sa maladie ni de sa mort, et que ledit Laroche lui dit que c'étoit le sieur comte de Saxe qui l'en avoit empêché. Dépose qu'elle sait et a connoissance que ladite damoiselle Marie-Marguerite Le Couvreur, sa sœur, a demeuré chez elle, mais que comme elle déposante la fréquentoit peu, elle ne peut dire si elle la maltraitoit. A ouï dire qu'elle avoit beaucoup de rigueur pour elle et même elle déposante, étant une fois chez icelle damoiselle Le Couvreur, actrice, elle vit qu'elle parla avec beaucoup de hauteur à icelle damoiselle Marie-Marguerite Le Couvreur, sa sœur. Dépose même que depuis elle a mis sadite sœur au couvent et qu'elle déposante, sachant qu'elle y étoit, a demandé à icelle damoiselle Le Couvreur qu'elle l'y conduisit. Qu'elle le lui a même demandé pendant plus d'un an, mais qu'elle l'a toujours amusée. Lui promit néanmoins un jour de l'y mener ; mais peu après elle lui fit dire qu'elle ne pouvoit pas y aller ce jour-là, et elle a toujours été si réservée avec elle à ce sujet qu'elle ne lui a même pas voulu dire le couvent où elle étoit, et elle déposante ne l'a appris que depuis son décès. Dépose que la veille de Saint-Jacques dernier, elle fut au couvent où elle étoit, à Saint-Michel, au faubourg Saint-Marceau. Qu'elle ne l'y trouva pas et qu'il lui fut dit qu'elle étoit chez la damoiselle Messain, demeurant rue Saint-Jacques, près les Jésuites. Que ce jour-là les religieuses de ce couvent lui dirent que sa sœur avoit eu bien de la dureté pour elle. Que quand elle y étoit entrée, elle leur avoit recommandé de la traiter rudement et même de la faire jeûner au pain et à l'eau ; mais que, dans les derniers tems et la dernière fois qu'elle l'étoit venue voir, elle avoit témoigné avoir beaucoup plus d'humanité et même qu'elle l'avoit recommandée au sieur d'Argental, qui étoit avec elle. Dépose que le samedi vingt-neuf juillet dernier, dans la matinée, ledit Laroche vint chez elle déposante. Que le sieur Denis, qui devoit épouser deux jours après ladite damoiselle Marie-Marguerite Le Couvreur, étoit avec elle. Pour lors icelui Laroche lui dit qu'il venoit de la part du sieur d'Argental s'informer où étoit ladite damoiselle Le Couvreur, vu qu'il ne l'avoit pas trouvée à son couvent. Que ledit Laroche lui ajouta qu'icelle damoiselle Le Couvreur avoit eu bien tort de n'avoir pas accepté les offres et propositions qui lui avoient été faites par ledit sieur d'Argental au sujet de la succession de sa sœur, mais que ledit sieur d'Argental iroit à monsieur Hérault et que, quand on tiendroit ladite damoiselle Le Couvreur enfermée dans une chambre, on lui feroit bien faire tout ce que l'on voudroit. Qu'elle déposante lui dit que ladite damoiselle Le Couvreur seroit mariée dans peu et qu'elle ne craignoit rien et qu'elle étoit en bonne maison, laquelle elle lui dit qu'elle ne déclareroit point.

C'est tout ce qu'elle a dit savoir.

Signé : Marie-Claude Bouly.

Du mercredi treizième jour de septembre mil sept cent trente, neuf heures du matin.

Demoiselle Marie-Louise Lefèvre, fille de boutique du sieur André Tramblin, maître peintre à Paris, l'un des précédens témoins, demeurante chez lui, sur le quai de Gesvres, au Coq, paroisse Saint-Jacques-de-la-Boucherie, âgée de vingt-quatre ans ou environ.

Dépose que huit jours ou environ avant que la damoiselle Le Couvreur fût mariée au sieur Denis, le nommé Laroche, qui étoit domestique au service de la damoiselle, sa sœur, actrice de la Comédie françoise, vint chez le sieur Tramblin et, y ayant trouvé la damoiselle Tramblin, son épouse, il lui demanda si elle ne savoit pas des nouvelles de la damoiselle Marie-Marguerite Le Couvreur, vu qu'elle n'étoit point à son couvent. Qu'il avoit appris qu'elle étoit malade, qu'elle avoit même été saignée du pied et qu'elle devoit se marier. Que ladite damoiselle Tramblin lui feignit qu'elle ne savoit point de ses nouvelles. Que ledit Laroche lui ajouta que le sieur d'Argental la faisoit chercher par monsieur Hérault. Que mondit sieur Hérault la trouveroit bien partout où elle seroit. Qu'elle avoit tort de suivre les mauvais conseils qu'on lui donnoit et que quand elle seroit enfermée dans une chambre elle verroit bien. Que le sieur Denis, qui a depuis épousé ladite damoiselle Le Couvreur, étoit présent à cette conversation. Que sur les menaces que faisoit ledit Laroche au sujet d'icelle damoiselle Le Couvreur, ladite damoiselle Tramblin lui dit d'un ton ferme qu'elle savoit bien où étoit ladite damoiselle

Le Couvreur. Que si elle ne l'avoit pas reçue chez elle c'est qu'elle n'avoit pas de place pour la recevoir, et que si elle en avoit elle la retireroit chez elle et qu'elle ne craignoit pas les menaces qu'on lui faisoit en façon quelconque. Que quelques jours après, ladite damoiselle Le Couvreur étant mariée, vint chez ledit sieur Tramblin, le cordonnier d'icelle damoiselle Le Couvreur, lequel s'étant adressé à elle déposante, n'y ayant autre personne à la maison, lui dit en confidence que monsieur Hérault faisoit chercher ladite damoiselle Le Couvreur pour la faire arrêter; qu'elle déposante lui dit qu'icelle damoiselle Le Couvreur étoit mariée du matin du même jour, qu'elle demeuroit rue de Grenelle et qu'elle ne craignoit rien.

C'est tout ce qu'elle a dit savoir et a déclaré ne savoir ni écrire ni signer.

Du jeudi quatorze dudit mois de septembre, neuf heures du matin.

Marie-Marguerite Tanmaint, femme de Pierre-Thomas Lejeune, maître peintre à Paris, demeurante rue de Gesvres, paroisse Saint-Jacques-de-la-Boucherie, à l'Image Saint-Nicolas, âgée de trente-quatre ans ou environ.

Dépose qu'il y a environ six semaines, un jour de samedi, qui étoit la surveille du mariage de la damoiselle Marie-Marguerite Le Couvreur avec le sieur Denis, elle déposante se trouva chez le sieur Tramblin vers l'heure de onze heures du matin. Que le sieur Denis y étoit. Qu'elle y trouva aussi un nommé Laroche, qui a été ci-devant domestique de la damoiselle Le Couvreur, actrice de la Comédie françoise, sœur de la damoiselle Marie-Marguerite Le Couvreur. Entendit que ledit Laroche dit que le sieur d'Argental faisoit chercher par l'autorité de monsieur Hérault ladite damoiselle Marie-Marguerite Le Couvreur et que, quand on la tiendroit enfermée dans une chambre, on lui feroit faire tout ce que l'on voudroit. Que la damoiselle Tramblin, à qui parloit ledit Laroche, lui dit que ladite damoiselle Le Couvreur s'alloit bientôt marier, qu'elle ne s'embarrassoit pas des menaces d'icelui Laroche et que si elle, damoiselle Tramblin, avoit eu du logement suffisant elle l'eût reçue chez elle. Que ledit Laroche s'échappa ensuite à dire plusieurs impertinences et entre autres que ladite damoiselle Le Couvreur n'étoit conseillée que par de la canaille.

C'est tout ce qu'elle a dit savoir.

Signé : Marie-Marguerite Tanmaint.

Et avant de sortir ladite Marie-Marguerite Tanmaint nous a dit que le sieur d'Argental, dont elle nous a parlé dans sa déposition, est monsieur de Ferriol d'Argental, conseiller au Parlement. Au moyen de laquelle déclaration, avons sursis à la présente information.

Signé : Marie-Marguerite TANMAINT; DEFACQ.

(Arch. nationales, Y 12377.)

LEGRAND (Marc-Antoine), né à Paris le 30 janvier 1673[1], débuta à la Comédie française le 21 mars 1702 dans *Andromaque* et dans le *Florentin* de Lafontaine, fut reçu le 18 octobre suivant[2] et mourut le 7 janvier 1728.

1712. — 31 août.

Plainte rendue par Marc-Antoine Legrand contre un individu qui lui avait versé un pot d'ordures sur la tête.

L'an 1712, le 31ᵉ jour d'août, sur les huit heures du matin, en l'hôtel de nous Simon-Mathurin Nicollet, commissaire au Châtelet, est venu et comparu Marc-Antoine Legrand, comédien ordinaire du roi, demeurant rue du Regard, paroisse Saint-Sulpice; lequel nous a fait plainte et dit que tout présentement, passant dans la rue de Tournon, devant l'hôtel de Tréville, occupé par la veuve Bidot, aubergiste, il lui a été jeté d'une fenêtre du second appartement dudit hôtel, qui est la troisième du côté du Luxembourg, un pot rempli d'urine et matière fécale sur lui, si bien que sa perruque, son habit noir tout neuf, son visage et son linge en sont entièrement gâtés, ainsi qu'il nous a fait voir, étant comparu devant nous en cet état. Pourquoi et comme il n'est pas permis de jeter des eaux, matières fécales et autres immondices par les fenêtres sur les passans, qu'il a intérêt de se faire faire raison du dégât à lui fait, il est venu nous en rendre sa plainte.

Signé : NICOLLET; LEGRAND.

(Arch. nationales, Y 14159.)

---

1. Date indiquée par M. Jal dans son *Dictionnaire*, d'après l'acte de baptême de Legrand, qu'il reproduit.

2. Pour jouer en double les rois et les paysans.

LE KAIN (Henri-Louis Caïn dit), né à Paris le 31 mars 1729[1], débuta à la Comédie française, le 14 septembre 1750[2], par le rôle de Titus dans le *Brutus* de Voltaire, fut reçu à l'essai à 1,200 livres d'appointements par an, le 4 janvier 1751, et reçu définitivement le 24 février 1752. Il mourut à Paris, le dimanche 8 février 1778, laissant deux fils, Bernardin et Louis-Théodore, nés du mariage qu'il avait contracté, le 28 juillet 1750, avec Christine-Charlotte-Josèphe Sirot[3].

I.

1762. — 3 novembre.

Plainte rendue par une danseuse de la Comédie française contre Lekain et Dubois, qui lui avaient signifié son congé d'une manière ironique et insultante.

L'an 1762, le mardi 23 novembre, deux heures de relevée, en

---

1. Le Mazurier, dans sa curieuse notice sur Lekain, dit qu'il naquit le 14 avril 1729. M. Jal a rectifié cette erreur dans son *Dictionnaire* et publié l'acte de baptême qui prouve que le grand tragédien vint au monde le 31 mars.

2. Collé, présent aux débuts de Lekain, a jugé sévèrement cet acteur. Il en parle ainsi dans son *Journal* (t. I, p. 232) : « Le lundi 14 septembre, je vis débuter aux François le sieur Lekain dans le rôle de Titus du *Brutus* de M. de Voltaire. C'est un jeune homme de 23 à 24 ans, qui n'est point mal fait, mais dont le visage est hideux et l'air passablement ignoble. Des grimaces à chaque sentiment qu'il veut exprimer ; d'assez beaux gestes et nulles entrailles à mon gré, car j'ai vu bien des gens être de mon sentiment à ce dernier égard ; je souhaite m'être trompé. Il réussit beaucoup, quoiqu'il m'ait souverainement déplu. Il a pourtant quelque sorte d'intelligence, avec le défaut cependant de jouer plutôt le mot que la chose ; il a le talent de faire des pauses assez longues, ce que je regarde comme une grande adresse et un grand art, quoique beaucoup de gens prennent cela pour un défaut. Ces pauses lui donnent le temps pour varier ses tons et c'étoit peut-être en quoi excelloient Baron et la Lecouvreur. Mais, je le répète, je ne lui crois point d'entrailles ; il ne m'a point ému dans le rôle de Titus, qui n'est pas un rôle des moins vifs et des moins pathétiques qui soient au théâtre. Il m'a laissé froid, donc il a tort et ce sont de ces sortes de torts dont on ne revient pas. On n'acquiert pas d'entrailles. Tout comédien sans chaleur sera toujours un mauvais ou un très-médiocre comédien. Sa voix n'est pas forte et elle devient désagréable quand il veut la forcer... » Le public ne fut pas de l'avis de Collé et la carrière théâtrale de Lekain est une des plus brillantes que l'on connaisse. Au reste, trente ans après, en 1780, Collé persistait dans son opinion, tout en reconnaissant qu'il se trompait peut-être et il ajoutait : « Je rendois justice à son art quand il l'a eu perfectionné, mais jamais ce monstre à voix humaine ne m'a remué que désagréablement. »

3. Madame Lekain débuta à la Comédie française au mois de mars 1757,

l'hôtel et par devant nous Antoine-Bernard Léger, commissaire au Châtelet, est comparue Marie Ladreux dite Langlois, danseuse figurante dans les ballets à la Comédie, en vertu du dernier engagement fait double entre elle et la troupe de comédiens françois de cette ville, qui a commencé à Pâques 1762 pour finir à Pâques 1763; laquelle nous a rendu plainte contre la troupe des comédiens françois de cette ville et a dit que le lundi 22 du présent mois, sur les huit heures et demie du soir, après avoir dansé dans le ballet et étant rentrée dans la loge où s'habillent les figurantes pour s'y déshabiller, les sieurs Lekain et Dubois, comédiens, y étoient arrivés et après avoir souhaité le bonsoir à toutes les demoiselles en général et s'être gravement assis, ils lui ont adressé la parole et lui ont dit : « C'est pour vous que nous venons, mademoiselle, et pour vous dire qu'on vous chasse. L'on vous paye de vos appointemens jusqu'à Pâques et votre capitation[1]; vous devez être bien contente. » Leur ayant demandé de quelle part et pour quel sujet, ils lui ont fait réponse que c'étoit de la leur et de celle de tous leurs camarades et que c'étoit parce qu'elle les avoit fait assigner en justice pour les contraindre à payer sa capitation. A quoi leur ayant répliqué qu'ils devoient savoir tous qu'ils l'avoient contrainte, par leur refus de la payer, à prendre cette voie à quoi elle ne s'étoit portée que parce qu'elle étoit à la veille de voir établir garnison chez elle, et après avoir fait toutes sortes de démarches auprès de M. le prévôt des marchands, l'intendant des Menus et autres, en avoir marqué auxdits comédiens et comédiennes en général et en particulier toutes sortes d'égards et employé inutilement toutes sortes d'instances : « N'importe, mademoiselle, » ont-ils répondu, « vous avez eu tort de nous faire assigner et encore un coup on vous chasse; vous n'avez qu'à sortir tout présentement. Nous vous défendons de rentrer ici. » Et prenant ensuite un ton plus ironique : « Mademoiselle, cela vous fera plus de tort que vous ne pensez. Vous pourrez néanmoins y venir trois fois par semaine, mais pour votre argent. » Un congé aussi militairement donné et dans des termes aussi offensans et

---

fut reçue à l'essai le 25 avril suivant et définitivement en 1761. Elle se retira en 1767 avec la pension de 1,000 livres et mourut le 18 août 1775, rue des Fossoyeurs. M. Jal a publié son acte de décès dans son *Dictionnaire*.

1. *Capitation*, imposition, droit qui se lève sur chaque personne, à raison de son travail, de son industrie, de sa charge, de son rang (*Dictionnaire de Trévoux*).

aussi injurieux en présence de toutes les camarades de la demoiselle Langlois, l'ayant obligée de dire auxdits comédiens qu'on
ne chassoit que des gueux et coquins ou coquines et de leur demander si, depuis quatre ans qu'elle dansoit à leur spectacle, ils avoient
quelque chose à lui reprocher sur son talent, sa conduite et son
service, ils ont répondu que non; mais, en reprenant un ton ironique, qu'elle les avoit fait assigner et qu'ils la chassoient. Alors,
pour éviter une esclandre et la violence dont elle étoit menacée,
elle a rassemblé ce qui lui appartenoit dans la loge, l'a fait emporter et est sortie. Une action aussi injuste contre la foi d'un engagement réciproque, qui blesse aussi grièvement l'honneur et la
réputation de la plaignante et qui intéresse aussi essentiellement
par la suite sa fortune et son état par l'éclat qu'elle a fait et qu'elle
ne peut manquer de faire en devenant publique, l'a fait conseiller
d'en rendre plainte par devant nous.

Signé : M.L.-D.-L. LADREUX-LANGLOIS; LÉGER.

(Arch. nationales, Y 14325.)

II.

1766. — 24 mars.

Les ducs de Richelieu et de Duras, premiers gentilshommes de la Chambre
du roi, accordent à Lekain une pension de 500 livres pour avoir formé
une élève.

Nous, maréchal duc de Richelieu, pair de France, premier
gentilhomme de la Chambre du Roi;

Nous, duc de Duras, pair de France, premier gentilhomme
de la Chambre du Roi.

Avons accordé au sieur Lekain, comédien français du Roi,
sous le bon plaisir de Sa Majesté, la pension de cinq cens livres
créée en faveur de ceux des comédiens du Roi qui se sont chargés
de former par nos ordres des sujets pour le Théâtre-Français; le
sieur Lekain, ayant élevé la demoiselle Vestris, qui a mérité d'être
reçue dans la troupe des comédiens de Sa Majesté, jouira de ladite
pension de cinq cens livres, laquelle sera portée dans les états des
Menus, au chapitre des comédies et concerts, et ce à commencer
du premier janvier de la présente année.

Fait à Versailles, ce 24 mars 1769.

Signé : le m. duc DE RICHELIEU; le duc DE DURAS.

(Arch. nationales, O¹ 845.)

III.

1771. — 6 avril.

Plainte rendue par Lekain contre un de ses débiteurs, qui cherchait à le spolier sous prétexte de faillite.

L'an 1771, le samedi 6 avril, du matin, en l'hôtel et par devant nous Gilles-Pierre Chenu, commissaire au Châtelet, est comparu sieur Henri-Louis Caïn, pensionnaire du roi, demeurant à Paris, place Saint-Michel, paroisse Saint-Cosme : lequel nous a rendu plainte et dit qu'il a appris que le sieur Sibire, huissier-priseur, son débiteur, a fait faillite ou du moins que, depuis trois semaines ou un mois, il se fait céler à ses créanciers et à ceux qui peuvent avoir des comptes à lui demander ; que l'on a dit qu'il a renvoyé ses enfans à sa belle-mère et qu'il avoit pris la précaution de se faire séparer collectivement d'avec sa femme pour mettre sous son nom la partie la plus apparente de son mobilier ; qu'il est public et notoire que ce mobilier formoit un objet considérable, en sorte qu'il est probable que, ne pouvant être absorbé par les reprises de sa femme, il en aura soustrait une partie ; que le 25 ou 26 mars dernier ledit sieur Sibire a fait assembler ses créanciers chez Mᵉ Delaroche, notaire, où ledit sieur Sibire ne s'est point trouvé, mais un procureur au Châtelet pour lui qui a exposé la situation de ses affaires dans l'état le plus déplorable ; qu'outre les créanciers hypothéquaires et privilégiés, comme bailleurs de fonds sur la charge, qui montent à 23 ou 24,000 livres, et du nombre desquels se trouve le plaignant pour 20,600 livres de principal, on annonce des créanciers pour faits de charge pour 27,000 livres et d'autres créanciers pour lettres de change et par sentences des consuls, le tout formant 80,000 livres ou 100,000 livres de dettes. Et, pour remplir ce grand déficit, on n'expose d'existant que cette même charge d'huissier-priseur et un tiers de maison, rue et île Saint-Louis, de valeur seulement de 5,000 livres ; que cette banqueroute paroît d'autant plus frauduleuse que d'un côté un huissier-priseur n'est point d'un état à essuyer des pertes, étant même payé de ses propres mains de son travail et vacations, et que, d'un autre côté, dans le nombre extraordinaire de ceux que l'on présente comme créanciers pour faits de charge, il y en a beaucoup qui ne le sont que pour ventes volontaires et dont la délivrance des deniers n'a point été retardée ni suspendue par des oppositions ; que les soupçons augmentent lorsqu'on apprend que les minutes des procès-verbaux de vente ont été déplacés de chez ledit sieur Sibire, en sorte que, par la suppression de comptes, quittances ou pièces justificatives des payemens, on a pu augmenter les prétendues créances pour faits de charge au point de rendre sans effet l'hypothèque et le privilége des créanciers hypothéquaires et bailleurs de fonds; qu'on prétend même que la plupart de ces dettes, autres que celles des bailleurs de fonds, ne remontent pas à une époque plus ancienne que le mois de juillet 1770, en sorte qu'il devient impossible de se persuader qu'en 7 à 8 mois seulement le sieur Sibire a perdu et consommé sans fraude 60 ou 80,000 livres de deniers, joint à ce que, dans tous les cas, les 27,000 livres plus ou moins de prétendus faits de charge deviennent un délit public et un vol caractérisé; que si la conduite du sieur Sibire envers ses créanciers et envers le public est notoirement criminelle, elle présente encore quelque chose de plus odieux pour ce qui concerne le plaignant. En effet, il avoit placé sa confiance dans Me Sibire, notaire, qui dans différens tems avoit été dépositaire d'une partie de sa fortune. Il est devenu public que c'est Me Sibire, qui a établi son frère huissier-priseur, dont il étoit créancier privilégié sur la charge, sous le nom d'un sieur Girault, son prête-nom. Il est également public que, lors de cet établissement, le notaire, se défiant avec raison de la conduite de son frère, avoit eu la précaution : 1º d'obliger ledit sieur Sibire, huissier-priseur, à déposer en ses mains, au fur et à mesure, les deniers de ses ventes; 2º de lui faire donner sa procuration *ad resignandum* de son office pour en faire usage dans le cas où il viendroit à s'écarter de cette première convention. C'est donc dans cette circonstance que ledit sieur Sibire, huissier-priseur, sachant que Me Sibire, notaire, avoit des deniers au plaignant, est venu le trouver et le prier de placer sur sa charge une somme de 13,600 livres. Le plaignant en parla au notaire, qu'il regardoit comme le véritable propriétaire de ladite charge, et le laissa maître d'arranger cette affaire comme il le jugeroit à propos. En conséquence il accepta et signa en l'étude de Me Sibire, notaire, le contrat de constitution qui lui en fut passé le 22 novembre 1763, dont il ne lui a même pas été délivré de grosse, et cette constitution, qui paroit actuellement passée chez Me Giraud, notaire, ne présente qu'une constitution pure et simple sans stipulation d'emploi ni de privilége, sans subrogation aux droits et priviléges dudit sieur Girault, prête-nom dudit Me Sibire, notaire, et même sans énumération d'espèces. Le 29 novembre 1765 le plaignant accepta encore, et toujours guidé par le seul conseil de Me Sibire, notaire, un pareil contrat de constitution du sieur Sibire, huissier-priseur, de 350 livres de rente au principal de 7,000 livres, qui paroît passé en l'étude de Me Prignet de Beauregard. Ce dernier contrat contient l'énumération d'espèces, emploi et privilége sur la charge dudit huissier-priseur, à l'effet de quoi ledit Me Sibire y intervient et y représente et annexe le brevet original de la déclaration à lui donnée par ledit sieur Girault, son prête-nom; mais, en même tems, on y fait consentir au plaignant l'antériorité de privilége en faveur d'un sieur Bussière, pour 120 livres de rente au principal de 2,400 livres. C'est d'après ces faits, que l'on peut regarder comme une véritable manœuvre, que l'on annonce au plaignant que son privilége et son hypothèque sont devenus illusoires par des créances pour frais de charge auxquelles le plaignant n'auroit jamais été exposé s'il avoit pris un autre conseil que Me Sibire, son notaire, ou qui même n'existeroient pas si Me Sibire, notaire, avoit continué d'y être personnellement intéressé. Mais, au manque de délicatesse que ce notaire a eu de faire passer sur le compte du plaignant ses créances personnelles, avec des hypothèques et priviléges équivoques et même déjà altérés, il a joint l'abandon des précautions si sages qu'il avoit prises pour mettre son frère à l'abri des faits de charge. De tous lesquels faits, qui intéressent singulièrement la sûreté publique, il est venu nous faire la présente déclaration et plainte.

Signé : CHENU; H.-L. CAÏN.

(Arch. nationales, Y 11581.)

LUZY (Dorothée). Cette actrice, née en 1747, joua sur le théâtre de l'Opéra-Comique de 1757 à 1762 et débuta à la Comédie française le 26 mai 1763 par les rôles de Dorine dans *Tartuffe* et de Lisette dans les *Folies amoureuses*[1]. Elle fut reçue en 1764, se retira en 1781 avec la pension de 1,500 livres[2] et mourut en 1830.

---

1. « 3 juin 1763. — Il paroît depuis quelques jours aux François une nouvelle actrice dans les rôles de soubrettes. C'est Mlle Luzy, fort annoncée depuis quelque temps et que Préville formoit avec le plus grand soin. Elle n'a pas trompé l'espérance publique. Elle a de la taille, de l'aisance, plus de finesse que de naturel. » (*Mémoires secrets*, t. I, p. 261.)

2. « 28 avril 1781. — Mlle Luzy, dont on annonçoit depuis plusieurs années la retraite, quitte le théâtre au moment où on s'y attendoit le moins.

I.

Vol commis à la Comédie française dans la loge de Mlle Luzy.

Cejourd'hui samedi 25 mai 1771, de relevée, en l'hôtel et par devant nous, Pierre Thiérion, commissaire au Châtelet, est comparue demoiselle Dorothée Luzy, pensionnaire du roi, demeurant à Paris, rue Férou, parroisse St-Sulpice, laquelle nous a déclaré et dit qu'il y a environ huit jours, ayant été dans sa loge de la Comédie pour s'y habiller et voulant remporter ses robes de saison pour en mettre d'autres à la place, elle s'étoit aperçue qu'il lui en manquoit trois, l'une de droguet gris œil-de-perdrix, plissée sur les côtés, non doublée; une autre de satin, grandes raies souci et blanc, ayant de petites guirlandes blanches et à pois noirs sur la raie souci, doublée de taffetas blanc, la garniture de la robe même étoffe avec chenille autour; la troisième de pékin, à raies d'un doigt bleu et blanc, garnie de même étoffe, avec agrémens assortis. Les trois robes plissées sur les côtés avec baleines aux tailles, des manchettes de linon uni festonnées; qu'il peut fort bien se faire qu'il lui ait été volé autre chose, mais qu'elle ne s'en est pas encore aperçue et que cela ne lui est pas possible parce qu'elle y a des robes à l'infini; que les deux dernières robes sont neuves; qu'elle sait que plusieurs clefs de ses camarades ouvrent sa porte, mais qu'il faut que les voleurs aient aussi la clef de son armoire, qui étoit fermée.

Signé : LUZY.

(Arch. nationales, Y 10901.)

II.

Le maréchal duc de Duras, premier gentilhomme de la Chambre, accorde à Mlle Luzy sa retraite, avec 1,500 livres de pension.

Nous, maréchal duc de Duras, pair de France, premier gentilhomme de la chambre du Roi.

Une maladie cruelle l'avoit déjà mise dans le cas d'y renoncer et de se jeter dans la dévotion. Elle étoit retournée à son ancien péché; on verra si cette fois elle sera plus ferme dans sa résolution.» (*Mém. secrets*, t. XVII, p. 151.)

Grimm dit que ce qui détermina Mlle Luzy à se retirer, ce fut le chagrin de n'avoir pu épouser ni M. Landry, son ancien amant, ni l'acteur Fleury, qu'elle aimait. Il ajoute qu'elle entra dans un couvent où elle faisait, prétendait-on, son noviciat. (*Correspondance littéraire*, t. X, p. 416.)

Sur la demande que la demoiselle Luzy nous a faite de sa retraite, nous la lui avons accordée avec quinze cens livres de pension, en récompense de ses anciens et bons services.

Paris, ce 31 mars 1781.

Signé : le maréchal duc DE DURAS.

(Arch. nationales, O¹ 845.)

MOLÉ (François-René).

MOLÉ (Pierre-Claude-Hélène PINET, mariée à François-René).

François-René Molé, né à Paris le 24 novembre 1734, débuta à la Comédie française le 7 novembre 1754[1] et ne fut pas reçu. Il alla alors jouer en province et ne fit son second début au Théâtre-Français que le 28 janvier 1760 dans le rôle d'Andronic, de la tragédie de Campistron. Il fut reçu en 1761 et mourut le 11 décembre 1802. Molé était membre de l'Institut.

Il avait épousé, le 10 janvier 1769, Pierre-Claude-Hélène Pinet, née à Paris le 14 juin 1740, qui avait débuté sous le nom de Mlle d'Epinay à la Comédie française, le 26 janvier 1761, dans *Cénie*, comédie de madame de Graffigny, et qui fut reçue en 1763. Madame Molé mourut en 1783[2].

---

1. Collé ne soupçonna pas, lors des débuts de Molé, l'avenir glorieux réservé à cet acteur. Il dit de lui, dans son *Journal* (t. I, p. 437) : « Le lundi 7 novembre 1754, a débuté aux François, dans les rôles de Britannicus et d'Olinde (de *Zénéide*, comédie de Cahusac et de Watelet), le sieur Molé, jeune homme de 19 ans, bien fait et d'une figure passable. C'est un enfant sans voix, sans grâce et sans usage. Il n'a pas d'entrailles et nulle intelligence du théâtre ; malgré tous ces défauts-là, que je crois incurables, il n'a pas laissé d'être applaudi. »

2. Grimm, dans la *Correspondance littéraire* (t. XI, p. 501), parle ainsi de cette actrice à l'époque de sa mort : « Elle débuta sous le nom de Mlle Pinet ; avec plus d'esprit, d'étude et d'intelligence que Mlle d'Oligny, le plus beau teint et un fort joli visage, elle réussit infiniment moins. Elle n'avoit aucune espèce de talent naturel et ce n'est que depuis peu d'années qu'elle étoit parvenue à exprimer au théâtre une partie au moins de tout ce qu'elle sentoit si bien dans ses rôles, quelquefois même avec assez de finesse et de vivacité. Sa voix étoit fort maniérée et n'en étoit ni plus douce ni moins fausse. Si sa tête étoit encore agréable, sa taille étoit devenue presque monstrueuse. Les efforts inouis qu'elle faisoit pour serrer son corps de jupe lui donnoient l'air roide et emprunté, sans la faire paroître beaucoup plus mince. Le rôle de la sœur précieuse dans les *Femmes savantes* et celui d'Alcmène dans *Amphytrion* étoient peut-être ceux qu'elle jouoit le moins mal. »

I.

1776. — 14 octobre.

Plainte rendue par une domestique de Lefranc de Pompignan, à cause d'une blessure occasionnée à son fils par la chute d'une planche tombée de la maison occupée par Molé.

L'an 1776, le lundi 14 octobre, sept heures et demie du matin, en notre hôtel et par devant nous, Antoine-Joachim Thiot, commissaire au Châtelet, est comparue Madeleine Fournier, femme de Nicolas Lambinet, domestique au service de M. le marquis de Pompignan, elle blanchisseuse de dentelles, demeurant rue de Grenelle, au-dessus de la rue de la Chaise, entre l'ébéniste et la fruitière, paroisse Saint-Sulpice ; laquelle nous a rendu plainte contre M. Molé, comédien pensionné du roi, demeurant à Paris, rue du Sépulcre, et nous a dit que Jean-Nicolas Lambinet, son fils, âgé de 14 ans, apprenti coiffeur du sieur Labé, rue de Grenelle-Saint-Germain, et demeurant chez la plaignante, sortant heure présente de l'allée de la maison du parfumeur, attenant celle dudit sieur Molé, il est tombé perpendiculairement du grenier de la maison de ce dernier une planche très-forte sur lui, qui a déchiré le côté de son habit sur le devant et fait une contusion à gauche de l'épaule gauche, ainsi qu'il nous est apparu. Et comme sondit fils souffre beaucoup, elle a lieu de craindre qu'il ait quelque chose de cassé, pour quoi nous requiert de faire constater par un chirurgien l'état de son enfant, entendant répéter contre ledit sieur Molé et tous autres qu'il appartiendra, tous les frais qu'elle pourra faire au sujet de la blessure de sondit fils et même toute perte, dépens, dommages et intérêts. Nous requérant acte de sadite plainte.

Signé : M. Fournier.

En conséquence, nous avons mandé M. Dussault, chirurgien en cette ville, y demeurant, cour du Dragon-Sainte-Marguerite : lequel, étant survenu, nous a dit s'appeler Louis-François de ses noms de baptême, et après avoir fait l'examen dudit Jean-Nicolas Lambinet, nous a déclaré qu'il a trouvé fracture à la clavicule gauche avec contusion, qui lui a paru avoir été faite avec un instrument contondant.

Signé : Dussault ; Thiot.

Et le jeudi 19 décembre, audit an 1776, neuf heures du matin, en notre hôtel et par devant nous Antoine-Joachim Thiot, etc., est de nouveau comparue Madeleine Fournier, femme dudit Nicolas Lambinet : laquelle nous a dit qu'elle se désiste purement et simplement de la plainte ci-dessus qu'elle nous a rendue contre le sieur Molé, y dénommé, entendant qu'elle demeure comme non faite, ni avenue, renonçant même par ces présentes à pouvoir poursuivre, inquiéter, ni rechercher en façon quelconque ledit sieur Molé, ni qui que ce soit, relativement à ladite plainte, au moyen du payement qui vient de lui être présentement fait par ledit sieur Molé, de la somme de 48 livres, pour la dédommager des dépenses auxquelles elle a été en butte pour la blessure de son fils. De laquelle somme elle est contente et en quitte et décharge ledit Molé et tous autres. Nous requérant acte du tout.

Signé : M. FOURNIER; THIOT.

(Arch. nationales, Y 13793.)

II.

1783.— 4 mai.
Le roi accorde à Molé une pension de 3,000 livres.

Brevet d'une pension de 3,000 livres en faveur de François-René Molé, né le 24 novembre 1734 et baptisé le lendemain, paroisse Saint-Barthélemi, comédien ordinaire du Roi.

Cette pension, composée des objets ci-après, savoir : une pension de deux mille livres sans retenue, qui lui a été accordée sur les dépenses extraordinaires des Menus plaisirs, tant en considération de ses services que pour avoir formé deux élèves[1], suivant les décisions des 10 décembre 1764, 27 octobre 1766 et 6 décembre 1773; une pension de mille livres sans retenue qui lui a été accordée sur le Trésor royal, tant en considération de ses talents distingués que comme une récompense de ses services, ce qui lui doit fournir un nouveau motif d'encouragement à en continuer l'exercice pour la satisfaction de la Cour et du public, suivant la décision de ce jour, 4 mai 1783, avec jouissance du premier du même mois.

(PIÈCES JOINTES AU BREVET.)

1. — Déclaration de Molé, relativement à sa pension.

Le sieur François-René Molé, comédien français ordinaire du Roy, né le 24 novembre 1734 à Paris, élection et généralité de

_____

1. Mlles d'Oligny et Fanier.

ladite ville, baptisé le 25 dudit mois dans la paroisse de Saint-Barthélemy, demeurant à présent à Paris, rue du Sépulchre, faux-bourg Saint-Germain, déclare avoir obtenu du Roy trois pensions ou gratifications annuelles. La première : pension d'élève de cinq cens livres pour Mlle Doligny, par brevet du 10 décembre 1764, portant à commencer du 1er avril de la même année.

La seconde : pension d'élève aussi de cinq cens livres, pour Mlle Fanier, par brevet du 6 octobre 1766, au haut duquel est écrit : année 1766.

Et la troisième : pension de mille livres, en sa qualité de comédien françois ordinaire du Roy, par une simple lettre de monsieur de Laferté, en forme d'avis et dattée du 1er décembre 1773.

Le tout faisant ensemble une somme de deux mille livres de pension ou gratiffication annuelle sur les fonds extraordinaires des Menus, qui lui étoit païée sans retenue et dont il lui reste dû trois années jusqu'au 1er janvier 1779.

Fait à Paris, ce 20 octobre 1779.

Signé : François-René MOLÉ[1].

2. — Acte de baptême de Molé.

Extrait des registres de baptêmes de l'Eglise royale et paroissiale de Saint-Barthélemi de Paris.

Le 25 novembre 1734 a été baptisé par nous, François-René, né le jour précédent, fils de François Molé, maître peintre et sculpteur, et de Louise Sciot, sa femme, demeurant rue Saint-Louis, de cette paroisse. Le parrain, Louis-René Fremin, demeurant rue de Gesvres, paroisse Saint-Jacques-de-la-Boucherie; la marraine, Catherine Gainier, femme de François Bénard, marchand orfèvre, demeurant rue Sainte-Anne, de cette paroisse, lesquels ont signé avec nous, le père présent.

Collationné à l'original par nous, prêtre, bachelier de Sorbonne et vicaire de cette paroisse, le 15 octobre 1779.

Signé : VIDALEINC.

(Arch. nationales, O^1 683.)

III.

1779. — 1er janvier.

Le roi accorde une pension de 500 livres à madame Molé.

Brevet d'une pension de 500 livres en faveur de la dame Pierre-

---

1. Cette pièce est entièrement écrite par Molé.

Claude-Hélène Pinet, née à Paris le 14 juin 1740, baptisée le même jour dans la paroisse Saint-Eustache de ladite ville, épouse du sieur Molé, comédienne ordinaire du Roi, qui lui a été accordée sans retenue sur les dépenses extraordinaires des Menus plaisirs, en considération de ses services, suivant la déclaration du premier janvier 1779, avec jouissance dudit jour.

(PIÈCES JOINTES AU BREVET.)

1. — Déclaration de madame Molé, relativement à sa pension.

La demoiselle Pierre-Claude-Héleine Pinet, femme du sieur François-René Molé, tous deux comédiens françois ordinaires du Roy, ladite demoiselle femme Molé, née le 14 juin 1740 à Paris, élection et généralité de ladite ville, baptisée le même jour dans la paroisse de Saint-Eustache, demeurant à présent à Paris rue du Sépulchre, faubourg Saint-Germain, déclare avoir obtenu du Roy une pension ou gratiffication annuelle de cinq cens livres en sa qualité de comédienne françoise ordinaire du Roy, par une lettre de M. de La Ferté, en forme d'avis, en datte du 3 février 1779.

Cette pension de cinq cens livres faisant moitié de celle dont jouissoit deffunt le sieur Bellecour, aussi comédien françois ordinaire du Roy. Laditte pension ou gratiffication annuelle sur les fonds extraordinaires des Menus, qui lui auroit été payée sans retenüe, mais dont elle n'a encore rien reçu et dont il lui sera dû au 1er janvier 1779 une année, un mois et dix jours, à cause de la mort du sieur Bellecour, arrivée le 20 novembre 1778.

Fait à Paris, le 20 octobre 1779[1].

a Prouvé Lécriture si desus.

Pierre-Claude-Héleine PINET, fe MOLÉ[2].

2. — Acte de baptême de madame Molé.

Extrait du registre des baptêmes faits en l'église paroissiale de Saint-Eustache à Paris.

L'an mil sept cent quarante, le mardi quatorze juin, fut baptisée Pierre-Claude-Héleine, née d'aujourd'hui, fille de défunt Claude-André Pinet, perruquier, et de Catherine Wey, sa veuve, demeurant grande-rue de la Truanderie. Le parrain Pierre Pi-

1. Toute cette pièce est entièrement écrite par Molé.
2. L'« approuvé l'écriture » et la signature sont de la main de madame Molé.

net, bourgeois de Paris, la marraine Héleine Rousseau, veuve de Claude Micaud, marchand orfèvre, lesquels ont signé.

Collationné à l'original et délivré par moi, prêtre et vicaire de la susdite église.

A Paris, ce 15 octobre 1779.

Signé : DE LA VILLÉON.

(Arch. nationales, O¹ 683.)

NAUDET (Jean-Baptiste-Julien-Marcel), né le 14 mai 1743, débuta à la Comédie française, le 22 septembre 1784[1], par les rôles d'Auguste dans *Cinna* et de Philippe Hombert dans *Nanine*, fut reçu en 1786, se retira en 1806 et mourut en 1830.

1789. — 8 août.

Plainte rendue par un ancien chirurgien-major de la marine contre Naudet, qui l'avait insulté et lui avait donné un coup de poing dans la figure.

L'an 1789, le samedi 8 août, cinq heures du soir, en notre hôtel et par devant nous, Ambroise Hubert, commissaire au Châtelet, est comparu sieur Charles de Lavaud, ancien chirurgien-major de la marine du roi, demeurant à Paris, rue des Francs-Bour-

---

1. On trouve dans le *Journal de Paris* du 23 septembre 1784 l'appréciation suivante du début de Naudet : « Le sieur Naudet, qui a débuté hier par le rôle d'Auguste dans *Cinna* et par celui de Philippe Hombert dans *Nanine*, a obtenu le plus grand succès dans l'un et dans l'autre. Il a été très-applaudi dans celui d'Auguste et il a dû l'être par un débit très-naturel, un ton de sensibilité (quoique sa voix soit quelquefois un peu nasarde), des inflexions heureuses et même par un talent qui paroît lui appartenir ou qui, du moins, n'a pas eu de modèle sur les théâtres de la capitale. Après ces éloges donnés avec franchise, nous croyons pouvoir y mêler quelques observations, non pour troubler la jouissance de son succès, mais pour tâcher d'être utile à son talent. Nous l'exhortons à assouplir ses mouvements, à arrondir ses gestes, ce qui est plus difficile avec une aussi grande taille que la sienne, mais ce qui n'en est pas moins essentiel; nous l'invitons à se souvenir que le défaut de nuances jette dans l'uniformité, si funeste à tous les genres, et à ne pas oublier que le chemin est difficile à tenir entre le naturel et le familier. Ce n'est pas que le sieur Naudet ait montré les défauts dont nous venons de parler, mais il a laissé voir la possibilité d'y tomber, s'il ne veilloit sur lui-même. Ce ne sont pas des reproches que nous lui faisons ici; ce sont nos craintes que nous exprimons. Au reste le talent de cet acteur a vivement intéressé le public et ce premier succès doit l'engager à de nouveaux efforts pour mériter de plus en plus son suffrage. »

geois, place Saint-Michel, n° 19, paroisse Saint-Sulpice : lequel nous a rendu plainte contre le sieur Naudet, comédien françois, demeurant à Paris, rue du Théâtre-François, et nous a dit que cette après-midi, à quatre heures, il a reçu un billet dudit sieur Naudet, par lequel ce dernier lui marque qu'il l'attend au café Mézerai[1], et qu'il a à lui parler. Que le plaignant s'y est rendu et y ayant trouvé ledit sieur Naudet, ce dernier a prétendu que le plaignant avoit voulu l'inculper personnellement et même tous les Comédiens françois dans un écrit, dont lui plaignant est auteur, et ayant pour titre : *Réflexions d'un bourgeois du district de Saint-André-des-Arts sur la garde bourgeoise et sur le choix des officiers de l'état-major;* que le plaignant exposa audit sieur Naudet qu'il avoit tort d'imaginer qu'il ait eu dans cet écrit des intentions directes soit contre lui, soit en général contre ceux de sa profession. Et ayant été interpellé par ledit sieur Naudet de s'expliquer sur le paragraphe 4 de la 4ᵉ page, le plaignant lui a donné l'explication qu'il désiroit et mot à mot celle qu'il nous représente manuscrite, ce qui auroit dû satisfaire ledit sieur Naudet; mais que ledit sieur Naudet n'y trouva pas apparemment tout ce qu'il auroit voulu y voir, qu'en conséquence il a invectivé hautement le plaignant en le traitant de jeanfoutre, de coquin et d'impertinent, et l'ayant subitement renversé d'un violent coup de poing qu'il lui a porté sur le visage, il l'a foulé aux pieds et l'a grièvement blessé toujours en invectivant le plaignant de la manière la plus outrageante et en assurant avec serment qu'il le tueroit et qu'il pouvoit en être assuré. Que de ce coup de poing le plaignant a une très-forte contusion sur l'œil de droit, qu'il a de plus la lèvre supérieure fort enflée et fendue aussi du côté droit et que de ces blessures le plaignant a répandu du sang en abondance, le tout ainsi qu'il nous est apparu. Nous déclare en outre, le plaignant, qu'il souffre de très-grandes douleurs dans la tête et dans toute l'habitude du corps, en sorte qu'il a lieu de craindre des suites fâcheuses des mauvais traitemens exercés envers lui par ledit sieur Naudet; que, vu la fureur dont ledit sieur Naudet

1. Le café Mézeray était ainsi appelé du nom de celui qui le dirigeait. Cet industriel eut une fille, Marie-Antoinette-Joséphine Mézeray, qui naquit à Paris le 10 mai 1774, débuta à la Comédie française le 21 juillet 1791 par les rôles de Lucile dans les *Dehors trompeurs*, comédie de Boissy, et de Zénéide, dans la pièce de ce nom de Cahusac et de Watelet, et mourut le 20 juin 1823.

vient de donner de si fortes preuves et d'après les menaces par lui
faites au plaignant, les jours de ce dernier ne sont pas en sûreté;
que d'ailleurs le plaignant prétend avoir une réparation authentique de l'insulte et des injures proférées contre lui par ledit sieur
Naudet, pourquoi il nous rend la présente plainte, etc.

Signé : DE LAVAUD; HUBERT.

Et le lendemain dimanche, 9 dudit mois d'août, audit an 1789,
neuf heures du soir, en notre hôtel et par devant nous, commissaire susdit, est comparu messire Georges Lanigan, docteur régent
de la faculté de médecine, y demeurant, rue des Francs-Bourgeois, nº 9, place Saint-Michel : lequel nous a dit qu'ayant été
requis il s'est transporté susdite rue des Francs-Bourgeois, nº 19,
en une chambre au troisième étage, chez le sieur de Lavaud,
ancien chirurgien-major de la marine du Roi. Qu'il a trouvé ledit
sieur de Lavaud au lit, ayant l'œil droit et tous les tégumens qui
l'environnent fortement contus et la partie interne des lèvres supérieure et inférieure coupée près de la commissure de la lèvre
droite, ce qui lui a été déclaré être le résultat d'un coup de poing
violemment asséné de revers, et qu'il croit aussi pouvoir avoir été
produit par le moyen d'un instrument. Lequel rapport il fait pour
servir et valoir audit de Lavaud ce que de raison.

Signé : George LANIGAN; HUBERT.

(Arch. nationales, Y 13818.)

NESLE (Françoise QUINAULT, mariée à Hugues de). Voyez QUINAULT-
DE-NESLE.

OLIGNY (Louise-Adélaïde BERTON-MAISONNEUVE, dite d'), née à Paris
le 30 octobre 1746, débuta à la Comédie française le 3 mai 1763[1],
fut reçue en 1764 et se retira en 1783[2].

1. Les débuts de cette actrice donnèrent lieu à un incident assez plaisant
que l'on trouve raconté dans les *Mémoires secrets* (t. I, p. 245) : « Mlle Maisonneuve, fille de la femme de chambre de Mlle Gaussin, vient de débuter ;
elle est très-jeune, fort bien de figure, elle a de la naïveté, de l'intelligence
et promet beaucoup. Elle a été très-bien accueillie aujourd'hui ; elle a joué
dans la *Gouvernante* (comédie de La Chaussée) et dans *Zénéide* (comédie
de Cahusac et de Watelet). Dans la première pièce, comme elle est en tête-
à-tête avec son amant, en fuyant elle est tombée dans la coulisse et a laissé
voir son derrière. Madame Bellecour, dite Gogo, soubrette, est venue très-
modestement lui remettre ses jupes. Le tout s'est passé au contentement
du public, qui a fort fêté le cul de l'actrice et la modeste Gogo. La jeune
personne n'a point été déconcertée, elle est rentrée peu après sur le théâtre.»
2. Mlle d'Oligny emporta dans sa retraite les regrets universels : « Beau-

1783. — 6 avril.

Le roi accorde une pension de 1,000 livres à Mlle d'Oligny.

Brevet d'une pension de 1,000 livres en faveur de la demoiselle Louise-Adélaïde Berton de Maisonneuve d'Oligny, née le 30 octobre 1746, baptisée le 1er novembre suivant, paroisse Saint-Germain-l'Auxerrois, à Paris, comédienne ordinaire du Roy. Cette pension, composée des objets ci-après, savoir : une pension de 500 livres sans retenue, qui lui a été accordée sur les dépenses extraordinaires des Menus plaisirs, en considération de ses services, par déclaration du 1er janvier 1779[1]. (*Nota :* Cette pension

---

coup d'honnêteté, de candeur, de décence, de modestie l'ont constamment rendue très-estimable, » disent les *Mémoires secrets* (t. XXII, p. 303). Grimm dit que sa vertu n'avait pas « été obligée de payer à messieurs les gentilshommes de la Chambre aucun des droits d'usage », et il ajoute : « Son talent, sans être très-distingué, avait une physionomie qui lui étoit propre. Elle n'a jamais été fort jolie, mais elle a eu longtemps, sur la scène du moins, l'air aimable, intéressant et doux; sans élégance, sans coquetterie, sans maintien, on lui trouvait cependant une sorte de grâce, celle de la décence et de l'ingénuité. Le son de sa voix n'était pas toujours assez pur; elle ne paraissait pas même l'avoir cultivée avec soin, mais les accents de cette voix allaient souvent au cœur; elle avait des inflexions d'un naturel charmant, d'une sensibilité pénétrante. Les rôles qui respiraient une âme jeune, nouvelle et passionnée tels que ceux d'Angélique de *Zénéide*, de Victorine dans le *Philosophe sans le savoir*, semblaient avoir été créés pour elle, celui de Victorine surtout; on eût dit qu'elle le jouait d'instinct; elle lui donnait un caractère de finesse et d'originalité très-piquant, peut-être même inimitable. Elle manquait de force et de noblesse pour les rôles qu'on appelle de première amoureuse; elle avait bien moins encore le talent qu'exigent ceux de jeune princesse dans la tragédie et sa figure n'était plus assez jeune pour l'emploi auquel ses succès l'avaient particulièrement attachée.» (*Correspondance littéraire*, t. XI, p. 500.) Mlle d'Oligny avait épousé M. Gérard Du Doyer de Gastel, auteur dramatique et zélé convulsionnaire, qui était le fils d'un conseiller en la Chambre des comptes et le frère d'un conseiller au Parlement. M. Du Doyer, né à Chartres en 1732 et mort à Paris, rue Picpus, le 29 germinal an VI, a fait représenter à la Comédie française : *Laurette*, 2 actes, 1770; le *Vindicatif*, 5 actes, 1774, et *Adélaïde ou l'Antipathie pour l'amour*, 2 actes, 1780.

1. M. de La Ferté, intendant des Menus plaisirs du roi, adressa à Mlle d'Oligny, à propos de cette pension de 500 livres, la lettre suivante : « J'ai l'honneur de vous donner avis, mademoiselle, que le roi vous a accordé la moitié de la pension devenue vacante par la mort du sieur Bellecourt et qu'en conséquence M. le maréchal de Duras m'a donné l'ordre de vous faire employer sur les états des Menus. Je suis enchanté de la justice qu'on vous a rendue et d'avoir cette occasion de vous témoigner la part que j'y prends. J'ai l'honneur, etc. Signé : de LA FERTÉ. Paris, 3 février 1779. »

de 5oo livres net, portée dans un précédent brevet du premier juin 1780, timbré janvier, a été payée au Trésor royal jusqu'au 1ᵉʳ janvier 1783) ; une pension de 5oo livres sans retenue, qui lui a été accordée sur le Trésor royal à titre de retraite, par décision de ce jour, 6 avril 1783, avec jouissance du 1ᵉʳ du même mois.

(Pièce jointe au brevet.)

Acte de baptême de Mᶫˡᵉ d'Oligny.

Extrait du registre des baptêmes de l'Eglise royale de Saint-Germain-l'Auxerrois, à Paris.

Du mardi 1ᵉʳ novembre 1746, fut baptisée Louise-Adélaïde, fille de Pierre Berton de Maisonneuve, marchand orfèvre-joaillier, et de Louise-Marguerite Mielle, sa femme, place du Vieux-Louvre. Le parrein Jean-Martin Pelletier, sculpteur du Roy; la marreine Jeanne-Catherine Gossem, fille d'Antoine Gossem, officier chez le Roy. L'enfant est née dimanche dernier, et ont signé avec nous à la minute.

Délivré conforme à l'original, par moy soussigné, prêtre, bachelier de Sorbonne et curé de ladite église, à Paris, le 14 mai 1774.

Signé : N. Chapeau.

(Arch. nationales, O¹ 668.)

OLIVIER (Jeanne-Adélaïde-Gérardine), née à Londres le 7 janvier 1764, débuta à la Comédie française le 26 septembre 1780[1] par les rôles d'Agnès dans l'*Ecole des femmes* et d'Angélique dans l'*Esprit de contradiction*, comédie de Dufresny. Elle fut reçue en 1782 et ce fut à elle que Beaumarchais confia le rôle de Chérubin dans le *Mariage de Figaro*. Elle mourut à Paris le 21 septembre 1787[2], rue de

---

1. Le *Journal de Paris*, du 27 septembre 1780, rend compte en ces termes des débuts de cette actrice : « La demoiselle Olivier a paru hier pour la première fois au théâtre où elle a rendu d'une manière très-agréable les rôles d'Agnès dans l'*Ecole des femmes* et d'Angélique dans l'*Esprit de contradiction*. Cette actrice est fort jeune, sa physionomie est piquante et sa taille avantageuse. Les applaudissements qu'elle a reçus dans le 1ᵉʳ acte nous ont paru moins mérités que ceux qui lui ont été donnés au 5ᵉ, parce que la naïveté qu'elle a mise au commencement de son rôle sembloit lui coûter quelques efforts et que vers la fin elle ne paroissoit la tenir que de la nature. Nous l'invitons à paraître un peu moins *vermeille* à l'avenir, quand elle jouera Agnès ou d'autres personnages d'un semblable caractère. »

2. La mort prématurée de Mᶫˡᵉ Olivier inspira à Grimm (*Correspondance*, t. XIII, p. 460), les lignes suivantes : « Cette jeune actrice, née à Londres,

Condé, n° 8, laissant pour unique héritière sa sœur utérine Marie-Nicole Drouin, femme de Charles-Gui-Xavier Vangromentade-Debloy, pensionnaire du roi et bourgeois de Creil.

I.

1780. — 9 octobre.

Mlle Olivier est reçue à l'essai à la Comédie française.

Nous, maréchal duc de Duras, pair de France, premier gentilhomme de la Chambre du Roi.

Avons reçu la demoiselle Olivier, à l'essai et aux appointements de 1,800 livres, pour jouer sur le théâtre de la Comédie françoise tous les rôles tant tragiques que comiques où elle sera jugée nécessaire.

Paris, ce 9 octobre 1780.

Signé : le maréchal duc DE DURAS.

(Arch. nationales, O¹ 845.)

II.

1781. — 19 avril.

Le maréchal duc de Duras, premier gentilhomme de la Chambre, augmente les appointements de Mlle Olivier et lui promet sa réception à la Comédie française, lorsqu'il y aura une vacance.

Nous, maréchal de Duras, etc.

Avons porté les appointements de la demoiselle Olivier à deux mille livres et lui avons promis son ordre de réception lorsqu'il y aura quelque chose de vacant à la Comédie françoise.

Paris, ce 19 avril 1781.

(Arch. nationales, O¹ 845.)

PAULIN (Louis-François), né vers 1710, s'engagea tout jeune encore dans un régiment de dragons. Il embrassa ensuite la carrière du

---

vient d'être enlevée au théâtre à la fleur de son âge et pour ainsi dire de son talent. Depuis qu'elle joua si bien dans le *Séducteur* (comédie du marquis de Bièvre), elle n'avoit pas cessé de faire des progrès sensibles. Sa figure, sans rien perdre de son éclat et de sa fraîcheur, étoit devenue plus animée par une expression plus vive et mieux sentie. Quoique très-blonde, avec des yeux fort noirs, elle avoit naturellement je ne sais quoi de fade dans tout son air ; mais grâce aux recherches d'une toilette variée avec beaucoup de goût, elle étoit parvenue à dissimuler fort adroitement ce défaut et son jeu avoit acquis un caractère d'ingénuité, de décence et de noblesse qui la rendoit tout à fait intéressante. »

théâtre et joua la comédie à Lyon. Il débuta à la Comédie française le 5 août 1741 par le rôle de Pharasmane dans *Rhadamiste et
Zénobie*, tragédie de Crébillon, et fut reçu le 20 mai 1742[1]. Paulin
mourut à Paris, le 19 janvier 1776, rue de Seine; il avait choisi,
pour son exécutrice testamentaire, Jeanne-Francisque Salzella,
épouse du comédien Bonneval, avec laquelle il demeurait.

1743. — 26 décembre.

Le duc de Gesvres, premier gentilhomme de la Chambre du roi, donne
l'ordre à Paulin d'apprendre les rôles de paysans.

Nous, duc de Gesvres, pair de France, premier gentilhomme
de la Chambre du Roi.

Voulant que chacun des acteurs de la Comédie françoise se prête
à tout ce qui en peut faire le bien et voiant que l'emploi des paysans ne peut pas se tenir par un acteur seul,

Ordonnons au sieur Paulin d'en apprendre et d'en joüer au
plus tost pour que les pièces demandées à la cour ou nécessaires
au service journallier du théâtre ne soient plus arrestées. Le sieur
Paulin demandera à ses camarades les pièces où il se croira le
plus en état de paroître et après suivra les répertoires, etc.

Fait à Versailles, ce 26 décembre 1743.

Signé : le duc DE GESVRES.

(Arch. nationales, O¹ 845.)

POISSON (Raymond). Fut comédien de campagne avant de jouer à
l'hôtel de Bourgogne, où il débuta vers 1654. En 1680, lors de la
réunion des troupes, il passa à la nouvelle Comédie française, se
retira vers 1685 et mourut le 10 mai 1690.

Cet acteur, qui joua le premier les rôles de crispins, avait épousé
Victoire Guérin, qui entra dans la troupe de l'hôtel de Bourgogne
au mois d'avril 1660, et qui mourut le 17 septembre 1678[2].

---

1. « Paulin joue les rois et les paysans; mais autant il est maussade dans
les rôles de tyran, autant il est bien placé dans ceux de manant. C'est un
acteur dur, forcé, sans grâce, sans intelligence, même la plus commune, et
même sans aucun goût. Sans être mal de figure, il a l'air rustre, sa voix
est belle et forte, mais il la grossit et la défigure et la rend la plus désagréable qu'il peut. Il ne parle jamais aux princesses que le poing sous le
nez. C'est un des mauvais comédiens que j'ai vus. » (Collé, *Journal*, t. I, p. 147.)
Les rédacteurs des *Mémoires secrets* se montrent moins sévères pour cet
acteur et disent de lui en 1762 : « L'emphase de Paulin, dans ses rôles de
tyran, ne messied pas; d'ailleurs il excelle dans les paysans. »

2. Jal, *Dictionnaire*, au mot POISSON.

1670. — 28 juillet.

Arrêt du conseil, réduisant à 600 livres la pension faite par Raymond
Poisson à Nicole Gassot, femme de Pierre le Messier, dit Bellerose[1].

Le Roy s'étant fait représenter le contrat passé le 30 avril 1660
entre Nicole Gassot, femme de Pierre le Messier, dit Bellerose,
ci-devant comédienne de la troupe royale de l'hôtel de Bourgogne,
d'une part, et Raymond Poisson, aussi comédien de ladite troupe,
d'autre part, par lequel contrat ladite Gassot, autorisée de son
mari, a quitté la place qu'elle occupoit dans ladite troupe à Victoire Guérin, femme dudit Poisson, pour en jouir aux gages,
appointemens, droits et profits accoutumés, moyennant la somme
de mil livres de pension viagère que lesdits Poisson et sa femme
ont promis solidairement de payer par chacun an à ladite Gassot
de Bellerose. Et d'autant que les appointemens donnés par Sa
Majesté, aux comédiens de la troupe royale, sont destinés pour
leur subsistance personnelle et leur donner les moyens de suivre
Sa Majesté dans tous les lieux où ils sont commandés, pour rendre
les services auxquels ils sont obligés, et qu'il n'a pas été loisible à
ladite Bellerose, en quittant le service, d'exiger dudit Poisson la
pension de mil livres, ni à lui de la stipuler sans la permission
de Sa Majesté; que d'ailleurs, étant excessive, elle ôteroit audit
Poisson les moyens de subsister; à quoi Sa Majesté désirant pourvoir : le Roy, étant en son conseil, sans s'arrêter au contrat passé
entre ladite Gassot de Bellerose et ledit Poisson, le 30ᵉ avril 1660,
que Sa Majesté a déclaré nul et résolu, sans restitution, néanmoins, des arrérages reçus par ladite Bellerose ou qui lui sont
dus et échus jusqu'au dernier décembre dernier, a ordonné et
ordonne que ladite pension viagère de mil livres sera et demeurera réduite et modérée à la somme de 600 livres par chacun an,

---

1. Le Mazurier, dans la notice qu'il a consacrée à Raymond Poisson dans
sa *Galerie historique*, reproduit une longue et charmante épître adressée
par le comédien au roi Louis XIV et la fait précéder des lignes que l'on
va lire : « Les stances suivantes qu'il adressa à ce monarque furent récom-
pensées d'une pension de 400 livres; elles prouvent qu'il en faisait une de
1,000 francs à la veuve de l'acteur Bellerose; nous n'avons pu en découvrir
la raison. » L'arrêt que je publie explique le fait que n'avait pu éclaircir
Le Mazurier, il montre aussi que Raymond Poisson était un observateur
fort peu scrupuleux des engagements pris librement par lui. Comme madame Bellerose ne mourut que dix années plus tard, il s'en suit que la
somme dont Poisson la frustra se monte à 4,000 livres environ, total fort
important pour l'époque.

qui sera payée et continuée par ledit Poisson à ladite Bellerose, pendant sa vie, de quartier en quartier, par forme d'alimens, à commencer du premier janvier dernier.

Du 28 juillet 1670.

Signé : SÉGUIER; COLBERT.

(Arch. nationales, E 1756.)

POISSON (Paul-Jean-Jules), fils du précédent, né en 1658, débuta à la Comédie française en mars 1686 et se retira le 16 décembre 1711. Il rentra au mois d'octobre 1715 et quitta définitivement le théâtre avec la pension de 1,000 livres, le 1er avril 1724. Il se retira à Saint-Germain-en-Laye et y mourut le 28 décembre 1735.

1701. — 4 juillet.

Plainte rendue par Paul Poisson contre son camarade Etienne Baron, qui l'avait insulté et menacé de sa canne.

L'an 1701, le lundi 4e jour de juillet, sur les dix heures du soir, en l'hôtel et par devant nous, Charles Bizoton, commissaire au Châtelet, est comparu Paul Poisson, comédien du roi, demeurant rue du Four, lequel nous a dit que ce matin, étant à l'assemblée de la troupe, à l'hôtel de la Comédie, où l'on proposoit de donner quelques rôles, ayant dit son avis comme les autres, il fut entrepris par le sieur Baron, qui lui tint plusieurs discours insolens, disant que son fils étoit l'excrément de la Comédie[1]. A quoi ne lui ayant répondu autre chose, sinon qu'il valoit autant que lui, ledit Baron, se mettant dans des emportemens effroyables, le menaça que s'il étoit hors de l'hôtel il ne lui tiendroit pas un pareil langage et, dans l'instant le sieur Beauval[2] et sa femme

---

1. Celui qu'Etienne Baron qualifiait ainsi est Philippe Poisson. Voyez ci-après l'article qui le concerne. Paul Poisson, qui jouait les crispins, comme son père, avait épousé, comme je l'ai déjà dit (article AUVILLIERS), Angélique du Croisy. Outre Philippe Poisson, Paul Poisson eut encore deux fils, qui prirent la carrière du théâtre : 1° Poisson de Grandville, qui débuta en 1694, ne fut pas reçu et alla jouer à l'étranger; 2° François-Arnould Poisson, qui débuta le 21 mai 1722, fut reçu le 5 mars 1725 et excella dans les rôles comiques. Il mourut le 24 août 1753.

2. Jean Pitel, sieur de Beauval, comédien de campagne, entra en 1670 dans la troupe de Molière; il passa en 1673 à l'hôtel de Bourgogne et en 1680, lors de la réunion des troupes, il fut engagé à la nouvelle Comédie française. Il se retira, le 8 mars 1704, avec la pension de 1,000 livres et mourut le 29 décembre 1709. Beauval jouait avec un grand talent les rôles de niais.

prirent le parti dudit Baron en lui disant qu'il étoit un insolent,
ce qui marquoit un dessein prémédité de lui faire insulte. Il
auroit prié ledit Beauval de faire taire sa femme, qui n'avoit cessé
de l'insulter, et ledit Baron de lui faire plusieurs menaces en
levant une canne qu'il tenoit à la main; pour quoi il auroit été
obligé, pour éviter le désordre, de se retirer, et en sortant, auroit
été surpris de rencontrer dans la rue ledit Baron faisant la démons-
tration de lever la canne sur lui, ce qui l'auroit obligé de se mettre
en défense et tirer l'épée contre ledit Baron, qui l'auroit pareillement tirée et poussé le plaignant de telle manière qu'il auroit
manqué de le tuer, sans le secours du sieur Champmeslé et autres
qui les auroient séparés, voyant le sieur de la Thorilière[1] l'épée à
la main à côté dudit Baron, son neveu, ce qui l'auroit obligé de
leur dire qu'il n'étoit pas juste de se mettre deux contre lui. Pourquoi il se trouve obligé de nous rendre la présente plainte.

Signé : POISSON; BIZOTON.

(Arch. nationales, Y 13187.)

POISSON (Philippe), fils du précédent, né vers 1683, débuta à la
Comédie française en avril 1700[2], se retira comme son père le
16 décembre 1711, rentra comme lui en octobre 1715, et enfin se
retira définitivement, le 14 avril 1722, avec la pension de 1,000 liv.
Retiré à Saint-Germain-en-Laye, il y mourut le 4 août 1743.

1700. — 17 avril.

Le duc de la Trémoille, premier gentilhomme de la Chambre, autorise
Philippe Poisson à jouer certains rôles désignés, sans qu'il puisse pourtant réclamer aucune indemnité pécuniaire.

Monseigneur ayant permis aux filles du sieur Dancour[3] (sic),

1. Pierre Le Noir, sieur de la Thorillière, dont la sœur Charlotte avait
épousé Michel Baron, père d'Etienne.Voyez LA THORILLIÈRE.
2. C'est Philippe Poisson qu'Etienne Baron appelait l'excrément de la
Comédie.Voyez la pièce qui précède.
3. L'aînée des filles de d'Ancourt, Marie-Carton d'Ancourt, née vers 1684,
parut pour la première fois à la Comédie française en 1695 dans la Foire
de Bezons, comédie de son père, où elle remplissait un rôle d'enfant, débuta
dans les formes le 10 décembre 1699, mourut vers 1745; elle avait épousé
un commissaire des guerres nommé Fontaine. Sa sœur cadette, Marie-
Anne Carton d'Ancourt, née vers 1685, parut à la Comédie française
dès 1695 dans un rôle d'enfant de la Foire de Bezons, comédie de son
père, débuta comme sa sœur le 10 décembre 1699, se retira en 1728 avec

de jouer la Comédie aux clauses et conditions portées par l'ordre qu'il en a cy devant fait donner aux comédiens, et voulant bien accorder la mesme grâce au fils du sieur Poisson, luy a permis et permet de jouer la comédie dans les trois pièces cy dessous marquées, avec cette différence, toutes fois, que comme lesdittes demoiselles Dancour n'ont la liberté de jouer que les rooles de mademoiselle Dancour[1], leur mère, et ceux qui leur sont donnez par les autheurs des pièces ou par la troupe et que les rooles du sieur Poisson père ne peuvent convenir audit sieur Poisson fils, monseigneur veut et entend que la troupe luy donne trois rooles, sçavoir Achilles dans *Iphigénie*, Xipharès dans *Mithridate* et Curiace dans *les Oraces,* comme aussy qu'il puisse jouer les rooles qui luy seront donnez par les autheurs des nouvelles pièces, le tout jusqu'à nouvel ordre et sans que ledit Poisson fils puisse prétendre aucune part et portion dans les profits de ladite comédie, ny qu'il puisse demander à la troupe aucune gratification, monseigneur ne luy ayant acordé la présente permission que pour qu'il puisse se rendre capable d'être admis dans la troupe.

Fait à Versailles, le 17 avril 1700.

Signé : Charles DE LA TRÉMOILLE.

(Arch. nationales, O¹ 2984.)

PRÉVILLE (Pierre-Louis DUBUS dit).
PRÉVILLE (Madeleine-Angélique-Michelle DROUIN, mariée à Pierre-Louis DUBUS dit).
Préville naquit à Paris le 19 septembre 1721. Il débuta à la Comédie française, après avoir joué quelque temps en province, le 20 septembre 1753 par les rôles de Crispin dans le *Légataire universel* de Régnard, et de Saint-Germain dans la *Famille extravagante*, comédie de Le Grand[2]. Il fut reçu peu après et se retira pour la première

---

la pension de 1,000 livres et mourut vers 1779 ; elle jouait les amoureuses et les soubrettes, épousa Samuel Boulinon, sieur des Hayes, et fut mère de la célèbre madame de la Poupelinière.

1. Thérèse Le Noir. Voyez ANCOURT (d'), pièce I.

2. A la date du 15 octobre 1753, Grimm (*Correspondance*, t. I, p. 72) parle ainsi de Préville : « Depuis la mort de Poisson (François-Arnould, mort le 25 août précédent), nous avons vu un jeune acteur débuter dans les rôles de son emploi. Cet acteur, nommé Préville, a acquis depuis quelque temps de la réputation dans la province et a eu beaucoup de succès dans son début à Paris. Il a joué le rôle de Crispin dans le *Légataire universel* de Regnard, dans les *Folies amoureuses* du même auteur, le rôle du marquis dans le

fois à la clôture de 1786. Il reparut le 26 novembre 1791 par le rôle
de Michaud dans la *Partie de chasse* (comédie de Collé) et joua jusqu'en 1792, époque où pour la seconde fois il fit ses adieux au
théâtre. En l'an II et en l'an III, on le vit encore reprendre quelques-uns de ses rôles; mais le 23 pluviôse de cette dernière année,
sentant que sa raison s'affaiblissait, il renonça définitivement à la
scène et mourut le 18 décembre 1799. Préville était membre de
l'Institut de France.

Il avait épousé, vers 1749, une comédienne de campagne, Madeleine-
Angélique-Michelle Drouin, née au Mans, le 17 mars 1731, qui débuta
à la Comédie française le 28 décembre 1753 par le rôle d'Inès dans
Inès de Castro, tragédie de La Mothe, et ne fut pas reçue. Elle
débuta pour la seconde fois le 10 mai 1756 par le rôle de Stratonice
de *Polyeucte* et fut reçue le 1er mars 1757. Elle se retira en 1786, en
même temps que son mari, et mourut en 1798.

I.

1769. — 29 janvier.

Préville requiert l'assistance d'un commissaire de police pour faire faire
l'ouverture du magasin des accessoires du théâtre, où se trouvaient des
objets nécessaires à la représentation du soir et dont le gardien avait
disparu depuis plusieurs jours en emportant les clefs.

L'an 1769, le samedi 28 janvier, heure de midi, en l'hôtel et
par devant nous, Gilles-Pierre Chenu, commissaire au Châtelet,
est comparu sieur Pierre-Louis de Préville, pensionnaire du roi
et semainier actuel de la Comédie françoise, demeurant rue Mazarine; lequel nous a dit que de l'hôtel de ladite Comédie dépend
une chambre servant de magasin; que dans cette chambre sont
renfermés différens meubles, ustensiles, ornemens et décorations
du théâtre de plusieurs desquels on a besoin pour la pièce qui

---

Joueur et plusieurs autres rôles avec succès. Sa figure est agréable, son
regard fin, son jeu gai. Comme nous sommes naturellement portés à l'enthousiasme, il y a des gens qui l'ont trouvé supérieur à Poisson. La vérité
est qu'il en est bien loin, qu'on doit tout espérer d'un jeune homme qui a
envie de plaire, qu'on ne saurait cependant trop prédire ce que deviendra
un acteur, surtout dans un emploi qui tient de si près à la bouffonnerie
qu'il n'y a que la charge et la grimace qui fassent le mérite de ce rôle et
non pas le talent et le naturel. »

Dix ans plus tard, en 1762, les *Mémoires secrets* (t. I, p. 33) disaient de
Préville : « Admirable pour la pantomime, il est acteur jusqu'au bout de
ses doigts. Ses moindres gestes font épigramme. Il charge avec tout l'esprit
possible; c'est le Callot du théâtre. »

doit être jouée aujourd'hui; que le nommé Paulet, leur tapissier, s'étant absenté depuis quelques jours et ayant emporté avec lui la clef de ladite chambre, il n'est pas possible d'y entrer pour en retirer ce qui est nécessaire pour ladite pièce de ce jour. Et comme il ne peut y avoir de retard, le public étant averti par les affiches mises ce matin, il nous a requis de nous transporter heure présente avec lui audit hôtel à l'effet d'être présent à l'ouverture qu'il va faire faire de ladite chambre où il nous plaira constater les effets qui pourront s'y trouver appartenant audit Paulet, s'il s'y en trouve.

Signé : PRÉVILLE.

Sur quoi nous commissaire, etc., sommes à l'instant avec lui transporté audit hôtel de la Comédie françoise, rue des Fossés-Saint-Germain-des-Prés, où étant monté au 4ᵉ étage, au-devant de la porte d'entrée de ladite chambre, servant de magasin, ledit sieur de Préville a, en notre présence et en celle de Jean Deplan, suisse, et Louis Debray, cirier, demeurant audit hôtel, fait faire ouverture par Louis Delarche dit Picard, garçon du sieur Gamain, maître serrurier, chez lequel il demeure rue des Mauvais-Garçons. Au moyen de laquelle ouverture, étant entré avec eux dans ladite chambre, il ne s'y est trouvé de non appartenant audit hôtel qu'un sac de cuir noir, un marteau, un mouchoir de toile à carreaux rouge et blanc, etc., que nous avons laissés en la garde de Joseph Tespe-Renard, employé à ladite Comédie, etc.

Signé : PRÉVILLE; CHENU, etc.

(Arch. nationales, Y 11579.)

II.

1783. — 4 mai.

Le roi accorde à Préville une pension de 2,500 livres.

Brevet d'une pension de 2,500 livres, produisant net 2,337 liv. 10 sols, en faveur du sieur Pierre-Louis Dubus-Préville, né le 19 septembre 1721 et baptisé le 21 du même mois, paroisse Saint-Sulpice, à Paris, comédien ordinaire du Roi.

Cette pension, composée des objets ci-après, savoir : une somme de 1,337 livres 10 sols, produit net de deux objets portés dans un précédent brevet, expédié au département de la maison du Roi le premier juin 1780. (Cette pension de 1,337 livres 10 sols net, portée dans le brevet ci-dessus daté, a été payée au Trésor royal jusqu'au 1ᵉʳ janvier 1783.) Une pension de 1,000 livres, sans retenue, qui lui a été accordée sur le Trésor royal tant en considération de ses talents distingués que comme récompense de ses services, ce qui doit lui fournir un nouveau motif d'encouragement à en continuer l'exercice pour la satisfaction de la cour et du public, suivant la décision de ce jour, 4 mai 1783, avec jouissance du premier du même mois.

(Pièce jointe au brevet.)

Acte de baptême de Préville.

Extrait des registres des baptêmes de l'Eglise paroissiale de Saint-Sulpice à Paris.

Le 21 septembre de l'année 1721 a été baptisé Pierre-Louis, né avant-hier, fils de Pierre Dubus, marchand tapissier, et de Madeleine Lechauve, son épouse, demeurant rue des Mauvais-Garçons. Le parrain, Louis Dubus, fils de feu François Dubus, bourgeois de Paris; la marraine, Marie-Josèphe Rossier, fille majeure. Le père présent et ont signé, etc.

(Arch. nationales, O¹ 674.)

III.

1786. — 1ᵉʳ avril.

Le maréchal duc de Duras, premier gentilhomme de la Chambre, accorde à Préville sa retraite.

Nous, maréchal duc de Duras, pair de France, premier gentilhomme de la chambre du Roi.

Avons accordé au sieur Préville, conformément aux réglements, la pension de 2,475 livres à raison de 33 années de service et lui avons accordé la permission de cesser son service ordinaire à la cour et à la ville.

Satisfait autant qu'on peut l'être de sa conduite et de son zèle, et voulant lui donner des preuves de notre contentement et ajouter au présent congé les graces et les faveurs qu'il a méritées, nous le conservons sur les états de la maison du Roi comme attaché particulièrement à son service pour jouir de tous les droits et priviléges des personnes attachées à la maison du Roi.

Lui enjoignons d'être toujours prêt à remplir les ordres qui lui seront donnés dans le cas où il seroit jugé nécessaire et agréable aux plaisirs de la cour.

A Paris, ce 1ᵉʳ avril 1786.

(Arch. nationales, O¹ 845.)

IV.

1783. — 4 mai.

Le roi accorde à madame Préville une pension de 1,500 livres.

Brevet d'une pension de 1,500 livres en faveur de la dame Madeleine-Angélique-Michelle Drouin, née et baptisée le 17 mars 1731, paroisse Saint-Benoist de la ville du Mans, épouse du sieur Dubus-Préville, comédienne ordinaire du Roi.

Cette pension composée des objets ci-après, savoir : une pension de 1,000 livres, sans retenue, qui lui a été accordée à titre de gratification annuelle sur les dépenses extraordinaires des Menus plaisirs, en considération de ses services, par décision du 20 juin 1778. (Cette pension de 1,000 livres net, portée dans un précédent brevet du 1er juin 1780, a été payée au trésor royal jusqu'au premier janvier 1783.) Une pension de 500 livres, sans retenue, qui lui a été accordée sur le trésor royal en considération de ce que, par ses soins, elle a mis un sujet en état d'être admis au théâtre[1], suivant la décision de ce jour, 4 mai 1783, avec jouissance du 1er avril précédent.

(Pièce jointe au brevet.)

Acte de baptême de madame Préville.

Extrait des registres des baptêmes, mariages et sépultures de la paroisse de Saint-Benoît-du-Mans pour l'année 1731.

Le 17 mars 1731 naquit et le même jour fut baptisée par nous, prêtre, vicaire de cette paroisse, soussigné, Madeleine-Angélique-Michelle, née du légitime mariage de Jacques Drouin et de Michelle Sallée. Parrain : Charles Bercy, représenté par Jean Hardon ; marraine : Angélique Lescot, veuve de Joseph Bognolo. Le père absent, etc.

(Arch. nationales, O1 674.)

V.

1786. — 1er avril.

Le maréchal duc de Duras, premier gentilhomme de la Chambre, accorde à madame Préville sa retraite.

Nous, maréchal duc de Duras, pair de France, premier gentilhomme ordinaire du roi.

---

1. Ce sujet est Mlle Louise Contat.

Avons accordé sur la demande qu'elle nous en a faite à la dame Préville sa retraite avec la pension de 2,475 livres à raison de 33 années de service, conformément aux réglements.

Paris, ce 1er avril 1786.

(Arch. nationales, O¹ 845.)

QUINAULT (Jeanne), née à Strasbourg le 13 octobre 1699, débuta à la Comédie française le 14 juin 1718 par le rôle de Phèdre, dans la tragédie de Racine qui porte ce nom. Elle fut reçue peu après et prit l'emploi des soubrettes, des ridicules et autres rôles de caractère où elle excella. Elle se retira le 19 mars 1741 avec la pension de 1,000 livres et mourut en janvier 1783. Mlle Quinault avait un salon où se réunissaient toutes les notabilités de son temps et dont il est bien souvent question dans les Mémoires du dernier siècle.

1779.— 1er novembre.

Le roi accorde à Mlle Jeanne Quinault une pension de 1,180 livres.

Brevet d'une pension de 1,180 livres, y compris 180 livres d'accroissement pour arrérages dus en 1766, produisant net 997 livres 5 sols, en faveur de la demoiselle Jeanne Quinault, née à Strasbourg le 13 octobre 1699, baptisée le même jour dans la paroisse Saint-Pierre-le-Jeune de ladite ville, ci-devant l'une des comédiennes ordinaires du Roi, qui lui a été accordée sur le trésor royal en considération de ses services suivant le brevet du 4 juillet 1739. Laquelle pension de l'échéance de novembre, déduction faite d'un dixième et demi sur 1,000 livres, d'un dixième sur 180 livres et de trois deniers pour livres sur le tout, est net de 997 livres 5 sols.

Nota. Il reste dû de cette pension de 997 livres 5 sols, trois années deux mois révolus le premier janvier 1779, montant à 3,157 livres 19 sols 2 deniers.

1er novembre 1779.

(PIÈCES JOINTES AU BREVET.)

1. — Déclaration de Mlle Jeanne Quinault, relativement à sa pension.

Je mapelle Quinault, je suis de la provaince d'Alsace; je suis née à Strasbourg le 13 octobre en 1699.

Jay etée baptisée à la paroisse de Saint-Pierre-le-Jeune à Strasbourg; voilà mon baptistère bien légalisée.

Jay servie vint-un ans dans la troupe des comédiens du roy. Jay obtenue une pension du Roy de miles livres en 1736. Il men est due quatre années au mois de novembre prochain. Voilà le breuvet qui masure cette penssion.

En foy de quoy je signe.

Jeanne QUINAULT[1].

2. — Acte de baptême de Mlle Jeanne Quinault.

Extractus ex libro baptismali insignis collegiatæ et parrochialis ecclesiæ ad Sanctum Petrum Juniorem intra Argentinam, p. 39.

Die decima tertia mensis octobris anni millesimi sexcentesimi nonagesimi noni, baptisata est infans cui nomen Joanna, recens nata ex legitimo matrimonio domini Joannis Quinault et Mariæ Sanitek, conjugum, quam susceperunt dominus Franciscus Graisset, domini marchionis d'Auxelles a cubiculis et Joanna Camet, hic Argentorati degentes.

Signatum : QUINAULT; GRESSET; CAMET et J. LAROUDY, plebanus, etc.

(Arch. nationales, O¹ 185.)

QUINAULT DE NESLE (Françoise QUINAULT, mariée à Hugues DE NESLE, dite), sœur aînée de la précédente, était née en 1688. Elle débuta à la Comédie française, le 24 janvier 1708, par le rôle de Monime dans *Mithridate*, fut reçue la même année pour jouer en second les premiers rôles tragiques et comiques et mourut le 22 décembre 1713. Elle avait épousé un officier de la louveterie du roi nommé Hugues de Nesle, qui se fit comédien et débuta à la Comédie française, le 23 juin 1708, par le rôle de Dioclétien dans *Gabinie*, tragédie de Brueys. Il ne fut pas reçu et mourut au mois de mai 1733.

1711. — 22 janvier.

Plainte rendue par Mlle Françoise Quinault contre Hugues de Nesle, son mari, qui l'injuriait et la soupçonnait sans raison.

L'an 1711, le jeudi 22 janvier, une heure et demie du matin, sur le réquisitoire à nous fait, Jean-Claude Borthon, commissaire au Châtelet, nous sommes transporté rue Hautefeuille, en une maison occupée par le sieur de Nesle, officier du roi de la Louve-

---

1. Cette déclaration est entièrement de la main de Mlle Quinault.

terie, et étant monté au premier appartement ayant vue sur ladite rue, y avons trouvé demoiselle Françoise Quinault, épouse du sieur Hugues de Nesle, comédien du roi, laquelle nous a dit et fait plainte de ce que journellement et sans sujet son mari l'insulte et l'injurie; qu'il y a deux heures ou environ, étant seule dans son appartement, elle a été surprise d'y voir entrer son mari comme un furieux en disant qu'elle avoit un homme avec elle, qu'il avoit envoyé chercher un commissaire. Nous requiert acte de ce qu'ayant fait faire perquisition dans son appartement il ne s'y est trouvé personne; que c'est une suite des persécutions et de la calomnie de son mari; qu'étant enceinte de quatre mois et demi, de pareilles frayeurs peuvent lui être préjudiciables; qu'elle a intérêt d'en arrêter le cours, pourquoi elle nous requiert acte pour lui servir et valoir en tems et lieu ce que de raison.

Signé : Françoise QUINAULT DE NESLE; BORTHON.

(Arch. nationales, Y 15143.)

QUINAULT-DUFRESNE (Abraham-Alexis).

QUINAULT-DUFRESNE (Catherine-Jeanne DUPRÉ DE SEINE, mariée à Abraham-Alexis).

Quinault-Dufresne naquit en 1693 et débuta à la Comédie française le 7 octobre 1712 par le rôle d'Oreste dans *Electre*, tragédie de Crébillon. Il fut reçu le 22 décembre suivant pour jouer les premiers rôles tragiques et comiques, et se retira le 19 mars 1741 avec la pension de 1,000 livres. Il mourut le 11 février 1767.

Quinault-Dufresne avait épousé, vers 1726, Catherine-Jeanne Dupré de Seine, qui avait débuté à Fontainebleau devant la cour le 7 novembre 1724, par le rôle d'Hermione dans *Andromaque*, avec un tel succès que Louis XV lui fit présent d'un habit de théâtre à la romaine, qui revenait à plus de 8,000 livres et dans lequel il entrait 900 onces d'argent[1]. Reçue par ordre le 16 du même mois, elle parut à la Comédie française dans le même rôle le 5 janvier 1725, quitta une première fois le 24 décembre 1732, rentra le 11 mai 1733 et se retira définitivement en mars 1736 avec la pension de 1,000 liv.; elle mourut en 1759.

---

1. Léris, *Dictionnaire portatif des théâtres*, p. 510.

I.

1715. — 23, 24 et 25 mai.

Quinault-Dufresne et son camarade Moligny[1] se battent en duel en plein jour rue Contrescarpe.

A M. le Lieutenant criminel.

Vous remontre le procureur du roi qu'il a été averti que le 15 de ce mois, sur les six heures du soir, deux particuliers qu'il a su se nommer l'un Quinault et l'autre Moligni, tous deux comédiens, s'étoient battus à l'épée rue Contrescarpe et qu'ils avoient été dans le moment séparés; et, comme ce combat pourroit être un duel dont ledit procureur du roi doit poursuivre la vengeance, à ces causes requiert être informé desdits faits, circonstances et dépendances pour, l'information faite et à lui communiquée, requérir ce que de raison et vous ferez justice.

Signé : MOREAU.

Soit fait ainsi qu'il est requis; le 23 mai 1715.

Signé : LECONTE.

Information faite le 24 mai 1715 par le commissaire Bizoton.

Maurice Dupont, maître savetier à Paris, demeurant rue Dauphine chez le sieur Géson, maître boulanger, à la troisième chambre sur le devant, paroisse Saint-André, âgé de cinquante ans, etc. Dépose qu'il y eut mercredi dernier huit jours, sur les sept heures du soir, étant à sa boutique qu'il tient rue Contrescarpe, il vit deux hommes, l'un vêtu de noir, qui venoit du côté de la rue Saint-André et eut à rencontre un homme vêtu d'un habit musc, d'assez grosse taille, perruque blonde, qui paroissoit venir du côté de la rue Dauphine qui, en abordant le vêtu de noir, lui dit en ces termes : « Allons, gueux, faquin, l'épée à la main! » Et dans le moment mit l'épée à la main et en porta quelques coups du plat au vêtu de noir sur les épaules. Ledit vêtu de noir se recula de quelques pas et mit l'épée à la main et

---

1. Etienne Milache dit de Moligny, né vers 1685, débuta pour la première fois à la Comédie française en 1713, fut congédié en 1715, redébuta le 19 juin 1724 par le rôle du marquis de Lorgnac dans la *Comtesse d'Orgueil,* comédie de Thomas Corneille, et quitta définitivement, en octobre 1725, avec une pension de 500 livres. Le Mazurier dit que ce comédien mourut en 1727. C'est une erreur, comme le prouve le document qui suit celui-ci et qui nous le montre vivant encore en septembre 1730.

se mit en défense; que le vêtu d'un habit musc lui poussa plusieurs coups qu'il para; que comme ils se poussoient, deux messieurs vêtus de noir qui passoient mirent l'épée à la main et dans le moment en prirent chacun un qu'ils embrassèrent et les séparèrent; qu'après qu'ils furent séparés le vêtu de l'habit musc dit à l'autre vêtu de noir : « Tu es un gueux, un faquin! » Et le vêtu de noir lui répondit : « Allez! je ne vous croyois pas d'un cœur si bas de mettre l'épée à la main dans une rue! » Qu'après qu'ils eurent été séparés, chacun d'un côté et d'autre, il entendit dire qu'ils étoient deux comédiens, mais n'a pas connoissance du sujet de leur querelle.

Jeanne Denau, femme de Jean Borderi, laquais, elle ravaudeuse, demeurant rue Dauphine, chez le sieur Géson, boulanger, âgée de 36 ans, etc. Dépose [comme le précédent et ajoute seulement]..... qu'elle a entendu dire qu'ils étoient comédiens et que le vêtu de noir s'appelle Dufresne et l'autre vêtu de musc se nommoit Moligni.

Du samedi 25ᵉ jour de mai 1715.

Charles Laurent[1], concierge du théâtre de la Comédie, y demeurant, rue des Fossés-Saint-Germain-des-Prés, paroisse Saint-Sulpice, âgé de 45 ans, etc. Dépose n'avoir autre connoissance des faits sinon que le mercredi 15 du présent mois, sur les 6 à 7 heures du soir, étant dans le corridor de la Comédie où étoient les nommés Dufresne et Moligni, comédiens, et l'un de leurs gagistes, nommé Nocard, il entendit que ledit Dufresne demanda audit Moligni un ordre qu'il avoit reçu de M. Lefèvre, au sujet d'un différend que ledit Dufresne avoit eu avec la demoiselle de Morancourt[2]; que ledit Moligni lui répondit qu'il ne l'avoit pas, ce

---

1. Ce Charles Laurent, né vers 1670, est évidemment le fils du gagiste de la troupe de Molière, dont le nom paraît dans ce vers de *Tartuffe* :
Laurent, serrez ma haire avec ma discipline...
Sa famille fut, pendant tout le siècle dernier, au service de la Comédie française et l'une de ses descendantes y débuta, comme actrice, le 20 janvier 1784, par les rôles d'Agnès dans l'*École des femmes* et de Julie dans la *Pupille*, comédie de Fagan. Elle fut reçue en 1786 et se retira en 1790 avec une pension de 500 livres. Le *Journal de Paris* du 21 janvier 1784 dit en parlant des débuts de Mˡˡᵉ Laurent : « Un son de voix agréable, une figure intéressante, un jeu décent et vrai, telles sont les qualités qui lui ont obtenu beaucoup d'applaudissements et qui doivent faire concevoir de son talent les espérances les mieux fondées. »
2. Louise-Octavie-Eléonore d'Arceville de Morancourt débuta à la Co-

qui fit que ledit Dufresne dit audit Nocart de l'aller chercher chez
M. Lefèvre de la part de la compagnie des comédiens ; que ledit
Moligni prit la parole et dit audit Nocart de ne point dire que
c'étoit de la part de la compagnie, mais de la part dudit Dufresne ;
que ledit Dufresne répliqua en ces termes : « Ce n'est pas de ma
part, mais de la part de la compagnie. » Et comme ledit Nocart
sortoit, ledit Moligni le suivit et en le suivant ledit Dufresne
l'observoit pour entendre ce qu'il disoit audit Nocart, qui alla
chez M. Lefèvre et revint dire audit Moligni qu'il pouvoit lui
épargner la peine d'aller chez M. Lefèvre puisque le laquais lui
avoit dit qu'il avoit l'ordre dans sa poche ; et aussitôt le déposant
alla, de l'ordre des autres comédiens, chercher Moligni, qui étoit
chez lui, lui dire de venir parler à eux et comme il alloit les sieurs
Legrand[1] et Dangeville[2] montèrent chez ledit Moligni et lui par-
lèrent et rapportèrent à la Compagnie que ledit Moligni leur
avoit dit qu'il avoit remis l'ordre au sieur Guérin[3] ; qu'il entendit
dire lors que lesdits Moligni et Dufresne avoient suivi ledit Nocard et étoient sortis ensemble : n'entendit point qu'ils se fussent
querellés autrement que de dire au garçon gagiste d'aller, l'un de
la part de la Compagnie et l'autre de la part dudit Dufresne ;
qu'ils avoient tiré l'épée rue Contrescarpe, où ils avoient été séparés sans blessure.

Du dimanche 2 juin 1715.

Nicolas Nocart, gagiste décorateur de la Comédie, demeurant
rue Guisarde chez le sieur de Saint-Georges, sergent aux gardes,
paroisse Saint-Sulpice, âgé de 40 ans, etc. Dépose (comme le précédent témoin).

                                        Signé : Bizoton.
(Arch. nationales, Y 13201.)

---

médie française, le 13 janvier 1711, par le rôle de Cléopâtre dans *Rodogune*, fut reçue le 1er août 1712 pour jouer les confidentes et les amoureuses comiques et se retira, le 20 octobre 1715, avec une pension de cinq
cents livres, qui fut portée à 1,000 livres le 8 octobre 1722. Elle mourut
en 1774.

1. Voyez Le Grand (Marc-Antoine).

2. Voyez Dangeville (Charles-Claude Botot dit).

3. Isaac-François Guérin d'Etriché, le second mari d'Armande Béjard.
Voyez Auvilliers (d'), pièce cotée I.

II.

1730. — 4 septembre.

Enquête en séparation de biens de Quinault-Dufresne et de Catherine-
Jeanne Dupré de Seine, son épouse.

Enquête en séparation de biens faite par nous Emmanuel-Ni-
colas Parisot, etc., à la requête de demoiselle Catherine-Jeanne
Dupré de Seine, épouse du sieur Abraham-Alexis Quinault-Dufresne, officier du Roi, contre le sieur Abraham-Alexis Quinault-
Dufresne, son mari.

Du lundi 4 septembre 1730.

Etienne Milache de Moligny, bourgeois de Paris, demeurant
rue des Fossés-Saint-Germain, âgé de 45 ans, etc.

Dépose qu'il y a près de 17 ans qu'il connoit ledit sieur Dufresne. Pendant ce temps il l'a fréquenté et a remarqué que ledit
sieur Dufresne, non-seulement auparavant son mariage avec
ladite demoiselle Deseine, aujourd'hui sa femme, étoit très-dissipé
dans sa conduite. Le déposant s'est imaginé, lors de son mariage,
que le sieur Dufresne changeroit de manière de vivre, mais bien
loin de diminuer ses dépenses excessives, il les a au contraire
augmentées et s'est adonné à ses plaisirs avec tant d'excès que peu
de temps après son mariage, il a dissipé la plus grande partie de
la dot de sa femme, qui étoit assez considérable; et ne pouvant
subvenir à ses dépenses, il a vendu nombre d'effets et hardes
appartenant à sa femme, entre autres des habits pour la valeur de
12,000 livres. Qu'une si grande dissipation n'est provenue que
par la grande facilité que ledit Dufresne a toujours eue de prêter
sans en retirer aucune valeur et de payer dans bien des rencontres
différentes pour nombre de ses amis, en sorte qu'il a été obligé
d'emprunter de nombre de personnes auxquelles il n'est pas en
état de payer quant à présent et est par elles consommé en frais.

Signé : Parisot; Etienne Milache de Moligny.

Louis-Germain Mariaucheau, bourgeois de Paris, demeurant
rue d'Enfer, cour des Chartreux, âgé de 33 ans ou environ, etc.

Dépose qu'il y a six ou sept ans qu'il connoit ledit sieur Dufresne, même deux ans auparavant son mariage avec la demoiselle
Deseine, à présent sa femme, de laquelle il auroit reçu une dot
assez considérable; mais l'inclination que ledit Dufresne a toujours eue pour les plaisirs lui a fait bientôt dissiper son bien et
partie de celui de sa femme. Qu'il est de la connoissance du dépo-

sant que ledit Dufresne a vendu pour plus de 15,000 livres de
bijoux et hardes appartenant à sa femme, qu'il a dissipées entièrement tant dans ses plaisirs qu'il est coutumier de prendre trop
souvent, qu'à prêter aux uns et aux autres sans billet et à régaler
très-souvent ses amis. Qu'une dissipation de cette nature l'a obligé
d'emprunter et de contracter quantité de dettes qu'il n'est point,
quant à présent, en état de payer et pour raison desquelles il est
poursuivi vigoureusement par ses créanciers qui le consomment
en frais, en sorte que, s'il n'y est promptement pourvu, le restant
de la dot de sa femme se trouvera entièrement consommé.

Signé : PARISOT; L.-G. MARIAUCHEAU.

Jean Benoist, bourgeois de Paris, demeurant rue de Condé, au
coin de celle des Cordeliers, âgé de 32 ans, etc.

Dépose qu'il connoît depuis douze ans ou environ le sieur
Dufresne, même avant son mariage avec la demoiselle Deseine, à
présent sa femme. Qu'il a toujours connu ledit Dufresne pour un
homme très-dissipé et aimant son plaisir et n'épargnant rien pour
se satisfaire. Que pour se maintenir dans cette habitude, il a dissipé la plus grande partie de la dot de sa femme et tout son bien
et même vendu nombre de bijoux et habits appartenant à sa
femme pour plus de 15,000 livres. Que cette dissipation n'a pu
provenir que par sa trop grande facilité à prêter à un chacun sans
billet et payer dans les parties de plaisir pour le premier venu, en
sorte que pour subvenir à toutes ses dépenses, il a été obligé d'emprunter de plusieurs personnes des sommes qu'il est hors d'état
de payer. C'est pourquoi il est poursuivi vigoureusement par ses
créanciers et fait craindre que, s'il n'y est promptement pourvu,
le restant de la dot de sa femme ne se trouve entièrement consommé.

Signé : BENOIST; PARISOT.

(Arch. nationales, Y 15930.)

RAISIN (Françoise PITEL DE LONGCHAMP, mariée à Jean-Baptiste).
Cette actrice, née vers 1662, joua la comédie en Angleterre et en
province avant d'être engagée à l'hôtel de Bourgogne, où elle débuta
en 1679. En 1680, lors de la réunion des troupes, elle passa à la
nouvelle Comédie française, où elle obtint de nombreux succès et
se retira à la clôture de 1701 avec la pension de 1,000 livres. Elle
mourut au mois de septembre 1721 chez sa sœur, Mlle Du Rieu, à
la Davoisière, près Falaise, des suites d'une chute. Cette actrice

avait épousé, alors qu'elle courait la province, un comédien de campagne nommé Jean-Baptiste Raisin, qui avait fait partie de la troupe
dite du Dauphin. Jean-Baptiste Raisin débuta en 1679 à l'hôtel de
Bourgogne, passa en 1680, lors de la réunion des troupes, à la nouvelle Comédie française, et mourut le 5 septembre 1693. Il jouait
les rôles à manteau, les valets, les ivrognes et les petits-maîtres et
était très-goûté du public. Quant à Mlle Raisin, elle jouait en second
les amoureuses dans la comédie et les princesses dans la tragédie.

1702. — 17 juillet.

Mlle Raisin fait une donation à un pauvre orphelin.

Par devant les conseillers du roi, notaires au Châtelet de Paris,
soussignés, fut présente damoiselle Françoise Pitel, veuve du
sieur Jean-Baptiste Raisin, vivant officier du roi, demeurant à
Paris rue Neuve-Saint-Honoré, paroisse Saint-Roch.

Laquelle étant amplement informée que Jean-Baptiste Girard,
pauvre enfant orphelin, est dénué de parents et de biens, et des
bonnes inclinations qu'il a pour apprendre à gagner sa vie, s'il
étoit secouru de quelque personne charitable qui lui en donnât
les moyens; à ces causes et encore en considération de l'affection
qu'elle lui porte, icelle dame comparante a, de son bon gré et
bonne volonté par ces présentes, volontairement donné par donation faite entre vifs, irrévocablement en la meilleure forme et
manière que faire se doit, audit sieur Jean-Baptiste Girard, demeurant à Paris, susdite rue et paroisse, à ce présent et acceptant, pour
son bien, avancement et utilité particulière la somme de 2,000 liv.
une fois payée, que ladite dame a promis et s'est obligé de fournir et payer, savoir : 1,000 liv. au donataire, tant, pour le mettre
en apprentissage en telle profession qu'il lui conviendra choisir
de l'agrément de ladite dame, que l'y faire recevoir maître lorsque
le temps de sondit apprentissage aura été accompli, et les 1,000 liv.
restant, entre les mains des enfants qui naîtront de lui en légitime
mariage, lors de leur majorité, toutefois, après le décès d'icelui
donataire et non plus tost. Et cependant ladite dame a promis de
lui payer annuellement, sous ses simples quittances, l'intérêt par
forme d'usufruit de ladite somme de 2,000 livres, sa vie durant,
de trois mois en trois mois à compter du premier jour du présent
mois de juillet, pour être employé à sa subsistance et entretien et
par conséquent ledit usufruit ne pourra être saisi ni arrêté par
aucun des créanciers dudit donataire pour quelque cause que ce
soit. Bien entendu que ledit usufruit diminuera et sera réduit à

proportion de ce qui aura été payé pour ou sur ladite somme principale de 1,000 liv. destinée pour l'apprentissage et la réception en la maîtrise dudit donataire, si il y parvient, comme dit est, et que pendant le vivant de ladite dame donatrice ni lui ni ses enfants à naître, ni autres pour le fait susdit, ne pourront s'opposer à aucune vente, cession, transports qu'elle pourra faire de ses biens et effets en quelque manière que ce soit, à peine de tous dépens, dommages et intérêts.

Cette présente donation faite aux charges et pour les considérations susdites et outre, aux conditions expresses qui ensuivent, qui sont, savoir : que si ledit donataire vient à décéder sans enfants vivants nés de lui en légitime mariage, en ce cas ladite dame donatrice et ses héritiers seront et demeureront déchargés purement et simplement de ladite somme de 2,000 livres ou de ce qui s'en trouvera lors encore dû ; que si, au contraire, il a des enfants vivants, ils ne pourront, en quelque état que la chose soit, prétendre autre plus grande somme que celle de 1,000 livres à eux destinée, dont l'usufruit leur sera payé par ladite dame ou ses héritiers jusqu'à leur majorité, que le payement de ladite somme leur sera fait; que si lesdits enfants venoient à décéder en minorité et avant que d'avoir pu valablement disposer en majorité de ladite somme de 1,000 livres, en ce même cas ladite dame donatrice et ses héritiers en demeureront pareillement déchargés purement et simplement.

Néanmoins, ladite veuve Raisin veut et entend que le cas arrivant du décès dudit donataire, sans enfants vivants, l'usufruit ou intérêt desdites 2,000 livres, s'ils se trouvent encore dus en entier, sinon ce qui s'en trouvera lors dû de reste, soit payé et appartiennent à demoiselle Denise Dubois, sa femme de chambre, sa vie durant; duquel usufruit ladite dame Raisin lui a fait, audit cas, donation entre vifs, outre et au-dessus de tout ce dont ladite dame donatrice se trouvera avoir fait et disposé en sa faveur par testament ou autrement, etc.

Fait et passé à Paris, en la maison de ladite dame donatrice, le 17ᵉ jour de juillet, avant midi, l'an 1702.

(Arch. nationales, Y 276.)

RAUCOURT (Marie-Antoinette-Josèphe Saucerotte, dite), née à
Paris, rue de la Vieille-Bouclerie, le 3 mars 1756[1], débuta à la
Comédie française le 23 décembre 1772[2], fut reçue en 1773 et mou-
rut le 15 janvier 1815 à Paris, rue du Helder.

I.

1774. — 21 août.

Plainte rendue par Mlle Raucourt contre son cocher, qui l'avait volée.

Cejourd'hui, dimanche 21 août 1774, cinq heures de relevée, en
l'hôtel et par devant nous, Pierre Thiérion, commissaire au Châtelet, est comparue demoiselle Joseph-François-Marie-Antoine de
Raucourt[3], pensionnaire du roi à la Comédie françoise, demeurante à Paris, rue du Dauphin, parroisse Saint-Roch ; laquelle
nous a dit qu'étant descendue de sa voiture cejourd'hui, sur les
deux heures après-midi, à la porte d'une maison sise rue Neuve-
des-Petits-Champs, vis-à-vis la Compagnie des Indes, elle avoit
donné ordre à son cocher, nommé Lemaître dit Champagne, ayant
cinq pieds un pouce environ, âgé de 19 à 20 ans, portant cheveux
blonds, le front bas, la figure ovale, le teint blanc, haut en cou-

---

1. M. Jal a publié dans son *Dictionnaire* l'extrait de baptême de Mlle Raucourt, qu'il a découvert dans les registres de l'église Saint-Séverin ; on y
voit qu'elle était fille de François Saucerotte, bourgeois de Paris, et d'Antoinette de Laporte. M. de Manne a donc commis une erreur en faisant
naître cette actrice à Dombasle en 1743 et en lui donnant le nom de Françoise Clairien, qui n'a jamais été le sien.

2. Le succès de ce début fut réellement prodigieux. Grimm a écrit à ce
propos un long article plein d'enthousiasme qu'on peut voir dans le supplément de l'édition de la *Correspondance littéraire*, qu'a donnée M. Taschereau. Voici ce qu'en disent les *Mémoires secrets* (t. VI, p. 288) : « 24
décembre 1772. — Mlle Raucourt a débuté hier aux Français dans la tragédie de *Didon* (par Le Franc de Pompignan) ; elle a fait le rôle de cette
reine. C'est pour la première fois qu'elle paroissoit. On ne peut exprimer
la sensation qu'elle a faite et de mémoire d'homme on n'a rien vu de pareil.
Elle n'a que seize ans et demi ; elle est faite à peindre, elle a la figure la
plus belle, la plus noble, la plus théâtrale, le son de voix le plus enchan-
teur, une intelligence prodigieuse, elle n'a pas fait une fausse intonation.
Dans tout son rôle très-difficile, il n'y a pas eu le plus léger contresens,
pas même de faux geste. Un peu de roideur et d'embarras dans les bras
est le seul défaut qu'on lui ait trouvé. Elle est élève du sieur Brizard. »

3. J'ai transcrit ici les prénoms de Mlle Raucourt tels qu'ils sont dans
l'original et avec leur forme toute masculine. Est-ce un hasard singulier,
est-ce Mlle Raucourt qui les a dictés ainsi ?

leurs, sans barbe, quelques taches de rousseur au visage, le nez fort court, ensellé et marchant gêné des épaules qui sont larges, la jambe bien faite et vêtu d'un habit gris avec des parements et colet verts galonnés en argent, veste et culotte de drap vert bordés, ainsi que le collet, chapeau à plumet, tous effets appartenans à la comparante, de venir la reprendre à cinq heures précises à la porte de la même maison où il la descendoit ; qu'à cinq heures précises le portier de la maison où elle avoit dîné étoit venu lui dire qu'un cocher de place demandoit à lui remettre une lettre et qu'ayant donné ordre qu'on le fit monter dans l'appartement, elle l'avoit trouvé vêtu de son habit et de sa veste seulement, n'ayant ni culotte, ni chapeau, mais bien le plumet du chapeau à elle appartenant qu'on avoit mis au chapeau du cocher ; que ledit cocher lui avoit remis un paquet contenant des diamans qu'elle reconnut avoir laissé dans sa voiture ; que le cocher de place lui avoit dit encore qu'un particulier vêtu de noir étoit venu le prendre sur la place et lui avoit offert de se rendre avec lui rue du Sentier, que là il lui avoit proposé de lui donner une lettre à remettre à elle comparante en lui offrant des harnois de cuir jaune avec des guides, glands et tresses de fil blanc et qu'il avoit même tressé ses chevaux en lui disant qu'on pouvoit bien lui redemander les harnois, qu'il étoit libre de les rendre ; que le particulier vêtu de noir ne lui avoit point remis les mors des chevaux dont il avoit les harnois et qui lui avoient paru dépendre dudit équipage ; que la comparante ayant ouvert le billet cacheté de noir que lui remettoit le cocher de place et l'ayant trouvé rempli de propos aussi diffamans pour elle qu'indécens et malhonnêtes, a donné ordre à son laquais de monter à l'instant dans le carrosse de place et de le conduire en notre hôtel pour y être entendu, et s'est à l'instant elle-même hâtée d'y venir pour rendre plainte contre ledit Lemaître dit Champagne, cocher à son service et à ses gages, de l'enlèvement par lui fait de sa voiture en forme de berline à l'anglaise, panneaux verts, corps et freins dorés, doublée de draps blancs, suspendue sur des ressorts à l'angloise, le chiffre de la comparante, F. R. en paillons sur les quatre panneaux, et de deux chevaux à courte queue, sous poil brun, marqués en tête et dont l'un est sans poil à la fesse ; que la comparante ayant fait faire à l'instant des perquisitions chez elle pour s'assurer si ledit Champagne ne lui avoit point enlevé autre chose, il s'est trouvé manquer des effets qu'elle lui avoit confiés : une culotte de calemande verte à jarretières d'argent, une culotte de peau noire, deux mors, une souquenille de coutil de fil et grande culotte pareille, l'éponge, les brosses, l'étrille, le peigne et autres ustensiles propres pour les chevaux, une redingote ou manteau de cocher de drap gris, une veste de postillon de drap jaune galonnée sur les tailles, deux chapeaux unis avec des bourdaloues et boutons d'argent dont un à plumet. La comparante nous représente et nous requiert de recevoir et joindre à sa déclaration le billet qui lui avoit été remis par le cocher de place comme insultant et outrageant pour sa réputation et pouvant occasionner la perte de son état, duquel billet nous nous sommes chargé, après qu'il a été signé et paraphé de ladite demoiselle comparante et de nous commissaire, pour le déposer au greffe criminel du Châtelet et servir ce que de raison. Déclarant qu'elle ne peut soupçonner du vol et enlèvement desdites voitures, chevaux et effets ci-dessus décrits que ledit Champagne, son cocher, qui n'est point reparu depuis, ajoutant qu'elle ne lui devoit rien ni comme fournitures, ni comme gages; qu'elle l'avoit payé il y a deux jours et que le même jour qu'il avoit reçu d'elle trois cens livres environ, il l'avoit pressé de lui avancer ses dépenses qu'il devoit faire pendant le mois suivant, quoi qu'elle n'eut coutume de lui solder ces sortes de dépenses qu'à la fin de son quartier; que l'ayant même observé à son cocher, il l'avoit pressée de le faire en disant qu'il avoit disposé de son argent. Ajoute encore, la comparante, qu'il lui a été remis par le cocher les harnois ci-dessus désignés, lesquels sont restés en notre hôtel pour être décrits lors de la déclaration qu'il doit venir faire par devant nous.

Cejourd'hui, 21 août 1774, dix heures du soir, en l'hôtel et par devant nous, Pierre Thiérion, etc., est comparu sieur Jean-Baptiste Beauvalet, loueur de carrosses de place, demeurant rue Cadet, paroisse Saint-Eustache, lequel nous a dit qu'il vient nous déclarer qu'environ trois heures et demie de relevée, étant rue du Mail, sur la place, un jeune particulier habillé de noir étoit venu à lui et lui avoit dit : « Cocher, voulez-vous venir, je vais vous donner des harnois et des nattes pour vos chevaux ». Qu'ayant été avec lui et le carrosse et les chevaux de place appartenant à lui comparant, dans la rue du Sentier, il étoit entré par une porte cochère au milieu de la rue, à droite en entrant par la rue de Cléry, dans la cour d'une maison dont ceux qui l'occupent sont à lui inconnus, et que là ce particulier habillé de noir lui remit d'abord un bouquet, une lettre et des diamans dans du papier, ensuite un habit gris, collet vert à galon d'argent, la veste verte galonnée en argent; qu'ensuite le même particulier avoit retiré les harnois de dessus ses chevaux et y avoit mis en place ceux qui y sont à présent, avoit natté les mêmes chevaux de lui comparant d'une natte blanche pareille aux guides; qu'il y a aussi des glands blancs; que les harnois sont en jaune, boucles et garniture argentées; que cela fait il a dit à lui comparant qu'il allât prendre Mᶫᶫᵉ de Raucourt, de la Comédie, à la porte de la maison qu'il lui avoit montrée, rue des Petits-Champs, vis-à-vis la Compagnie des Indes, à côté d'un parfumeur, et de lui remettre la lettre, le bouquet et les diamants; qu'aussitôt son arrivée à cette porte il avoit fait avertir ladite demoiselle de Raucourt et lui avoit remis la lettre avec ce dont il avoit été chargé d'ailleurs; que ce particulier vêtu de noir peut bien avoir vingt-quatre ans, portant ses cheveux, qu'il a une physionomie assez bien; qu'il a remarqué qu'il a les genoux en dedans; qu'il peut avoir cinq pieds environ trois à quatre pouces; que les harnois de lui comparant sont restés chez un marchand de vins, rue du Mail; que Mᶫᶫᵉ Raucourt, ayant lu la lettre, avoit regardé par la fenêtre et ayant vu que ce n'étoient ni ses chevaux, ni sa voiture, elle avoit fait monter son laquais dans son carrosse de place et lui avoit dit de se rendre chez nous pour y faire la présente déclaration, nous observant que n'y ayant point de mors aux brides qu'on lui avoit remises, il y avoit mis ceux de ses chevaux et a remis les harnois sans mors ainsi qu'ils sont ci-devant désignés.

(Arch. nationales, Y 10902.)

II.

1775. — 7 juillet.

Plainte en abus de confiance rendue par Mᶫᶫᵉ Raucourt contre un marchand de tableaux.

L'an 1775, le sept juillet, onze heures du matin, en l'hôtel et par devant nous, Michel-Pierre Guyot, commissaire au Châtelet, sont comparus sieur François Saucerotte, bourgeois de Paris, y demeurant, rue du Bouloi, paroisse Saint-Eustache, père de Marie-Antoinette-Josèphe Saucerotte de Raucourt, sa fille mineure, âgée de 19 ans, pensionnaire du roi, et ladite demoiselle Saucerotte de Raucourt, demeurante à Vaugirard, près Paris, lesquels nous ont rendu plainte contre le sieur Riolle, demeurant à Pont-à-Mousson, et nous ont dit que sous prétexte de l'alliance qui se trouve entre ledit sieur Riolle et les comparans, ledit Riolle s'est introduit chez eux et y venoit assez fréquemment. Vers le mois de janvier dernier, ledit Riolle demanda à ladite demoiselle Saucerotte de Raucourt si elle aimoit les tableaux, elle lui répondit que oui ; il lui dit alors qu'il avoit une partie de tableaux qui appartenoit à des mineurs ; qu'il étoit chargé par leur tuteur de les vendre. Il fit à la plaignante une peinture exagérée de la beauté et de la qualité de ses tableaux. Il dit que c'étoient les originaux du Poussin, du Corrège et du Carrache ; que le prix en seroit de 7,200 livres, quoi qu'ils valussent plus de 25,000 livres ; qu'elle pouvoit l'en croire sur parole ; qu'il préféroit les intérêts de la plaignante à ceux de gens qu'il ne connoissoit que fort peu. La plaignante lui dit que sur ces assurances il pouvoit les faire arriver en cette ville. Le sieur Riolle dit à la plaignante qu'il alloit écrire à cet effet : elle fut obligée de partir pour la campagne quelques jours après cette conversation ; elle trouva à son retour lesdits tableaux chez elle au nombre de..... Au moment de son arrivée et à peine avoit-elle parcouru lesdits tableaux, elle vit entrer chez elle ledit sieur Riolle, qui lui demanda si elle avoit vu les tableaux ; elle plaignante lui dit qu'elle n'en avoit pas eu le tems, qu'elle les avoit simplement parcourus et qu'ils ne la flattoient pas : ledit sieur Riolle, qui avoit ses vues, réitéra ses exagérations, assura à la plaignante que c'étoient des originaux et que le marché étoit des plus avantageux. Il ajouta en même tems que sa chaise de poste étoit attelée ; qu'il n'attendoit pour partir et s'en retourner à Pont-à-Mousson, où des affaires très-pressées l'appeloient, que la consommation des arrangemens à prendre entre eux pour le payement de cette partie de tableaux. Il ajouta encore, pour mieux tromper la plaignante et la déterminer à faire ce qu'il désiroit, qu'elle pourroit faire voir à son aise ces tableaux, que sur ce qu'on lui en auroit dit elle pourroit lui écrire et compter sur son honnêteté. La plaignante, y comptant effectivement, crut ne pas courir de risques de mettre sa signature, ainsi qu'elle l'a fait, au bas de trois lettres de change que ledit sieur Riolle écrivit en sa présence. La première est conçue ainsi : « A Paris, le 31 janvier 1775. Messieurs, au premier novembre prochain, il vous plaira payer par cette première lettre de change à M. Riolle ou à son ordre, la somme de 2,400 livres au cours de ce jour, valeur reçue de mondit sieur, que vous passerez, sans autre avis de votre humble servante, à messieurs Levacher père et fils, banquiers, rue du Cimetière-Saint-André-des-Arts, à Paris. » La seconde est conçue de même et est stipulée payable au premier novembre 1776. La troisième est ainsi conçue de même et est stipulée payable au premier novembre 1777.

La plaignante a eu, ainsi qu'elle vient de le dire, la facilité de signer ces trois lettres de change dans la confiance où elle étoit que, si ces tableaux ne valoient pas la somme de 7,200 livres, ledit sieur Riolle lui en feroit raison comme il le lui avoit promis.

Depuis ce tems les plaignans ont fait voir ces tableaux à plusieurs personnes expertes et à ce se connoissant, qui lui ont assuré qu'ils valoient à peine 600 livres, n'étant pour la plupart que de mauvaises têtes peu intéressantes et de mauvaises copies.

La plaignante s'est hâtée de rendre compte au sieur Riolle de cette décision et lui a demandé par une lettre qu'elle lui a écrite à cette occasion, le renvoi de ses lettres de change aux offres de lui remettre ses tableaux. Ledit sieur Riolle, par sa lettre en date du 7 juin dernier, rend hommage à tous les faits ci-dessus et annonce qu'il a passé dans le commerce lesdites trois lettres de change. Cette négociation de la part dudit sieur Riolle oblige les plaignans à prendre leurs précautions pour éviter d'être poursuivis et pour dévoiler l'abus de confiance et l'escroquerie exercés par ledit Riolle pour faire signer à la comparante lesdites lettres de change.

La plaignante n'avoit pas encore 19 ans lorsque ces lettres de change lui ont été extorquées. Elle étoit, comme elle est encore, sous la puissance de ses père et mère et hors d'état de contracter; elle n'a jamais été commerçante, ni négociante. Comme les comparans ont intérêt à faire annuler ces lettres de change extorquées, ils sont venus nous rendre la présente plainte, etc.

Signé : Guyot; M.-A.-J. Saucerotte de Raucourt; F. Saucerotte.

(Arch. nationales, Y 13556.)

III.

1776. — 22 novembre.

Mlle Raucourt et la dame Souck, son amie, menacent et insultent un individu établi chez elles comme gardien d'objets saisis.

L'an 1776, le 22 novembre, quatre heures de relevée, en l'hôtel et pardevant nous Claude-Louis Boullanger, commissaire au

Châtelet, est comparu Jean-Baptiste Legrand, portier d'une maison appartenant au sieur Marbel, faubourg Saint-Denis, proche
le Laissez-passer, où il demeure, ci-devant jardinier, au service
de la dame Sallatte de Sourque [1], lequel nous a déclaré que le
sieur Marbel, en qualité de propriétaire de la maison, attendu
l'absence de la dame de Sourque, pour sûreté de ses loyers, a fait
saisir gager tous les meubles et effets et cheval de selle étant dans
les lieux dépendant de la location de ladite maison, par procès-
verbaux des 19, 20 et 24 juillet dernier, à la garde desquels effets
il a été établi gardien, conjointement avec Pierre-Nicolas Voitu-
rier, praticien, demeurant rue du Poirier, quartier Saint-Merri ;
que le 31 dudit mois de juillet, en vertu de l'ordonnance de M. le
Lieutenant criminel, nous nous serions transporté chez la dame
de Sourque avec un substitut de M. le procureur du roi, à l'effet
de réintégrer à la Chaussée-d'Antin, maison de la demoiselle de
Raucourt, une jument grise pommelée, à courte queue, comme
appartenant à ladite demoiselle de Raucourt; que le sieur Lépine,
soi-disant huissier, survenu, lui auroit fait défense de la laisser
sortir, comme étant, ladite jument, le gage du sieur Marbel; que
le 13 septembre suivant, nous commissaire, accompagné d'un
substitut, nous serions de nouveau transporté chez ladite dame
de Sourque à l'effet de constater la quantité de livres appartenant
à ladite demoiselle de Raucourt, et étant dans les appartemens de
la dame de Sourque, dont ouverture a été faite, lesquels livres
ont été indiqués par les sieur et dame de Raucourt, père et mère
présens, qui les ont reconnus pour appartenir à leur fille, ainsi
que les tableaux, le tout énoncé par le procès-verbal de nous,
dressé à l'instant, par la clôture duquel il a été établi gardien tant
des livres que des tableaux; que le procès-verbal par nous dressé,
lui a été depuis signifié; que vers le commencement d'octobre
dernier la dame de Sourque, accompagnée de la demoiselle de
Raucourt, sont revenues à Paris, et la demoiselle de Raucourt
s'est retirée avec ladite dame de Sourque en son appartement et
qu'elles vivent toutes deux ensemble en ladite maison; que le 29
dudit mois d'octobre le sieur Beaujean, valet de chambre de ladite
dame de Sourque, s'est présenté porteur d'un tableau oval pour
sortir de ladite maison; que, comme gardien judiciaire établi, il

---

1. Cette dame, appelée dans les mémoires du temps madame Souck, était
une Allemande de mœurs horriblement dépravées.

s'est opposé à la sortie du tableau ; que le lendemain le cocher de ladite dame de Sourque, nommé Colas, demeurant au coin de la rue des Fontaines, vis-à-vis le Temple, lequel n'est plus au service de ladite dame, a voulu faire sortir la jument grise pommelée ; qu'il s'est pareillement opposé à sa sortie et que ledit Colas lui a dit être chargé de la faire sortir de force et de maltraiter le comparant, s'il s'y opposoit ; que lui Legrand, sur ses différens refus, a été renvoyé de sa qualité de jardinier de la dame de Sourque ; que ladite dame de Sourque, la demoiselle de Raucourt et leurs domestiques font jour et nuit des tumultes, tapages, bruits et scandales avec des poêles, chaudrons et fouets de poste dans la cour de ladite maison, afin d'exciter le comparant de sortir de sa loge, le maltraiter et même l'assassiner, ainsi qu'il en est menacé ; que tous les voisins se plaignent de tous ces tumultes ; que ladite dame de Sourque, la demoiselle de Raucourt et leurs gens se prennent de boisson pendant la nuit et se promènent dans la cour avec des draps sur leur tête ; qu'il y a une sortie de ladite maison par un petit hôtel donnant maison du Chandelier, par lequel endroit ladite demoiselle de Raucourt et la dame de Sourque, dépositaires des effets dont il étoit chargé, pourroient faire sortir et évader lesdits effets dont on lui refuse la remise ; qu'au moyen de ce, lesdits effets ne se trouvent plus en sûreté, ainsi que sa vie, s'il s'oppose à leur sortie par des endroits illicites : dont et de tout ce que dessus, ledit Legrand nous a fait la présente déclaration et plainte.

Signé : Legrand ; Boullanger.

(Arch. nationales, Y 12681.)

IV.

1776. — 25 novembre.

Le propriétaire de la maison habitée par Mlle Raucourt et par la dame Souck se plaint de leur mauvaise conduite, de leurs insolences et de leurs menaces.

L'an 1776, le 25 novembre, cinq heures du soir, en l'hôtel et par devant nous, Claude-Louis Boullanger, commissaire au Châtelet, est comparu François Marbel, sculpteur de l'Académie de Saint-Luc, demeurant rue du Faubourg Saint-Denis, à l'hôtel de Lorraine, près le Laissez passer, lequel nous a dit qu'en qualité de propriétaire de deux maisons se communiquant l'une à l'autre, susdite rue du Faubourg-Saint-Denis, proche le Laissez passer, il a sous-loué l'appartement du premier à la dame Salatte de Sourque; qu'elle s'est absentée vers le mois de juin dernier; qu'elle est revenue en sa maison vers le mois d'octobre dernier; que depuis son retour elle a introduit dans les lieux de sa location la demoiselle de Raucourt, totalement à lui inconnue; que depuis cette époque le comparant, sa femme et sa famille ne peuvent plus habiter en ladite maison, attendu le désordre de jour et de nuit qui est occasionné par les domestiques, tant de ladite dame de Sourque que des menaces de mauvais traitemens, coups de bâton et autres violences qui sont répétées journellement, tant envers le comparant que des personnes préposées par lui pour la surveillance de sa maison; qu'il a tout lieu de craindre l'exécution desdites menaces, vu qu'il y a environ treize mois un des locataires du comparant, nommé Labonté, a été maltraité nuitamment, rentrant dans sa chambre, par les domestiques de ladite dame de Sourque, de son ordre et par elle-même; que les scènes scandaleuses troublant l'ordre public et celle des voisins et autres locataires, sont répétées depuis nombre de jours; que sur les observations que le comparant a fait comme propriétaire, il a tout lieu de craindre, d'après les vives menaces qui lui ont été faites, pour la sûreté de sa personne et autres par lui préposés, attendu la multitude des domestiques ameutés par ladite dame de Sourque et ladite demoiselle de Raucourt, au point que le comparant nous déclare qu'il n'ose coucher en sa maison, crainte d'accident; que le cadenas apposé à la porte du petit hôtel, pour la sûreté de sa maison et empêcher que l'on en sorte ou que l'on ne s'y introduise à l'insu du portier, a été cassé et fracturé. Dont et de tout ce que dessus, le comparant nous a rendu plainte.

Signé : MARBEL; BOULLANGER.

(Arch. nationales, Y 12681.)

V.

1776. — 16 décembre.

Mlle Raucourt proteste contre l'apposition des scellés faite chez elle, à la requête d'un de ses créanciers, pendant un voyage qu'elle avait entrepris.

Du lundi 16 décembre 1776, entre une heure et deux de relevée.

En l'hôtel et par devant nous, Hugues-Philippe Duchesne, commissaire au Châtelet, est comparue demoiselle Antoinette-

Josèphe-Marie-Françoise Saucerotte de Raucourt, fille mineure, pensionnaire du roi, locataire d'une maison sise rue de la Chaussée-d'Antin, dans laquelle elle demeuroit ci-devant, et actuellement demeurante Grande-Rue-du-Faubourg-St-Denis, paroisse Saint-Laurent : laquelle nous a rendu plainte contre le sieur Bernard, maître fondeur à Paris, y demeurant rue de la Vieille-Draperie en la Cité, et dit que pendant les mois de février, mars et avril dernier, ledit Bernard, abusant de l'âge et de l'inexpérience de la comparante dans les affaires, lui a fait souscrire à son profit 17 lettres de change de 800 livres chacune, payables à différentes échéances, montant ensemble à la somme de 13,600 livres; de toutes lesquelles lettres de change elle n'a reçu aucune valeur, ainsi qu'il résulte de l'aval qu'il a donné à la comparante desdites lettres de change, le 30 dudit mois d'avril. Que le 27 mai dernier, des affaires de famille ont obligé la comparante d'aller en province, où elle a été retenue, par ces mêmes affaires, environ quatre mois. Que de retour en cette ville, à la fin de septembre dernier, elle fut fort surprise de ne pouvoir rentrer chez elle, susdite rue de la Chaussée-d'Antin, d'y trouver les scellés apposés et des gardiens d'iceux, de sorte qu'elle fut contrainte d'aller loger chez une de ses amies, susdite Grande-Rue-du-Faubourg-Saint-Denis, où elle loge encore actuellement. Qu'elle a appris depuis que ces scellés avoient été apposés à la requête dudit Bernard et que, pour y parvenir, il avoit osé exposer que la comparante étoit en banqueroute frauduleuse et que c'étoit là le motif qui l'avoit fait quitter Paris pour n'y jamais revenir. Qu'elle avoit aussi diverti et enlevé plusieurs effets qui garnissoient une maison de campagne qu'elle occupoit à Vaugirard. Que sous ces prétextes ledit Bernard a fait contre la comparante une procédure monstrueuse, tendant à la déshonorer. Qu'il a même fait vendre, pendant l'absence de la comparante, deux chevaux de carrosse et un de cabriolet, qui étoient dans sa maison de Vaugirard. De tous lesquels faits, la comparante est venue nous rendre la présente plainte.

Signé : SAUCEROTTE DE RAUCOURT; DUCHESNE.

(Arch. nationales, Y 15284.)

VI.

1777. — 27 mars.

Mlle Raucourt et la dame Souck, habillées en hommes, viennent insulter et menacer un individu établi chez elles gardien d'objets saisis.

L'an 1777, le 27 mars au matin, en l'hôtel et par devant nous,

Pierre-François Simonneau, commissaire au Châtelet, est comparu Thomas-Philippe Violet, cavalier de robe courte, demeurant à Paris, rue du Faubourg-St-Denis, lequel nous a rendu plainte contre la dame Souque, la demoiselle Raucourt et autres, leurs complices, fauteurs et adhérens, et nous a dit et déclaré que le 25 de ce mois, par procès-verbal du sieur Guillou, huissier à cheval au Châtelet de Paris, lui plaignant, conjointement avec le nommé Augé, ont été établis gardiens des meubles et effets saisis sur la dame Souque, en sa maison sise Faubourg-Saint-Denis, à la requête des sieurs Bertrand, Delpech et Cⁱᵉ, marchands d'étoffes de soie, à Paris, y demeurant rue Saint-Honoré, en vertu d'une sentence rendue au Châtelet de Paris, le 27 janvier dernier, contre ladite dame Souque. Que la nuit du 25 au 26 de ce mois, ladite dame Souque, ainsi que ladite demoiselle Raucourt, vêtues en habits d'homme, sont venues sur les deux heures du matin, faisant un tapage affreux, jurant le saint nom de Dieu, enfonçant les portes à coups de pied et de bâton. Qu'effrayé de ce tapage, il ouvrit la porte de l'appartement où il étoit; que lesdites dames Souque et Raucourt entrèrent dans l'appartement avec d'autres particuliers, lui demandèrent de quel droit il étoit chez elle. Que leur ayant répondu qu'il avoit été établi gardien de la saisie dont il est ci-dessus parlé, elles lui demandèrent son établissement. Que lui plaignant, ayant lieu de se méfier, ne voulut point leur remettre. Qu'elles firent plusieurs menaces à lui plaignant et le poursuivirent, accompagnées des quidams avec lesquels elles étoient, jusque dans la loge du portier et le forcèrent à sortir de la maison. Qu'il envoya sur le champ chercher la garde par le nommé Regnard, commis du laissez-passer du faubourg Saint-Denis. Qu'aussitôt que la garde fut arrivée, lesdites dames Souque et Raucourt sortirent en proférant les mêmes juremens contre la garde que ceux qu'elles avoient proférés contre lui. Que lui plaignant rentra après leur disparition dans la loge du portier, où il a resté jusqu'à présent. Que ladite dame Souque est encore revenue hier sur les onze heures du matin, vraisemblablement pour recommencer son tapage et, en sortant, a annoncé qu'elle reviendroit le soir. Pourquoi il est venu nous rendre plainte.

Signé : VIOLET.

(Arch. nationales, Y 15476.)

VII.

1777. — 27 mars.

Mlle Raucourt arrêtée pour dettes.

L'an 1777, le jeudi 27 mars, deux heures de relevée, en l'hôtel et par devant nous, Louis-Michel-Roch Delaporte, commissaire au Châtelet, est venu sieur Joseph Lapierre, garde du commerce, demeurant à Paris, quai de Gesvres, paroisse Saint-Jacques-la-Boucherie, lequel nous a dit que, faute de payement par demoiselle Antoinette-Marie-Josèphe Saucerotte de Raucourt, pensionnaire du roi, d'une somme de 3,200 livres pour le contenu en quatre lettres de change, tirées de Caen le même jour, 10 avril 1776, par le sieur Damiens, à l'ordre du sieur de Charmes, sur et acceptées de ladite demoiselle Raucourt, payables la première le 20 mars, la seconde le 20 juin, la troisième le 20 septembre et la quatrième le 20 décembre audit an, passées à l'ordre du sieur Lesueur, au payement desquelles elle est condamnée par deux sentences des consuls de Paris des 10 et 12 juillet audit an, signifiées le 15 juillet, et en exécution d'une sentence du Châtelet de Paris, du 8 mars 1777, signifiée à domicile le 15, qui l'a déboutée de la demande en entérinement des lettres de rescision par elle obtenues et ordonne que les poursuites encommencées à la requête dudit Lesueur seront continuées, ladite sentence rendue par défaut et en marge de laquelle est un certificat de Me Arnould, procureur du sieur Lesueur, en date du 25 de ce mois, qu'il n'est survenu à sa connoissance aucun appel ni opposition à ladite sentence, il vient d'arrêter rue du Vertbois, au coin de celle Saint-Martin, ladite demoiselle de Raucourt et l'a conduite par devant nous pour prendre les éclaircissements nécessaires, d'après l'allégation qu'elle lui a faite qu'elle avoit obtenu un arrêt de défenses générales.

Signé : LAPIERRE.

Avons fait comparoir la particulière arrêtée, qui nous a dit se nommer Antoinette-Marie-Josèphe Saucerotte de Raucourt, pensionnaire du roi, demeurant à Paris, rue du Vertbois, paroisse Saint-Nicolas-des-Champs ; qu'elle a lieu d'être surprise de se voir arrêtée par ledit Lapierre, attendu qu'elle a, dès l'année dernière, remercié ses créanciers et acquiescé au contrat d'union passé devant Me de la Chaise, notaire ; que ce contrat a été homologué en justice par plusieurs sentences rendues au Châtelet ; qu'il est signé des trois quarts de ses créanciers et qu'à la requête des directeurs il a été obtenu des défenses générales de faire aucune contrainte ni poursuite contre elle; que ces défenses ont été même prononcées contradictoirement contre le sieur Bénard, qui étoit le seul qui y résistoit et a fait mettre les scellés sur la totalité de ses meubles et effets; que la sentence qui homologue et fait défense au sieur Lesueur de faire aucune poursuite est du 13 août 1776, duement signifiée le 23 par le sieur Nagui, huissier-priseur, contrôlée le 26; qu'il n'est survenu aucune opposition depuis à cette sentence, ainsi que l'atteste Mᵉ Ladey, son procureur au Châtelet, ci-présent; qu'à l'égard de l'opération des lettres de rescision dont la sentence a rejeté l'entérinement, elle ne peut que remettre les parties au même et semblable état qu'elles étoient au 13 août dernier et alors le sieur Lesueur devoit former opposition à cette dernière sentence, faire lever les défenses et se pourvoir contre l'homologation du contrat, afin d'obtenir la plénitude de ses droits : cette opération des lettres de rescision lui a été conseillée dans un moment où elle ne devoit suivre que les intentions de ses créanciers et par des conseils qui ne connoissoient pas l'opération du contrat. Elle a remis en présence de ses directeurs et chez le notaire de l'union, dès le 24 de ce mois, sa procuration générale à l'effet de régir et administrer tous les biens meubles et effets qui sont sous les scellés et afin de prendre avec elle tous les tempéraments qui lui seront nécessaires, de sorte qu'elle est entièrement réunie au corps de ses créanciers, dont le sieur Lesueur fait une partie, qui ne peut avoir plus de préférences qu'aucun autre créancier. Pourquoi elle requiert qu'il en soit référé sur l'heure devant M. le Lieutenant civil sous toutes réserves de ses moyens de droit de nullité et dommages et intérêts, et a signé avec ledit Mᵉ Ladey.

Signé : SAUCEROTTE DE RAUCOURT; LADEY.

Est survenu Mᵉ Jules-Marie Arnould, procureur au Châtelet et dudit sieur Lesueur, demeurant à Paris, rue Françoise, paroisse Saint-Eustache : lequel a dit que le 17 décembre dernier, ledit sieur Lesueur a été assigné à la requête de ladite demoiselle de Raucourt afin d'entérinement des lettres de rescision qu'elle a obtenues contre tous ses créanciers sur le fondement de sa minorité; que cette demande est une renonciation de sa part, non-seulement à tous les arrangemens pris avec ses créanciers, mais encore à la prétendue sentence par elle alléguée dont ledit sieur Lesueur n'a aucune connoissance; qu'au surplus, sur la demande de ladite demoiselle de Raucourt, il est intervenu sentence le 8 du présent mois sur les conclusions de MM. les gens du roi qui, déboutant ladite demoiselle de Raucourt de sa demande en entérinement de lettres de rescision, a ordonné que les poursuites encommencées seroient continuées; que le tout se trouve jugé par cette sentence, à laquelle il n'a pas été formé d'opposition. Pourquoi requiert pour ledit sieur Lesueur qu'en exécution tant de ladite sentence du Châtelet du 8 mars, présent mois, que de celles des consuls ci-devant datées, ladite demoiselle Raucourt soit à l'instant conduite ès prisons de cette ville par ledit sieur garde du commerce pour y être écrouée et, en cas de difficulté, requiert qu'il en soit référé par devant M. le Lieutenant civil.

Signé : ARNOULD.

Et par ladite demoiselle de Raucourt, assistée comme dessus, a été répondu qu'elle n'est point contrevenue à son contrat; qu'elle y a paru deux fois, a promis de faire juger l'instance criminelle qui subsiste de la part du sieur Bénard; qu'elle n'a pas encore pu y parvenir; que les six mois accordés par le contrat ne sont pas ouverts, puisque ce n'est qu'à compter du jour de la dernière homologation et qu'il y a encore plusieurs créanciers avec qui on est en instance; que la voie des lettres de rescision lui a été ouverte par le contrat d'union et qu'elle s'est toujours, lors des délibérations, réservé de les prendre; que si ledit sieur Lesueur a obtenu de les faire rejeter, ce n'est que par une sentence par défaut dont elle n'a pas eu connoissance, contre laquelle elle interjette, par ces présentes, appel qu'elle convertit en opposition à ladite sentence, à l'effet d'être déchargée des condamnations prononcées par icelle; que le point décisif sur la contrainte qu'il exerce aujourd'hui se réduit à savoir si elle a des défenses de faire aucune poursuite contre elle : ces défenses subsistent de la part de ses directeurs par ladite sentence du 13 août dernier; ainsi, quand on supposeroit que le sieur Lesueur est remis en même et semblable état qu'il étoit, il subsisteroit toujours contre lui des défenses contre lesquelles il ne s'est pas pourvu. Pourquoi elle persiste dans son dire ci-dessus, sous toutes réserves de droit et de nullité, tant contre l'emprisonnement requis que contre les significations de sentences qui sont faites à un domicile, qui n'a jamais été le sien, puisqu'elle a tous ses meubles à la Chaussée-d'Antin et qu'elle demeure depuis trois mois rue du Vertbois.

Signé : LADEY; SAUCEROTTE DE RAUCOURT.

En conséquence, nous nous sommes transporté en l'hôtel et par devant M. le Lieutenant civil, auquel ayant fait lecture de notre procès-verbal, mondit sieur le Lieutenant civil, après avoir entendu ladite demoiselle de Raucourt et son procureur et Mᵉ Arnould, procureur dudit Lesueur, au principal, a renvoyé les parties à l'audience et cependant, par provision, a donné acte à ladite demoiselle Raucourt de l'appel par elle interjeté de ladite sentence et de ce qu'elle le convertit en opposition, comme aussi qu'elle sera réintégrée chez elle par ledit sieur Lapierre.

Signé : ANGRAN; DELAPORTE.

(Arch. nationales, Y 12189.)

VIII.

1779. — 9 septembre.

Le maréchal duc de Duras donne ordre à Mˡˡᵉ Raucourt de prendre l'emploi des reines à la Comédie française.

Nous, maréchal duc de Duras, pair de France, premier gentilhomme de la Chambre du roi.

Ordonnons à la demoiselle Raucourt de prendre l'emploi des reines au théâtre de la Comédie française et d'y remplir en outre tous ceux où elle sera jugée nécessaire.

Paris, ce 9 septembre 1779.

(Arch. nationales, O¹ 845.)

RIBOU (Nicolas), fils d'un libraire de Paris, débuta à la Comédie française, le 6 novembre 1747, par le rôle d'Oreste dans *Electre*, fut reçu le 15 janvier 1748 pour doubler Grandval[1], quitta le théâtre au mois de décembre 1750[2], se fit comédien à l'étranger et mourut en 1773.

---

1. Collé (*Journal*, t. I, p. 148) dit de ce comédien : « Il a quelques rôles dans le comique où il n'est pas absolument mauvais comme le marquis de *Turcaret*. »

2. A la suite de la mort de son camarade Raissouche Montet de Rozelli, frappé par lui d'un coup d'épée dans un duel. Collé a raconté en ces termes cet événement tragique : « La mort du pauvre Rozelli, qui a été tué en duel par Ribou ou du moins qui est mort de ses blessures, laisse deux places vacantes. Bellecour en aura une et, ce que j'appréhende, c'est que Le Kain n'ait l'autre. Ribou est en fuite ; il n'y a pas d'apparence qu'il puisse jamais assoupir cette affaire, qui a fait un trop grand éclat. Les gentilshommes de la Chambre ont d'ailleurs intérêt à ne pas laisser ren-

1749. — 7 juillet.
Plainte en escroquerie rendue contre Ribou.

L'an 1749, le lundi 7 juillet, sept heures du soir, est comparu en l'hôtel et pardevant nous, Louis Cadot, commissaire au Châtelet, sieur Esprit-Louis Galin, bourgeois de Paris, lequel nous a dit que le sieur Ribou, acteur de la Comédie françoise, profitant de la foiblesse d'âge et du peu d'expérience de lui comparant, l'auroit attiré pour la première fois chez lui cejourd'hui et l'auroit engagé de jouer au trente-et-quarante, qui est un jeu de cartes défendu, et ce en la compagnie des sieurs Milon et Godet, anciens amis particuliers du sieur Ribou; que par l'événement de ce jeu, ledit sieur Ribou, qui a un talent particulier audit jeu, a d'abord gagné à lui comparant, en présence desdits sieurs Milon et Godet qui l'avoient conduit chez ledit sieur Ribou, où il n'avoit pas encore été, s'étant seulement trouvé en sa compagnie avec les susnommés, trente louis d'or de 24 livres pièce, payés comptant par lui comparant. Après laquelle perte, lui comparant auroit voulu quitter le jeu et même s'en aller, mais ledit sieur Ribou auroit continué de solliciter lui comparant de jouer, ce qu'il n'a fait que par les sollicitations d'icelui sieur Ribou, qui voyoit la supériorité de son jeu et le peu d'expérience du comparant, de sorte qu'icelui comparant, contre son inclination, s'est laissé entraîner et séduire par ledit sieur Ribou, qui lui a fait jouer vingt louis d'or chaque coup jusqu'à la concurrence et perte, outre lesdits 30 louis d'or payés comptant, de 1,440 livres : pour laquelle somme ledit Ribou a exigé de lui, comparant, trois lettres de

---

trer à la Comédie un pareil spadassin qui, au mépris de leurs ordres, fait une querelle à son camarade et le tue. C'est à l'occasion d'un rôle que ces messieurs avoient décidé devoir être joué par Rozelli que Ribou, qui n'a pas voulu le lui céder, lui a fait mettre l'épée à la main.... Rozelli ne vouloit pas se battre, il a même couru des bruits que Ribou lui avoit donné des coups de plat d'épée pour l'y obliger... Leur combat s'est passé dans la rue proche Saint-Sulpice, vers les neuf heures du soir. Il (Rozelli) n'est mort que plusieurs jours après le combat et peut-être par la faute de son chirurgien qui a, dit-on, mal sondé une blessure qu'il avoit à la poitrine et dont il n'a pas connu toute la profondeur. Rozelli, cependant, pour ne pas perdre Ribou et voulant cacher leur combat, parut le 20 (décembre 1750) à la Comédie où je le vis et lui parlai. » (*Journal de Collé*, t. I, p. 264.) Rozelli avait débuté à la Comédie française, le 24 octobre 1742, par le rôle d'Andronic dans la tragédie de ce nom de Campistron et avait été reçu en 1743; c'était, paraît-il, un acteur travailleur et consciencieux.

change de 490 livres chacune, la première, payable dans quatre mois, du 10 du présent mois, la seconde, dans huit mois, et la troisième, dans un an. Lesquelles trois lettres de change ont été datées du 10 juillet, qui ne sera que jeudi prochain, supposées tirées de Saint-Germain-en-Laye, quoi qu'elles aient été faites dans la chambre dudit sieur Ribou, sise rue et vis-à-vis la Comédie françoise, ladite chambre ayant vue sur des jeux de boules. Lequel sieur Ribou, en ayant fait trois premières par lui tirées, écrites et signées de sa main et acceptées de lui comparant, ne les ayant pas trouvées à sa fantaisie, en auroit recommencé trois autres qu'il a pareillement fait accepter à lui comparant, entre les mains duquel les trois premières sont restées après avoir été en partie déchirées lesquelles trois premières lettres de change, ledit sieur comparant nous a à l'instant représentées et laissées entre les mains pour être déposées au greffe criminel et servir à conviction, après avoir été de nous et de lui signées et paraphées, etc. Et comme la surprise et le dol sont évidens de la part dudit sieur Ribou, dans le procédé ci-dessus; que le jeu en question est prohibé; que lui comparant n'a reçu aucune valeur desdites trois lettres de change restées entre les mains dudit sieur Ribou, lesquelles sont même nulles de toutes façons, étant datées du 10 du présent mois, qui n'est pas encore arrivé, et sont d'ailleurs fausses, étant supposées être tirées de Saint-Germain-en-Laye; que lui comparant a intérêt de les retirer, de prévenir qu'elles ne soient exposées dans le public, et qu'il a aussi intérêt de se faire restituer les trente louis d'or que ledit sieur Ribou a extorqués de lui comme dit est, icelui comparant vient nous rendre la présente plainte[1].

                                           Signé : GALIN; CADOT.

(Arch. nationales, Y 12152.)

ROZIMONT (Claude ROZE, sieur de). Le meilleur acteur comique du Marais, où il entra en 1670, passa après la mort de Molière dans la troupe du Palais-Royal et y débuta le 3 mars 1673 dans le *Malade*

---

1. A la suite de cette plainte, Galin présenta requête au lieutenant criminel et obtint permission d'informer contre Ribou et de plus autorisation de revendiquer, avec l'aide du commissaire, lesdites lettres de change chez Ribou. Ce dernier refusa d'abord de les montrer, mais finit par les exhiber, et le magistrat constata leur irrégularité. Peu de jours après Ribou, ne se souciant pas de soutenir un pareil procès, transigea avec Galin, qui se désista de sa plainte entre les mains du commissaire Cadot.

imaginaire. Comme ses camarades de la troupe, il alla la même année s'établir rue Guénégaud, fut conservé à la réunion de 1680 et mourut subitement le 1er novembre 1686.

1682. — 30 décembre.

Claude Roze, sieur de Rozimont, et Jeanne Capois, sa femme, se font une donation mutuelle de leurs biens.

Par devant les conseillers du roi, notaires gardenottes de Sa Majesté au Chastelet de Paris, soussignés, furent présens en leurs personnes Claude Roze, sieur de Rozimont, comédien de la troupe du roi en l'hôtel de Guénégaud, et damoiselle Jeanne Capois, sa femme, de lui autorisée pour l'effet qui en suit, demeurant rue Mazarini, paroisse Saint-Sulpice; lesquels mariés étant, par la grâce de Dieu, en bonne santé de corps et d'esprit et d'entendement, ainsi qu'il est apparu auxdits notaires, considérant par eux les peines et travaux qu'ils ont eus à acquérir si peu de biens qu'il a plu à Dieu leur donner et prêter, désirant s'en rémunérer et récompenser l'un l'autre afin que le survivant d'eux deux ait moyen de vivre et s'entretenir honnêtement selon sa condition, et attendu qu'ils n'ont à présent aucuns enfants nés ou à naître, procréés d'eux deux, ont de leurs bons grez et volontés, sans aucunes contraintes, ainsi qu'ils ont dit, reconnu avoir fait et font entre eux don mutuel, égal, réciproque l'un d'eux à l'autre et au survivant d'eux deux, ce acceptant, de tous et chacuns les biens meubles, acquets et conquets immeubles qui appartiennent de présent et se trouveront appartenir au premier mourant d'eux au jour de son décès, sans aucune chose excepter, retenir ni réserver, pour en jouir par le survivant sa vie durant seulement, à sa caution juratoire, nonobstant la coutume de cette ville de Paris à laquelle pour ce regard lesdits mariés ont dérogé et dérogent par ces présentes, pourvu toutes fois que, au jour du décès du prédécédé, il n'y ait aucun enfant ou enfants nés ou à naistre procréés d'eux, comme dit est.

Cette donation mutuelle faite tant à la charge que ledit survivant sera tenu de faire inhumer et enterrer ledit prédécédé honnêtement[1], selon sa qualité, payer ses obsèques, funérailles et

---

1. Le pauvre Rozimont, qui désirait tant être enterré *honnêtement,* n'ayant pas eu le temps de demander les sacrements, fut, selon ce que nous apprend Le Mazurier, inhumé sans clergé et sans prières dans un coin du cimetière Saint-Sulpice. Cet excellent comédien avait publié en 1680, sous le nom de

dettes passives qui se trouveront être dues au jour de son décès, accomplir son testament, si aucuns il fait, jusqu'à la concurrence de la somme de mil livres, et ou au-dessus, sur la part et portion qui pourra lors appartenir audit prédécédé, que outre pour la bonne amitié et amour que lesdits mariés ont dit avoir et se porter l'un à l'autre, joint que leur intention a toujours été et est encore à présent de faire le présent don mutuel.....

Déclarant lesdits sieur et damoiselle mariés qu'ils veulent et entendent que le survivant d'eux deux puisse au jour de son décès disposer du fonds et propriété qui appartiendra au premier prédécédé dans tous lesdits meubles, acquets et conquets immeubles, en faveur soit de l'Hôtel-Dieu, pauvres honteux et nécessiteux, hôpitaux ou églises ou religieux qu'il jugera à propos, soit par testament ou par quelques autres manières que ce soit, comme dès à présent ledit premier prédécédé en a fait et fait don irrévocable en la meilleure forme et manière que se peut au profit desdits pauvres, hôpitaux, églises et religions auxquels dès à présent il a légué et donné la moitié qui lui appartiendra au jour de son décès dans tous lesdits meubles, acquets et conquets immeubles, n'en délaissant que l'usufruit au survivant sa vie durant. Et ou les héritiers dudit prédécédé voudroient débattre ou impugner le susdit don mutuel, en ce cas, icelui prédécédé a aussi, dès à présent comme pour lors, déclaré dès à présent faire don irrévocable de tous et chacuns lesdits biens qui lui appartiendront au jour de son décès à l'Hôtel-Dieu de Paris....

Ce fut ainsi fait, dicté et nommé par lesdits mariés, à eux lu et relu, qu'ils ont dit bien entendre, par l'un desdits notaires, en la présence de son confrère, et y ont, iceux mariés, persisté en l'étude de Dupuis, l'un d'iceux notaires soussignés, l'an 1682, le trente et pénultième jour de décembre après-midi; ladite damoiselle Jeanne Capoix a déclaré ne savoir écrire ni signer et ledit sieur de Rozimont a signé la minute des présentes, etc.

(Arch. nationales, Y 243.)

SAINT-PHAL (Etienne MEYNIER dit), né le 12 juin 1752, débuta à la Comédie française le 8 juillet 1782 [1] par le rôle de Gaston dans *Gas-*

Jean-Baptiste du Mesnil, un ouvrage intitulé *Vie des saints pour tous les jours de l'année.*

1. Le *Journal de Paris* du 9 juillet 1782 apprécie en ces termes les débuts

ton et Bayard, tragédie de du Belloy, fut reçu en 1784 et mourut le 22 novembre 1835.

I.

1783. — 17 mars.
Saint-Phal est reçu à l'essai à la Comédie française.

Nous, maréchal duc de Duras, pair de France, premier gentilhomme de la Chambre du roi.

Avons reçu le sieur Saint-Fal à l'essai, aux appointements portés par les règlements pour la première année, avec ses feux, à la charge par lui de jouer en double de ses anciens, tous les premiers, seconds et troisièmes rôles et, en général, tous ceux de quelque genre qu'ils soient, qui lui seront distribués pour le bien du service, tant pour la cour que pour Paris, à commencer de la rentrée prochaine du Théâtre-François.

A Paris, le 17 mars 1783.

(Arch. nationales, O¹ 845.)

II.

1784. — 25 mars.
Saint-Phal est reçu à quart de part à la Comédie française.

Nous, maréchal duc de Duras, etc.

Avons reçu, sous le bon plaisir de Sa Majesté, au nombre des comédiens françois ordinaires, le sieur Saint-Phal à quart de part, pour doubler le sieur Fleury dans tous ses rôles, les jeunes premiers et seconds rôles dans la tragédie et jouer tous autres rôles, même du premier emploi, qui pourroient lui être distribués pour la Comédie.

Paris, ce 25 mars 1784.

(Arch. nationales, O¹ 845.)

---

de Saint-Phal : « L'acteur qui a débuté hier dans le rôle de Gaston a été reçu du public avec une indulgence quelquefois méritée. Il a de temps en temps de la vérité et de l'intelligence dans le débit, et un moment d'enthousiasme, qui lui a obtenu des applaudissements, peut faire espérer que quand plus d'assurance lui permettra de s'abandonner davantage il développera plus d'expression sur sa figure et de chaleur dans son jeu. Ses gestes et son maintien doivent aussi acquérir plus de grâce et de noblesse, s'il veut faire illusion dans les rôles tels que celui de Gaston de Nemours. »

SAINVAL aînée (Marie-Pauline-Christine d'ALZIARI DE ROQUEFORT
dite), née vers 1747, débuta à la Comédie française le 5 mai 1766[1],
fut reçue en 1767 pour l'emploi des premiers rôles tragiques et mourut le 13 juin 1830.

1783. — 26 mai.

Donation faite par Mlle Sainval aînée à Honoré d'Alziari de Roquefort,
son père.

A tous ceux qui ces présentes lettres verront, Anne-Gabriel-
Henri-Bernard de Boullainvilliers, etc., prévôt de Paris, salut.

Savoir faisons que par devant Athanase-Pierre Lemoine et son
confrère, notaires au Châtelet de Paris, fut présente demoiselle
Marie-Pauline-Christine d'Alziari de Roquefort, fille majeure, etc.,
demeurant à Paris, rue des Vieilles-Etuves, paroisse Saint-Eustache.

Laquelle, voulant donner au sieur son père des témoignages de
son respect et de sa reconnoissance, a, par ces présentes, déclaré
qu'elle approuve et ratifie, même réitère par ces présentes l'acte

---

1. « 5 mai 1766. — Mlle Sainval, nouvellement arrivée de Lyon, a débuté
aujourd'hui dans *Ariane* (tragédie de Thomas Corneille); ses talents sont déjà
développés. C'est une actrice exercée; elle a beaucoup d'entrailles, un jeu
naturel et raisonné. Elle est plus dans le genre de Mlle Dumesnil et moins
irrégulière. Il est dommage qu'elle ait contre elle l'organe et la figure. Elle
n'est pas d'ailleurs fort jeune. Elle a été reçue avec grands applaudissements. » (*Mémoires secrets*, t. III, p. 31.) Grimm, dans la *Correspondance
littéraire* (t. V, p. 97), insiste sur l'effet produit par la figure peu agréable
de Mlle Sainval aînée : « Je ne refuse pas à Mlle Sainval du talent et de
grandes dispositions, mais elle a un grand inconvénient, c'est qu'elle est
excessivement laide. On assure qu'elle n'a pas 22 ans et a l'air d'en avoir
40 au théâtre. On ne sauroit dire que la douleur l'embellisse, car elle devient plus laide à mesure que la passion l'anime et se peint sur son visage.
Il est vrai que sa chaleur et quelquefois la vérité de l'expression entraînent
en dépit de sa laideur; mais je doute que chez une nation véritablement
enthousiaste de beaux-arts et en particulier de l'art dramatique, aucun
avantage puisse contrebalancer l'inconvénient de la laideur : la beauté, la
grâce des formes et des figures paraissent la qualité principale et la plus
essentielle du comédien, quoiqu'on puisse les posséder sans talents. » Plus
tard le même critique, revenant sur la sévérité de son premier jugement,
disait : « La figure de Mlle Sainval l'aînée, toute laide qu'elle est, a du caractère et de l'expression. Ses traits sont assez prononcés et leur ensemble a
je ne sais quoi de tragique et de théâtral. Il n'y a point d'actrice, aujour-
d'hui, plus aimée du public, il n'y en a point qui soit reçue avec des applaudissements plus vifs et plus universels. » (*Correspondance*, t. IX, p. 147.)

qu'elle a passé devant Mᵉ Doillot, qui en a minute, le 18 septembre 1772, par lequel elle a créé et constitué au profit du sieur Honoré Alziari de Roquefort, son père, une rente et pension viagère originairement de 1,000 livres, mais qui, par l'effet des événements prévus audit acte, ne subsiste plus que pour 500 livres par année. En conséquence, elle promet et s'oblige non-seulement au payement, cours et continuation de ladite rente de 500 livres, mais même elle consent, qu'à compter de ce jour, elle soit augmentée de 300 livres et ait annuellement cours pour 800 livres chaque année. Laquelle dernière rente de 800 livres elle s'engage de payer chacun an, en quatre termes et payements égaux, de trois mois en trois mois, audit sieur son père, dans les différents endroits où il jugera à propos de demeurer et par avance; dont le premier terme, pour portion de temps, échoira au 1ᵉʳ juillet prochain, le second au 1ᵉʳ octobre suivant, et ainsi continuer de trois mois en trois mois tant que ladite rente, qui n'est que viagère, sera due, devant cesser d'avoir cours au décès dudit sieur de Roquefort père, etc.

Cette constitution est ainsi faite par ladite demoiselle de Roquefort pour accomplir le désir qu'elle a de donner audit sieur son père un témoignage de son respect, pour quoi elle déclare, en tant que besoin est ou seroit, faire donation par ces présentes audit sieur son père desdites 800 livres de rente viagère, etc. A ce faire fut présent et est intervenu messire Honoré d'Alziari de Roquefort, seigneur de Roquefort, demeurant ordinairement à Saint-Paul-lez-Vence en Provence, étant de présent à Paris, logé rue de l'Arbre-Sec, à l'hôtel du Parc, paroisse Saint-Germain-l'Auxerrois; lequel, après avoir pris lecture et communication des obligations que ladite demoiselle de Roquefort, sa fille, vient de contracter en sa faveur, a, par ces présentes, déclaré accepter purement et simplement ladite donation et constitution de rente viagère. Ledit sieur de Roquefort père reconnoit avoir présentement reçu de ladite demoiselle sa fille la somme de 77 livres 15 sols 6 deniers pour la portion de temps de cette rente depuis ce jour jusqu'au 1ᵉʳ juillet prochain, dont quittance, etc.

Fait et passé à Paris, l'an 1783, le 26 mai, après midi.

(Au bas on lit : Pour mon père, Alziary de Roquefort.)

(Arch. nationales, Y 467.)

SAINVAL cadette (Marie-Blanche d'ALZIARI DE ROQUEFORT dite),
née à Courségoules (Var) le 2 septembre 1752, débuta à la Comédie
française le 27 mai 1772 [1] par le rôle d'Alzire dans la tragédie de ce
nom, fut reçue en 1776, se retira vers 1792 et mourut le 9 février
1836.

1783. — 15 juin.

Le roi accorde une pension de 600 livres à Mlle Sainval cadette.

Brevet d'une pension de 600 livres en faveur de la demoiselle
Marie-Blanche d'Alziari de Roquefort, née et baptisée le 2 septembre 1752, paroisse de Coursegoules, diocèse de Vence, laquelle
pension lui a été accordée sur le trésor royal, sans retenue, par
décision de ce jour, 15 juin 1783.

(PIÈCES JOINTES AU BREVET.)

1. — Déclaration de Mlle Sainval cadette, relativement à sa pension.

Je soussigné *Marie-Blanche d'Alziari de Roquefort,* née à
Courségoulles, diossaise de Vence, generalité de Provence, le
deuxième jour du mois *de septembre* année *1752,* baptisée le

---

1. « 1er juin 1772. — Mlle Sainval, sœur de l'actrice de ce nom célèbre dans
le tragique, a débuté mercredi dernier, 27 mai, dans le rôle d'Alzire. Sa
jeunesse, les grâces de sa figure, la beauté de son organe et une grande
expression lui ont mérité les plus vifs applaudissements. Il est assez extraordinaire que deux sœurs réunissent ainsi un talent semblable, précisément
dans le même genre; mais la cadette l'emporte beaucoup sur l'autre par
les dons extérieurs de la nature et, certainement, ira plus loin que son
aînée avec de pareils avantages, si son goût excessif pour le plaisir ne lui
fait perdre celui de l'étude et l'amour de son art. » (*Mémoires secrets,* t. VI,
p. 173.) Grimm, dans la *Correspondance littéraire* (t. VIII, p. 19), juge ainsi
Mlle Sainval cadette : « Cette actrice est petite; elle est d'une figure agréable
sans être ni belle ni jolie et sans avoir de ces grands traits qui rendent la
figure théâtrale. Elle est bien prise dans sa taille; elle a de belles mains et
de beaux bras et elle le sait bien, à en juger par la manière dont elle s'en
sert. Sa voix, sans être aussi mélodieuse et aussi séduisante que celle de
Mlle Gaussin, est douce et flexible et ne manque pas son effet sur les cœurs
sensibles. Elle la force quelquefois et alors la respiration lui manque. Elle
outre aussi l'expression du visage et la fait quelquefois dégénérer en grimace. Personne comme elle ne s'abandonne dans les moments décisifs et
passionnés; personne ne trouve aussi comme elle des inflexions qui vont
droit au cœur et le remuent au gré de cette petite enchanteresse. Si la
suite de ses succès répond à ce que son début promet, c'est une des acqui-
sitions les plus précieuses que le Théâtre Français ait faite depuis longtemps. »

même jour, 2 septembre, dans l'église paroissiale *de Course-goulles, fille majeure de.....* déclare avoir obtenu du roi une pension de *six cent livres.* Je ne jouis jusqu'à présent d'aucune grace de Sa Majesté et je joins ici mon extrait baptistaire légalisé.

Certifié : Versailles, le 5 juillet 1787.

Marie-Blanche d'Alziari Roquefort[1].

2. — Lettre de Mlle Sainval cadette à un fonctionnaire des Menus plaisirs.

Ne soyés point étonné, monsieur, si depuis deux mois bien tost je n'ai point eu l'honneur de vous voir. Une affaire des plus importantes m'occupe depuis ce tems : Vous devés avoir une opinion très extraordinaire de mon caractère et vous devés me croire être très inconséquant ; je vous prie, cependant, de suspendre votre jugement jusqu'à ce que je puisse vous donner une meilleure opinion de moi. Si mon extrait baptistaire ne vous étoit d'aucune utilité, je vous prie, monsieur, de vouloir bien me le renvoyer ; j'en aurois besoin pour une affaire de famille à la fin de cette semaine.

Je compte aller un jour de la semaine prochaine à Versaille et j'aurai seurement l'honneur de vous voir. J'oubliois de vous rappeller que vous auriez du cependant trouver une fois mon nom sur votre liste et même deux, quoi qu'au jour dit vous aiés été à la campagne.

Je desire que l'adresse de ma feseuse de gans à Bruxelles vous ait prouvé que, sans vous voir, je n'en pensois pas moins à ce qui pouvoit vous intéresser.

Je suis avec touts les sentiments de la plus haute consideration, monsieur, votre tres humble et très obéissante servante.

S[t] VAL, cadette.

Voulés vous bien vous rappeller, monsieur, le secret que je vous ai supplié de garder sur tout ce qui me regarde et me dire un mot de mon brevet.

Paris, ce 11 septembre 1787[2].

(Arch. nationales, O¹ 666.)

---

1. Tout ce qui est en italiques dans la déclaration est autographe, le reste est un formulaire imprimé.

2. Cette lettre est entièrement autographe.

SUIN (Marie-Denise VRIOT, mariée à M.), née le 5 janvier 1742, débuta à la Comédie française, le 23 mars 1775, dans les rôles d'Elmire de *Tartuffe* et de madame de Clainville de la *Gageure imprévue*, comédie de Sedaine. Elle fut reçue en 1776, joua pour la dernière fois le 9 floréal an XII dans *Bajazet* et dans les *Deux frères*, comédie de Moissy, et mourut le 30 décembre 1817[1]. Son mari avait été acteur à la Comédie italienne.

1780 ?

Le maréchal duc de Duras, premier gentilhomme de la Chambre, fixe à madame Suin les rôles qu'elle devra remplir à la Comédie française.

Nous, maréchal duc de Duras, pair de France, premier gentilhomme de la Chambre du roi.

Avons fixé les emplois de madame Suin à la Comédie françoise et lui avons donné les confidentes en chef, le double de mademoiselle La Chassaigne dans les mères et caractères, le double de mademoiselle Raucourt dans les mères nobles.

A Paris, ce..... [1780 ?]

(Arch. nationales, O¹ 845.)

THÉNARD (Madeleine-Claudine PERRIN dite), née le 12 décembre 1757, débuta à la Comédie française le 1er octobre 1777 dans le rôle d'Idamé de *l'Orphelin de la Chine* et ne fut pas reçue. Son second début eut lieu le 23 mai 1781[2] dans le rôle de Mérope et elle fut reçue la même année. Mlle Thénard mourut le 20 décembre 1849.

---

1. Cette actrice jouait les mères nobles et les confidentes tragiques avec un talent réel. Grimm parle ainsi d'elle dans la *Correspondance littéraire*, à la date du mois de mars 1776 (t. IX, p. 10) : « Madame Suin, qui est entrée à la Comédie depuis sept ou huit mois et qui se destine aussi à l'emploi de madame Préville, serait sans doute supérieure à ces débutantes (Mlles Louise Contat et Vadé) si elle était moins vieille et moins laide. »

2. Grimm, dans la *Correspondance littéraire* (t. X, p. 438), rend compte en ces termes du second début de Mlle Thénard : « Nous lui croyons plus de sensibilité que d'esprit, plus de talent que d'intelligence; mais l'étude et la réflexion, qui ne peuvent donner ni le talent ni la sensibilité, ne suppléent-elles pas plus aisément aux défauts de l'esprit ? La figure de Mlle Thénard, quoique assez commune, n'est pas désagréable au théâtre; sans être élégante sa taille est bien. Elle a le nez gros, la bouche grande, mais de l'expression dans les yeux et dans les sourcils, avec des cheveux d'une beauté que nous serions tenté d'appeler tragique parce que la manière dont ils sont plantés donne à son front je ne sais quel caractère sombre et pro-

I.

1781. — 25 avril.

Ordre à Mlle Thénard de venir jouer à la Comédie française.

Nous, maréchal duc de Duras, pair de France, premier gentil-homme de la Chambre du roi.

Ordonnons à la demoiselle Thénard de se rendre à Paris, aussitôt le présent ordre reçu, pour y jouer sur le théâtre de la Comédie françoise.

Paris, ce 25 avril 1781.

(Arch. nationales, O¹ 845.)

II.

1781. — 1ᵉʳ juin.

Réception de Mlle Thénard à la Comédie française, avec promesse de demi-part.

Nous, maréchal duc de Duras, etc.

Avons reçu, sous le bon plaisir du roy, la demoiselle Thénard au nombre de ses comédiens françois; voulons que sa pension courre à datter de ce jour, voulons qu'elle jouisse à présent de tous les droits de comédien reçu, lui promettons sa demie part aussitôt qu'il s'en trouvera de vaccante, à la charge par elle de jouer les rolles dont la liste lui sera remise par le comité.

Paris, ce 1ᵉʳ juin 1781.

(Arch. nationales, O¹ 845.)

---

noncé qui lui sied. » Les *Mémoires secrets* (t. XVII, p. 231) font également l'éloge de cette actrice : « 5 juin 1781. — Il faut espérer que la demoiselle Thénard, dont le début brillant à la Comédie françoise semble annoncer enfin la découverte d'une actrice en état de relever ce théâtre et d'y rappeler les jours brillants des Dumesnil et des Clairon, mettra les acteurs bientôt en état de jouer quelque nouveauté tragique. Il y a quelques années que la demoiselle Thénard avoit paru sur la même scène, mais avec peu de succès. Cependant les connoisseurs entrevoyoient déjà ses heureuses dispositions. Elle justifie aujourd'hui leur pronostic. Très-bien partagée du côté du physique, elle a d'ailleurs tous les moyens qui peuvent la conduire à la perfection; une taille agréable, une figure théâtrale, un organe noble, flatteur, sensible, de la chaleur, de la raison, une prononciation nette, telles sont les qualités qu'on lui remarque en ce moment et qui ont entraîné les suffrages des spectateurs. »

III.

1781. — 1er août.

Ordre à Mlle Thénard, reçue à demi-part, de doubler en second madame
Vestris.

Nous, maréchal duc de Duras, etc.

Avons reçu, sous le bon plaisir du roi, au nombre de ses comédiens françois ordinaires la demoiselle Thénard à demie part, à la charge par elle de doubler dans les premiers rôles la dame Vestris après la demoiselle Saint-Val cadette, et de remplir en outre tous les rôles dont la liste lui a été remise par le comité et qu'elle a consenti de jouer.

Paris, ce 1er août 1781.

(Arch. nationales, O¹ 845.)

VANHOVE (Caroline), née le 10 septembre 1771, débuta à la Comédie française le 8 octobre 1785[1], épousa peu après un maître à danser nommé Louis-Sébastien-Olympe Petit, dont elle se sépara par un divorce le 26 août 1794. Le 16 juin 1802 elle se remaria à son camarade François-Joseph Talma, qui la laissa veuve le 20 octobre 1826 et, le 31 mai 1828, elle s'unit à un ancien militaire, M. le comte de Chalot. Caroline Vanhove est morte au mois d'avril 1860[2].

1785. — 5 novembre.

Mlle Vanhove est reçue à quart de part à la Comédie française.

Nous, maréchal duc de Duras, pair de France, premier gentilhomme de la Chambre du roi.

---

1. Grimm fait un grand éloge de Mlle Vanhove et lui consacre dans la *Correspondance* (t. XII, p. 470) les lignes suivantes : « C'est une des voix les plus douces et les plus sensibles que l'on puisse entendre. C'est un son qui part de l'âme et qui va droit au cœur ; les accents en sont naturellement variés et touchants. Sa figure, sans être fort jolie, est aimable et intéressante, son maintien n'a pas toutes les grâces qu'on pourroit désirer, mais il a celles que l'art ne sauroit donner : le charme de la décence, de la candeur et de la naïveté. Elle n'a pas quinze ans!... Elle a débuté dans la tragédie par le rôle d'Iphigénie et dans la comédie par celui de Marianne de l'*Ecole des mères* (comédie de La Chaussée) ; c'est dans la comédie surtout qu'elle a excité le plus grand enthousiasme. »

2. Jal, *Dictionnaire*, article TALMA.

Avons reçu, sous le bon plaisir du roi, la demoiselle Vanhove au nombre de ses comédiens françois à quart de part, dont elle jouira à Pâques prochain, pour y remplir les rôles d'amoureuses immédiatement et jouer dans la tragédie les jeunes princesses et tous ceux qui lui seront désignés par le comité, pour le service de la cour et de la ville. Entendons que, dès à présent, elle jouisse de tous les droits de comédien reçu.

A Paris, ce 25 novembre 1785.

(Arch. nationales, O¹ 845.)

VESTRIS (Françoise-Rose Gourgaud, mariée à Angiolo-Marie-Gaspard), née à Marseille le 7 avril 1743, était sœur du comédien Dugazon. Elle débuta au Théâtre-Français le 19 décembre 1768[1] par le rôle d'Aménaïde dans *Tancrède*, fut reçue en 1769 et mourut le 6 octobre 1804[2].

1783. — 6 avril.

Le roi accorde une pension de 1,000 livres à madame Vestris.

Brevet d'une pension de 1,000 livres en faveur de Françoise-Rose Gourgaud, née le 7 avril 1743 et baptisée le lendemain,

---

1. Son début fut très-brillant. Les *Mémoires secrets* (t. IV, p. 197) le constatent en ces termes : « Madame Vestris, annoncée depuis si longtemps, a débuté lundi aux Français dans les rôles de M¹¹ᵉ Clairon. Elle a joué pour la première fois dans *Tancrède*. Cette nouvelle Aménaïde a enchanté tous les spectateurs par sa figure, par la noblesse de sa position, de ses gestes, par la pureté de sa déclamation, par son intelligence, en un mot par toutes les qualités qui constituent la grande actrice et qui peuvent faire oublier celle qu'elle remplace. » Grimm se montre pourtant un peu moins louangeur (*Correspondance*, V, 416, 417). « Voici ce qu'il m'a paru de madame Vestris ; elle est d'abord très-jolie, elle a de la grâce, la taille bien prise, les plus beaux yeux du monde, mais elle n'a pas les traits assez grands et assez nobles pour le haut tragique. Elle ressemble plutôt à une suivante charmante qu'à une belle princesse. Elle a certainement de l'intelligence, mais je doute qu'elle ait de l'âme. Dans un rôle tout passionné (Hermione), il ne lui est échappé aucun de ces accents qui provoquent les larmes et qui déchirent le cœur et elle a incomparablement mieux dit les choses de fierté que les vers de sentiment. »

2. Angiolo-Marie-Gaspard Vestris, mari de Rose-Françoise Gourgaud, fut d'abord engagé dans la troupe de comédiens qu'entretenait à Stuttgard le duc de Wurtemberg. Il fut ensuite attaché à l'Académie royale de musique de Paris, puis à la Comédie italienne. Il était frère du grand Vestris, le *Diou de la danse*. Il mourut le 10 juin 1809.

paroisse Saint-Ferréol de la ville de Marseille, épouse du sieur
Vestris, laquelle pension lui est accordée sur le Trésor royal, sans
retenue, en considération de ses services en qualité de comédienne
ordinaire du roi, par déclaration de ce jour, 6 avril 1783, avec
jouissance du premier du même mois.

(Pièce jointe au brevet.)

Acte de baptême de madame Vestris.

Extrait des registres de la paroisse Saint-Ferréol de la ville de
Marseille.

Françoise-Rose Gourgaud, fille de Pierre-Antoine, bourgeois,
et de Marie-Catherine Dumay, mariés, née hier, a été baptisée
dans cette paroisse cejourd'hui, huitième avril mil sept cent qua-
rante-trois. Le parrain, sieur Pierre Crouzet, écrivain principal
du roi, la marraine, demoiselle Françoise-Rose Pelletan, le père
absent. Tous ont signé : Crouzet; Rosette Pelletan; Barry,
prêtre.

Collationné par nous, vicaire de ladite paroisse, à Marseille, le
28 mars 1783.

Signé : A. Nicolas, vicaire.

(Arch. nationales, O¹ 688.)

APPENDICE

I. — AFFICHES DE LA COMÉDIE FRANÇAISE.

1691. — 9 novembre.

Quatre particuliers veulent arracher les affiches de la Comédie française apposées rue Beautreillis et profèrent des injures contre les comédiens.

L'an 1691, le vendredi 9e jour de novembre, environ l'heure de midi, en l'hôtel de nous, Nicolas Labbé, commissaire au Châtelet, est comparu René Regnault, afficheur, demeurant au bout du pont Saint-Michel, rue Saint-André-des-Arts, lequel nous a dit que ce matin, sur les sept heures, étant au coin de la rue Beautreillis et y appliquant les affiches de la Comédie françoise, de l'Italienne et de l'Opéra, il auroit aperçu quatre particuliers à lui inconnus, tous portant épée, dont l'un vêtu de bleu, l'autre de gris couleur de café avec un galon d'or et les deux autres vêtus de brun, lesquels l'ont regardé appliquer lesdites affiches, et ayant ledit comparant commencé à poser celle de l'Opéra, ensuite celle de la Comédie italienne, il auroit par après mis celle de la Comédie françoise. A l'instant de quoi ledit particulier, vêtu dudit justaucorps couleur de café, a mis l'épée à la main pour en enlever l'affiche et lui a dit ces paroles : « D'où vient, bougre ! que tu affiches pour ces bougres-là », en parlant des comédiens françois. Et ledit comparant l'ayant supplié de laisser là l'affiche de ladite Comédie françoise, parce que cela lui feroit tort et qu'il seroit ôté de sa commission, en même tems ledit particulier vêtu de bleu a pris la parole et a dit audit vêtu de café : « Laisse-la là » en parlant de ladite affiche, « tu lui ferois, en effet, du tort à ce pauvre bougre-là ». Et les deux autres ont dit : « Tu ne seras pas satisfait. » Au moyen de quoi ledit particulier vêtu de café a remis son épée et tous quatre ensemble s'en sont allés le long de la rue Saint-Antoine, tirant vers le coin de Saint-Paul. N'a pas bien remarqué quel âge pouvoient avoir lesdits particuliers, mais paroissent bien faits. Dont le comparant ayant parlé aux comédiens françois, il est venu par leurs ordres en notre logis pour nous faire la présente déclaration.

Signé : Labbé.

Sur quoi nous, commissaire, avons donné acte audit Regnault de ses comparution, dire, etc., et attendu l'information par nous faite le jour d'hier des troubles arrivés mardi dernier à la Comédie françoise[1], avons mis au greffe criminel dudit Châtelet l'expédition du présent procès-verbal.

Signé : Labbé.

(Arch. nationales, Y 12538.)

II. — AUTEURS ET COMÉDIENS.

I.

1775. — 28 mai.

Plainte rendue par Sébastien Mercier, contre les portiers de la Comédie française qui lui avaient refusé l'entrée du théâtre par ordre des comédiens.

L'an 1775, le dimanche 28 mai, cinq heures de relevée, en l'hôtel et pardevant nous, Pierre-Martin de Laubeypie, commissaire au Châtelet, est comparu sieur Louis-Sébastien Mercier[2], homme de lettres, demeurant à Paris rue des Noyers, quartier de la place Maubert, lequel nous a rendu plainte contre les portiers de la Comédie françoise et nous a dit qu'en sa qualité d'auteur et ayant composé trois pièces de théâtre pour les François, qui ont été reçues, il a le droit de jouir, en conformité des statuts du 18 juin 1755, enregistrés au Parlement, de ses entrées dans la salle de la

---

1. Voyez plus loin : Désordres a la Comédie française.
2. Louis-Sébastien Mercier, né en 1740, mort le 25 avril 1814.

Comédie françoise; lesquelles entrées il tient spécialement de Sa Majesté et non d'autres. Que, malgré un privilége aussi incontestable dont il jouit depuis le 8 août 1773, les portiers lui ont fait refus de portes, s'étant présenté cejourd'hui. Que requis lesdits portiers de quel droit ils se portoient à ce refus, ont répondu avoir des ordres. Sommés de montrer lesdits ordres, ils n'ont pu en exhiber. Qu'ayant imploré la protection du sergent ou major des gardes, ledit sergent ou major a soûtenu les portiers dans leur refus et qu'un garde lui a fermé la porte à force ouverte. Qu'ayant requis le ministère du commissaire de la Comédie pour constater ledit refus, lequel commissaire ne s'étant pas trouvé dans la salle du spectacle ni à son hôtel, lui sieur comparant s'est transporté par-devant nous pour nous rendre la présente plainte, attendu que ce refus est une atteinte formelle aux droits et priviléges certains des auteurs pour lesquels il réclame, et nous requiert de nous transporter avec lui à la porte d'entrée de ladite Comédie françoise pour constater le refus que faisoient lesdits portiers sans donner d'autre raison que celle qu'ils avoient des ordres exprès pour lui empêcher l'entrée d'auteur, ensuite nous retirer en notre hôtel et en dresser procès-verbal pour lui servir et valoir ce que de raison.

Signé : MERCIER.

Sur quoi nous, commissaire, etc., nous étant fait certifier de l'absence de notre confrère, chargé du spectacle françois, nous nous sommes transporté avec ledit sieur Mercier à la principale porte d'entrée de la Comédie françoise pour tâcher de concilier les différends survenus entre le sieur comparant et les portiers dudit spectacle : où étant leur avons demandé les moyens qu'ils avoient de refuser l'entrée audit sieur Mercier, qui étoit en possession et qui étoit entré le jour d'hier; ils ont répondu que les mêmes réglemens qui lui donnoient ses entrées, les lui ôtoient pour le présent; que d'ailleurs nous n'avions qu'à monter au théâtre demander M. Dallainval[1], semainier, qui nous rendroit compte de leur refus. Qu'effectivement nous y sommes monté avec ledit sieur Mercier, qui a pris un billet de six livres, et avons trouvé ledit sieur Dallainval, semainier. Ayant voulu de nouveau concilier l'affaire, il nous a dit avoir des ordres, lesquels il ne

---

1. Jean-Baptiste Canavas dit d'Allainval, débuta à la Comédie française le 1er mai 1767, fut reçu en 1769, quitta le théâtre en 1776 et mourut en 1784.

vouloit pas montrer audit sieur Mercier, mais bien à nous, commissaire, quand besoin seroit. En conséquence, nous nous sommes retiré en notre hôtel, au désir du réquisitoire dudit sieur Mercier, dresser procès-verbal de tout ce que dessus.

Signé : MERCIER; DE LAUBEYPIE.

(Arch. nationales, Y 15076.)

II.

1788. — 25 septembre.

Plainte rendue par Pierre-Nicolas André, dit de Murville, contre les comédiens français à propos de la pièce intitulée *Lanval et Viviane*.

L'an 1788, le lundi 25 septembre, trois heures de relevée, en notre hôtel et pardevant nous Louis-Alexandre-Charles Leroux, commissaire au Châtelet, est comparu sieur Pierre-Nicolas-André de Murville[1], bachelier en droit, demeurant à Paris, rue de Tournon, paroisse Saint-Sulpice, lequel nous a déclaré qu'il est auteur de la pièce ayant pour titre : *Lanval et Viviane*, que l'on représente actuellement sur le Théâtre-François. Que l'article xv de l'arrêt du Conseil d'Etat du roi du 9 décembre 1780 portant règlement pour les comédiens françois ordinaires du roi est conçu en ces termes : « Toute distinction entre ce qu'on appelle les grands et petits jours cessera provisoirement d'avoir lieu. Veut Sa Majesté qu'à l'avenir les bons ouvrages tragiques ou comiques anciens et modernes, d'auteurs qui partagent ou de ceux qui ne partagent plus, soient joués tour à tour sans distinction de jour ; de façon que la tragédie jouée le mercredi le soit le surlendemain et ainsi de suite. Entend Sa Majesté que cet arrangement provisoire commencera de s'établir au moins pendant trois mois consécutifs par une suite de bonnes pièces anciennes tant comiques que tragiques avant que l'on puisse y soumettre les nouveautés.»

Que d'après cet article les comédiens françois qui ont joué *Lanval et Viviane* pour la première fois le samedi 13 de ce mois[2], au-

---

1. Pierre-Nicolas André dit de Murville, né en 1754, mort en 1815, épousa la fille de Mlle Arnould, célèbre cantatrice de l'Académie royale de musique. Le père d'André de Murville s'appelait Nicolas-Charles André et mourut à Paris le 25 novembre 1775, rue Saint-Jacques. Il avait été directeur des fourrages dans le Haut et le Bas-Rhin.

2. Cette pièce fut jouée pour la première fois le 13 septembre 1788 ; elle est tirée du lai de *Lanval* de Marie de France. Grimm, dans la *Correspon-*

roient dû la jouer le lundi 15, le mercredi 17, le vendredi 19, le dimanche 21, le mardi 23 et par conséquent. Qu'au lieu de se conformer à ce règlement, ils l'ont jouée pour la seconde fois, malgré le comparant, le mardi 16, pour la troisième fois le vendredi 19, pour la quatrième fois le dimanche 21, pour la cinquième fois le mardi 23 et qu'ils se proposent de la jouer demain vendredi, malgré les justes représentations de l'auteur, faites hier à l'assemblée des comédiens qu'il avoit convoquée à ce sujet et que même ils ont déjà fait annoncer et afficher ladite représentation de demain; de sorte que l'auteur de cet ouvrage, par cette mauvaise et illégale disposition de jours, s'est trouvé privé des représentations du lundi et du mercredi qui lui étoient dues aux termes du règlement ci-dessus rapporté. Qu'il a déjà subi la chance du mardi et du vendredi de la semaine dernière qui sont les petits jours de la comédie. Qu'il a succombé à celle de la représentation du mardi de cette semaine, puisque la pièce est tombée dans les règles et qu'il y a lieu de croire qu'elle y tomberoit encore demain vendredi si les comédiens, malgré la juste réclamation de l'auteur, s'obstinoient à la jouer.

En conséquence le comparant, pour conserver la propriété de son ouvrage, dont les comédiens le dépouilleroient injustement s'ils le jouoient demain vendredi ou tout autre petit jour, et pour faire exécuter le réglement qui fait leur loi commune, déclare que non-seulement il proteste d'avance contre la représentation de la pièce annoncée et affichée aujourd'hui pour demain en cas que les comédiens persistent à vouloir la jouer malgré lui, mais encore contre toute autre représentation de la pièce qui pourroit avoir lieu un petit jour, c'est-à-dire un mardi, jeudi ou vendredi avant que les comédiens l'aient dédommagé des deux grands jours qu'ils lui ont fait perdre lundi et mercredi de la semaine dernière par d'autres grands jours équivalents. Déclarant par ces présentes qu'il n'entend pas retirer sa pièce mais la laisser suivre le cours des représentations qu'elle doit avoir naturellement et non celui que les comédiens lui donnent arbitrairement.

Desquelles déclarations et protestations ledit sieur de Murville nous a requis acte.

Signé : ANDRÉ DE MURVILLE; LEROUX.

(Arch. nationales, Y 14483.)

---

dance littéraire (t. XIV, p. 157) dit que cette pièce, malgré quelques jolis vers, parut froide et ennuyeuse.

III. — COMÉDIENS DE L'HOTEL DE BOURGOGNE
DÉCRÉTÉS DE PRISE DE CORPS.

1624. — 4 octobre.

Sentence rendue en la chambre civile du Châtelet de Paris portant décret de prise de corps contre les comédiens de l'Hôtel de Bourgogne et défense de jouer une pièce satirique intitulée : *Grande bouffonnerie des crocheteurs, crieurs de vin, de la bourgeoisie, du commissaire et du tavernier.*

Sur le rapport fait en la chambre civile par le commissaire Bachelier, syndic de la communauté des commissaires-examinateurs du Châtelet de Paris, et plainte par lui faite qu'au préjudice des anciennes ordonnances, arrêts et réglemens de police, les comédiens jouant à présent à l'Hôtel de Bourgogne, ont fait cejourd'hui afficher qu'ils devoient représenter ledit jour une *Grande bouffonnerie des crocheteurs, crieurs de vin, de la bourgeoisie, du commissaire et du tavernier*, ce qui est grandement préjudiciable au public et en dérision de la justice et mépris des officiers et charges desdits commissaires qui sont les ministres de la police: Vû ladite affiche et ouï le procureur du roi en ses conclusions, il est ordonné que lesdits comédiens seront pris au corps, amenés prisonniers ès prisons de la cour de céans pour répondre aux conclusions dudit procureur du roi qu'il voudra contre eux prendre et ester à droit ainsi que de raison, et cependant fait et faisons défenses aux maîtres et contrôleurs dudit Hôtel de Bourgogne de donner l'ouverture d'icelui auxdits comédiens, à peine de 1,200 l. parisis d'amende et de prison, et en cas de contravention permis les emprisonner, à cette fin faire faire ouverture des portes nonobstant opposition ou appellation quelconques faites ou à faire, pour lesquelles ne sera différé, et outre sera ledit contrôleur assigné à demain dix heures du matin pardevant nous en la chambre civile dudit Châtelet pour répondre aux conclusions que ledit procureur du roi voudra contre lui prendre.

Fait par monsieur le lieutenant civil le 4 octobre 1624.

Signiffié et baillé copie de la présente sentence à Philbert Brie, l'un des maîtres dudit Hôtel de Bourgogne, tant pour lui que pour les autres maîtres, en parlant à sa personne trouvée rue St-Denis environ l'heure de midi à une de relevée et fait les défenses y contenues et ait à les faire savoir à ses autres maîtres.

Fait le quatrième jour d'octobre l'an mil six cens vingt-quatre.

(Arch. nationales, Y 17509.)

IV. — COMÉDIENS DU ROI RÉHABILITÉS.

I.

1613. — 14 septembre.

Louis XIII accorde des lettres de rémission à cinq de ses comédiens condamnés au bannissement par le parlement de Toulouse.

Louis, par la grâce de Dieu, roy de France et de Navarre, à tous ceulx qui ces presentes lettres verront, salut. Sçavoir faisons que nous avons receue l'humble supplicacion de François Vautré[1], Hugues Gueriet[2], Jehan du Mayne, Louis Nicier et Estienne de Ruffin[3], nos comédiens ordinaires, contenant qu'ayant ci-devant admis en leur compagnie Fleury Jacob[4] et Colombe Vénier[5], sa femme, ledit Jacob s'en estoit distraict pour estre homme libertin, sans pouvoir rendre subjection à aucune vaccacion, et n'ayant moyen de nourrir et entretenir sadite femme, l'auroit délaissée en ladite compagnie où elle auroit vescu et gagné sa vie du mieux qu'il luy auroit esté possible, continuant la profession de comédienne en laquelle il l'auroit nourrie. Seroit advenu que malicieusement et sans aucun subject ledit Jacob auroit fait saisir les meubles et équipages appartenant aux suppliants comme prétendant y avoir part, de l'ordonnance des Capitoulz de

---

1. François Vaultray, comédien du roi à l'Hôtel de Bourgogne.

2. Lisez Hugues Guéru ; c'est Gaultier-Garguille, surnommé aussi Fléchelle. Il fut d'abord comédien au Marais, puis il passa à l'Hôtel de Bourgogne. Il avait épousé Eléonore Salomon, fille de Jean Salomon, bien connu sous le nom de Tabarin, et mourut vers 1658, âgé de 60 ans environ.

3. Etienne Ruffin dit Lafontaine était encore comédien du roi à l'Hôtel de Bourgogne en 1622.

4. Fleury Jacob me paraît être le père de Zacharie Jacob dit Montfleury, fameux comédien de l'Hôtel de Bourgogne.

5. Colombe Vénier avait une sœur qui fut aussi au théâtre; elle s'appelait Marie Vénier et était mariée à Mathieu Lefebvre dit Laporte, avec lequel elle joua la comédie à l'Hôtel de Bourgogne et au Marais depuis 1594 jusqu'en 1609. Voyez la pièce suivante.

la ville de Thoulouse, pardevant lesquelz ledit Fleury auroit poursuivy les suppliants pour leur faire deffences de retenir en leur compagnie ladite Vénier, sa femme, où le procès ayant tiré en longueur et à faulte de bailler par ledit Fleury pencion de 25 liv. tournois par moys à ladite Vénier pour vivre, ainsy qu'il avoit esté ordonné par arrêt de nostre Parlement de Thoulouse du 28 novembre 1611, fut enjoint aux suppliants de continuer et retenir en leur compagnie icelle Vénier à peyne de 500 livres tournois d'amende; ce qu'ayant faict et s'estant acheminés pour nous venir trouver, suivant nostre commandement, icelluy Fleury voyant les suppliants absents, se seroit pourveu en nostre dit Parlement de Thoulouse et faict entendre, contre toute verité, que lesdits suppliants avoient prins et emmené ladite Vénier, sa femme, où, par deffault et contumace, il auroit obtenu arrest contre les suppliants le 12 aoust 1612 par lequel ils aüroient été bannis à perpétuité de nostre royaume avec confiscation de leurs biens et deffences de retenir et retirer en leur compagnie ladite Vénier. Néantmoings depuis ledit Fleury recognoissant ladite accusacion n'estre véritable, auroit passé transaction avec les suppliants le 23 octobre dernier par laquelle il s'est désisté de l'effect dudit arrest; mais, à cause dudit bannissement, lesdits suppliants n'osent le braver pour exercer leurs vaccacions en nostre royaume s'ilz n'estoient par nous rappeléz, ce qu'ils nous ont très-humblement supplié et requis faire.

Pour ce est il que nous, ces choses considérées, et attendu que les suppliants sont ordinairement près notre personne, voulant préférer miséricorde à rigueur de justice, avons lesdits suppliants, de nostre grace specialle, pleine puissance et auctorité royalle rappelé et rappelons dudit bannissement et iceulx remis et restitué, remettons et restituons en leur bonne fame et renommée, au pays, en leurs biens non confisquez et sur ce imposons silence perpétuel à nostre procureur général, ses substituts présents et advenir et tous autres, etc.

Donné à Paris le 14e jour de septembre, l'an de grace 1613 et de notre regne le quatriesme. Signées Louys, et sur le reply : Pour le roy, la royne régente, sa mère, etc.

Enregistrées ès registres du Grand Conseil, suivant l'arrest donné en icelluy, à Paris, le 18e jour de janvier 1614.

(Arch. nationales, V⁵ 1228.)

II.

1619.—Décembre.

Lettres patentes de Louis XIII portant réhabilitation pour Mathieu Lefebvre dit Laporte, comédien de l'Hôtel de Bourgogne et du Marais.

Louis, par la grace de Dieu, roy de France et de Navarre, à
tous présens et advenir, salut. Nostre cher et bien amé maistre
Mathieu Lefebvre[1], natif de nostre province de Bretagne, nous a
faict dire et remonstrer que deffunctz André Lefebvre et Jeanne
Berthereau, ses père et mère, l'auroient dès son bas aage destiné à
l'estude des bonnes lectres où de faict ils l'auroient faict instruire
jusques en l'aage de seize ans, auquel temps qu'il fut en l'année
1590 les guerres civiles estant survenues en cest estat, ledict Lefebvre, porté de la dévotion d'un bon subject, auroit pris les
armes au service du feu roy Henry le Grand, nostre très honoré
seigneur et père, d'heureuse mémoire, et continué l'exercice
d'icelles jusques à la fin des troubles, que se trouvant en ung aage
trop advancé pour continuer ses estudes, il auroit esté incité et
attiré par la compagnie d'aucuns à composer quelques tragédies,
comédies, pastorales et autres poëmes tant graves que facétieux,
qu'il auroit mesmes représenté en publicq pendant quelques années, estimant que ce feust chose aultant louable qu'elle est à
plaindre d'un chascun, jusques à tant qu'ayant recongneu que
ceste profession n'estoit approuvée des plus graves et sérieux, il
auroit grandement désiré de s'en retirer, comme il a faict depuis
dix ans en ça et arresté sa demeure en nostre ville de Sens où il a
vescu en bon habitant avec sa femme[2] et famille. Durant lequel
temps, s'estant cependant emploié en bonnes affaires, désirant
continuer de bien en mieux avec candeur et modestie et aussi
parachever le reste de ses jours, mais il crainct qu'on luy objecte
et impute à reproche ladicte profession de comédie, ainsy que dict
est, s'il n'est par nous restitué et réhabilité, requérant humblement sur ce nos lectres à ce nécessaires. A ces causes, voulant
favorablement traicter ledict Lefebvre et ne permettre que une
erreur de jeunesse luy puisse estre imputée et reprochée, attendu

---

1. Mathieu Lefebvre, qui portait au théâtre le nom de Laporte, fut comédien tant à l'Hôtel de Bourgogne qu'au Marais, de 1594 à 1609.

2. Elle s'appelait Marie Vénier et avait été, comme son mari, comédienne
aux théâtres de l'Hôtel de Bourgogne et du Marais.

sa recognoissance et sa capacité, avons, de noz grace spécialle, plaine puissance et auctorité roialle, par ces présentes signées de nostre main, icelluy Lefebvre réhabilité, remis et restitué, réhabilitons, remectons et restituons en ses bonnes fame et renommée, voulons et nous plaist qu'il puisse doresnavant jouir de tous honneurs, priviléges, prérogatives et prééminences, exercer toutes charges, dignités et offices dont il pourra estre cy après pourveu ainsy que nos autres subjects et comme il eust peu faire auparavant sadicte profession de comédie, sans que ores ny à l'advenir on luy puisse objecter ou imputer aucune chose, ce que nous deffendons très-expressément, etc.

Donné à Paris au mois de décembre l'an de grace mil six cens dix-neuf et de nostre regne le dixiesme.

(Arch. nationales, X¹ᵃ 8649.)

V. — CONTRAVENTIONS AUX ORDONNANCES COMMISES PAR LES COMÉDIENS FRANÇAIS.

I.

1717. — 17 décembre.

L'Académie royale de musique fait dresser procès-verbal des contraventions commises par les comédiens français lors de la représentation de la pièce intitulée : la *Métempsychose ou les Dieux comédiens*.

L'an 1717, le vendredi 17 décembre, dix heures du matin, pardevant nous Louis-Jérôme Daminois et en notre hôtel est comparu sieur Duchesne, demeurant au magasin de l'Opéra, rue Saint-Nicaise, paroisse Saint-Germain-l'Auxerrois, lequel, tant pour lui que pour les autres intéressés au privilége de l'Académie royale de musique, nous a dit que, quoique par les lettres patentes dudit privilége du 13 août 1672, confirmées par autres du 2 décembre 1715, il soit fait défenses aux comédiens françois et à tous autres, sous tel prétexte que ce soit, de faire aucune représentation de spectacle, de musique vocale ou instrumentale, de se servir d'aucune voix externe, ni de plus de deux voix d'entre eux, même de six violons ou autres instrumens, ni d'avoir d'orchestre sous les peines y portées ; et que, toutes les fois que lesdits comédiens se sont donné la liberté d'y contrevenir elle ait été réprimé par différentes ordonnances de Sa Majesté qui ont réitéré les mêmes défenses, même de se servir d'aucun danseur dans leurs représentations sous les peines y portées et notamment par celles des 30 avril 1673, 21 mars 1675, 27 juillet 1682 et 17 août 1684, néanmoins lui, comparant, a eu avis que lesdits comédiens françois, au mépris de toutes ces lois, dans la comédie qu'ils doivent donner aujourd'hui, représentée pour la première fois sur leur théâtre, qui a pour titre : *Les d(i)eux comédiens ou la Métempsychose des amours* [1], se sont proposés d'y mêler des intermèdes de musique et de danse, d'appeler des voix et même des danseurs externes et plus grand nombre de violons qu'à l'ordinaire, ce qui seroit une contravention auxdits privilège et ordonnances plus marquée que les précédentes. Pourquoi lui comparant nous requiert de nous transporter aujourd'hui en la salle desdits comédiens à l'heure de ladite Comédie à l'effet de dresser procès-verbal desdites contraventions.

Signé : DUCHESNE.

Sur quoi nous, commissaire, nous nous sommes, ledit jour, sur les cinq heures du soir, transporté en ladite salle de la Comédie françoise où nous avons vu représenter ladite comédie des *Dieux comédiens ou Métempsychose des amours* qui a commencé par un prologue et a été suivi de trois actes. Avons remarqué que le prologue a commencé par une descente de Mercure et une autre de la déesse de la Paix dans un char; qu'il a été mêlé de récits d'air en musique à une voix, de duos et trios avec accompagnement de neuf instrumens de l'orchestre, savoir : quatre violons, deux basses, deux hautbois et un basson, dans lequel orchestre il y avoit un particulier battant la mesure; qu'outre trois danseurs habillés en Maures et trois danseuses en bergères, une jeune fille a dansé et chanté seule et un petit garçon déguisé en amour a aussi dansé; que dans le premier acte il y a eu un vol de Mercure qui est remonté; que les mêmes danseurs ont dansé déguisés trois en bergers et trois en bergères, ainsi que la jeune fille et le jeune garçon en amour, et de plus deux autres déguisés en paysans, comme aussi qu'il y a eu deux duos de chantés avec lesdits accompagnemens; que dans le second acte il y a eu des danses de deux

---

1. Lisez : la *Métempsychose ou les Dieux comédiens,* comédie en 3 actes en vers avec un prologue et un divertissement par d'Ancourt, représentée pour la première fois le vendredi 17 décembre 1717.

bacchants et de deux bacchantes, de ladite jeune fille et de trois petits amours qui ont dansé alternativement et qu'il y a été chanté deux duos et un trio avec les mêmes accompagnemens d'instrumens et que, dans le troisième et dernier acte, il y a eu une descente de Vénus dans un char de côté; que quatre danseurs, déguisés l'un en paysan, un autre en berger, un troisième en Maure et le dernier en bacchant, trois danseuses outre ladite jeune fille et l'amour ont dansé; qu'un berger, danseur, a aussi chanté et qu'il y a eu deux duos chantés avec les mêmes accompagnemens d'instrumens. Et finalement avons observé que toutes lesdites danses et chants ont servi d'intermèdes au prologue et trois actes de ladite comédie. Dont et du tout nous avons dressé le présent procès-verbal.

Signé.: DAMINOIS.

(Arch. nationales, Y 11648.)

II.

1718. — 21 mars.

Arrêt du Conseil d'Etat qui décharge les comédiens du roi de la troupe française des amendes par eux encourues pour avoir contrevenu aux priviléges de l'Académie royale de musique.

Sur la requeste présentée au roy estant en son Conseil par les sindics des créanciers du feu sieur Guyenet, intéressez au privilège de l'Académie royale de musique, contenant que par plusieurs ordonnances du feu roy du 30 avril 1673, 12 mars 1675, 25 juillet 1682 et 17 août 1684 rendues en faveur de ladite Académie et confirmées par lettres patentes de Sa Majesté du 2 décembre 1715 il est fait très-expresses inhibitions et deffenses à tous comédiens establis ou qui s'establiront cy après dans la ville de Paris de se servir d'aucunes voix externes pour chanter dans leurs représentations ny de plus de deux voix d'entre eux, comme aussy d'avoir un plus grand nombre de violons ou joueurs d'instrumens que six, mesme d'avoir aucun orquestre ny de se servir d'aucuns danseurs dans leurs dites représentations sous quelque prétexte que ce soit, le tout à peine de 500 livres d'amende pour chaque contravention au profit de l'Hôpital général; que les comédiens françois n'ayant pas laissé de contrevenir de temps en temps auxdites ordonnances, il est encore intervenu un arrêt au Conseil d'Etat le 20 juin 1716 qui, pour les contraventions par eux commises dans les représentations du *Malade imaginaire* et de la *Princesse d'Elide*, les a condamnéz à 1,000 livres d'amende au profit dudit Hôpital général et les a déchargéz par pure grace et sans tirer à conséquence des dommages et intérestz que les suplians demandoient contre eux. Qu'à la vérité cet arrest leur a esté seulement signifié et n'a pas esté mis à exécution contre lesdits commédiens par des raisons supérieures et dans l'espérance qu'à l'avenir ils se contiendroient dans les bornes de leur estat, cependant au mois de septembre dernier ils ont recommencé de mesler quelque ballet et quelque musique dans la pièce intitulée la *Foire de Bezons*[1] et ont continué de faire la mesme chose au mois de décembre suivant dans les représentations de la comédie intitulée les *Dieux comédiens*[2] et depuis dans celle intitulée les *Captifs*[3] dans lesquelles ils ont donné un prologue et des intermèdes remplis de chants et de danses avec des accompagnemens de leur orquestre où ils avoient un batteur de mesure et y ont meslé des entrées de ballet complettes avec des danseurs externes qu'ils avoient pris, le tout ainsy qu'il est justifié par les procès-verbaux que les suplians en rapportent et qu'ils en ont fait dresser par des huissiers au Conseil et des commissaires au Châtelet de Paris le 13 et 23 septembre, 17, 19, 21, 23 et 26 décembre 1717. Et d'autant que ce procédé est une contravention manifeste aux susdites ordonnances et lettres-patentes de Sa Majesté, que de semblables représentations avec les agrémens de musique et de danse font un préjudice considérable à celles des opéras, et que si les comédiens ne sont condamnez qu'à 500 livres d'amende pour chaque contravention, cela ne les empeschera pas de continuer parce qu'ils regardent cette somme comme peu de chose en comparaison du grand profit qu'ils tirent de chaque représentation, requerroient pour ces causes les suplians qu'il plust à Sa Majesté ordonner que les ordonnances et lettres-patentes du 30 avril 1673, 12 mars 1675, 25 juillet 1682, 17 août 1684 et 2 décembre 1715 et l'arrest du Conseil d'Etat du 29 juin 1716 seront exécutez selon leur forme et teneur et en conséquence condamner les comédiens françois en 500 liv. d'amende

---

1. La *Foire de Bezons*, comédie en prose en 1 acte avec un divertissement par Carton d'Ancourt, musique de Gilliers, représentée pour la première fois le 13 avril 1695.

2. Voyez la pièce précédente.

3. Les *Captifs*, comédie en 3 actes et en vers de Roy avec un prologue de Lafont, représentée pour la première fois au mois de septembre 1716.

au profit de l'Hôpital général pour chacune des contraventions par eux commises dans les représentations des comédies susdites et en outre en 10,000 livres de dommages et intérests envers les supplians.

Veu ladite requeste, ensemble la communication qui en a esté faite le 31 décembre 1717 aux comédiens françois avec sommation d'y fournir de réponse, à quoy ils n'ont pas satisfait quoy qu'il leur ait aussy esté fourny copie des ordonnances, lettres-patentes et procès-verbaux susdits, ouy le rapport et tout considéré:

Sa Majesté estant en son Conseil, de l'avis de monsieur le duc d'Orléans, régent, a deschargé et descharge par grâce et sans tirer à conséquence les comédiens françois des amendes par eux encourues du passé jusqu'à présent par leurs contraventions aux ordonnances et lettres-patentes concernant les priviléges accordéz à l'Académie royale de musique et de tous dommages et intérests prétendus contre eux pour raison de ce que par les sindics de ladite Académie. Veut néantmoins sadite Majesté que lesdites ordonnances et lettres-patentes soient à l'avenir ponctuellement exécutées selon leur forme et teneur, deffendant très-expressément auxdits comédiens françois et tous autres d'y contrevenir sur les peines y portées et de tous despens, dommages et intérests.

Enjoint Sa Majesté au sieur de Machault, conseiller en ses Conseils, maître des requêtes ordinaire de son hostel, lieutenant général de police en la ville, prévosté et vicomté de Paris, de tenir la main à l'exécution du présent arrest, voulant que ce qui sera par luy ordonné en conséquence soit exécuté par provision nonobstant oposition ou appellation quelconque dont, si aucunes interviennent, Sa Majesté s'est réservé la connoissance et à icelle interdite à tous ses cours et juges.

Du 21 mars 1718, à Paris.

Signé : DE VOYER D'ARGENSON; le duc D'ANTIN; DANYCAN DE LANDIVISIAU.

·(Arch. nationales, E 1997.)

III.

1725.— 10 novembre.

L'Académie royale de musique fait dresser procès-verbal des contraventions commises par les comédiens français lors de la représentation de la pièce intitulée l'*Impromptu de la folie*.

Du samedi dixième jour de novembre 1725, deux heures de

relevée, nous Charles Germain de Courcy, etc., ayant été requis sommes transporté à l'hôtel de l'Académie royale de musique où étant monté dans une chambre, au premier étage, ayant vue sur ladite rue, y avons trouvé M. Jean-Nicolas de Francine, chevalier, conseiller, ancien maître d'hôtel ordinaire du roy, y demeurant, lequel nous a dit avoir requis notre transport pour, au nom et comme donataire du privilège de l'Académie royale de musique et encore comme directeur de ladite Académie suivant l'arrêt du conseil du... et l'ordre du roi porté en la lettre de monseigneur le comte de Maurepas en date du 25 mars 1724, nous rendre plainte à l'encontre de la troupe des comédiens françois établis en cette ville de Paris de ce que encore que par plusieurs ordonnances du feu roi Louis XIV et notamment celles des 30 avril 1673, 12 mars 1675, 25 juillet 1682 et 17 août 1684, rendues en faveur de ladite Académie royale de musique et confirmées par lettres patentes de Sa Majesté données à Vincennes le 2 décembre 1715 et encore par arrêt du Conseil d'Etat du roi du 20 juin 1716 il leur soit fait très-expresses défenses de se servir d'aucunes voix externes dans leurs représentations pour chanter ou de plus de deux voix d'entre eux, comme aussi d'avoir plus de six violons ou joueurs d'instrumens : même d'avoir aucun orchestre ni de se servir d'aucuns danseurs sous tel prétexte que ce soit à peine de 500 livres d'amende, ce qu'ils ne peuvent ignorer, le tout leur ayant été notifié. Néanmoins ils ne laissent pas d'y contrevenir journellement; qu'actuellement ils représentent sur leur théâtre une pièce nouvelle intitulée l'*Impromptu de la folie*[1], comédie mêlée de danses et de musique, et qu'il a appris qu'il y avoit plusieurs contraventions qui portent préjudice au privilége de ladite Académie royale de musique. Et comme, en sadite qualité, il a intérêt de faire réprimer cet abus, empêcher lesdites contraventions et entreprises des comédiens sur le privilége de ladite Académie, pour y parvenir il nous rend la présente plainte dont il nous requiert acte et de nous transporter cejourd'hui à l'hôtel des comédiens françois où doit être représentée ladite pièce, à l'effet d'observer et constater les contraventions qu'il peut y avoir et a signé :

DE FRANCINE ; GERMAIN DE COURCY.

---

1. L'*Impromptu de la folie*, ambigu comique composé d'un prologue, des *Nouveaux débarqués* et de la *Française Italienne*, pièces en 1 acte chacune

De laquelle plainte ayant donné acte audit sieur de Francine et de son réquisitoire auquel inclinant sommes transporté audit hôtel de la Comédie françoise, faubourg Saint-Germain, où étant monté dans une des secondes loges sur les cinq heures un quart, la toile ayant été levée nous avons observé que, dans une espèce d'orchestre au devant du théâtre il y avoit neuf joueurs d'instrumens, savoir quatre violons, deux basses, deux hautbois et un basson.

Que le prologue s'est terminé par une entrée du régiment de la calotte composé de quatorze ou seize danseurs dont huit masqués et qu'il a été chanté plusieurs couplets par quatre ou cinq acteurs.

Que la fin du premier acte, qui s'est terminée par un bal, les mêmes quatorze ou seize danseurs ont dansé plusieurs danses dont huit desdits danseurs sont restés masqués.

Qu'ensuite il a été chanté plusieurs couplets par cinq ou six acteurs.

Que le deuxième acte, qui est une pièce italienne, s'est terminée pareillement par un bal où les mêmes danseurs ci-dessus, en même nombre, ont dansé plusieurs danses de caractères comme d'arlequin, scaramouche, pierrot, etc., parmi lesquelles il y en avoit pareil nombre de huit ou environ qui sont toujours restés masqués.

Que la pièce a fini par plusieurs couplets de chansons qui ont été chantés par quatre ou cinq acteurs différens.

Dont et de quoi avons dressé le présent procès-verbal.

Signé : GERMAIN DE COURCY.

(Arch. nationales, Y 11212.)

IV.

1740. — 26 mars.

L'Académie royale de musique fait dresser procès-verbal des contraventions commises par les comédiens français lors de la représentation des pièces intitulées *les Dehors trompeurs* et *l'Oracle*.

L'an 1740, le samedi 26 mars, cinq heures de relevée, nous Louis Cadot, etc., à la réquisition de Louis-Armand-Eugène de Thuret, écuyer, ancien capitaine d'infanterie, directeur et ayant

_____

et en prose, avec des intermèdes par Legrand, représenté pour la première fois le 5 novembre 1725.

le privilége de l'Académie royale de musique, nous sommes transporté à la Comédie françoise pour y constater qu'au préjudice des lettres patentes, arrêts, déclarations, ordonnances et réglemens réitérés en différens tems, accordés par Sa Majesté en faveur de ladite Académie, qui font défense aux comédiens françois et à tous autres quelsconques de se servir d'aucun danseur, de faire exécuter aucune danse, ni de se servir d'aucun instrument à l'exception seulement de six violons sous les peines y portées et aussi au préjudice de l'acte signifié de la part dudit sieur de Thuret auxdits comédiens françois par le sieur Goyenval, huissier-priseur, en date du..., portant défense de faire exécuter aucune danse sur leur théâtre, lesdits comédiens françois font journellement danser sur leur théâtre et même y font jouer de plusieurs autres instrumens et notamment de la flûte allemande dite traversière, ce qui leur est formellement interdit. Où étant nous avons vu et entendu représenter la pièce intitulée : *les Dehors trompeurs*[1], et ensuite la petite pièce appelée *l'Oracle*[2], au commencement de laquelle petite pièce nous avons observé qu'il a paru sur le théâtre trois figures en forme de statues, sous lesquelles formes se sont trouvés trois personnages dont un, qui est celui du milieu, qui s'est trouvé être une danseuse que nous avons apprise être étrangère, venant de la cour de Lorraine et se nomme Gamache, qui a effectivement dansé et exécuté une grande danse aux sons de la flûte allemande qui étoit jouée par un des deux autres personnages et d'un violon qui étoit joué par le troisième et dernier desdits personnages, lesquels joueurs de violon et de flûte étoient chacun monté sur un piédestal situé en face et au fond du théâtre. Et, à la fin du spectacle, le sieur Grandval, l'un desdits comédiens, a annoncé au public les mêmes pièces et divertissemens qui venoient d'être représentés et joués pour le lendemain dimanche et pour le lundi suivant. Dont et de ce que dessus avons dressé le présent procès-verbal.

Signé : CADOT.

(Arch. nationales, Y 12142.)

---

1. *Les Dehors trompeurs ou l'homme du jour*, comédie en 5 actes en vers de Boissy, représentée pour la première fois le jeudi 13 février 1740.

2. *L'Oracle*, comédie en 1 acte en prose par Saint-Foix, avec un divertissement, musique de Grandval, représentée pour la première fois le mardi 22 mars 1740.

VI. — DÉSORDRES A LA COMÉDIE FRANÇAISE.

1691. — 8 novembre.

Désordres arrivés à la Comédie française pendant la représentation de la
pièce intitulée : *la Devineresse ou madame Jobin*[1].

L'an 1691, le jeudi 8e jour de novembre, sept heures du matin, nous, Nicolas Labbé, commissaire au Châtelet, ayant été requis de la part de Jean Fortier, exempt de la compagnie de M. le lieutenant criminel de robe courte, sommes transporté en la maison où il est demeurant, sise rue Montorgueil, où est pour enseigne La Belle-Etoile, paroisse Saint-Sauveur, et étant monté en la chambre par lui occupée en ladite maison, avons trouvé gisant au lit ledit Fortier, blessé d'un coup d'épée au côté droit, lequel nous a fait plainte et dit que, mardi dernier, sur les cinq heures du soir ou environ, étant à la porte de la Comédie françoise où il est de garde ordinaire, il vint un particulier vêtu d'un justaucorps bleu avec une plume blanche et grise, portant épée, qui avoit une contestation contre le nommé Lefebvre, l'un des archers de sa compagnie, qui étoit sous lui de garde à ladite porte, et lui ayant demandé ce que c'étoit que ladite contestation, ledit particulier dit qu'il vouloit entrer et qu'il y avoit de ses camarades derrière lui qui prenoient leur billet et le sien. Et ledit plaignant lui ayant dit qu'ils avoient les ordres du roi de ne laisser entrer personne sans papier et qu'il se donnât la peine d'attendre qu'il eût son billet ou que les messieurs de sa compagnie parussent, en même tems ledit particulier ci-dessus désigné, sans avoir égard à la remontrance dudit plaignant, força la garde et entra dans le parterre. Où étant, il dit tout haut ces paroles : « Mordieu, ces bougres-là me veulent demander de l'argent et je n'en veux pas donner. » Et ledit particulier s'étant trouvé dans ledit parterre avec quatre autres de sa compagnie qui étoient entrés après lui, ledit plaignant vit qu'ils s'en allèrent tous cinq ensemble

---

1. Cette comédie est de Thomas Corneille et de de Visé, elle est en 5 actes et fut jouée pour la première fois le 19 novembre 1679. C'est la fameuse empoisonneuse Voisin qui y est désignée sous le nom de madame Jobin.

boire chez Procope, limonadier, et revinrent ensuite et se représentèrent à la porte dudit parterre où là ledit plaignant dit audit particulier qu'il seroit fâché de lui faire une affaire et qu'il le prioit de vouloir payer comme ne l'ayant pas fait ni personne pour lui, à l'instant de quoi ledit particulier lui dit qu'il étoit un bougre de chien, qu'il lui donneroit vingt coups d'épée sur la tête et qu'il n'y avoit pas d'ordre pour lui de le faire payer. Et un de sa compagnie, qui est le sieur Fleureau, mousquetaire gris, dit audit plaignant ces paroles : « Monsieur Fortier, je vous prie, c'est un emporté. Je payerai pour lui. » Et dans le moment ledit plaignant vit plusieurs particuliers l'épée nue à la main contre lui qui sortirent du parterre, et lui plaignant s'étant retiré sous le vestibule, ledit particulier ci-dessus désigné lui porta un coup d'épée au côté sans que lui, plaignant, eut l'épée à la main. En sorte qu'il se sentit blessé considerablement dans le moment et, ayant été obligé de se retirer pour se faire panser, ledit particulier et quelques autres de sa compagnie commencèrent du désordre dans la comédie, dit qu'il ne vouloit pas qu'elle fût jouée, jeta les chandelles à la tête des acteurs, menaça de les tuer d'un coup de pistolet, monta avec quelques-uns de sadite compagnie sur le théâtre, en sorte que la comédie fut obligée de cesser au premier acte par deux différentes fois et les acteurs se sont retirés. Et le sieur de Lagrange[1], comédien, ayant dit à la compagnie de reprendre son argent et qu'il étoit fâché de l'incident qui arrivoit et qui pouvoit avoir des suites de conséquence, ledit particulier et quelques-uns de sa compagnie montèrent sur le théâtre, arrachèrent les chandeliers, brisèrent quelques-unes des décorations, enfoncèrent quelques planches dudit théâtre et firent du désordre et un scandale public, étant pris de vin. Dont et de tout ce que dessus ledit Fortier nous rend plainte.

Signé : FORTIER.

Et ledit jour à l'instant ayant fait rapport de ce que dessus à M. le lieutenant criminel, a été par lui ordonné qu'il en sera par nous informé pour, l'information communiquée à M. le procureur du roi, être ordonné ce qu'il appartiendra.

---

1. On sait que Charles Varlet de La Grange était l'orateur de la troupe des comédiens. Voyez au mot AUVILLIERS (d') ce que j'ai dit de ce digne ami de Molière.

Information faite par le commissaire Labbé.

Dudit jour.

Henri Pitel, sieur de Longchamps[1], commis par les comédiens à la recette des billets du parterre, demeurant rue Saint-André-des-Arts, âgé de 60 ans, etc. Dépose que mardi dernier, sur les cinq heures du soir, étant dans sa loge à la recette des billets du parterre, il vit un particulier portant épée, vêtu d'un justaucorps bleu, avec un plumet gris blanc, qui entra à la porte dudit parterre. Et le déposant lui ayant demandé son billet, il lui dit qu'un autre particulier vêtu comme lui et qui étoit derrière l'alloit donner. Et le déposant l'ayant prié de le lui indiquer, il lui montra ledit particulier qui étoit contre le bureau où l'on prend lesdits billets. Ce que fait lui déposant le laissa entrer et peu de tems après ledit particulier indiqué n'apporta qu'un billet pour lui et dit qu'il n'en avoit pas d'autre ayant été prié par lui déposant de donner celui du premier particulier qui étoit entré. Et dans le moment deux autres particuliers de la compagnie ci-dessus portant épées poussèrent pour entrer et lui donnèrent chacun un billet. Et lui déposant, voyant que ledit premier particulier étoit entré ainsi sans payer, appela le nommé Lefebvre, garde de la Comédie, qui alla parler audit premier particulier, lequel le repoussa et ensuite vint au déposant et lui dit ces paroles : « Mordieu ! je vous ai payé et je vous ai donné un billet. » Et dans le moment le sieur Fortier, plaignant, lui dit : « Monsieur, on n'entre point à la Comédie sans payer. Je suis ici par l'ordre du roi pour empêcher le désordre. » Ledit particulier ne lui fit pas de réponse et avec les trois autres dessus sortit et s'en allèrent tous quatre. Et lui déposant rendit audit vêtu de rouge son billet pour rentrer et un moment après rentrèrent tous quatre et ledit vêtu de rouge rendit son billet. Et ledit plaignant ayant demandé au premier particulier son billet, il dit qu'il avoit payé et fut appuyé par les deux autres qui le dirent aussi et, ce disant, entrèrent. Et ledit étant entré, dans le moment il entendit des épées nues et le plai-

---

1. Henri Pitel de Longchamp, frère de Pitel de Beauval, était né vers 1630. Il avait joué la comédie en province, dans la troupe de M. le Prince et dans celle du roi d'Angleterre. Il paraîtrait qu'il n'avait pas fait fortune, car, comme on le voit, il occupait dans sa vieillesse une bien modeste situation. Il fut le père de deux actrices connues, Mlles Raisin et Du Rieu.

gnant qui s'écria qu'il étoit blessé et assassiné. Et le déposant étant sorti de sa loge pour empêcher le désordre, ledit premier particulier commença à se jeter sur lui, lui prit sa perruque et le maltraita en disant : « Faut que je tue ce bougre-là. » Et par la suite fit avec quelques-uns de sa compagnie du désordre dans le parterre, empêcha de jouer la comédie, jeta des chandelles aux acteurs, en sorte qu'on fut obligé de renvoyer le monde, ce qui causa un grand désordre au déposant parce que son bureau fut pillé et la boîte où il met ses billets cassée et emportée et ne sait pas par qui, à cause de la confusion.

Claude Barbier, maître tapissier à Paris, demeurant rue Mazarine, âgé de 53 ans, etc. Dépose que mardi dernier, sur les cinq heures du soir, étant sur le théâtre de la Comédie pour y faire quelque chose de son ministère, il vit un particulier vêtu de bleu, ayant un plumet gris et blanc, portant épée, qui faisoit du bruit dans le parterre, et vit que le sieur de Lagrange, comédien, demanda si on pouvoit jouer la comédie, et le public ayant dit que oui et les deux premiers acteurs ayant paru, ledit particulier prit les chandelles de la rampe du théâtre et les jeta auxdits acteurs et ensuite voulut monter sur ledit théâtre ayant l'épée nue à la main. Et ledit sieur de Lagrange ayant paru pour une seconde fois pour faire entendre audit particulier et à quelques-uns qui étoient de sa compagnie, et le public ayant demandé qu'on jouât la comédie, les acteurs se remontrèrent pour la seconde fois et commencèrent à jouer et dans le premier acte ledit particulier ci-dessus dit : « Mordieu, bougres ! vous retirerez-vous de là et toi, bougresse de putain ! et retire-toi, car j'ai des pistolets pour te casser la tête »; ce qui obligea lesdits acteurs de se retirer et ledit sieur de Lagrange de dire au public qu'on ne joueroit pas et qu'on eût à reprendre son argent. Dans lequel tems ledit particulier et trois autres de sa compagnie, dont l'un vêtu comme lui, un autre vêtu de rouge et l'autre de gris blanc, montèrent sur le théâtre où là ledit premier particulier cassa la rampe des chandelles, enfonça quelques planches du théâtre, rompit quelques décorations et dit qu'il falloit mettre le feu à la Comédie. Et, ayant trouvé le déposant, il lui demanda si l'on ne joueroit pas bientôt, qu'il vouloit qu'on jouât et lui dit ces paroles : « Connois-tu le bougre qui est à la porte de la Comédie? Je lui viens de foutre un bon coup d'épée dans le ventre. Je suis un capitaine qui ai vingt amis dans le parterre », et fit plusieurs extravagances sur le théâtre et derrière icelui, cherchant les comédiens et les comédiennes pour les tuer.

Damoiselle Marie Margery, femme de Jean Michel, sieur du Val, receveur des aides, et elle vendant de la limonade à la Comédie françoise, demeurante rue de Seine au faubourg Saint-Germain, âgée de 35 ans, etc. Dépose de faits déjà connus.

Etienne Pannetier, archer de la compagnie du sieur Lieutenant criminel de robe courte, demeurant rue de la Petite-Saunerie, paroisse Saint-Germain-l'Auxerrois, âgé de 25 ans, etc. Dépose également de faits déjà connus.

François Dufort, concierge des comédiens françois, demeurant dans leur hôtel, rue des Fossés-Saint-Germain-des-Prés, âgé de 47 ans, etc. Dépose que mardi dernier, sur les cinq heures du soir, étant dans le foyer derrière le théâtre, il vit le sieur Fortier, plaignant, qui y vint accompagné d'un mousquetaire vêtu de rouge. Lequel plaignant étoit blessé d'un coup d'épée au côté droit et les comédiens ayant demandé audit Fortier qui l'avoit blessé, il dit que c'étoit l'ami dudit mousquetaire : Et dans ledit foyer lui déposant entendit dire que ledit particulier, qui avoit blessé ledit plaignant, se nommoit Sallo et étoit capitaine dans le régiment de Champagne. Et lui, déposant, s'étant avancé sur le théâtre il vit un particulier vêtu de bleu, portant un plumet gris blanc, ayant l'épée nue à la main, qui faisoit quelques extravagances et vit que le sieur de Lagrange, comédien, parut sur le théâtre pour demander si l'on joueroit. Et le public ayant dit qu'on le pouvoit, en même tems un acteur et une actrice parurent pour commencer et dans le moment ledit particulier vêtu de bleu prit des chandelles de la rampe et les jeta au nez desdits acteurs qui furent obligés de se retirer. Ensuite de quoi ledit sieur de Lagrange vint faire des excuses et demanda si quelqu'un étoit mécontent et si on se plaignoit de la troupe, et le public ayant dit que non, on recommença à jouer la comédie. Et dès la seconde scène du premier acte ledit particulier, connu sous le nom dudit sieur de Sallo, remit l'épée à la main et dit qu'il ne vouloit pas qu'on jouât et dit aux actrices : « Retirez-vous, bougresses de putains, car je vous casserai la tête à coups de pistolet. » Ce qui obligea lesdits comédiens de se retirer et ledit sieur de Lagrange pria la compagnie de reprendre son argent. Et dans le moment lui déposant vit monter ledit particulier et deux autres, l'un vêtu de rouge et l'autre de gris blanc, lesquels vêtus de bleu et de rouge s'appeloient frères. Et étant sur le théâtre ledit particulier vêtu de bleu, qui est ledit sieur de Sallo, dit qu'il vouloit qu'on jouât la comédie tout à l'heure sinon qu'il mettroit tout à feu et à sang, qu'il attacheroit les comédiens et les gardes avec son épée contre le mur, et fit plusieurs extravagances d'un homme ivre, jurant, reniant Dieu et se vanta d'avoir foutu, parlant en ces mots, un bon coup d'épée à un homme vêtu de gris de fer qui étoit à la porte et qu'il en foutroit bien d'autres, rompit quelques décorations du théâtre, souffla toutes les chandelles de la rampe et enfonça les planches du théâtre cherchant à rompre les lustres. Et ayant été joint par les sieurs Poisson[1], Sévigny[2] et Roselli[3], comédiens et ayant dit fort honnêtement que leur exempt avoit été par lui blessé et que ces manières de faire offensoient les ordres du roi, ledit particulier dit qu'il se foutoit desdits ordres. Ce qui ayant été entendu par ledit vêtu de rouge qui le qualifioit son frère, lui dit : « Cela n'est pas bien, il faut respecter les ordres de Sa Majesté. » Après quoi il alla pour chercher les comédiens dans leurs loges particulières pour les insulter et, suivi qu'il étoit des trois autres, entra dans un petit degré où ils furent enfermés par le déposant.

Louis Pacaud, marchand de vin, demeurant rue des Fossés-Saint-Germain-des-Prés, âgé de 34 ans, etc. Dépose de faits déjà connus.

Jean Méry, maître menuisier à Paris et travaillant pour les comédiens françois, âgé de 33 ans, demeurant rue de Vaugirard, près la porte Saint-Michel, etc. Dépose que mardi dernier, sur les cinq heures du soir, étant sur le théâtre de la Comédie où il travailloit aux décorations, il entendit du bruit vers l'entrée du parterre et, ayant regardé ce que c'étoit, il vit un particulier vêtu de bleu, ayant un plumet gris blanc et l'épée nue à la main qui porta un coup de sadite épée au plaignant qui lui parloit civilement étant sans défense, et lui dit ces paroles : « Ah bougre de chien ! que fais-tu là ? » Lequel plaignant s'écria qu'il étoit blessé et revint dans le foyer se faire panser. Et le bruit ayant continué dans le parterre, causé par ledit particulier, le sieur de Lagrange, comé-

---

1. Voyez POISSON (Paul). ·

2. François de la Traverse, sieur de Sévigny, débuta à la Comédie française le 31 mars 1688 par le rôle d'Oreste dans *Andromaque,* fut reçu par ordre pour jouer en double les rois, quitta en 1695 pour fuir ses créanciers et reparut le 10 juin 1712 dans *Mithridate,* mais ne fut pas reçu.

3. Barthélemi Gourlin de Rozelis. Voyez CHAMPMESLÉ, pièce II.

dien, parut sur le théâtre et demanda si on pouvoit jouer : Et ayant le public dit que oui, le sieur Guérin[1] et la demoiselle Desbrosses[2], commencèrent la première scène. Et dès qu'ils parurent ledit particulier prit des chandelles de la rampe du théâtre qu'il leur jeta au nez, disant qu'il ne vouloit pas qu'on jouât la comédie et les insulta les appelant bougre et putain. Ensuite de quoi le sieur de Lagrange revint pour une seconde fois sur le théâtre et fit des remontrances et des complimens à la compagnie et pria qu'on laissât jouer. Et le public ayant dit que oui, les acteurs reparurent pour la seconde fois. Et peu de tems après, dans le premier acte, ledit particulier dit aux comédiens et aux comédiennes: « Bougres et putains que vous êtes, retirez-vous car j'ai des pistolets dont je vous casserai la tête! » Ce qui les obligea de se retirer et ledit sieur de Lagrange de dire à la compagnie qu'il la prioit de reprendre son argent à la porte et qu'il n'y auroit pas de comédie pour le jour. Au moment de quoi lui déposant vit que ledit vêtu de bleu prit une perruque qu'il avoit à la main et qu'il avoit emportée à quelqu'un et la jeta pour la brûler sur les chandelles de ladite rampe et monta à l'aide d'un particulier vêtu de rouge et d'un autre vêtu de gris blanc sur le théâtre. Lesquels deux particuliers y montèrent pareillement, savoir ledit vêtu de rouge le premier et ledit vêtu de blanc le dernier. Et étant tous trois sur ledit théâtre ledit particulier vêtu de bleu, tenant l'épée nue à la main, dit aux ouvriers : « Allons mordieu, bougres! il faut que je vous colle l'âme contre les murs », voulut aller aux lustres pour en couper les cordages, souffla et jeta partie des chandelles de ladite rampe, dit qu'il mettroit tout à feu et à sang, qu'il étoit capitaine du régiment de Champagne et qu'il se foutoit de tous les comédiens et comédiennes qu'il vouloit brûler s'ils ne jouoient pour son argent, et rompit plusieurs décorations du théâtre et fit plusieurs extravagances d'un homme fort ivre. Et remarqua que ledit vêtu de rouge fit tout ce qu'il put pour le contenir, mais ne put en venir à bout. En sorte que les violences dudit particulier

---

1. Guérin d'Estriché, le second mari d'Armande Béjard.

2. Jeanne de Larue, veuve de Jean Leblond, sieur Des Brosses, débuta à la Comédie française le 13 septembre 1684, par le rôle de Clytemnestre dans *Agamemnon*, tragédie de Boyer, fut reçue en 1685, quitta le théâtre le 3 avril 1718 avec la pension de 1,000 livres et mourut le 1er décembre 1722 dans une terre qu'elle avait près Montargis. Elle jouait les rôles comiques et ceux de vieilles coquettes, où elle était parfaite.

causèrent une alarme générale dans toute la Comédie. Et dit ledit particulier que, puisqu'on ne jouoit pas ce jour-là, il reviendroit pour son argent et que les comédiens n'en étoient pas quittes[1].

(Arch. nationales, Y 12538.)

VII. — DÉTOURNEMENTS COMMIS AU PRÉJUDICE DE LA CAISSE DE LA COMÉDIE FRANÇAISE.

1776. — 13 janvier et jours suivants.

Vols commis par l'employé chargé de la recette des petites loges à la Comédie française.

L'an 1776, le samedi 13 janvier, trois heures après-midi, en l'hôtel et pardevant nous Jean Graillard de Graville, commissaire au Châtelet, est comparu Jean-Baptiste de Neelle, caissier de la Comédie françoise, demeurant à Paris rue Férou, paroisse Saint-Sulpice, lequel nous a dit que depuis plusieurs jours le sieur Fontaine, commis à ladite caisse et chargé de la recette des petites loges, demeurant en cette ville, rue du Petit-Bourbon, s'est absenté de chez lui; que cette absence a été à la suite de différentes demandes que le comparant lui a faites de lui remettre les fonds par lui reçus pour la Comédie françoise; que, n'ayant aucune nouvelle dudit Fontaine, il a fait différentes informations par lesquelles il a été instruit qu'il étoit parti hier à trois heures après-midi dans une chaise de poste à la françoise attelée de trois chevaux de remise pour se rendre à Louvres et de là passer à Bruxelles; que lesdits chevaux lui ont été fournis par le sieur Deschamps, loueur de carrosses, rue du Four, vis-à-vis celle des Cannettes, et que la chaise a été prise à loyer chez le sieur Pascal, rue Guénégaud; qu'il lui a été aussi ajouté que ledit Fontaine emmenoit avec lui une femme. Et comme cette absence annonce une banqueroute ouverte de la part dudit Fontaine qui est comptable, tant envers la troupe des comédiens françois qu'envers le comparant audit nom de caissier, de sommes considérables, ledit

---

1. Les coupables étaient de jeunes militaires et deux d'entre eux se nommaient les frères Sallo. Ils prirent la fuite et leur procès fut instruit par contumace.

Fontaine s'étant absenté sans avoir rendu aucun compte, il nous a de l'absence dudit Fontaine rendu la présente plainte contre ledit Fontaine, ses complices, fauteurs et adhérens sur laquelle il requiert la jonction de M. le procureur du roi, nous requérant pareillement de nous transporter à l'instant en la demeure dudit Fontaine à l'effet d'y apposer nos scellés, etc.

Signé : DE NEELLE; DE GRAVILLE.

Information faite par le commissaire de Graville.

Du samedi 13 janvier. Anne Dacier, âgée de 19 ans, domestique au service du sieur Fontaine, commis à la caisse de la Comédie françoise, chez qui elle demeure rue du Petit-Bourbon, paroisse Saint-Sulpice, etc., dépose que ledit Fontaine, son maître, est rentré lundi dernier, à onze heures du soir; que s'étant présentée le mardi pour lui parler, elle ne l'a pas trouvé dans son appartement et depuis ce tems il n'est point revenu chez lui; qu'il est à sa connoissance que le sieur de Neelle a envoyé différentes fois pour chercher de l'argent; qu'actuellement même il y a chez ledit Fontaine une sacoche à argent que ledit sieur de Nelle y avoit envoyée pour y mettre les fonds de la Comédie dont le sieur Fontaine étoit chargé; qu'elle ignore absolument où peut être ledit Fontaine qui n'est pas dans l'usage de s'absenter si longtems.

Sieur Jean Chosset Pascal, âgé de 42 ans, maître et marchand sellier à Paris, demeurant Guénégaud, paroisse Saint-Sulpice, etc. Dépose que le jour d'hier, environ dix à onze heures du matin, un particulier de taille d'environ cinq pieds quatre pouces, visage pâle, paroissant âgé de 29 à 30 ans, vint chez lui, accompagné d'une autre personne, pour louer une chaise de poste à deux places pour Bruxelles; que ce particulier, après être convenu de prix, a dit que le sieur Deschamps, loueur de carrosses, alloit envoyer trois chevaux de remise et qu'on remette la chaise; que ce particulier lui a donné une reconnoissance, signée Fontaine, de remettre la chaise à Bruxelles; que le déposant est ensuite sorti pour aller à ses affaires; que, de retour, il lui a été dit par ses garçons que l'on étoit venu chercher la chaise, avec trois chevaux appartenant au sieur Deschamps, vers les trois heures après-midi.

Cécile Garnet, âgée de 50 ans, femme d'Antoine Levé, garçon de caisse de M. Le Maître, conseiller d'Etat, elle portière d'une

maison rue du Petit-Bourbon, paroisse Saint-Sulpice, appartenant à M. Le Maitre, etc. Dépose qu'il est à sa connoissance que
depuis plusieurs jours ledit sieur Fontaine, locataire d'un appartement au troisième de la maison dont elle est portière, ne paroît
plus chez lui; que depuis le commencement de cette semaine elle
ne l'a pas vu rentrer; qu'il lui a été dit qu'il s'étoit absenté de
Paris.

Et à l'instant est comparu sieur Guillaume Fontaine, commis
au bureau des vivres de la marine, demeurant cour des Suisses,
palais des Tuileries, chez le sieur Fontaine, officier invalide, son
oncle ; lequel nous a déclaré qu'il ne voit le sieur Fontaine, son
frère, que depuis le premier jour de cette année ainsi que la dame
sa mère avec laquelle il s'est réconcilié; que, depuis ce tems et
quelques jours après, la dame son épouse est venue pour leur
rendre visite et le comparant est venu les voir avant-hier sur les
deux heures, deux heures et demie de l'après-midi; que ce matin
étant revenu, la domestique lui a dit que le sieur son frère n'avoit
pas couché chez lui cette nuit et que depuis plusieurs nuits il n'y
avoit même pas couché, mais qu'il ne sait où il est si ce n'est qu'il
a dit qu'il alloit à Versailles, mais est fort inquiète de lui, n'en
ayant pas entendu parler depuis.

Et le lundi 29 dudit mois de janvier audit an 1776, une heure
de relevée, en l'hôtel et pardevant nous, commissaire susdit, est
comparue Marie-Jeanne Jalhay, veuve en premières noccs du
sieur Guillaume Fontaine et actuellement femme du sieur Guillaume Trénel, brasseur, demeurante rue des Cordeliers, maison
du pâtissier, près la rue de Condé. Laquelle nous a dit et déclaré
que le jour que le sieur de Neelle, caissier de la Comédie françoise, a envoyé différentes fois demander des fonds audit sieur
Fontaine, fils de la comparante, cette dernière fit des reproches à
son fils qui, à l'instant, sortit de sa poche un portefeuille couvert
de camelot gris, le lui remit en lui disant : « Voyez comme je ne
donne pas d'argent! » Elle ouvrit ce portefeuille et en retira deux
papiers sur l'un desquels elle remarqua qu'il y avoit des reçus
dudit sieur de Neelle en suite l'un de l'autre dont le dernier de
6,000 livres est du 26 octobre 1775, le second étoit un mande-
ment de 72 livres du sieur Mury, musicien de l'orchestre des
François, sur ledit de Neelle, daté à Paris du 19 juin audit an.
Que le même jour le sieur Fontaine est sorti le matin en disant
au domestique dudit sieur de Neelle, qui étoit chez lui pour en

rapporter de l'argent, de revenir à midi. Que le même domestique est revenu plusieurs fois dans l'après-midi et le lendemain, mais ledit sieur Fontaine n'est plus paru chez lui ou du moins la comparante ne l'a pas revu depuis. Que le lendemain le sieur Fontaine, son fils aîné, lui a dit que il avoit acheté les meubles de son frère. Que la comparante, prévoyant que son fils cadet s'étoit en allé tout à fait, dit à son aîné qu'elle voyoit bien qu'elle n'avoit plus rien à faire ici et qu'elle sortiroit. Déclarant, en outre, qu'elle n'a en sa possession aucune argenterie ni autres effets appartenant audit sieur Fontaine, son fils cadet, si ce n'est qu'elle a laissé, dans la chambre qu'elle occupoit au 5e étage de la maison où demeuroit son fils, rue du Petit-Bourbon, un lit en baldaquin de camelot rouge et blanc, la tenture pareille, une paillasse, deux matelas, un traversin de plume, une couverture de laine blanche et tous autres effets qui sont dans ladite chambre, etc.

Addition d'information.

Du dimanche 4 février 1776. Sieur Jean-Laurent Mosnier, âgé de 32 ans passés, peintre de la reine, demeurant à Paris, rue du Petit-Bourbon, paroisse Saint-Sulpice, etc., dépose que dans le mois de mars de l'année dernière ledit Fontaine vint trouver le déposant et lui proposa de lui acheter les meubles de l'appartement qu'il occupoit lors en ladite maison de la rue du Petit-Bourbon. Le déposant, ayant pris l'appartement du second de la même maison qu'il avoit fait meubler, les lui céda moyennant 2,600 livres qu'il lui a payées comptant et lui transporta son droit au bail dudit appartement pour les trois ans qui restoient à expirer, à compter du premier avril lors prochain, moyennant 424 livres par année. Il lui a loué aussi une chambre au cinquième où a couché la mère dudit Fontaine, moyennant 50 liv. par année. Que ledit Fontaine lui a payé tous ces loyers et notamment le terme échu au premier janvier dernier, il est venu le lui payer le mercredi 11 ou le jeudi 12 dudit mois de janvier. Que le vendredi suivant, après-midi, il a été dit au déposant que ledit Fontaine s'étoit sauvé de Paris et avoit emporté la recette dont il étoit chargé pour la Comédie françoise; que depuis il a su que ledit Fontaine étoit à Bruxelles ou sur les frontières de France. Que ce particulier avoit un air de douceur qui inspiroit la confiance.

Sieur Joseph Razat, âgé de 64 ans, écuyer de Sa Majesté le roi de Sardaigne, demeurant à Paris, rue des Vieilles-Thuileries, paroisse Saint-Sulpice, etc. Dépose qu'il a connu le sieur Fontaine par le sieur Rachette, sculpteur, demeurant même maison que le déposant qui le lui amena il y a environ trois mois; que ledit Fontaine pria le déposant de se charger, à titre de pension, d'un cheval ayant 5 ans, fait, couleur bai-brun, taille de 5 pieds un pouce avec tous ses crins; qu'il lui amena ce cheval ainsi qu'un cabriolet à ressorts peint en vert, doublé de drap de même couleur, et convinrent de 45 sols par jour pour nourriture et pansement dudit cheval ainsi que pour la remise dudit cabriolet; que le jeudi 11 janvier au soir, ledit Fontaine est venu chez le déposant, accompagné d'un particulier qu'il lui a dit être son frère, il lui a payé tout ce qu'il lui devoit jusqu'à ce jour; que le lendemain matin, vers les dix ou onze heures, on envoya dire au déposant qu'on le demandoit chez le sieur Duchesne, marchand de vins, son voisin. Il s'y rendit et y trouva ledit Fontaine et son frère qui lui proposèrent de lui vendre lesdits cheval et cabriolet au prix qu'il fixeroit, le déposant leur observa que la saison étoit défavorable pour se défaire de ces sortes d'objets, qu'il falloit attendre un tems plus opportun. Qu'au surplus, s'il vouloit absolument s'en défaire, il n'avoit qu'à les faire annoncer dans les *Petites-Affiches*. Fontaine et son frère le pressèrent encore d'acheter lesdits cheval et cabriolet et même ce frère parut prendre de l'humeur de ce qu'il s'y refusoit; ce qui leur fit dire par le déposant que Fontaine avoit des idées, qu'il y avoit quelque chose, qu'il n'y comprenoit rien. Que Fontaine finit par dire au déposant qu'il le prioit de vendre son cheval et son cabriolet et d'en remettre le prix à son frère. Il engagea ensuite le déposant à l'accompagner chez le sieur Deschamps, loueur de carrosses, rue du Four, vis-à-vis la rue des Cannettes, pour y louer des chevaux de remise et d'aller aussi chez le sieur Pascal, sellier, rue Guénégaud, pour y louer une chaise de poste. Le déposant lui demanda à quelle intention il vouloit louer une chaise de poste et des chevaux, il lui répondit qu'il avoit une affaire à Valenciennes qui l'obligeoit de s'y rendre, qu'il iroit avec des chevaux de remise jusqu'à la première poste où il prendroit des chevaux de poste. Que par complaisance le déposant alla avec les sieurs Fontaine frères, d'abord chez le sieur Deschamps où il arrêta trois chevaux pour l'après-midi pour le conduire au Bourget, ensuite chez le sieur Pascal où il loua une

chaise de poste pour le loyer de laquelle il lui paya trois louis et
demi. Que le samedi 13 au matin, il rencontra dans la cour des
Tuileries la dame épouse du sieur Molé, comédien françois, qu'il
ramena dans sa voiture : chemin faisant, il lui demanda d'où elle
venoit, elle lui répondit : « Je viens d'une assemblée malheureuse; l'on nous a emporté une partie de la caisse et c'est le nommé
Fontaine, commis de M. de Neelle. » Le déposant lui répliqua :
« Quelle figure a-t-il? » Et lui ayant dépeint il le reconnut pour
être le même que celui qui étoit parti la veille avec les chevaux
de Deschamps et la chaise de Pascal. Il instruisit ladite dame
Molé de ce qui s'étoit passé la veille; elle le pria d'aller chez ledit
sieur de Neelle l'en instruire, ce qu'il a fait. Que, depuis, le déposant a appris que ledit Fontaine s'étoit rendu à Bruxelles où il
étoit arrêté. Qu'il a ouï dire que la mère dudit Fontaine, qui
demeuroit avec lui, s'étoit retirée le même jour de son évasion chez
le sieur Chabot, marchand orfèvre, rue Montmartre.

Jean Chabot, âgé de 44 ans, marchand orfèvre-bijoutier, demeurant à Paris, rue Montmartre, paroisse Saint-Eustache, vis-à-vis
l'église, etc. Dépose qu'il a fait connoissance dudit sieur Fontaine
il y a environ trois ans à la relation du sieur Fontaine, chevalier
de Saint-Louis, son cousin; que ledit Fontaine s'est toujours dit
au déposant être caissier de la Comédie françoise et que le sieur
de Neelle étoit sa caution; que Fontaine lui a procuré différentes occasions de vendre des bijoux et lui a même acheté différents bijoux qu'il lui a toujours payé comptant; qu'à la fin
du mois de décembre dernier le déposant lui vendit une boîte
d'or à mouches, deux épingles de diamants brillants avec différentes breloques pour raison de quoi Fontaine lui remit une lettre
de change de 600 livres de lui acceptée; que dans le même tems
ledit Fontaine lui demanda s'il pourroit lui vendre ou lui procurer une paire de girandoles en brillants du prix de 4 à 5,000 liv.,
lui ajoutant qu'il avoit commission de la demoiselle Luzy, actrice
de la Comédie françoise, de les acheter moyennant un arrangement qui seroit de payer tous les mois 300 livres. Le déposant ne
les ayant pas en parla au sieur Pigase, bijoutier, qui apporta chez
le déposant une paire de girandoles de diamants brillants du prix
de 5,300 livres. Le déposant lui proposa les arrangements du
sieur Fontaine, il les accepta pour l'instant, mais deux à trois
jours après il revint chez le déposant lui dire qu'il ne pouvoit y
accéder à moins qu'on ne lui donne des lettres de change accep-

tées et endossées de quelqu'un dans le commerce afin d'en pouvoir faire la négociation. Le déposant rendit cette proposition au sieur Fontaine qui consentit d'accepter les lettres de change, mais engagea le déposant de les endosser. Ce dernier, persuadé de la solvabilité de Fontaine et séduit par ses promesses d'exactitude, eut la facilité d'y acquiescer. En conséquence, le quatre ou le cinq janvier dernier, Fontaine paya comptant 500 livres et pour les 4,800 livres restant accepta douze lettres de change de 400 livres chacune payables tous les 5 du mois à l'ordre du déposant qui les endossa. Que pour le déterminer davantage à faire ces endossemens, Fontaine lui dit que payant tous les mois à la demoiselle Luzy la part qui lui revient à la Comédie françoise, il retiendroit sur chaque payement le montant de chaque lettre de change échue. Le déposant a remis lesdites lettres audit sieur Pigase qui a remis aussitôt les girandoles à Fontaine; que, lors de la terminaison de cette affaire, le déposant lui fit observer qu'il y avoit quelques réparations à y faire, qu'en conséquence il n'avoit qu'à les lui envoyer, qu'il s'en chargeroit. Fontaine répondit : « Ce n'est pas la peine, la demoiselle Luzy est bien aise de s'en servir quelques jours et après cela elle les renverra. » Que le mardi suivant le déposant vint chez ledit Fontaine où il dîna avec la mère de ce dernier; qu'en dînant elle lui dit que son fils seroit fort riche parce qu'il avoit 400,000 livres en Hollande venant d'une succession sur laquelle il n'y avoit qu'à mettre la main. Que le dimanche 14 dudit mois de janvier, le déposant étant à la porte de l'Opéra et étant prêt d'entrer, apprit que Fontaine s'en étoit allé le vendredi précédent de Paris avec la femme du sieur Thomassin[1], acteur de la Comédie italienne, la demoiselle Thomassin et le nommé Demery[2], qu'il avoit emporté les deniers de la Comédie françoise. Que le lendemain matin la mère dudit Fontaine est venue chez le déposant, et d'un air composé lui demanda s'il n'avoit pas vu son fils et où il étoit. Il lui répondit qu'elle devoit en être instruite. Cependant, à sa sollicitation, il voulut bien aller avec elle dans différentes maisons : il eut encore la

---

1. La femme de Guillaume-Adrien Visentini dit Thomassin se nommait Jeanne-Nicole Tisserand et était la fille d'un tapissier.

2. Demery était, comme Thomassin, acteur à la Comédie italienne. Après quelques années d'absence, il reparut à ce théâtre le 10 avril 1780 par le rôle de Jacques Desvignes dans les *Trois Fermiers*, comédie en 2 actes de Monvel et Dézaïdes.

bonté d'en prendre pitié et de la garder deux jours et deux nuits. Que pendant ce tems elle lui parla encore des prétendues 400,000 l. qu'elle disoit avoir à toucher en Hollande, lui ajoutant qu'elle avoit donné sa procuration à son fils pour toucher cette somme. « En ce cas, lui répliqua le déposant, vous étiez donc instruite qu'il alloit dans les pays étrangers? » Elle ne sut que lui répondre et le lendemain elle s'en alla sans voir le déposant. Que le lendemain de la sortie de la mère dudit Fontaine de chez le déposant, la domestique de Fontaine vint chercher chez lui un jupon et une chemise qu'elle y avoit laissés; qu'il demanda à cette fille où étoit sa maîtresse, elle lui répondit qu'elle s'étoit retirée chez une personne de sa connoissance. Le déposant la pressa de lui donner son adresse, elle lui dit qu'elle demeuroit rue des Cordeliers chez le pâtissier, mais que si il venoit pour la voir il la demandât sous le nom de la dame Deblois, qui est celui qu'elle avoit pris. Le déposant a été l'y voir et lui a demandé si elle avoit vu M. de Neelle et ses protections. Elle lui répondit que oui et que le sieur de Bligny, qui protégeoit son fils, l'avoit beaucoup plaint; qu'il est à la connoissance du déposant que le sieur Fontaine avoit de l'argenterie et qu'elle consistoit en deux plats ronds, un long, une petite soupière à deux anses, deux compotiers, un porte-huilier, quatre salières à la mode, de cristal, garnies en argent, un porte-moutardier, dix-huit couverts d'argent en uni, six cuillers à café, deux cuillers à ragout, une à soupe et deux saucières, deux gobelets à pied et un à bouillon; la presque totalité de laquelle argenterie le déposant lui a vendu. Qu'il lui a aussi vendu une boîte d'or de forme ronde et sait qu'il avoit une fort belle montre d'or enrichie de diamants. Qu'il lui a encore vendu trois chaînes de montre d'or, deux d'homme et l'autre de femme en or de couleur, qui est entre les mains de la dame Fontaine, ainsi que la montre d'or dudit Fontaine. Que le déposant étoit tellement persuadé que Fontaine étoit caissier de la Comédie françoise, qu'à raison d'une contestation pour raison d'un cheval qu'il a acheté, il y a environ trois mois, du sieur de la Verrière, gendarme de la garde, il a fait une déclaration à Me Mauduit, notre confrère, dans laquelle il a pris la qualité de caissier de la Comédie françoise. Que par l'état que tenoit ledit Fontaine et la dépense qu'il faisoit, il est à croire qu'il n'en imposoit pas sur sa qualité; que le déposant est intimement persuadé que la mère dudit Fontaine étoit instruite de son projet d'évasion et qu'elle a su le moment de son départ, d'autant

que lors, lui ayant demandé ce que Fontaine avoit fait de différents effets et notamment de son argenterie, elle répondit qu'elle
lui avoit conseillé d'envoyer chercher le déposant pour lui vendre
et qu'elle ne savoit pas si elle étoit dans l'armoire ou non. Ajoute
le déposant que depuis la fuite dudit Fontaine il a su du sieur
Razat, écuyer, que Fontaine et son frère aîné, commis au bureau
des vivres de la marine, avoient été chez lui où il a un cheval et
cabriolet appartenant audit Fontaine, qu'ils l'avoient sollicité de
les lui acheter, qu'ils avoient été aussi ensemble, avec le sieur
Razat, louer une chaise et des chevaux de remise pour conduire
ledit Fontaine jusqu'à la première poste. Que ledit Fontaine aîné
est venu chez le déposant, accompagné du sieur Fontaine, sculpteur, son parent : il dit au déposant qu'il étoit bien malheureux,
qu'il avoit acheté de son frère les meubles qui garnissent son
appartement moyennant 2,500 livres et qu'il lui avoit cédé ce
même appartement pour le tems qui restoit à expirer de son bail
et que s'il avoit su que son frère s'en fût allé il n'auroit pas fait
ce marché avec lui. Le déposant lui observa qu'il lui paroissoit
étonnant que, n'ayant qu'un foible emploi de 1,200 livres, il ait
voulu se charger d'un loyer aussi cher que celui de l'appartement
de son frère; que, s'il étoit vrai qu'il eut acheté ces meubles, il
avoit donc connoissance du projet formé par son frère de s'en aller ;
que, d'ailleurs, il lui paroissoit singulier qu'il prît un logement
si cher relativement à son peu de fortune et si éloigné de son bureau, qui est près de Saint-Roch. Il lui répondit qu'il croyoit que
son frère alloit à Versailles. Mais, en ce cas, lui répliqua le
déposant, il n'avoit pas besoin de vendre ses meubles, et encore moins le cabriolet dont il lui avoit donné commission de
recevoir le prix et duquel il étoit plus naturel qu'il se servît que
d'une chaise de poste. Le déposant lui ajouta encore que si son
frère lui avoit vendu ses meubles et cédé son appartement il en
avoit donc loué un autre ailleurs. A quoi Fontaine répondit :
« Je n'en sais rien, je ne me mêle pas des affaires de mon frère.
J'ai seulement acheté les meubles meublans et quant aux pendules
et autres objets ils appartiennent à mon frère. » Que sur d'autres
questions et objections ledit Fontaine ne sut que répondre, paroissoit fort embarassé et se retira. Qu'il est à présumer qu'il a reconnu
que le déposant le regardoit comme complice de son frère, puisque
depuis ce tems il n'a pas remis les pieds chez lui.

Du mardi 6 février. Jean-Baptiste Jolliot, âgé de 27 ans, do-

mestique au service de la dame Chanclou, chez laquelle il demeure
rue du Bout-du-Monde, paroisse Saint-Eustache, chez le sieur
Capet, maître charron, etc. Dépose qu'il y a environ trois mois le
sieur Fontaine vint le trouver à sa chambre et lui dit de le suivre.
Il descendit avec lui et monta derrière le fiacre dans lequel il étoit
venu. Ils s'arrêtèrent rue du Faubourg-Montmartre, à la Boule-
Rouge, chez un sellier où le sieur Fontaine monta dans son
cabriolet et le déposant derrière, allèrent chez la demoiselle Thomassin, rue Bourbon-Villeneuve, où se trouvèrent le sieur Thomassin, sa femme et le sieur Démery. Ils partirent tous, tant à
cheval que dans le cabriolet et ont été à Sceaux se promener. Que
depuis, et même deux et trois fois par semaine, ils faisoient ensemble des parties de campagne de côté et d'autre; que les soirs,
au retour, ils se rendoient chez la demoiselle Thomassin où l'on
jouoit. Qu'il a vu ledit Fontaine perdre et gagner alternativement. Qu'il lui a été dit que certain jour il avoit perdu 100 à
125 louis. Que toutes les fois que ledit Fontaine faisoit des parties
il venoit chercher le déposant pour le suivre comme domestique
de louage. Que la dernière fois qu'il l'a servi, ç'a été le 26 décembre dernier. Que, comme ledit sieur Fontaine avoit promis
de le retenir tout à fait à son service, le déposant se rendit, le vendredi douze janvier dernier, vers une heure et demie, chez les
sieur et dame Thomassin, avec qui ledit Fontaine étoit dans la
plus intime liaison, pour venir leur donner des nouvelles d'un
appartement que le sieur Thomassin l'avoit chargé de leur chercher. Le sieur Thomassin lui dit, en entrant, de passer à la cuisine, qu'il dîneroit avec son domestique et sa cuisinière. Qu'aussitôt que le déposant fut entré chez eux, les sieur et dame Thomassin se mirent à table et le déposant a passé dans la cuisine.
Que l'instant d'après le sieur Thomassin partit pour Versailles et,
dans le même instant, la cuisinière dudit sieur Thomassin lui dit
de dîner bien vite parce qu'il falloit que la dame Thomassin sor-
tît pour aller acheter des marchandises et elle le pressoit avec une
affectation singulière. Il demanda, avant de s'en aller, un billet
de comédie à la dame Thomassin, qui lui en donna deux, dont
un n'étoit pas signé, et se retira. Que le dimanche suivant le sieur
Thomassin vint le trouver dans sa chambre à la pointe St-Eus-
tache, lui dit de descendre tout de suite : il le fit entrer au corps-
de-garde vis-à-vis et le fit conduire chez Me Duchesne, notre confrère, où il lui demanda s'il avoit connoissance de la fuite du sieur

Fontaine avec sa femme. Le déposant ayant répondu que non, il fut relaxé.

Claude-Antoine Laffont, âgé de 31 ans, cocher et postillon au service du sieur Deschamps, loueur de carrosses, chez qui il demeure, à Paris, rue du Four, faubourg Saint-Germain, etc. Dépose que le vendredi douze janvier dernier, vers une heure de l'après-midi, le sieur Fontaine est venu chez ledit sieur Deschamps, accompagné du sieur Razat, écuyer de M. l'ambassadeur de Sardaigne et d'un autre particulier. Ledit sieur Fontaine a loué, moyennant 18 livres, trois chevaux pour le conduire au Bourget. Qu'en conséquence de ses ordres le déposant a conduit lesdits trois chevaux chez le sieur Pascal, sellier, rue Guénégaud, où il les a attelés à une chaise de poste à deux places; qu'il s'est rendu dans la foire Saint-Laurent, où il a trouvé le sieur Fontaine, qui a fait attacher deux malles sur cette chaise et mettre quelques paquets dans ladite chaise. Qu'au moment de partir une femme qui est sortie de chez le concierge de ladite foire, a monté dans la chaise avec ledit Fontaine. Que dans le même moment le sieur Fontaine lui a proposé de lui donner un louis d'or pour le mener jusqu'à Louvres, mais le déposant s'y est refusé n'en ayant pas l'ordre de son maître. Qu'arrivé au Bourget le déposant les a arrêtés à la poste où le sieur Fontaine a montré au maître de poste son billet de poste, il leur a été donné des chevaux et ils sont partis. Que le déposant connoissoit ledit Fontaine pour l'avoir conduit une fois à Versailles, avec le sieur Thomassin, comédien italien et sa femme; qu'au retour il lui a donné 6 francs pour les deux jours qu'il l'avoit gardé. Ajoute le déposant, qu'au moment où il a quitté le sieur Fontaine au Bourget, ce dernier lui a donné douze francs pour boire.

Du mercredi 7 février. Antoine Coliau, âgé de 34 ans, maître horloger, demeurant à Paris, rue du Mail, paroisse Saint-Eustache, etc. Dépose qu'au mois de décembre dernier, le sieur Demery, comédien italien, qu'il connoissoit pour lui avoir fourni, ainsi qu'à la demoiselle Eléonore Thomassin [1], qu'il lui dit devoir épouser incessamment, une montre et une pendule, vint chez lui et leur proposa de leur fournir deux montres d'or, l'une pour lui

---

1. Mlle Eléonore Visentini, dite Thomassin, était attachée à la Comédie-Italienne comme son frère Guillaume-Adrien et comme sa belle-sœur Jeanne-Nicole Tisserand.

et l'autre pour ladite demoiselle Thomassin, plus de leur faire
fournir par la dame son épouse, marchande de dentelles, des dentelles pour son mariage avec ladite demoiselle Thomassin, lui
ajoutant que le sieur Fontaine, caissier de la Comédie françoise,
avoit des fonds à la demoiselle Thomassin, mais que pour le moment il ne pouvoit les lui rembourser. Que le sieur Fontaine
étoit un homme riche qui avoit trente-huit à quarante mille livres
de placées à la compagnie des Indes, dont le remboursement devoit lui être fait au mois de février lors prochain ; que d'ailleurs
il étoit intéressé avec le sieur de Neelle dans une manufacture de
parchemin à Saint-Denis. Le déposant lui répondit qu'il feroit ses
réflexions. Que quelques jours après, ayant appris que le sieur
Poirot étoit horloger de la Comédie françoise, que par conséquent
il devoit connaître le sieur Fontaine, il pria le sieur Thill, leur
ami commun, de voir ledit sieur Poirot et de s'informer de lui
s'il y avoit sûreté de fournir sur les effets du sieur Fontaine. Le
sieur Thill a rapporté au déposant que le sieur Poirot avoit répondu que Fontaine n'étoit point caissier de la Comédie françoise
mais adjoint du sieur de Neelle et qu'il étoit au moment de lui
succéder, qu'il étoit tellement connu pour solvable, qu'il ne feroit
point de difficulté de lui livrer pour 2,000 écus de marchandises
à crédit : ajoutant même que s'il ne les avoit pas chez lui, il les
lui fourniroit lui-même, ajoutant qu'il lui avoit déjà fourni pour
4,000 livres d'horlogerie dont il avoit été payé de la majeure partie et que pour ce qui lui restoit dû, il avoit un effet du sieur de
Neelle de 1,200 livres et un du sieur Thomassin, comédien italien, de 600 livres. Que ledit sieur Demery, étant revenu chez le
déposant, lui demanda de nouveau des montres et dentelles ; qu'il
lui dit qu'il ne refusoit pas de les lui fournir en lui donnant des
lettres de change acceptées du sieur Fontaine. Le sieur Demery
se retira en lui disant qu'il les lui apporteroit. Qu'effectivement
le lendemain, 20 décembre, ledit Demery lui remit deux lettres
de change de chacune 1,200 livres acceptées Fontaine et endossées
de la demoiselle Thomassin et de lui Demery en lui disant que
le sieur Fontaine avoit remboursé en lettres de change partie des
fonds qu'il devoit à la demoiselle Thomassin : il lui demanda de
lui fournir deux montres d'or, chaînes d'or et dentelles jusqu'à
concurrence du montant de ces deux effets, lui ajoutant que si
cela excédoit de quelque chose, il le lui payeroit comptant. Le
déposant prit la lettre de change et fut faire reconnoître les signa-

tures audit sieur Fontaine. Qu'assuré de la rentrée de ses fonds, le déposant disposa et fit disposer par la dame son épouse les objets qui lui étoient demandés par le sieur Demery et tout lui a été fourni définitivement le trois janvier dernier et monte à la somme de 2,597 livres 10 sols, ce qui faisoit 197 livres 10 sols d'excédant desdites lettres que le sieur Demery promit d'aller les lui payer incessamment chez lui. Que le dimanche 14 dudit mois de janvier dernier le déposant passa chez la demoiselle Thomassin pour lui remonter sa pendule, la femme de chambre de ladite Thomassin l'empêcha d'entrer, disant que sa maîtresse étoit en affaires. Que le vendredi ou le samedi d'après il apprit que la demoiselle Thomassin s'en étoit allée, avec lesdits Fontaine, Demery et la femme du sieur Thomassin, dès le 12 janvier dernier et que ledit Fontaine étoit arrêté à Bruxelles. Ajoute le déposant qu'il lui est encore dû par le sieur Demery et ladite demoiselle Thomassin la somme de 2,000 livres pour anciennes fournitures.

Jean-Jacques Deschambeaux, dit Deschamps, âgé de 45 ans, loueur de carrosses, demeurant à Paris, rue du Four, vis-à-vis celle des Cannettes, paroisse Saint-Sulpice, etc. Dépose que le douze janvier dernier, sur les onze heures et demie du matin, le nommé Fontaine vint chez lui, accompagné du sieur Razat et d'un autre particulier qu'il ne connut pas, lui demander trois chevaux pour le conduire au Bourget dans une voiture que le sieur Pascal devoit fournir; qu'il lui paya 21 livres, prix convenu pour le loyer desdits 3 chevaux, et ledit Fontaine écrivit l'adresse où l'on devoit l'aller prendre à deux heures de l'après-midi chez la dame Vial, concierge de la foire Saint-Laurent; qu'après ces arrangemens ledit Fontaine, le sieur Razat et ledit particulier s'en sont allés disant qu'ils alloient faire apprêter la voiture chez le sieur Pascal; que le déposant a envoyé, à l'heure dite, son postillon, avec trois chevaux, prendre la voiture chez le sieur Pascal pour aller joindre ledit sieur Fontaine à l'adresse qu'il avoit donnée au déposant.

Du vendredi 9 février. Jean-Baptiste Brassart, âgé de 32 ans, bourgeois de Paris, y demeurant rue des Mauvais-Garçons, paroisse Saint-Sulpice, etc. Dépose que le 15 décembre 1772, le sieur Fontaine, devant quitter son emploi à la Comédie, lui proposa de faire une partie de sa recette en lui abandonnant la moitié de ses appointements sur l'objet de la recette dont il étoit chargé;

que le déposant accepta cette convention après en avoir informé
le sieur de Neelle, qui y consentit; que d'après cela le sieur Fontaine chargea le déposant des quittances nécessaires pour faire
ladite recette; que le déposant lui remettoit chaque jour les
sommes qu'il avoit reçues des différents abonnés; qu'à la révolu-
tion de chaque quartier le sieur Fontaine lui remettoit de nouvelles quittances en lui faisant représenter les quittances restantes
du quartier précédent; que ces quittances étoient ordinairement
inscrites sur un papier mort, tantôt par le sieur Fontaine, tantôt
par le déposant, qui ne leur servoit que pour se rendre compte à
eux-mêmes; que le déposant n'a jamais donné de reconnoissance
au sieur Fontaine des quittances qu'il lui remettoit, attendu que
cette opération se faisoit entre eux de bonne foi; que le déposant
a continué cette manière de travailler avec le sieur Fontaine jusqu'à l'époque de son évasion; qu'à cette même époque il restoit
au déposant des quittances qui lui étoient confiées par ledit sieur
Fontaine pour la somme d'environ 21,000 livres, lesquelles quittances il a remises audit sieur de Neelle; que quelques jours avant
le départ du sieur Fontaine, ce dernier lui dit qu'il alloit recevoir
une somme d'argent pour remettre au sieur de Neelle qui le sol-
licitoit vivement pour lui faire rendre un compte; qu'il lui fit
même voir une sacoche et que, ne la trouvant pas assez grande,
il dit au déposant de dire au sieur de Neelle de lui en envoyer
une seconde parce que celle-là ne suffiroit pas.

Signé : de GRAVILLE.

Le procès-verbal des scellés apposés à la requête des créanciers sur les
meubles et effects du sieur Georges-Antoine-Sigismond Fontaine
renferme quelques détails curieux que nous devons reproduire. La
Comédie française s'y fit représenter par plusieurs de ses membres,
savoir les sieurs François Augé, Denis Deschanet dit des Essarts
et Etienne Bercher d'Auberval, qui réclamèrent, au nom de leur
société, tous les titres et papiers qui pouvaient les intéresser et qui
se trouvaient chez Fontaine. Voici le détail de ces papiers :

Premièrement, deux pièces : la première, écrite sur les trois
quarts de la première page d'une feuille de papier à lettre, commence par ce qui suit : *A compte sur les petites loges 1775 à
1776.* Ensuite sont huit quittances signées de Neelle dont la première, de la somme de 45,046 livres 14 sols 3 deniers, est du
27 avril 1775, et la dernière de 6,000 livres est du 26 octobre de

la même année, lesdites quittances montantes ensemble à la somme de 97,986 livres 14 sols 3 deniers. La seconde est un mandat signé Mury, musicien de l'orchestre des François, par lequel ledit Mury prie ledit sieur de Neelle de remettre entre les mains du sieur Monvel père, inspecteur de la Comédie françoise, la somme de 72 livres en son acquit à retenir à raison de 12 livres par mois sur ses appointemens; en suite duquel est une note portant quatre reçus de 12 livres chacun de juillet, août, septembre et octobre.

Item, six pièces dont la première est intitulée : *Etat des quittances de petites loges remises à M. Dalinval*, sommée en fin 26,238 livres 13 sols 4 deniers, etc.

Et en une liasse de quatre pièces dont la première contient quatre quittances en suite l'une de l'autre signées Fontaine, par lesquelles il tiendra compte au sieur Debrière des sommes contenues auxdites quittances montantes ensemble à 26,100 livres; la seconde est une quittance dudit Brière du 10 mai 1775, de la somme de 100 livres à lui accordée par la Comédie françoise en considération des peines et soins pris pour le renouvellement des petites loges; la troisième est un état des recettes et dépenses faites pour la Comédie françoise, en fin duquel est un reçu de 2,050 liv. du 8 mai 1775, signé Fontaine; la quatrième et dernière est une note concernant la Comédie françoise, sommée 2,207 livres.

Item, une liasse de huit pièces dont la première est un état des petites loges de la Comédie françoise de 1773 à 1774 contenant neuf feuillets; la seconde est un autre état des petites loges contenant indication des demeures des locataires; la troisième est un brouillon d'état desdites petites loges; la quatrième est un autre état des petites loges; la cinquième est un autre état desdites loges de 1774 à 1775; les trois autres sont des notes contenant les noms des locataires desdites petites loges et les prix d'icelles.

Item, une liasse de cinquante-deux pièces. La première a pour titre : *Etat des sommes redues par les différents particuliers ci-après désignés pour l'occasion de loges pendant l'année 1772 à 1773*, composé de sept articles : le premier, M. le colonel Saint-Luc, 625; le septième, M. le duc de la Trémoille, 562 livres 10 sols, après lequel article sont ces mots : Le duc de Luxembourg; la seconde est une quittance imprimée signée de Neelle et datée à Paris du 15 octobre 1768 de 360 livres à M. le vicomte de Boisgelin et M. le marquis de Montigny pour le quartier d'octobre 1768 et janvier 1769, d'un quart du balcon numéroté 2 au troisième rang du côté du roi; la troisième est une semblable quittance pour les mêmes du quartier d'octobre 1769 et janvier 1770 aussi signée de Neelle; les quatre, cinq et sixième sont trois quittances des petites loges pour lesdits sieurs de Boisgelin et Montigny et de Montbarey pour les quartiers d'avril et juillet 1770, octobre 1770 et janvier 1771; les septième, huitième jusques et compris la vingt cinquième sont quittances signées dudit sieur de Neelle pour loyer de loges, années 1771 à 1772; les vingt-six, vingt-sept et vingt-huit sont notes du produit des petites loges de l'année 1772 à 1773 et deux quittances signées dudit sieur de Neelle pour les quartiers d'avril, juillet, octobre 1772 et janvier 1773, etc., etc.

Item, une liasse de treize pièces dont la première est un état des particuliers à passer des baux pour leurs loges à la Comédie françoise, etc., les autres pièces sont notes et état de quittances de répartitions aux acteurs et actrices de 13,800 livres à compter sur le produit de la recette journalière pendant octobre 1775; état pour compter avec Fontaine et notes pouvant servir de renseignemens, etc.

Plus une liasse de vingt pièces dont la première est un état de répartition entre les acteurs et actrices de la Comédie françoise de la somme de 12,000 livres provenant de la pension du roi pour l'année 1772, ledit état arrêté au bureau des assemblées de la Comédie le 5 août 1774, signé en fin Dauberval, de Bellecour, Monvel[1], Molé, Bouret[2], Feully[3], Augé, de la Chassaigne, Hus, Drouin, Préville, Lekain, Drouin et de Bellecour, et émargé des comédiens entre qui s'est fait la distribution; la seconde est un

---

1. Jacques-Marie Boutet de Monvel, né en 1740, débuta à la Comédie française le 28 avril 1770 par les rôles d'Egisthe dans *Mérope* et d'Olinde dans *Zénéide*, comédie de Cahusac et Watelet. Il fut reçu en 1772 et se retira en 1806. Il mourut en 1812.

2. Claude-Antoine Bouret, d'abord acteur forain, débuta à la Comédie française le 2 décembre 1762 par les rôles de Turcaret dans la pièce de ce nom et de Crispin dans *Crispin rival de son maître*, comédie de Le Sage, fut reçu en 1764 et mourut en 1783.

3. Louis-Henri Feulie, né à Paris le 25 février 1736, débuta à la Comédie française le 8 mai 1764 par les rôles de Frontin dans le *Muet*, comédie de Brueys et Palaprat, et de Labranche dans *Crispin rival de son maître*. Il fut reçu en 1766 et mourut le 17 octobre 1774.

état de répartition entre les acteurs et actrices du même spectacle de 14,882 livres faisant partie de celle de 18,850 livres provenant du remboursement des frais de voyage à la cour avancés par le roi suivant la convention arrêtée à cet effet et sur laquelle a été prélevée celle de 3,968 livres pour la nourriture des acteurs et actrices qui ont été du voyage pendant l'année 1771. Ledit état arrêté au bureau des assemblées de la Comédie le 20 juin 1774 signé en fin : Duménil, Molé, Doligny, Hus, Feuilly, de Belle-cour, Drouin, Dauberval, Augé et Lekain, et émargé des acteurs et actrices entre qui a été fait ladite répartition; la troisième, etc.; la quatrième est une copie collationnée par M. Desentelles, inten-dant des menus, d'un ordre de M. le maréchal duc de Richelieu, du 1er mai 1775, de payer au sieur Ponteuil[1] la somme de 1,200 l. de gratification. Au bas duquel est l'acquit dudit ordre signé Pon-teuil; la cinquième est une copie collationnée d'un pareil ordre de payer au sieur Desessars la somme de 1,500 livres de gratification à prendre sur le sequestre de l'année échue. Ledit ordre daté à Paris du 26 avril 1775; la sixième est la quittance dudit sieur Desessars de la somme de 1,500 livres datée à Paris le 28 dudit mois d'avril 1775 par les mains dudit sieur de Neelle; la septième est la copie collationnée par ledit sieur Desentelles d'un pareil ordre de gratification de la somme de 1,500 livres accordée au sieur de Monvel, daté à Paris le 26 avril 1775; la huitième est la quittance dudit sieur Monvel, etc.; la neuvième est copie colla-tionnée par ledit sieur Desentelles d'un pareil ordre de gratifica-tion de la somme de 600 livres accordée au sieur Dalainval, daté du 6 avril 1775, au pied duquel est le reçu du sieur Dalainval; la dixième est une autre copie collationnée par le sieur Desentelles d'un ordre de 1,500 l. accordée à la demoiselle La Chassaigne ledit jour 26 avril 1775 : au pied duquel est *pour acquit* et la si-gnature, *de la Chassaigne;* la onzième est copie certifiée par ledit sieur Desentelles d'un pareil ordre de gratification de la somme de 600 livres accordée le 26 dudit mois d'avril à la demoi-selle Fanier : au pied de laquelle est *pour acquit* et la signature

1. Triboulet dit Ponteuil, né vers 1750, débuta à la Comédie française le 7 septembre 1771 par le rôle de Rhadamiste dans la tragédie de ce nom, quitta en 1776 pour aller jouer en province, redébuta le 19 juin 1779 dans Oreste d'*Iphigénie en Tauride* de Guimond de La Touche et quitta de nou-veau en 1780. Il est mort en 1806.

Fanier; la douzième est une quittance datée à Paris le 1ᵉʳ avril 1775, signée Fontaine, par laquelle il reconnoit avoir reçu des comédiens françois ordinaires du roi, par les mains dudit sieur de Neelle, la somme de 200 livres qui lui a été accordée à titre de gratification annuelle et comme supplément d'appointemens pour le recouvrement des petites loges de l'année 1774 et 1775; la treizième est une quittance dudit Fontaine et datée de Paris dudit jour premier avril 1775 par laquelle il reconnoit avoir reçu des comédiens françois, par les mains dudit sieur de Neelle, la somme de 800 livres à lui accordée à titre d'appointemens pour l'année 1774 à 1775, en qualité de commis à la caisse de ladite Comédie; la quatorzième est une quittance signée Ponteuil, datée à Paris le 31 mars 1775, par laquelle il reconnoit avoir reçu des comédiens françois, par les mains dudit sieur de Neelle, la somme de 2,000 livres pour supplément d'appointemens pendant l'année 1774 à 1775; la quinzième est une quittance signée (mot illisible) datée à Paris dudit jour 31 mars 1775, par laquelle elle reconnoit avoir reçu des comédiens françois, par les mains dudit sieur de Neelle, la somme de 600 livres pour supplément d'appointemens pendant l'année 1774 à 1775 échus ledit jour 31 mars; la seizième est un état de séquestre de 1774 à 1775, d'où il résulte, d'après les calculs qui y sont faits, que la dépense excède la recette de 4,207 l. 8 sols 4 deniers; la dix-septième est l'expédition d'un acte passé devant Mᵉ Trutat et son confrère, notaires à Paris, le 5 août 1771 par lequel les comédiens françois y dénommés reconnoissent que Louis-Henri Feully, l'un d'eux, a payé à la caisse de la Comédie françoise la somme de 8,730 livres 15 sols 5 deniers, montant de la fixation faite par l'art. 2 de l'acte de leur société, passé devant Mᵉ de Savigny, qui en a la minute, et son confrère, notaires à Paris, le 9 juin 1750, homologué par arrêt du Parlement du 7 septembre 1761, pour le fonds de la part de chaque comédien dans l'établissement de la Comédie: lequel acte contient quittance par ledit sieur de Neelle de ladite somme et paroit avoir été inventorié; les dix-huitième et dix-neuvième pièces sont des notes d'augmentations de fonds 1774 à 1775 et de ce qui revient au sieur Lekain jusqu'au 1ᵉʳ juillet 1775; la vingtième et dernière est copie collationnée par M. de la Ferté, intendant des Menus, d'un ordre de MM. le maréchal duc de Richelieu et maréchal de Duras, par lequel il est accordé au sieur Desessars un quart de part d'augmentation pour, avec le quart de part dont il avoit joui jusqu'à présent, faire une demi-part. Ledit ordre daté à Paris le 1ᵉʳ avril 1774, etc., etc.[1]

(Arch. nationales, Y 10792.)

VIII. — DROIT DES PAUVRES.

1736. — 6 octobre.

Ordonnance de Louis XV portant que les comédiens du roi des troupes française et italienne, après avoir prélevé sur leurs recettes quotidiennes la somme de 300 livres pour les frais de leurs représentations, devront donner le neuvième du surplus aux administrateurs de l'Hôtel-Dieu qui l'emploieront au soulagement des pauvres.

De par le roy :

Sa Majesté s'étant fait représenter l'ordonnance du 5 février 1716 par laquelle, pour les causes y contenues, elle auroit ordonné qu'il seroit à l'avenir levé un neufvième par augmentation du prix des places et entrées aux représentations de l'Opéra, des Comédies françoise et italienne et autres spectacles au profit des pauvres de l'Hôtel-Dieu de Paris, et Sa Majesté bien informée que, d'un costé, la grace qu'elle avoit eue en vue de leur faire par cette disposition leur avoit été peu utile et, d'un autre costé, que le produit des représentations ayant diminué depuis cette augmentation, les spectacles, que Sa Majesté pour de bonnes considérations voudroit soutenir, tomberoient infailliblement s'il n'y étoit pourvu, ordonna le 10 avril 1721 qu'à commencer du 21 du mesme mois, les intéressés au privilége de l'Opéra, après avoir prélevé sur le produit de chacune de leurs représentations la somme de 600 livres pour leurs frais, seroient tenus de donner le neufvième du surplus au receveur dudit Hôtel-Dieu, et par autre ordonnance de la même année Sa Majesté régla pareillement qu'avant de payer le neufvième de la recette des représentations de l'Opéra-Comique au receveur des pauvres de l'Hôtel-Dieu, il seroit prélevé 150 livres pour les frais de chaque représentation ; Sa Ma-

---

1. Nous ferons remarquer que le représentant de l'un des opposants à la levée des scellés était le futur accusateur du tribunal révolutionnaire de Paris, Antoine-Quentin Fouquier de Tinville, alors simple procureur au Châtelet et demeurant rue du Mail.

jesté, après s'être fait exactement informer de l'état dans lequel se trouvent actuellement les Comédies françoise et italienne, de la diminution du produit des représentations et de l'augmentation des dépenses nécessaires au soutien des spectacles, a ordonné et ordonne qu'à compter du 14 de ce mois ses troupes de comédiens françois et italiens, après avoir prélevé sur le produit de chacune de leurs représentations la somme de 300 livres pour leurs frais, seront tenus de donner le neufvième du surplus au receveur de l'Hôtel-Dieu sur ses simples quittances, pour estre employé au soulagement des pauvres ainsi qu'il sera réglé par les administrateurs, sans que ledit neufvième puisse estre levé sur le public.

Fait à Versailles, le 6 octobre 1736.

(Arch. nationales, O¹ 80.)

IX. — ENTRÉES GRATUITES DÉFENDUES.

1697. — 5 mars.

Ordonnance de Louis XIV faisant défense à toute personne d'entrer sans payer aux Comédies française et italienne et d'y troubler le spectacle.

De par le roy :

Sa Majesté estant informée que les deffenses qu'elle a cy devant fait à toutes personnes d'entrer aux Comédies tant françoise que italienne sans payer ne sont pas exactement observées et mesme que beaucoup de gens y estant entréz interrompent par leur bruit le divertissement du public; Sa Majesté a de nouveau fait très-expresses inhibicions et deffenses à toutes personnes de quelque qualité et condition qu'elles soient, mesme aux officiers de sa maison, ses gardes, gendarmes, chevau-légers, mousquetaires et autres d'entrer auxdites comédies sans payer comme à tous ceux qui y seront entrez d'y faire aucun désordre, ny interrompre les comédies en quelque sorte et manière que ce soit et enjoint au sieur d'Argenson, lieutenant général de police de sa bonne ville de Paris, de tenir la main à l'exécution de la présente ordonnance.

Fait à Versailles, le 5 mars 1697.

(Arch. nationales, O¹ 41.)

X. — POLICE DES VOITURES AUX ABORDS DÉS COMÉDIES FRANÇAISE ET ITALIENNE.

1736. — 26 décembre.

Ordonnance de Louis XV ayant pour but de remédier aux dangers qui peuvent naître des encombrements de voitures devant les Comédies française et italienne aux heures des représentations.

De par le roy :

Sa Majesté étant informée des contestations et querelles qui s'élèvent journellement aux entrées des spectacles des Comédies françoise et italienne à Paris, au sujet des places que les cochers des seigneurs tant françois qu'étrangers et autres personnes de distinction croient avoir droit d'occuper ; ce qui, outre les embarras et dangers évidents qui en résultent tant pour les carrosses et autres voitures que pour les personnes, peut même occasionner quelquefois des démêlés entre les maîtres : à quoy Sa Majesté désirant remédier, elle veut et entend qu'il n'y ait aucunes préférances ny place marquée pour les carrosses, et qu'ils aillent tous, sans aucune exception ni distinction, se placer à la file les uns des autres au fur et à mesure qu'ils arriveront aux entrées des spectacles des Comédies françoise et italienne, sans pouvoir même doubler ni embarrasser le devant desdits spectacles qui sera réservé libre pour la facilité du défilé, de façon que la voye publique ne puisse estre embarrassée et qu'à l'entrée et à la sortie desdits spectacles les cochers soient tenus de prendre la file, sans en former plusieurs ni se couper les uns les autres pour quelque cause que ce soit. Ordonne Sa Majesté d'emprisonner les cochers contrevenans, deffendant très-expressément à toutes personnes de quelque qualité et condition qu'elles soient de s'opposer directement ny indirectement à ce qui est cy-dessus ordonné et d'empêcher par la force ou autrement que ceux qui y contreviendront ne soient arrêtés et conduits en prison. Enjoint Sa Majesté au sieur Hérault, conseiller d'Etat, lieutenant général de police, de tenir la main à l'exécution de la présente ordonnance qui sera lue, publiée et affichée partout où besoin sera et notamment aux portes, avenues et environs desdits spectacles.

Fait à Versailles, le 26 décembre 1736.

(Arch. nationales, O¹ 80.)

INDEX ALPHABÉTIQUE.

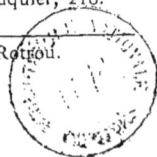

Imprimerie Gouverneur, G. Daupeley à Nogent-le-Rotrou.

PUBLICATIONS
DE LA SOCIÉTÉ DE L'HISTOIRE DE PARIS
ET DE L'ILE-DE-FRANCE.

EXERCICE 1874.

Bulletin, t. I.
Mémoires, t. I.
Plan de Paris, par Truschet et Hoyau, feuilles 1-2.

EXERCICE 1875.

Bulletin, t. II.
Mémoires, t. II.
Plan de Paris, feuilles 3 à 8 et titre en plus.

EXERCICE 1876.

Bulletin, t. III.
Mémoires, t. III.
Projet de pont neuf en 1577 et la Procession de la Ligue, reproductions photogravées.

EXERCICE 1877.

Bulletin, t. IV.
Mémoires, t. IV.
Paris sous la domination anglaise, documents publiés par M. A. Longnon.

EXERCICE 1878.

Bulletin, t. V.
Mémoires, t. V (sous presse).
Les Comédiens du Roi de la troupe française, documents publiés par M. E. Campardon.

PUBLICATIONS DE LA LIBRAIRIE CHAMPION.

DELISLE (Léopold). Inventaire général et méthodique des manuscrits français de la Bibliothèque nationale. — Tome I, Théologie. — Tome II, Jurisprudence. — Chaque volume, 7 fr. 50

Les deux volumes publiés contiennent la notice de 7,808 manuscrits se décomposant comme suit : Théologie, 2,428. Jurisprudence, 3,805. Sciences et arts, 1,575.

MORTREUIL. La Bibliothèque nationale, son origine et ses accroissements jusqu'à nos jours. Notice historique. *Paris*, 1878, in-8°. 3 fr.

BIBLIOTHÈQUE NATIONALE. Département des Manuscrits. Notice des objets exposés. *Paris*, 1878, in-12. 1 fr. 25

Exposition particulière des manuscrits les plus précieux de la Bibliothèque nationale et des autographes des personnages historiques. Cette exposition a lieu dans la galerie Mazarine de la Bibliothèque.

BIBLIOTHÈQUE NATIONALE. Département des Imprimés. Notice des objets exposés. *Paris*, 1878, in-12. 2 fr.

Cet ensemble, formé du choix de ce que la Bibliothèque nationale renferme de plus précieux, a un grand intérêt au point de vue historique et artistique.

BIBLIOTHÈQUE NATIONALE. Département des Estampes. Notice des objets exposés. *Paris*, 1878, in-12. 50 c.

Imprimerie Gouverneur, G. Daupeley à Nogent-le-Rotrou.

www.ingramcontent.com/pod-product-compliance
Lightning Source LLC
Chambersburg PA
CBHW071633270326
41928CB00010B/1900